Die Strafbarkeit des Prinzipals im Lichte des § 299 StGB

Schriften zum Strafrecht und Strafprozeßrecht

Herausgegeben von Manfred Maiwald
und Carsten Momsen

Band 120

PL ACADEMIC RESEARCH

Michaela Gorius

Die Strafbarkeit des Prinzipals im Lichte des § 299 StGB

Eine Untersuchung de lege lata et ferenda unter besonderer Berücksichtigung des Rechtsguts der Norm und der Strafbarkeit von Organen der Kapital- und Personengesellschaften

PL ACADEMIC RESEARCH

Bibliografische Information der Deutschen Nationalbibliothek
Die Deutsche Nationalbibliothek verzeichnet diese Publikation in der Deutschen Nationalbibliografie; detaillierte bibliografische Daten sind im Internet über http://dnb.d-nb.de abrufbar.

Zugl.: Hannover, Univ., Diss., 2014

D 89
ISSN 0938-6181
ISBN 978-3-631-66049-2 (Print)
E-ISBN 978-3-653-05381-4 (E-Book)
DOI 10.3726/978-3-653-05381-4

PL Academic Research ist ein Imprint der Peter Lang GmbH.

Peter Lang – Frankfurt am Main · Bern · Bruxelles · New York · Oxford · Warszawa · Wien

Diese Publikation wurde begutachtet.

www.peterlang.com

Vorwort

Die Arbeit hat im Wintersemester 2013/2014 der Juristischen Fakultät der Gottfried Wilhelm Leibniz Universität Hannover vorgelegen. Sie befindet sich auf dem Stand Dezember 2013. Für den Druck wurden Literatur und Rechtsprechung aus dem Jahr 2014 berücksichtigt.

Ich danke meinem Doktorvater, Herrn Prof. Dr. Carsten Momsen, für seine wertvollen Anregungen und die sehr gute Betreuung der Arbeit. Mein Dank gilt auch Herrn Prof. Dr. Bernd-Dieter Meier für die zügige Erstellung des Zweitgutachtens. Ferner danke ich meinen Eltern und meinem Ehemann für ihre fortwährende Unterstützung.

Kaiserslautern, im November 2014 — Michaela Vanessa Gorius

Meinen Eltern

Inhaltsverzeichnis[1]

1 Die in der Untersuchung verwendeten Abkürzungen entsprechen dem Verzeichnis in: *Kirchner*, Abkürzungsverzeichnis.

„Power tends to corrupt and absolute power corrupts absolutely.“
John Emerich Edward Dalberg-Acton, 1. Baron Acton (1834–1902)

Einführung

§ 1 Einleitung

Baron *Acton* hatte bei seinem Zitat zwar primär den weltlichen Machtanspruch des Papsttums im Blickfeld, dessen ungeachtet trifft das Zitat, sollte man die Aussage mit einem Fragezeichen statt einem Punkt beschließen, den Kern der Rechtsproblematik dieser Untersuchung. § 299 StGB stellt im Rahmen seiner passiven Bestechlichkeit ein Sonderdelikt unter Strafe, das lediglich von „Angestellten“ oder „Beauftragten“ eines „geschäftlichen Betriebes“ verwirklicht werden kann, denen innerhalb dieses Betriebes eine gewisse Entscheidungsbefugnis zukommt. Fehlt den Protagonisten hingegen eine solche „Macht“, wie Baron *Acton* sie beschreibt, bzw. ein solcher „Einfluss“ innerhalb des Betriebes, sind sie keine tauglichen Täter gemäß § 299 Abs. 1 StGB. Im weiteren Verlauf gilt es des eklatant erscheinenden Paradoxons gewahr zu sein, wonach ein Anstieg an Einflussmöglichkeit im Rahmen des geschäftlichen Betriebes nicht automatisch mit einer zunehmenden Tätertauglichkeit nach § 299 Abs. 1 StGB korreliert, da „absolute Macht“ innerhalb eines Unternehmens zweifelsohne dem Betriebsinhaber des geschäftlichen Betriebes zukommt, jener jedoch kein tauglicher Täter des Sonderdeliktes nach § 299 Abs. 1 StGB und auch kein tauglicher, potentieller Zuwendungsempfänger i.S.d. § 299 Abs. 2 StGB sein kann. Während die erste Hälfte des Zitats von Baron *Acton* folglich die Strafbarkeit der Wirtschaftskorruption nach § 299 StGB treffend umschreibt, ist die sich in logischer Konsequenz ergebende zweite Hälfte des Zitats auf § 299 StGB unanwendbar. Auch im Hinblick auf die übrigen Tatbestandsmerkmale dieser Norm scheint eine widerspruchsfreie Auslegung bis dato – über 100 Jahre nach der ursprünglichen Implementierung der Strafbarkeit der Bestechlichkeit und Bestechung im geschäftlichen Verkehr im UWG – schier unmöglich, da sich aus der initialen Stellung innerhalb des Gesetzes gegen den unlauteren Wettbewerb und den hierzu nicht deckungsgleich übertragbaren Begründungen des Korruptionsbekämpfungsgesetzes, welche die Norm vom Neben- ins Kernstrafrecht integrierten, eine sog. *„Hybridstellung“*[2] der Norm begründet. Dieses *factum brutum* ist Grund dafür, dass sowohl die

2 *Vogel*, FS Weber, S. 395, 399.

Bestimmung des Terminus „geschäftlicher Betrieb", seine praktische Anwendung auf Organe der Personen- und Kapitalgesellschaften, als auch das Rechtsgut der Norm bis heute umstritten sind und den Dreh- und Angelpunkt der Auslegungsschwierigkeiten hinsichtlich der übrigen Tatbestandsmerkmale der Norm bilden.

§ 2 Problemstellung

Taugliche Täter des Sonderdeliktes der Bestechlichkeit nach § 299 Abs. 1 StGB sind lediglich „Angestellte" oder „Beauftragte" eines „geschäftlichen Betriebes".[3] Der geschäftliche Betrieb ist hingegen kein tauglicher Täter der Bestechlichkeit (§ 299 Abs. 1 StGB) und auch kein tauglicher, potentieller Zuwendungsempfänger der Bestechung (§ 299 Abs. 2 StGB).[4] Anwendungsschwierigkeiten ergeben sich *de iure* bei der Konkretisierung eben jenes geschäftlichen Betriebes sowie seiner praktischen Applikation auf Konstellationen mit größeren Organisationsstrukturen und differenzierten gesellschaftsrechtlichen Ausgestaltungen. Zur Verdeutlichung soll folgender Beispielsfall dienen:

Beispiel 1[5]

Der Einzelkaufmann A sucht nach neuen Lieferanten für sein Baugewerbe. Er erhält mehrere Angebote unterschiedlicher Lieferanten. Obwohl Lieferant L nicht das objektiv beste Angebot unterbreitet, wählt A ihn aus, da L zusätzlich eine Geldspende von 2.000 Euro an die gemeinnützige Organisation O verspricht, der A vorsteht.

In *Beispiel 1* sind weder der Einzelkaufmann A, noch der Lieferant L nach § 299 StGB zu bestrafen. Dieses Ergebnis resultiert aus der tatbestandlichen Fassung des Regelungstextes, da Einzelkaufmann A als Betriebsinhaber weder als Angestellter, noch als Beauftragter seines geschäftlichen Betriebes zu qualifizieren ist und somit nicht als Täter des Sonderdeliktes des § 299 Abs. 1 StGB oder als potentieller Zuwendungsempfänger des § 299 Abs. 2 StGB in Betracht kommt. Die Begründung für die tatbestandliche Auslassung des Betriebsinhabers im Rahmen

---

3 *Fischer*, § 299 Rn. 3.

4 So die herrschende Meinung: BeckOK-*Momsen*, § 299 Rn. 11.1; *Fischer*, § 299 Rn. 8a; LK-*Tiedemann*, § 299 Rn. 10; MK-*Krick*, § 299 Rn. 3; NK-*Dannecker*, § 299 Rn. 27; *Wittig*, Wirtschaftsstrafrecht, S. 417 f.; Sch/Sch-*Heine/Eisele*, § 299 Rn. 7a; *Lampe*, FS Stree/Wessels, S. 449, 465; *Winkelbauer*, FS Weber, S. 385, 393f.; kritisch hierzu *Bürger*, wistra 2003, 130, 131, 135; *Vogel*, FS Weber, S. 395, 404 f.

5 Angelehnt an Beispielsfälle 1–3, in: *Bürger*, wistra 2003, 130, 131 f.; angelehnt an Beispielsfall 1, in: *Kienle/Kappel*, NJW 2007, 3530; ähnlich: RGSt 48, 291; *Odenthal*, wistra 2005, 170, 171.

des § 299 StGB ist jedoch vornehmlich unter Berücksichtigung des von der überwiegenden Auffassung in Rechtsprechung und Literatur vertretenen Rechtsgutes der Norm – dem Schutz des lauteren Wettbewerbs[6] – nicht überzeugend,[7] weswegen gewichtige Stimmen in der Literatur eine Strafbarkeit des Betriebsinhabers nach § 299 StGB *de lege ferenda* sowohl für „normale" Austauschverhältnisse als auch für Beratungsleistungen seitens des Betriebsinhabers fordern.[8] Gleichwohl soll es dem Betriebsinhaber aus strafrechtlicher Sicht freistehen, seine geschäftliche Bezugsentscheidung an die Gewährung von Vorteilen zu knüpfen. Diese These gilt es, im Rahmen der Untersuchung, insbesondere im Hinblick auf das tatsächliche Rechtsgut der Norm, zu verifizieren.

Sollte jedoch in *Beispiel 1* anstatt des Einzelkaufmannes A, sein für die Vergabe von Aufträgen zuständiger Angestellter oder Beauftragter B gehandelt haben, wären sowohl B als auch Lieferant L nach § 299 StGB zu bestrafen. Ungleich komplizierter gestaltete sich die Situation, handelte es sich bei A, anstatt eines Einzelkaufmannes, um den Fremdgeschäftsführer einer GmbH, um den geschäftsführenden Alleingesellschafter einer GmbH, den Vorstand einer AG oder den Komplementär einer KG. Als Fremdgeschäftsführer einer GmbH wäre A nach überwiegender Ansicht in Literatur und Rechtsprechung als Angestellter bzw. Beauftragter der GmbH nach § 299 Abs. 1 StGB zu bestrafen,[9] wohingegen dem geschäftsführenden Alleingesellschafter einer

6 BGH NJW 2004, 3129, 3133; BGH NJW 2006, 3290, 3298; NK-*Dannecker*, § 299 Rn. 4 m.w.N.

7 *Vogel*, FS Weber, S. 395, 405.

8 Momsen/Grützner-*Grützner/Behr*, Wirtschaftsstrafrecht, 9. Kapitel, B Rn. 56 f.: Nichteinbeziehung sei „rechtspolitisch zweifelhaft"; *Wolf*, ZRP 2007, 44, 45 f.; *Tiedemann*, Wirtschaftsstrafrecht BT, § 5 Rn. 214; *Bürger*, wistra 2003, 130, 134 f.; *Höltkemeier*, Sponsoring, S. 169 ff., 173 f.; *Zöller*, GA 2009, 137, 148; *Lampe*, Tagungsberichte, S. 15 ff.; *Vogel*, FS Weber, S. 395, 405; LK-*Tiedemann*, § 299 Rn. 73; *Fischer*, § 299 Rn. 8a: Nichterfassung des Betriebsinhabers nach § 299 Abs. 1 StGB sei „rechtspolitisch zweifelhaft"; *Volk*, GS Zipf, S. 419, 427; *Ulbricht*, § 299 StGB, S. 54 ff.; *Pragal*, Korruption, S. 117 ff., 217 ff.; a.A. *Vormbaum*, FS Schroeder, S. 649, 652 f.; *Altenburg*, Unlauterkeit, S. 56 ff.; *Sprafke*, Korruption, S. 122 f.; *Peinemann*, GmbH, S. 135 ff.; *Walther*, Bestechlichkeit und Bestechung, S. 69 ff.

9 Pro Angestellter: BeckOK-*Momsen*, § 299 Rn. 10.1; *Fischer*, § 299 Rn. 9; LK-*Tiedemann*, § 299 Rn. 14; SK-*Rogall*, § 299 Rn. 27; *Wollschläger*, Täterkreis, S. 103; NK-*Dannecker*, § 299 Rn. 21; *Lackner/Kühl*, § 299 Rn. 2; Sch/Sch-*Heine/Eisele*, § 299 Rn. 7; MK-*Krick*, § 299 Rn. 5; Pro Beauftragter: BGH NJW 2006, 3290, 3298.

GmbH eine differenziertere strafrechtliche Behandlung zuteilwird:[10] Sieht man ihn als faktischen Betriebsinhaber der GmbH an, gelangt man im Ergebnis zu einer Straflosigkeit nach § 299 Abs. 1 StGB; behandelt man ihn hingegen gleich einem Fremdgeschäftsführer einer GmbH, als Angestellten bzw. Beauftragten der GmbH, gelangt man zu einer Strafbarkeit nach § 299 Abs. 1 StGB. Die gleichen Differenzierungsmöglichkeiten bestehen überdies bei der strafrechtlichen Rezeption der Bestechlichkeit eines Vorstandes einer AG[11] als auch jener eines Komplementärs einer KG[12].

Wie sich aus dem Beispielsfall ergibt, hängt die Strafbarkeit für ein- und denselben tatsächlichen Geschehensablauf lediglich von der gewählten gesellschaftsrechtlichen Strukturierung des Unternehmens ab, obgleich auch unter dieser Prämisse keine firmen Ergebnisse erzielt werden und noch vieles ungeklärt und kontrovers diskutiert ist. Diese sog. *„rechtsformabhängige Pönalisierung“*[13] wird von verschiedenen Kritikern innerhalb der Strafrechtsliteratur als in höchstem Maße unbillig angesehen, da sie primär der Extensivierung der Rechtsunsicherheit bei der Klimapflege dienenden Akten innerhalb deutscher Wirtschaftsunternehmen diene.[14] Nach Ansicht jener Kritiker könne die Strafbarkeit nach § 299 StGB nicht von der gesellschaftsrechtlichen Strukturierung des Unternehmens abhängen.[15] Diese Hypothese ist im weiteren Verlauf der Bearbeitung vornehmlich am Beispiel konkreter Personen- und Kapitalgesellschaften zu untersuchen. Überdies sind in Rechtsprechung und Literatur sog. *Drittvorteilskonstellationen*, wie beispielsweise jene der vieldiskutierten *Korkengeldentscheidung*[16] des

---

10 Angestellter bzw. Beauftragter: BeckOK-*Momsen*, § 299 Rn. 11.1; *Peinemann*, GmbH, S. 69 ff.; *Fischer*, § 299 Rn. 8a; a.A. Betriebsinhaber: NK-*Dannecker*, § 299 Rn. 21; *Kienle/Kappel*, NJW 2007, 3530, 3531; Sch/Sch-*Heine/Eisele*, § 299 Rn. 7a; MK-*Krick*, § 299 Rn. 4.

11 Für eine Strafbarkeit als *Beauftragte*: BeckOK-*Momsen*, § 299 Rn. 11; *Fischer*, § 299 Rn. 8a, Rn. 10a; für eine Einordnung als *Angestellte*: LK-*Tiedemann*, § 299 Rn. 14; a.A. [Gleichstellung mit Betriebsinhabern und daher von § 299 nicht erfasst] *Brand/Wostry*, WRP 2008, 637 ff.

12 Straflos: NK-*Dannecker*, § 299 Rn. 21; Sch/Sch-*Heine/Eisele*, § 299 Rn. 7a; *Bürger*, wistra 2003, 130, 132; *Bürger*, DStR 2003, 1421, 1425; Achenbach/Ransiek-*Rönnau*, Wirtschaftsstrafrecht, 3. Teil 2. Kapitel Rn. 10; LK-*Tiedemann*, § 299 Rn. 10; SK-*Rogall*, § 299 Rn. 28; *Fischer*, § 299 Rn. 8a; als Beauftragte strafbar: *Ulbricht*, § 299 StGB, S. 53 f.; *Wollschläger*, Täterkreis, S. 108; *Sprafke*, Korruption, S. 120; *Corsten*, Einwilligung, S. 328 f.

13 *Bürger*, wistra 2003, 130 ff.

14 *Fischer*, § 299 Rn. 8a; *Bürger*, wistra 2003, 130 ff.

15 *Bürger*, wistra 2003, 130 ff.

16 RGSt 48, 291; kritisch: *Rengier*, FS Tiedemann, S. 837 ff.

Reichsgerichts aus dem Jahr 1914, in der der Angestellte den Vorteil nicht für sich, sondern für den Betrieb bzw. für den Prinzipal – mit oder ohne dessen Einverständnis – fordert, im Hinblick auf eine Strafbarkeit des Angestellten nach § 299 Abs. 1 StGB höchst umstritten.[17] Insbesondere die Tragfähigkeit der Begründungen für die Ablehnung einer Strafbarkeit des Betriebsinhabers gemäß § 299 Abs. 1 StGB ist im Hinblick auf die verschiedenen Gesellschaftsformen daher auch unter Einbeziehung von Drittvorteilskonstellationen im Rahmen der Bearbeitung zu untersuchen und einer praxistauglichen Lösung zuzuführen.

§ 3 Gang der Untersuchung

Zu Beginn der Arbeit erfolgt die thematische Eingrenzung des Terminus der Wirtschaftskorruption. Es wird untersucht, was das Wesen der Wirtschaftskorruption vornehmlich im Strafrecht ausmacht und worin ihre allgemein-gesellschaftlichen Ursachen begründet liegen. Überdies erfolgen eine entstehungsgeschichtliche Darstellung des Tatbestandes der Bestechlichkeit und Bestechung im geschäftlichen Verkehr sowie eine Einbettung in aktuelle Debatten, wie das Verhältnis zur neuen „großen" Kronzeugenregelung des § 46b StGB und die Umsetzung internationaler Vorgaben.

Das zweite Kapitel der Untersuchung befasst sich eingangs mit der allgemeinen Rechtsgutslehre, wobei ein Maßstab für die Ermittlung des Rechtsguts der Bestechlichkeit und Bestechung im geschäftlichen Verkehr ausgearbeitet wird. Unter Anwendung der Ergebnisse zu jener Ermittlungssystematik wird sodann der Diskurs um den bunten Strauß an Rechtsgutsvorschlägen seitens der Literatur und Rechtsprechung analysiert. Im Anschluss erfolgt eine Stellungnahme, in der die Ausarbeitung eines eigenen Ergebnisses bezüglich des geltenden Rechtsguts des § 299 StGB im Mittelpunkt steht, welches daraufhin einer verfassungsrechtlichen Überprüfung unterzogen wird. Die Erkenntnisse im Hinblick auf das ermittelte Rechtsgut werden abschließend an den aktuellen Problemen der Drittvorteilskonstellationen fruchtbar gemacht.

Das dritte Kapitel der Bearbeitung widmet sich dem Täterkreis des § 299 Abs. 1 StGB *de lege lata* und behandelt in einem Exkurs die vom Großen Senat für Strafsachen unlängst problematisierte Entscheidung der Strafbarkeit korrupter niedergelassener Vertragsärzte als Beauftragte der gesetzlichen Krankenkassen. Überdies erfolgt ein Überblick über die Tatbestandsmerkmale der Bestechlichkeit und Bestechung im geschäftlichen Verkehr, die unter Zugrundelegung

17 *Fischer*, § 299 Rn. 11a; *Nepomuck/Groß*, wistra 2012, 132 ff.; *Rönnau*, StV 2009, 302, 305; *Koepsel*, Bestechlichkeit und Bestechung, S. 164; *Gercke/Wollschläger*, wistra 2008, 5 ff.

-der Ergebnisse des zweiten Kapitels der Untersuchung in gänzlich neuem Licht erscheinen.

Im abschließenden, vierten Kapitel der Dissertation werden die Ergebnisse der vorangegangenen Kapitel am Beispiel der Strafbarkeit von Organen der Kapital- und Personengesellschaften nach § 299 Abs. 1 StGB auf ihre Praxistauglichkeit untersucht und die Hypothese der sog. *rechtsformabhängigen Pönalisierung*,[18] durch die Auslassung der Strafbarkeit des Prinzipals aus dem Täterkreises des § 299 Abs. 1 StGB bzw. des Kreises der potentiellen Zuwendungsempfänger nach § 299 Abs. 2 StGB, verifiziert. Unter Zugrundelegung dieser Ergebnisse erfolgt ein Ausblick auf eine potentielle Strafbarkeit des Prinzipals sowie eine potentielle, strafrechtliche Erfassung von Beratungsleistungen seitens des Prinzipals *de lege ferenda*.

18 *Bürger*, wistra 2003, 130 ff.

1. Kapitel: Wirtschaftskorruption

Ausgangspunkt der Untersuchung ist eine thematische Eingrenzung des Terminus der Wirtschaftskorruption. Für ein Verständnis der in der Untersuchung geschilderten Kernproblematik der *de lege lata vel ferenda* möglicherweise anzunehmenden Strafbarkeit des Prinzipals ist es unabdingbar, zuvorderst die Eckdaten in Bezug auf Empirie, Ursachen, Institutionalisierungsgrad und Entstehungsgeschichte der Bestechlichkeit und Bestechung im geschäftlichen Verkehr zu eruieren.

§ 1 Wesensmerkmale der Korruption im Lichte des Strafrechts

Die Korruption geriet in den letzten Jahren vermehrt durch große Schlagzeilen wie beispielsweise die „Siemens-Affäre“[19], die für den Siemens-Konzern zu Strafzahlungen und Gewinnabschöpfungsmaßnahmen in Milliardenhöhe führte, sowie durch die Entscheidung des Großen Senats für Strafsachen zur Bestechlichkeit niedergelassener Vertragsärzte Mitte des Jahres 2012 oder aber durch die auf Bestechung lautende Anklage des Formel-1-Managers Bernie Ecclestone durch die Münchner Staatsanwaltschaft Anfang des Jahres 2013 in den Fokus des medialen Interesses. Gleichwohl spielen die Korruptionsdelikte in den Statistiken der Strafverfolgung eine zuvorderst subordinative, obgleich stetig ansteigende Rolle.[20] Die Dunkelziffer innerhalb der Strafverfolgungsstatistiken ist allerdings sehr hoch, da zum einen auf beiden Seiten korrumpierte Tatbeteiligte stehen und es folglich keine Opfer gibt, die den Staatsanwaltschaften als Zeugen zur Verfügung stünden und zum anderen mit jeder Anzeige einer Bestechungshandlung ein Imageverlust für das anzeigende Unternehmen korreliert.[21] Besserung erfährt die Situation durch die am 01.09.2009 eingeführte Kronzeugenregelung des § 46b StGB, die über den Verweis auf den Straftatenkatalog des § 100a Abs. 2 StPO

---

19 Frankfurter Allgemeine Zeitung vom 26.05.2008 – Prozessauftakt Die Siemens-Affäre vor Gericht, abrufbar unter: http://www.faz.net/aktuell/wirtschaft/unternehmen/prozessauftakt-die-siemens-affaere-vor-gericht-1549498.html [zuletzt abgerufen am 11.11.2014]; Umfassend: *Graeff/Schröder/Wolf*, Korruptionsfall Siemens, S. 1 ff.

20 *Fischer*, vor § 298 Rn. 4; *Rönnau*, StV 2009, 302: im Jahr 1998 noch 58 Tatverdächtige in der Statistik der Staatsanwaltschaften während es 2007 bereits 540 Tatverdächtige waren.

21 *Fischer*, vor § 298 Rn. 4; *Schaupensteiner*, Korruption in Deutschland, S. 131, 139; *Bürger*, wistra 2003, 130.

auch die Straftaten gegen den Wettbewerb nach §§ 298 ff. StGB erfasst.[22] Gleichwohl sind die durch Wirtschaftskorruption entstehenden volkswirtschaftlichen Schäden für die deutsche und internationale Wirtschaft exorbitant. Für das Jahr 2013 meldete das Bundeskriminalamt einen monetären Schaden von rund 175 Millionen Euro.[23] Schätzungen zufolge belaufen sich die tatsächlichen Zahlen jedoch ungleich höher; beispielsweise werden allein für die deutsche Baubranche die durch Wirtschaftskorruption entstehenden Schäden jährlich auf ungefähr 5 bis 10 Mrd. Euro beziffert.[24] Großunternehmen reagieren auf das Phänomen der Wirtschaftskorruption verstärkt durch die Beauftragung sog. „*Corporate Compliance*“[25] –Fachleute. Ihre Aufgabe ist es, die Angestellten über strafrechtliche Grauzonen in der Annahme und Gewährung von Vorteilen im Rahmen von der Klimapflege dienenden Taten zu informieren, um so das Unternehmen vor Schaden zu bewahren.[26] Die Notwendigkeit dieser neuen Beratungsstufe resultiert zum einen aus dem fehlenden Unrechtsbewusstsein der Tatbeteiligten und zum anderen aus dem undurchsichtigen deutschen Regelungsgefüge, insbesondere dem spezifischen Auslegungsproblem einer Norm: der Bestechlichkeit und Bestechung im geschäftlichen Verkehr nach § 299 StGB.[27]

Die Suche nach einer allgemeingültigen Definition des Terminus „*Korruption*“ (aus dem lateinischen *corrumpere* – bestechen, verderben) gestaltet sich allerdings diffizil. So etwas wie ein allgemein anerkanntes, interdisziplinäres Begriffsverständnis existiert nicht. Es liegen vielmehr viele unterschiedliche Definitions- und Deutungsversuche aus sozialwissenschaftlicher, politikwissenschaftlicher, theologischer und sozialpsychologischer sowie aus ökonomischer und strafrechtlicher Sicht vor.[28] Zudem variiert der Begriff turnusmäßig je nach gesellschaftspolitischem und ökonomischem System sowie historischem Zeitpunkt seines Erscheinens.[29] Für die nachfolgende Untersuchung ist eine Darstellung sowie

---

22 *Dann*, CCZ 2010, 30 ff.; kritisch zur alten Rechtslage: *Tron*, Kassenärzte, S. 51 ff.; siehe unten: Kapitel 1 § 5.

23 *BKA*, Bundeslagebild Korruption 2013, S. 14.

24 *Kienle/Kappel*, NJW 2007, 3530; *Schaupensteiner*, Korruption in Deutschland, S. 131, 138.

25 *Hauschka/Greeve*, BB 2007, 165 ff.

26 *Kienle/Kappel*, NJW 2007, 3530, 3534 f.

27 *Schaupensteiner*, Korruption in Deutschland, S. 131, 140 f.

28 Wabnitz/Janovsky-*Bannenberg*, 12. Kapitel, Rn. 4; *Bannenberg*, Korruption, S. 11 ff.; *Berg*, Wirtschaftskorruption, S. 14 ff. m.w.N.; Allg. zur Korruption: *Höffling*, Korruption, S. 14 ff.

29 *Bannenberg*, Korruption, S. 12.

Auseinandersetzung mit dieser Vielzahl an unterschiedlichen Definitionen innerhalb der einzelnen Wissenschaftsbereiche obsolet,[30] da allein die strafrechtliche Deutung des Korruptionsbegriffes von Bedeutung ist. So soll zunächst das paragraphenübergreifende strafrechtliche Verständnis der Korruption in ihren Wesenszügen beleuchtet werden, um sich anschließend mit ihrer spezifischen Bedeutung im Rahmen der Bestechlichkeit und Bestechung im geschäftlichen Verkehr nach § 299 StGB auseinanderzusetzen. Innerhalb des Strafgesetzbuches, der Strafprozessordnung und des Nebenstrafrechts fehlt es an einer Legaldefinition der Korruption.[31] Gleichwohl fasste der Gesetzgeber in einem Korruptionsbekämpfungsgesetz vom 13.08.1997 die Amtsdelikte der §§ 331–334 StGB, die Straftaten gegen den Wettbewerb nach §§ 298 ff. StGB,[32] die Wählerbestechung nach § 108b StGB und die Abgeordnetenbestechung des § 108e StGB unter den Begriff der Korruption. Während die §§ 331–334 StGB die *Amtsträgerkorruption* unter Strafe stellen, normiert § 299 StGB den Straftatbestand der sog. *Wirtschaftskorruption.*[33] Das Verständnis des Oberbegriffes „Korruption" präzisiert sich im Strafrecht mithin auf die Bestechlichkeit und Bestechung im öffentlichen sowie privaten Sektor.[34] Die Grundkonstellation, die man sich für eine solch abstrakte, wirtschaftsstrafrechtliche Definition gedanklich vor Augen halten muss, ist die folgende:

I. Beispiel 2 zur Grundkonstellation der Korruption im Dreipersonenaustauschverhältnis

A begehrt eine zu seinen Gunsten ausfallende betriebliche Entscheidung des B, dem dessen Geschäftsherr C diese Entscheidungsbefugnis delegiert hat bzw. dem eine befugte Einflussnahmemöglichkeit auf die Entscheidung des C zufällt. Um B regelwidrigerweise günstig im Hinblick auf die Entscheidungsfindung zu beeinflussen, wendet A dem B einen Vorteil zu.

Beispiel 2 ähnelt in seinen abstrakten Grundstrukturen zuvorderst den Essentialien, die *Volk* im Rahmen des 61. Deutschen Juristentages für eine allgemeingültige

30 Siehe zur Auflistung verschiedener Definitionen aus einzelnen Wissenschaftsbereichen: *Berg*, Wirtschaftskorruption, S. 14 ff.

31 *Vogel*, FS Weber, S. 395 f.

32 § 298 StGB als Korruptionsdelikt siehe: *Fischer*, Vor § 298 Rn. 5; NK-*Dannecker*, Vor § 298 Rn. 1; *Bannenberg*, Korruption, S. 16; a.A.: *Vahlenkamp/Knauß*, Korruption, S. 20; *BKA*, Bundeslagebild Korruption 2010, S. 5.

33 Oppenländer/Trölitzsch-*Ziemons*, 8. Kapitel, § 28 Rn. 12.

34 *Hettinger*, NJW 1996, 2263, 2265; *Androulakis*, Globalisierung der Korruptionsbekämpfung, S. 37; *Mölders*, Anwendbarkeit § 299 StGB, S. 17; *Arzt*, FS Kaiser, S. 495, 498: „strafrechtlicher Korruptionsbegriff ist relativ präzise"; *Walther*, Bestechlichkeit und Bestechung, S. 4 f.

strafrechtliche Korruptionsdefinition vorgestellt hat. Nach *Volk* liegt die Quintessenz der Bestechlichkeit und Bestechung für den privaten und öffentlichen Sektor im „regelwidrigen Tausch von Vorteilen".[35] Damit nähert er sich einer Wesensbestimmung aus der *ökonomischen Perspektive*[36] an. Nach seiner Auffassung umfasst die strafrechtliche Korruption drei Essentialien: den Charakter als Austausch- oder Beziehungstat, die Annahme bzw. das Versprechen eines Vorteils und das Kriterium des Regelverstoßes.[37] *Volk* setzt für die strafrechtliche Korruption ein zwei Personen umfassendes Verhältnis voraus. Lediglich auf diese Weise ist nach seiner Ansicht die Korruptionshandlung von der Untreue, der Steuerhinterziehung und der Unterhaltspflichtverletzung des Individuums abzugrenzen.[38] Die Wirtschaftskorruption nach § 299 StGB setzt hingegen zwingend ein mindestens drei Personen umfassendes Verhältnis voraus, in dem zwei Personen – in *Beispiel 2* hierfür exemplarisch B und C – in einem Angestellten-Geschäftsherrn-Verhältnis agieren. Die Anzahl der notwendig vorausgesetzten Personen variiert folglich innerhalb der Tatbestände der strafrechtlichen Korruption und weicht in *Beispiel 2* vom Grundkonzept der von *Volk* vertretenen Ansicht ab. Das zweite Wesensmerkmal besteht nach der von *Volk* vertretenen Ansicht im „gegenseitigen Tausch von Vorteilen".[39] Er präzisiert dieses Merkmal dahingehend, dass es sich um den „Kauf einer Entscheidung"[40] handele, womit Quintessenz der Bestechlichkeit und Bestechung *summa summarum* „der Tausch eines Vorteils gegen eine Entscheidung" sei.[41] Ohne Bezug auf das Kriterium der „Entscheidung" als relevante Gegenleistung sei keine begriffliche Abgrenzung zum Waffen- oder Drogenhandel möglich.[42] Die Verwendung des Begriffes „Tausch" in *Volks* Definition ist jedoch verfänglich. Führt man sich *Beispiel 2* vor Augen, findet sich hierin keine Aussage über das vertragliche Verhältnis zwischen A und B. Aus dem Blickwinkel der ökonomischen Perspektive hat die Hingabe eines Vorteils gegen den Erhalt einer Entscheidung zwar durchaus Tauschcharakter; aus juristischer und vorzugsweise zivilrechtlicher Perspektive kann es sich bei der Bestechlichkeit und Bestechung jedoch um keinen Tauschvertrag im Sinne des § 480 BGB handeln.

35 *Volk*, GS Zipf, S. 419, 421; So auch: *Lambsdorff*, Transaktionskostenanalyse, S. 57: „Tausch einer korruptiven Leistung im Austausch für eine entsprechende Gegenleistung".

36 *Berg*, Wirtschaftskorruption, S. 14.

37 *Volk*, GS Zipf, S. 419, 422.

38 *Volk*, GS Zipf, S. 419, 421 f.

39 *Volk*, GS Zipf, S. 419, 421.

40 *Volk*, Referat, S. L 36.

41 *Volk*, Referat, S. L 36; So auch im Ergebnis: *Pragal*, Korruption, S. 138.

42 *Pragal*, Korruption, S. 138.

Der Tausch nach § 480 BGB ist ein gegenseitiger Vertrag,[43] wodurch auf beiden Seiten Leistungen erbracht werden, auf die ein Anspruch besteht. Der Anspruch ist mithin gerichtlich durchsetzbar. Wesen der Korruption ist, dass die gegenseitigen Handlungen nicht zivilrechtlich durchsetzbar sind.[44] Es kann bei der Bestechlichkeit und Bestechung im Rahmen einer strafrechtlichen Begriffsdefinition mithin kein Vertrag im Sinne des Bürgerlichen Gesetzbuches zustandekommen, da ein solcher entweder nach § 134 BGB i.V.m. § 299 StGB oder zumindest nach § 138 BGB sittenwidrig wäre.[45] Es handelt sich vielmehr lediglich um eine durch die Zuwendung des Vorteils ausgelöste Exspektanz des A auf eine begünstigende Entscheidung des B.

Als letztes Kriterium der strafrechtlichen Definition von Korruption nennt *Volk* den Regelverstoß.[46] Dieser ist gleichsam letzter und wichtigster Punkt in der Definition korrupten Handelns und erfasst im Gegensatz zu anderen Definitionsversuchen[47] mithin auch ihre „moralische, sozial-ethische Dimension“[48], die bei einer primär ökonomischen Deutung verloren ginge. Wie *Volk* richtig ausführt, ist die genaue Bestimmung dieses Regelverstoßes vielschichtig und diffizil, da hierbei die Abgrenzung legaler Aufmerksamkeiten unter Vertragspartnern zu illegalem, wettbewerbswidrigem Verhalten erfolgt. Es existieren nach der von *Volk* vertretenen Ansicht insoweit drei Regelkreise, aus denen sich ein solcher Verstoß ergeben kann: die „*Außenregeln*“, die die wettbewerbsrechtlichen Beziehungen zwischen Täter und Umwelt beschreiben; die „*Innenregeln*“, die sich – sobald das Korruptionsverhältnis wie bei § 299 StGB mehr als zwei Personen umfasst – mit dem vertraglichen Verhältnis des Vorteilsnehmers zu seinem Prinzipal befassen sowie die „*Vertragsregeln*“ der korrupten Parteien.[49] Das Erfordernis des Regelverstoßes ist für die Definition zu Recht unverzichtbar, da andernfalls ein Staatsanwalt oder Richter, der eine Einstellung nach § 153a StPO gegen Zahlung einer Geldleistung an eine gemeinnützige Organisation vornimmt, selbst korrupt gemäß § 299 Abs. 1 StGB handelte,[50] beziehungsweise

43 Palandt-*Weidenkaff*, § 480 Rn. 1.

44 So auch: *Androulakis*, Globalisierung der Korruptionsbekämpfung, S. 38.

45 *Rieder/Schoenemann*, NJW 2011, 1169.

46 *Volk*, GS Zipf, S. 419, 422.

47 *Kube/Vahlenkamp*, VA 85, 432, 434: Korruption als „verdeckte pflichtwidrige Fehlsteuerung von Organisationen aus Eigennutz“.

48 *Volk*, GS Zipf, S. 419, 422.

49 *Ebd.*, S. 422.

50 Beispiel aus: *Volk*, GS Zipf, S. 419, 420; auch erwähnt in: *Walther*, Bestechlichkeit und Bestechung, S. 5 f.

ein Hotelier, der Geschäftsreisenden eines Betriebes bevorzugt hübsche Zimmer und ein reichhaltiges Frühstück als Gegenleistung dafür zur Verfügung stellt, dass diese auf Geschäftsreisen regelmäßig bei ihm übernachten, sich nach § 299 Abs. 2 StGB strafbar machte.[51] Obgleich durch das Kriterium des Regelverstoßes legale Verhaltensweisen grundsätzlich aus der Subsumtion entfallen, gilt dies im Zweifel nicht für alle neutralen Handlungen wie beispielsweise der Klimapflege dienenden Zuwendungen unter langjährigen Geschäftspartnern. Insoweit gilt es das Kriterium des Regelverstoßes, wie es sich im geltenden § 299 StGB gestaltet, im Folgenden in Kapitel 2 § 4 I. 1. b) und § 4 IV. genauer zu untersuchen.

II. Weitere Definitionsmerkmale

Manche Autoren ergänzen die Definition der strafrechtlichen Korruption um das Merkmal der Heimlichkeit des Tatvorgangs.[52] Intransparenz ist zwar eine häufige Begleiterscheinung der Korruption, sie ist jedoch nicht von strafrechtlicher Relevanz,[53] da der öffentlich handelnde Täter nicht allein aufgrund der mangelnden Heimlichkeit des Tatvorganges straflos bleiben soll. Jüngere Stimmen in der Literatur fügen der Definition das Element der Machtposition des Entscheidungsträgers hinzu;[54] so auch das Bundeskriminalamt, das sich an das *kriminologische Begriffsverständnis* der Korruption anlehnt und die Situation abstrakt wie folgt zusammenfasst: „Der Missbrauch eines öffentlichen Amtes, einer Funktion in der Wirtschaft oder eines politischen Mandats zugunsten eines anderen, auf dessen Veranlassung oder Eigeninitiative, zur Erlangung eines Vorteils für sich oder einen Dritten, mit Eintritt oder in Erwartung des Eintritts eines Schadens oder Nachteils für die Allgemeinheit (in amtlicher oder politischer Funktion) oder für ein Unternehmen (betreffend Täter als Funktionsträger in der Wirtschaft)".[55] Durch das Erfordernis einer Machtposition des Entscheidungsträgers soll insbesondere die Eigenart der Dreipersonenkonstellation definitorisch erfasst werden. Kritiker meinen jedoch, dass hierdurch § 298 StGB

---

51 Beispiel aus: *Von Tippelskirch*, GA 2012, 574 f.

52 *Vahlenkamp/Knauß*, Korruption, S. 20: „Geheimhaltung bzw. Verschleierung dieser Machenschaften"; *Peinemann*, GmbH, S. 12; *Androulakis*, Globalisierung der Korruptionsbekämpfung, S. 38 f.

53 Dölling-*Dölling*, Korruptionsprävention, 1. Kapitel Rn. 2; *Dölling*, Gutachten C, S. C 10; *Niehaus*, Korruptionsbegriff, S. 55, 61 f.

54 *Bannenberg* Korruption, S. 15 f.; *Niehaus*, Korruptionsbegriff, S. 55, 59; *Überhofen*, Korruption, S. 48 ff.

55 *BKA*, Bundeslagebild Korruption 2013, S. 5.

mangels Funktionsträgertäterschaft explizit aus dem Kreis der Korruptionsdelikte ausschiede.[56] Dies ist insofern irreführend, als auch bei § 298 StGB das auf einer rechtswidrigen Absprache beruhende Angebot lediglich von einem Angestellten in einer gehobenen Position mit Entscheidungsbefugnis abgegeben werden kann, wohingegen untergeordnete Hilfspersonen täteruntauglich sind.[57] Folglich benötigt auch § 298 StGB ein Element der Machtposition bzw. der Entscheidungsträgerschaft.

III. Fazit

Zusammenfassend lässt sich als Wesensmerkmal der Korruption festhalten, dass ihre strafrechtliche Dimension durch das Begriffspaar der „Bestechlichkeit und Bestechung im privaten und öffentlichen Sektor" verkörpert wird.[58] Dieses untergliedert sich wiederum für die privatwirtschaftliche Bestechlichkeit und Bestechung in die durch Zuwendung eines Vorteils begründete Exspektanz einer begünstigenden Entscheidung eines Entscheidungsträgers unter Begehung eines Regelverstoßes im Rahmen einer Dreipersonenkonstellation.

§ 2 Die Ursachen der Wirtschaftskorruption

Die Ursachen für die Zunahme von Wirtschaftskorruptionsdelikten in Deutschland sind mannigfaltig. Nach *Rabl* lassen sie sich in drei Hauptfaktoren untergliedern: „personenbezogene Faktoren", „organisationale Faktoren" und „umweltbezogene Faktoren".[59] Auf der umweltbezogenen Ebene befindet sich das durch das verstärkte Eingreifen des Staates in das Wirtschaftsgefüge begründete Problem der sog. *„Normenflut"*.[60] Diese Normenverdichtung innerhalb der wirtschaftsrechtlichen Beziehungen erschwert die Verwaltungsvorgänge und erhöht somit die Wahrscheinlichkeit informellen Vorgehens. Zudem sind auf dieser Ebene Faktoren wie die defizitäre Strafverfolgung und die Lückenhaftigkeit der *lex lata* angesiedelt.[61] Diese beiden Gründe führte der Gesetzgeber überdies für die auch im Bereich der Wirtschaftskriminalität implementierte, umfassende Kronzeugenregelung des § 46b StGB ins Feld.[62]

---

56 *Niehaus*, Korruptionsbegriff, S. 55, 59.
57 MK-*Hohmann*, § 298 Rn. 102, 104 m.w.N.
58 So auch: *Walther*, Bestechlichkeit und Bestechung, S. 4 f.
59 *Rabl*, Ursachen, S. 32.
60 Dölling-*Dölling*, Korruptionsprävention, 1. Kapitel Rn. 45.
61 *Schaupensteiner*, Korruption in Deutschland, S. 131, 141 f.
62 Siehe hierzu Kapitel 1 § 5.

Auf der zweiten Ebene der organisationalen Faktoren finden sich Kontrolldefizite innerhalb der Unternehmensstrukturen, die illegale Verhaltensabläufe begünstigen.[63] Auf der dritten, personenbezogenen Ebene sind der allgemeine, strukturelle Werteverfall innerhalb der Gesellschaft und das fehlende Unrechtsbewusstsein der Beteiligten entscheidende Faktoren.[64] Diese letzte Ebene resultiert aus der ökonomischen Erkenntnis, dass sich altruistisches Handeln im Wettbewerb in der heutigen Leistungsgesellschaft als nachteilig bis ruinös für das eigene Unternehmen herausgestellt hat. Das Suchen des eigenen Vorteils um jeden Preis fördert mithin bereits auf der individuellen Stufe korrupte Verhaltenspraktiken. Die auf den drei Ebenen angesiedelten Risikofaktoren führen vornehmlich im Wechselspiel zur Entstehung und Expansion von Wirtschaftskorruption.

§ 3 Institutionalisierungsgrade

Unabhängig von der abstrakten, definitorischen Annährung an das Phänomen ist die Vornahme einer Klassifikation auch anhand des Institutionalisierungsgrades der Korruption möglich. In Deutschland wird zwischen der *situativen*, der *strukturellen* und der *systemischen* Korruption unterschieden.[65]

I. Situative Korruption

Als situative Korruption werden Korruptionshandlungen bezeichnet, die Gelegenheitscharakter haben und folglich weder längerfristig geplant, noch auf Wiederholung angelegt sind.[66] Ihnen liegt vielmehr ein spontaner Willensentschluss zugrunde.[67] Die Täter sind sich in der Regel fremd und die Tatsituation umfasst häufig nicht mehr als zwei Tatbeteiligte.[68] Zudem sind die zugewendeten

---

63 *Schaupensteiner*, Korruption in Deutschland, S. 131, 141.

64 *Schaefer*, Referat, S. L 14 f.; *Schaupensteiner*, Korruption in Deutschland, S. 131, 140; *Kube/Vahlenkamp*, Phänomen, S. 45.

65 Wabnitz/Javovsky-*Bannenberg*, 10. Kapitel Rn. 6; *Berg*, Wirtschaftskorruption, S. 20 ff.; a.A. für eine Untergliederung lediglich in strukturelle und situative Korruption: *BKA*, Bundeslagebild Korruption 2010, S. 5; Zu mehreren Klassifikationskriterien (Art des durch die Korruptionshandlung bewirkten Eingriffs, Art des Tauschgegenstands, Beschäftigungsgebiet der an der Transaktion teilnehmenden Personen, Größe der Korruptionstransaktion) siehe: *Androulakis*, Globalisierung der Korruptionsbekämpfung, S. 45 ff.

66 *Berg*, Wirtschaftskorruption, S. 20 f.

67 *BKA*, Bundeslagebild Korruption 2010, S. 5.

68 Dölling-*Dölling*, Korruptionsprävention, 1. Kapitel Rn. 15.

Vorteile von nur geringem Wert, sodass auch von sog. „*Bagatellkorruption*“[69] gesprochen werden kann. Delikte dieser Art treten oft im Zusammenhang mit der Strafverfolgung, insbesondere bei Delikten im Straßenverkehr auf.[70] Situative Korruption zeichnet sich im Gegensatz zur strukturellen Korruption durch eine hohe *Hellfeldquote*[71] aus, da beteiligte Amtsträger den Vorfall häufig zur Anzeige bringen.[72] Schätzungsweise werden bis zu 90 Prozent der Fälle situativer Korruption aufgeklärt.[73] Im Jahr 2011 waren lediglich rund 14 Prozent der die Korruptionsdelikte betreffenden Ermittlungsverfahren aus dem Bereich der situativen Korruption, wohingegen ungefähr 86 Prozent der Ermittlungsverfahren dem Bereich der strukturellen Korruption entstammen.[74]

II. Strukturelle Korruption

Struktureller Korruption liegen konkrete Vorbereitungshandlungen zugrunde, die jede Spontanität der Tathandlung ausschließen.[75] Nach *Bannenberg* gliedert sich die strukturelle Korruption in drei Untergruppen: Die Gruppe der „*gewachsenen Beziehungen*“, die Gruppe der „*Netzwerke*“ und die Gruppe „*organisierter Nicht-Wirtschafts-Kriminalität*“.[76]

Die Gruppe der *gewachsenen Beziehungen* setzt eine längerfristige, geplante und auf Wiederholung angelegte Tat beispielsweise in Form von laufenden Geschäftsbeziehungen voraus.[77] Zumeist entwickelt sich die Korruptionsbeziehung über eine längere Phase des sog. „*Anfütterns*“[78]: Hierbei werden zunächst einer größeren Anzahl von Vorteilsempfängern Geschenke und kleinere Aufmerksamkeiten zum Zwecke der Kontaktpflege gemacht. Sodann erfolgt eine

---

69 *Bannenberg*, Korruption, S. 89.

70 *Dölling*, Gutachten C, S. C 18, C 20; *Höffling*, Korruption, S. 38.

71 Hellfeld bezeichnet das amtlich registrierte Kriminalitätsgeschehen.

72 *Berg*, Wirtschaftskorruption, S. 20 f.; *Dölling*, Gutachten C, S. C 20; Siehe Schaubild der Verteilung der Fälle situativer Korruption, in: *Höffling*, Korruption, S. 37 ff.

73 *Peinemann*, GmbH, S. 14.

74 *BKA*, Bundeslagebild Korruption 2011, S. 6.

75 *BKA*, Bundeslagebild Korruption 2010, S. 5.

76 *Bannenberg*, Korruption, S. 89 ff.; Die „organisierte Nicht-Wirtschafts-Kriminalität“ wird aufgrund ihres qualitativen Umfangs in Kapitel 1 § 3 III. unter dem Stichwort „*systemische Korruption*“ gesondert erörtert.

77 Dölling-*Dölling*, Korruptionsprävention, 1. Kapitel Rn. 16.

78 *Dölling*, Gutachten C, S. C 22; *Pragal*, Korruption, S. 51 ff.; *Greeve*, Korruptionsdelikte, Rn. 7; Allgemein zur strukturellen Korruption, in: *Rose-Ackerman*, Wirtschaft und Korruption, S. 40, 41 ff.

Selektion derjenigen Vorteilsempfänger, die sich als besonders korrumpierbar erwiesen haben.[79] Bei jenen wird die Kontaktpflege intensiviert und nach einer gewissen Zeit, wenn ein Abhängigkeitsverhältnis entstanden und die Hemmschwelle des Vorteilsempfängers gesunken ist, verknüpfen sich die Geschenke mit einer konkreten Forderung nach einer Gegenleistung.[80] Die Gruppe der *Netzwerke* beschreibt hingegen die organisierte Wirtschaftskriminalität, die verstärkt mit sog. *Begleitdelikten* zu den eigentlichen Korruptionsdelikten, wie jenen des Betruges, der Untreue oder der Steuerhinterziehung einhergeht und Korruption als Teil der Unternehmensstrategie ansieht.[81] Strukturelle Korruption findet sich vermehrt in den besonders anfälligen Wirtschaftszweigen des Bauwesens, der Verwaltungsverfahren mit korruptionsanfälligen Ermessensentscheidungen sowie des Vergabebereichs der öffentlichen Verwaltung.[82] Der Anwendungsbereich der §§ 299 ff. StGB umfasst hauptsächlich die beiden Erscheinungsformen der gewachsenen Beziehungen und der Netzwerke als Ausfluss der strukturellen Korruption.

III. Systemische Korruption

Die Gruppe der systematischen Einflussnahme der *organisierten Nicht-Wirtschafts-Kriminalität* auf Politik, Justiz und Verwaltung als sog. *systemische* oder *endemische Korruption* ist qualitativ der situativen und strukturellen Korruption gleichzustellen. Im Gegensatz zur Untergruppe der *Netzwerke* handelt es sich bei den Akteuren nicht notwendigerweise um legal agierende Wirtschaftsunternehmen, sondern vielmehr um Mitglieder der organisierten Kriminalität, die gezielt das politische System eines Staates zu unterwandern suchen.[83] Die Gruppe der systemischen Korruption zeichnet sich des Weiteren durch ein Fehlen beziehungsweise eine Verzögerung der Reziprozität des Austauschverhältnisses aus.[84] In einer von systemischer Korruption geprägten Gesellschaft ist

---

79 *Dölling*, Gutachten C, S. C 22; *Pragal*, Korruption, S. 51 ff.; *Greeve*, Korruptionsdelikte, Rn. 7.

80 *Dölling*, Gutachten C, S. C 22.

81 Dölling-*Dölling*, Korruptionsprävention, 1. Kapitel Rn. 16.

82 *Bannenberg/Schaupensteiner*, Korruption, S. 33; *Pragal*, Korruption, S. 42.

83 Wabnitz/Janovsky-*Bannenberg*, 12. Kapitel Rn. 7; Dölling-*Dölling*, Korruptionsprävention, 1. Kapitel Rn. 16.

84 *Berg*, Wirtschaftskorruption, S. 22 f.

die Anwendung von Bestechungshandlungen im Verkehr zwischen Bürokratie, Wirtschaft und Gesellschaft zur Regel geworden.[85] Eine systemische Einflussnahme der organisierten Kriminalität auf Staat, Bürokratie, Politik und Justiz ist in Deutschland – von wenigen Einzelfällen abgesehen – empirisch bislang nicht nachzuweisen.[86]

§ 4 Empirie

Um die Verbreitung der Wirtschaftskorruption in Deutschland erfassen zu können, führen verschiedene amtliche und nichtamtliche Quellen Statistiken über die Delinquenz der Bestechlichkeit und Bestechung im geschäftlichen Verkehr nach §§ 299, 300 StGB. In Deutschland sind dies die *Polizeiliche Kriminalstatistik* und das *Bundeslagebild Korruption* des Bundeskriminalamtes sowie die *Strafverfolgungsstatistik der Justiz* des Statistischen Bundesamtes als amtliche Quellen. Auf internationaler Ebene führt die nichtamtliche Organisation *Transparency International* Statistiken mittels des die Amtskorruptionsdelikte betreffenden *Corruptions Perceptions Index* und des die Wirtschaftskorruptionsdelikte betreffenden *Bribe Payers Index.*

I. Polizeiliche Kriminalstatistik

Die Polizeiliche Kriminalstatistik (PKS) ist eine sog. *Ausgangsstatistik*, was bedeutet, dass sie ausschließlich die polizeilich bekannt gewordenen und polizeilich ausermittelten Straftaten zum Zeitpunkt der Abgabe des Sachverhaltes an die Staatsanwaltschaft erfasst.[87] Von den Zollbehörden oder den Staatsanwaltschaften ausermittelte Fälle werden folglich in der Statistik nicht aufgeführt.[88] Bei mehreren, im Konkurrenzverhältnis stehenden Delikten ist überdies lediglich das schwerste Delikt in der Statistik enumeriert.[89]

85 *Caiden/Caiden*, Public Administration Review, 306: "a situation where wrong-doing has become the norm, and the standard accepted behavior necessary to accomplish organizational goals according to notions of public responsibility and trust has become the exception not the rule".

86 Wabnitz/Janovsky-*Bannenberg*, 12. Kapitel Rn. 7.

87 *BMI*, Polizeiliche Kriminalstatistik 2011, S. 3.

88 Momsen/Grützner-*Grützner/Behr*, Wirtschaftsstrafrecht, 9. Kapitel, B Rn. 15.

89 Momsen/Grützner-*Grützner/Behr*, Wirtschaftsstrafrecht, 9. Kapitel, B Rn. 15.

Tabelle 1[90]: Polizeiliche Kriminalstatistik zu §§ 299, 300 StGB (Jahre 2000, 2008–2013)

Jahr	Erfasste Fälle §§ 299/300 StGB	Aufklärungsquote
2013[91]	473/164	96,6%
2012[92]	456/63	90,4%
2011[93]	790/98	97,3%
2010[94]	679/82	95,9%
2009[95]	663/56	97,1%
2008[96]	488/124	86,1%
2000[97]	110/11[98]	96,8%

Aus der Statistik ergibt sich, dass die Fallzahlen zu § 299 StGB jährlich kontinuierlich ansteigen. Eine Ausnahme bilden lediglich die Fallzahlen des Jahres 2012 im Vergleich zum Vorjahr. Für das Jahr 2013 ist wieder ein Anstieg zu verzeichnen. Im Vergleich der Jahre 2000 und 2011 lässt sich für Taten nach § 299 StGB ein exorbitanter Anstieg der Fallzahlen um 637 Prozent feststellen. Im Bereich des § 300 StGB ist der Anstieg um 891 Prozent sogar noch deutlicher. Bemerkenswert ist zudem die konstant sehr hohe Aufklärungsquote von ca. 86–97 Prozent, die in offensichtlichem Widerspruch zu den ermittelten und tatsächlich (vermuteten) Schadenshöhen steht.

II. Bundeslagebild Korruption

Das vom Bundeskriminalamt erstellte Bundeslagebild Korruption (BLK) erfasst statistisch seit dem Jahr 1994 Korruptionsverfahren. Es stellt im Gegensatz zur PKS eine sog. *Eingangsstatistik* dar, was bedeutet, dass nur solche Verfahren berücksichtigt werden, die bereits zu Beginn der Polizeiermittlung verfolgt wurden. Später hinzukommende Verdachtsmomente oder auch entfallende Verdachtsgrade tauchen daher nicht in der Statistik auf. Auch Fälle, die von den Staatsanwaltschaften oder den Zollbehörden ausermittelt wurden, finden

---

90 *BMI*, Polizeiliche Kriminalstatistik 2000–2013, abrufbar unter: http://www.bka.de/DE/Publikationen/PolizeilicheKriminalstatistik/pks__node.html [zuletzt abgerufen am 11.11.2014].

91 *BMI*, Polizeiliche Kriminalstatistik 2013, a.a.O. S. 71 f.

92 *BMI*, Polizeiliche Kriminalstatistik 2012, a.a.O. S. 60.

93 *BMI*, Polizeiliche Kriminalstatistik 2011, a.a.O. S. 55.

94 *BMI*, Polizeiliche Kriminalstatistik 2011, a.a.O. S. 55.

95 *BMI*, Polizeiliche Kriminalstatistik 2009, a.a.O. S. 44.

96 *BMI*, Polizeiliche Kriminalstatistik 2009, a.a.O. S. 44.

97 *BMI*, Polizeiliche Kriminalstatistik 2000, a.a.O. S. 39.

98 *BMI*, Polizeiliche Kriminalstatistik 2000, a.a.O. S. 39: Als insgesamt erfasste Fälle zu §§ 299, 300 StGB werden widersprüchlicherweise 124 Fälle genannt.

keinen Eingang in die Statistik. Überdies wird zwischen situativer und struktureller Korruption unterschieden.[99]

Tabelle 2[100]: Bundeslagebild Korruption zu §§ 299, 300 StGB aus den Jahren 2007–2013

Jahr	Erfasste Fälle § 299 StGB	Erfasste Fälle § 300 StGB
2013[101]	3.995	329
2012[102]	2.391	278
2011[103]	25.364	3.911
2010[104]	7511	542
2009[105]	1833	610
2008[106]	1530	699
2007[107]	1025	455

Die polizeilich erfassten Fälle zu § 299 StGB haben sich im Vergleich der Jahre 2011 und 2010 verdreifacht; im Bereich des § 300 StGB liegt sogar eine Versiebenfachung innerhalb eines Jahres vor. Zum zweiten Jahr in Folge ist nunmehr jedoch ein Rückgang der Fallzahlen zu verzeichnen.[108] Diese Veränderung ist mit Vorsicht zu interpretieren. Der rasante Anstieg im Jahr 2010 war ausschließlich auf einen Ermittlungskomplex des Bundeslandes Bayern zurückzuführen, der fast alle neuerfassten Fälle seit 2009 inkorporierte,[109] wie auch der eklatante Sprung der Fallzahlen im Jahr 2011 auf Großermittlungskomplexe zurückzuführen ist, wodurch sich der Schluss auf eine niedere Dunkelziffer im Bereich der Wirtschaftskorruption verbietet.[110] Gleichwohl führt das BKA die explosionsartige Vermehrung der erfassten Fälle der Bestechlichkeit und Bestechung im geschäftlichen Verkehr auf eine erhöhte Sensibilität und Aufklärungsbereitschaft der Wirtschaft sowie den Erfolg neu eingeführter Compliancestrukturen zurück.[111]

---

99 Momsen/Grützner-*Grützner/Behr*, Wirtschaftsstrafrecht, 9. Kapitel, B Rn. 19.

100 *BKA*, Bundeslagebild Korruption 2007–2013, abrufbar unter: http://www.bka.de/DE/Publikationen/JahresberichteUndLagebilder/Korruption/korruption__node.html?__nnn=true [zuletzt abgerufen am 11.11.2014].

101 *BKA*, Bundeslagebild Korruption 2013, a.a.O. S. 6.

102 *BKA*, Bundeslagebild Korruption 2012, a.a.O. S. 4.

103 *BKA*, Bundeslagebild Korruption 2011, a.a.O. S. 9.

104 *BKA*, Bundeslagebild Korruption 2010, a.a.O. S. 9.

105 *BKA*, Bundeslagebild Korruption 2010, a.a.O. S. 9.

106 *BKA*, Bundeslagebild Korruption 2008, a.a.O. S. 16.

107 *BKA*, Bundeslagebild Korruption 2008, a.a.O. S. 16.

108 *BKA*, Bundeslagebild Korruption 2013, a.a.O. S. 14.

109 *BKA*, Bundeslagebild Korruption 2010, a.a.O. S. 21.

110 *BKA*, Bundeslagebild Korruption 2011, a.a.O. S. 20.

111 *BKA*, Bundeslagebild Korruption 2011, a.a.O. S. 20.

III. Strafverfolgungsstatistik der Justiz

Die Strafverfolgungsstatistik der Justiz des Statistischen Bundesamtes (SVS) erhebt seit dem Jahr 1998 gesonderte Daten zu §§ 299, 300 StGB. Es handelt sich hierbei um eine sog. *Verurteiltenstatistik*, die die Zahlen zum Abschluss des Strafverfahrens ausweist.[112] Allerdings sind auch ihre Ergebnisse als relativ zu bezeichnen, da sie bei mehreren, im Konkurrenzverhältnis stehenden Taten nur den mit schwererer Strafe bedrohten Straftatbestand erfasst. Zudem werden Straftaten, die aus Opportunitätsgründen eingestellt wurden, nicht aufgelistet.

Tabelle 3[113]: Abgeurteilte[114] und Verurteilte[115] nach §§ 299, 300 StGB aus den Jahren 2007–2012

Jahr	Abgeurteilt nach § 299 StGB	Verurteilt nach § 299 StGB	Abgeurteilt nach § 300 StGB	Verurteilt nach § 300 StGB
2012[116]	86	61	43	36
2011[117]	106	72	58	51
2010[118]	105	78	40	36
2009[119]	60	34	49	47
2008[120]	72	49	33	29
2007[121]	64	56	41	36

112 Momsen/Grützner-*Grützner/Behr*, Wirtschaftsstrafrecht, 9. Kapitel, B Rn. 17.

113 *Statistisches Bundesamt*, Strafverfolgungsstatistik 2012, abrufbar unter: https://www.destatis.de/DE/Publikationen/Thematisch/Rechtspflege/StrafverfolgungVollzug/Strafverfolgung.html [zuletzt abgerufen am 11.11.2014].

114 *Statistisches Bundesamt*, Fachserie 10, Reihe 3, 2010, S. 13: „**Abgeurteilte** sind Angeklagte, gegen die Strafbefehle erlassen wurden bzw. Strafverfahren nach Eröffnung des Hauptverfahrens durch Urteil oder Einstellungsbeschluss rechtskräftig abgeschlossen worden sind", abrufbar unter www.destatis.de [zuletzt abgerufen am 11.11.2014].

115 *Ebd.*, S. 15: „**Verurteilte** sind Angeklagte, gegen die nach allgemeinem Strafrecht Freiheitsstrafe, Strafarrest oder Geldstrafe (auch durch einen rechtskräftigen Strafbefehl) verhängt worden ist, oder deren Straftat nach Jugendstrafrecht mit Jugendstrafe, Zuchtmitteln oder Erziehungsmaßregeln geahndet wurde".

116 *Statistisches Bundesamt*, Strafverfolgungsstatistik 2012, a.a.O. S. 72.

117 *Statistisches Bundesamt*, Strafverfolgungsstatistik 2011, a.a.O. S. 70, 102.

118 *Statistisches Bundesamt*, Strafverfolgungsstatistik 2010, a.a.O. S. 72.

119 *Statistisches Bundesamt*, Strafverfolgungsstatistik 2009, a.a.O. S. 70, 72.

120 *Statistisches Bundesamt*, Strafverfolgungsstatistik 2008, a.a.O. S. 70, 72.

121 *Statistisches Bundesamt*, Strafverfolgungsstatistik 2007, a.a.O. S. 70.

Bei einem Vergleich der Zahlen der SVS zu den Statistiken des BLK und der PKS ist auffällig, dass nur ein Bruchteil der von der Polizei ausermittelten Fälle tatsächlich Eingang ins Hauptverfahren der StPO findet und ein noch geringerer Anteil der Fälle zu einer Verurteilung führt. Im Vergleich zu allen polizeilich bekannt gewordenen Straftaten spielen daher die Korruptionsdelikte der §§ 331 ff., 298 ff. StGB eine noch immer vornehmlich subordinative Rolle.[122] Laut dem Zweiten Periodischen Sicherheitsbericht des Bundesministeriums des Inneren machten im Jahr 2005 die Korruptionsdelikte im privaten und öffentlichen Sektor nur rund 0,03 Prozent des gesamten polizeilichen Fallaufkommens aus.[123]

IV. Corruptions Perceptions Index

Die Nichtregierungsorganisation *Transparency International* erstellt jährlich einen internationalen Wahrnehmungsindex (*Corruptions Perceptions Index*/ CPI), um den Verbreitungsgrad an Korruption unter Amtsträgern und Politikern darzustellen. Hierbei wird das Ausmaß der Amtsträgerkorruption durch eine Punktevergabe für Länder von maximal 100 Punkten für korruptionsfreie Staaten, bis minimal 0 Punkte für Staaten, die extrem von Korruption betroffen sind, dargestellt. Der CPI basiert hierbei auf Umfragen und Untersuchungen unabhängiger Institutionen in insgesamt 176 Staaten.[124] Deutschland rangiert bei den Ergebnissen des Wahrnehmungsindexes von 2013[125] auf Rang 12 mit einer Punktplatzierung von 78 Punkten und schneidet damit im internationalen Vergleich gut ab. Die ersten Ränge belegen Dänemark, Finnland und Neuseeland mit 89–91 Punkten; auf den letzten Plätzen rangieren Nordkorea, Afghanistan und Somalia mit 8 Punkten.[126]

V. Bribe Payers Index

Eine weitere nichtamtliche Quelle für den Verbreitungsgrad an Korruption in Deutschland findet sich im *Bribe Payers Index* (BPI), der ebenfalls von *Transparency International* erstellt wird und das Gegenstück des CPI für die Privatwirtschaft bereithält. Der BPI listet diesbezüglich die großen Exportstaaten hinsichtlich der

---

122 *Dölling*, Gutachten C, S. C 13; *Fischer*, Vor § 298 Rn. 4.

123 *BMI/BMJ*, 2. PSB, S. 246.

124 Momsen/Grützner-*Grützner/Behr*, Wirtschaftsstrafrecht, 9. Kapitel, B Rn. 26.

125 Transparency International Corruptions Perceptions Index für 2013, abrufbar unter: http://www.transparency.org/cpi2013/results [zuletzt abgerufen am 11.11.2014].

126 Transparency International Corruptions Perceptions Index für 2013, abrufbar unter: http://www.transparency.org/cpi2013/results [zuletzt abgerufen am 11.11.2014].

Bereitschaft ihrer Unternehmen auf, Bestechungsgelder an Amtsträger in Schwellenländer für den Abschluss von Wirtschaftsgeschäften zu zahlen.[127] Hierbei werden Führungskräfte von Unternehmen dazu befragt, mit welcher Häufigkeit nach ihrer Erfahrung Unternehmen aus Exportländern Bestechungsleistungen tätigen. Aus dem Durchschnittswert der Antworten der Befragten ergibt sich der BPI. Deutschland rangiert hier auf dem vierten Platz hinter den von Wirtschaftskorruption am wenigsten betroffenen Staaten der Niederlande, Schweiz und Belgien.[128] Die Ergebnisse des BPI und des CPI sind allerdings kaum wissenschaftlich fundiert, da sie auf den subjektiven Einschätzungen der intransparent ausgewählten Teilnehmer der Umfragen beruhen, wobei überdies keinem dieser Teilnehmer eine präzise Korruptionsdefinition zur Beantwortung der gestellten Fragen zu Grunde liegt.[129] Zudem mangelt es den Indexes an Transparenz, da die Quellen zum Teil nicht veröffentlicht werden und auf der Homepage von *Transparency International* keine Auflistung erfahren.[130] Ein zusätzliches Problem liegt in der „Varianz der Quellen"[131], die von Land zu Land und von Index zu Index variiert.

VI. Stellungnahme

Die Feststellung, dass es sich bei der Bestechlichkeit und Bestechung im geschäftlichen Verkehr um ein sog. *Heimlichkeitsdelikt* handelt, ist neben den bereits beschriebenen Mängeln jeder einzelnen Statistik Hintergrund für die beschränkte Aussagekraft der Ergebnisse der konkreten Fallzahlen der Statistiken. Dabei lässt die hohe Aufklärungsquote der Korruptionsdelikte von ca. 80–89 Prozent[132] auf eine sehr hohe Dunkelziffer schließen.[133] Hierdurch – und dies ist allen Statistiken, sei es national oder international, gemein – lassen sich keine festen Bestandsgrößen über die tatsächliche Delinquenz der Wirtschaftskorruption in Deutschland ausmachen. Gründe hierfür sind zum einen fehlende Anzeigenerstatter und Zeugen aufgrund der Ermangelung typischer Opferstellungen sowie die hohe Konspirativität der Strukturen und zum anderen Beweisschwierigkeiten

---

127 Dölling-*Dölling*, Korruptionsprävention, 1. Kapitel Rn. 11.

128 Transparency International, Ergebnisse des Bribe Payers Index 2011, abrufbar unter: http://www.transparency.de/Bribe-Payers-Index-BPI-2011.1977.0.html [zuletzt abgerufen am 11.11.2014].

129 *Tron*, Kassenärzte, S. 51 f.

130 *Muno*, Korruptionsmessung, S. 20 f.

131 *Muno*, Korruptionsmessung, S. 21.

132 Wabnitz/Janovsky-*Bannenberg*, 12. Kapitel Rn. 22: Prozentangaben basieren auf dem Stand von 2014.

133 Wabnitz/Janovsky-*Bannenberg*, 12. Kapitel Rn. 22.

der Staatsanwaltschaften im konkreten Einzelfall.[134] Korruptionsabsprachen werden im Normalfall nicht schriftlich fixiert und können daher auch nicht über den Urkundenbeweis in den Prozess eingeführt werden.[135] Die Strafverfolgungsorgane stehen mithin im Bereich der Korruptionsdelikte vor immensen Ermittlungsschwierigkeiten. Im Ergebnis lässt sich festhalten, dass die Aussagekraft der amtlichen sowie nichtamtlichen Statistiken begrenzt ist und im Hinblick auf das Ausmaß der tatsächlichen Fallzahlen zur Wirtschaftskorruption lediglich indiziell wirkt. Gleichwohl stellt sich Korruption als ubiquitäres Phänomen dar, was überdies die Mitte des Jahres 2011 erfolgte Studie von PricewaterhouseCoopers und der Martin-Luther-Universität Halle-Wittenberg bei der Befragung von insgesamt 830 deutschen Unternehmen belegt:[136] Nach ihrer Untersuchung sind ca. 73% deutscher Unternehmen von Wirtschaftskriminalität betroffen.[137]

§ 5 Kronzeugenregelung des § 46b StGB

Zur Bekämpfung des Terrorismus und der organisierten Kriminalität, einschließlich der schweren Wirtschaftskriminalität trat am 01. September 2009 die neue, „große" Kronzeugenregelung des § 46b StGB in Kraft,[138] die auf manifeste Kritik seitens der Literatur stieß und deren Abänderung mittels des Strafrechtsänderungsgesetzes zur Beschränkung der Möglichkeit der Strafmilderung bei Aufklärungs- und Präventionshilfe[139], die am 14. März 2013 vom Bundestag angenommen wurde, nicht lange auf sich warten ließ. Gleichwohl ist die neue, „große" Kronzeugenregelung ein erster Meilenstein in der Verbesserung der soeben geschilderten Ermittlungsproblematik im Rahmen der Wirtschaftskorruption. Die besonders schweren Fälle der Bestechlichkeit und Bestechung im geschäftlichen Verkehr nach § 300 StGB sind nunmehr erstmals von einer Kronzeugenregelung erfasst. Hierdurch erhofft sich der Gesetzgeber die, durch hohe Konspirativität geprägten Strukturen der Wirtschaftskorruption zu

---

134 *Dölling*, Gutachten C, S. C 73 f.; *Vahlenkamp/Knauß*, Korruption, S. 200.

135 Wabnitz/Janovsky-*Bannenberg*, 12. Kapitel Rn. 22.

136 *Bussmann/Nestler/Salvenmoser*, Wirtschaftskriminalität, S. 12.

137 *Bussmann/Nestler/Salvenmoser*, Wirtschaftskriminalität, S. 19.

138 Beschlussempfehlung und Bericht des Rechtsausschusses zu dem Entwurf der Bundesregierung (BT-Drs. 16/6268, S. 1) zu einem Gesetz zur Änderung des Strafgesetzbuches – Strafzumessung bei Aufklärungs- und Präventionshilfe, BT-Drs. 16/13094, S. 1 f.

139 BT-Drs. 17/9695; Beschlussempfehlung und Bericht des Rechtsausschusses BT-Drs. 17/12732.

durchbrechen.[140] Bereits im Gesetzgebungsverfahren zur Implementierung des § 299 StGB wurde über die Einführung einer Kronzeugenregelung in einem potentiellen § 300a StGB kontrovers diskutiert. Der Vorschlag wurde damals jedoch wegen fehlender empirischer Daten zu den tatsächlichen Vorteilen einer solchen Regelung ausdrücklich fallen gelassen.[141] Im Rahmen der im Jahr 2009 erlassenen Kronzeugenregelung konnte „Jedermann" Kronzeuge nach § 46b Abs. 1 S. 1 StGB sein, der Täter einer Straftat mit im Mindestmaß erhöhter oder lebenslanger Freiheitsstrafe ist. Durch das Strafrechtsänderungsgesetz aus dem Jahr 2013 wurde der Anwendungsbereich des § 46b StGB dahingehend beschränkt, dass nunmehr ein Konnexitätserfordernis zwischen Anlasstat und aufzuklärender Katalogtat bestehen muss. § 46b StGB sieht unter bestimmten Voraussetzungen erhebliche Strafmilderungen durch Strafrahmenverschiebungen für Kronzeugen vor, die den Strafverfolgungsbehörden Hinweise für von Dritten begangene, bestimmte Katalogtaten – beispielsweise im Bereich der Wirtschaftskorruption – geben. An die Stelle der Strafmilderung kann nach § 46b Abs. 1 S. 4 StGB überdies ein Absehen von Strafe treten, wenn die Straftat ausschließlich mit zeitiger Freiheitsstrafe bedroht ist und der Täter hiervon nicht mehr als drei Jahre verwirkt hat. Nach § 46b Abs. 1 S. 1 Nr. 1 StGB kann der Kronzeuge durch freiwilliges Offenbaren seines Wissens wesentlich dazu beitragen, dass eine Katalogtat nach § 100a Abs. 2 StPO aufgedeckt werden kann, sog. *Aufklärungshilfe*, oder aber sein Wissen freiwillig so rechtzeitig einer Dienstelle offenbaren, dass eine ebensolche Tat, von deren Planung er weiß, noch verhindert werden kann, sog. *Präventionshilfe* gemäß § 46b Abs. 1 S. 1 Nr. 2 StGB. Ob § 49 Abs. 1 StGB indes Anwendung findet, steht im Ermessen des Gerichts. Die Neuregelung des § 46b StGB ist trotz ihrer Änderung durch das Strafrechtsänderungsgesetz im Jahr 2013 aufgrund ihrer systematischen Einordnung im Allgemeinen Teil des StGB, ihres weiten Anwendungsbereichs durch den Verweis auf den Tatkatalog des § 100a Abs. 2 StPO sowie das bemerkenswerte Ausmaß ihrer Rechtsfolgen als ausnehmend extensiv und nicht unproblematisch zu bezeichnen.[142]

I. Vorgeschichte zur Einführung der neuen Kronzeugenregelung

Über die Einführung einer umfassenden Kronzeugenregelung ist in Deutschland über Jahrzehnte hinweg gestritten worden.[143] Mit § 31 BtMG gelangte erstmals im

140 BT-Drs. 16/13094, S. 1 f.

141 BT-Drs. 14/9258, S. 3; zu den Gründen siehe: BT-Drs. 14/5938, S. 13 f.

142 *Sahan/Berndt*, BB 2010, 647.

143 *König*, NJW 2009, 2481.

Jahr 1982 eine sog. „*kleine*" Kronzeugenregelung für die Betäubungsmitteldelikte ins Nebenstrafrecht.[144] Hierdurch erhoffte man sich eine verbesserte Aufklärung der BtMG-Sachverhalte und eine abschreckende, und damit korrelierende, generalpräventive Wirkung für potentielle Straftäter.[145] Die kriminalpolitische Legitimität dieser Regelung blieb jedoch streitig. Gleichwohl wird § 31 BtMG in der Praxis als ein „überaus wirkungsvolles Ermittlungsinstrument"[146] angepriesen, an welchem trotz Einführung des § 46b StGB weiter festgehalten wird.[147] Eine entsprechende Regelung für terroristische Straftaten enthielt das Gesetz vom 16.6.1989[148], das bis 31.12.1999 befristet war und danach nicht weiter verlängert wurde. Die §§ 129 Abs. 6 Nr. 2, 129a Abs. 7, 261 Abs. 10 StGB enthielten weitere, in ihrem sachlichen Anwendungsbereich beschränkte Regelungen zur Aufklärungs- und Präventionshilfe, welche wie § 261 Abs. 10 StGB durch die Neuregelung des § 46b StGB abgeschafft oder wie § 31 BtMG n.F. an § 46b StGB angepasst wurden.[149] Ab dem Jahr 2000 ergingen mehrere Initiativen zur Einführung einer umfassenden Kronzeugenregelung, die jedoch allesamt erfolglos blieben.[150]

II. Kritik an der neuen Kronzeugenregelung

Die Begründung für den umfassenden Gesetzesentwurf aus dem Jahr 2009, dessen Gesetzgebungsverfahren trotz ablehnender Kritik der Berufsverbände[151] zügig abgeschlossen wurde, ist überraschend, da sie „eher konstatiert als begründet"[152]. So wird von einem nicht ausreichenden Umfang an zur Verfügung stehender Instrumente zur Aufklärung und Verhinderung von Straftaten und einer größeren Anreizwirkung zur Kooperation gesprochen,[153] obwohl eine

---

144 *Fischer*, § 46b Rn. 2.

145 *Frank/Titz*, ZRP 2009, 137, 138.

146 Körner/Patzak/Volkmer-*Patzak*, § 31 Rn. 9.

147 *Salditt*, StV 2009, 375, 376: § 31 BtMG „als seit Jahren etablierte praktische Regel".

148 BGBl. 1989 I, 1059.

149 BT-Drs. 17/9695, S. 5.

150 *König*, NJW 2009, 2481, 2482.

151 Stellungnahme BRAK Nr. 36/2007, S. 3 ff., abrufbar unter: http://www.brak.de/zur-rechtspolitik/stellungnahmen-pdf/stellungnahmen-deutschland/2007/september/stellungnahme-der-brak-2007-36.pdf [zuletzt abgerufen am 11.11.2014].

152 *König*, NJW 2009, 2481, 2482.

153 Beschlussempfehlung und Bericht des Rechtsausschusses zu dem Entwurf der Bundesregierung (BT-Drs. 16/6268, S. 1) zu einem Gesetz zur Änderung des Strafgesetzbuches – Strafzumessung bei Aufklärungs- und Präventionshilfe, BT-Drs. 16/13094, S. 1 f.

empirische Untermauerung dieser Begründung ausbleibt.[154] Das Strafrechtsänderungsgesetz zu § 46b StGB aus dem Jahr 2013 liefert die fehlende Empirie bemerkenswerterweise ebenfalls nicht nach.[155] Überdies stößt die Neuregelung aus dem Jahr 2009 gerade im Bereich der §§ 299, 300 StGB auf mehrere dogmatische Friktionen, die im Folgenden genauer untersucht werden.

1. *Verstoß gegen das Legalitätsprinzip*

Das Legalitätsprinzip der §§ 152 Abs. 2, 170 Abs. 1 StPO, als eines der tragenden Grundprinzipien der deutschen Strafprozessordnung, inkorporiert den Verfolgungs- und Anklagezwang der Staatsanwaltschaft.[156] Der Verfolgungs- und Anklagezwang sieht lediglich unter restriktiven Voraussetzungen Ausnahmen gemäß des sog. *Opportunitätsprinzips* nach §§ 153 ff., 154 ff. StPO vor. Im Anwendungsbereich dieser das Legalitätsprinzip durchbrechenden Opportunitätsentscheidungen bestehen allerdings potentielle Friktionen mit der neuen, großen Kronzeugenregelung sowohl in der Fassung aus dem Jahr 2009 als auch in der Fassung aus dem Jahr 2013. Die Staatsanwaltschaft kann nach § 153b Abs. 1 StPO von der Erhebung einer öffentlichen Klage absehen, wenn das Gericht von Strafe absehen könnte, wodurch nunmehr auch für den Fall des § 46b StGB eine Einstellungsmöglichkeit nach § 153b StPO eröffnet ist.[157] Während §§ 153 ff., 154 ff. StPO Delikte einfacher bis mittlerer Kriminalität für eine Einstellung der Strafverfolgung voraussetzen, ermöglicht § 46b StGB über den Verweis auf den Straftatenkatalog des § 100a Abs. 2 StPO die Einstellung von Delikten mittlerer bis schwerer Kriminalität, wodurch es zu Friktionen mit den restriktiven Voraussetzungen des Opportunitätsprinzips kommt.[158] Diese Erweiterung der Einstellungsmöglichkeiten auf Delikte mittlerer bis schwerer Kriminalität bringt die sensible Austarierung zwischen Legalitäts- und Opportunitätsprinzip ins Wanken und stellt mithin einen Verstoß gegen das Legalitätsprinzip dar.[159]

---

154 *Frank/Titz*, ZRP 2009, 137, 138; *Sahan/Berndt*, BB 2010, 647, 648.

155 BT-Drs. 17/9695, S. 6 ff.

156 Meyer-Goßner-*Schmitt*, § 152 Rn. 2.

157 *Peglau*, wistra 2009, 409, 412; Meyer-Goßner-*Schmitt*, § 153b Rn. 1; *Sahan/Berndt*, BB 2010, 647, 648.

158 *Sahan/Berndt*, BB 2010, 647, 648.

159 *Sahan/Berndt*, BB 2010, 647, 648.

2. *Verstoß gegen das Schuldprinzip*

Seit Einführung der großen Kronzeugenregelung im Jahr 2009 ist in der Literatur ein Verstoß der Textierung gegen das Schuldprinzip des § 46 Abs. 1 S. 1 StGB kontrovers diskutiert und überwiegend bejaht worden,[160] da sie denjenigen Täter privilegierte, der zur Aufklärung einer Katalogtat des § 100a Abs. 2 StPO beitrug, ohne dass ein Zusammenhang im Sinne einer Konnexität zwischen seiner Anlasstat und der aufzuklärenden Katalogtat bestehen musste. Als Ausfluss der Regelung des § 46 Abs. 1 S. 1 StGB, vertritt der BGH jedoch in ständiger Rechtsprechung die sog. *Spielraumtheorie*, wonach die Strafzumessung von der Schwere der Tat in ihrer Bedeutung für die verletzte Rechtsordnung sowie dem Grad der persönlichen Schuld des Täters abhängt.[161] Der Tatrichter hat unter Abwägung der genannten Gesichtspunkte folglich in jedem Einzelfall die „schuldangemessene Strafe" zu bestimmen.[162] Was als „schuldangemessen" zu klassifizieren ist, ist nicht definiert und unterliegt einem Spielraum zwischen der „schon" und der „noch" angemessenen Strafe.[163] Innerhalb dieses Spielraums können zwar präventive Strafzwecke berücksichtigt werden, allerdings lediglich soweit, wie sie die schuldangemessene Strafe nicht unter- oder überschreiten, wobei der Tatsache Rechnung zu tragen ist, dass die Schuldvergeltung weiterhin maßgeblicher Aspekt des Strafzweckes ist. Mangels Konnexitätserfordernisses konnte mithin ein Mörder gemäß § 46b StGB Strafmilderung in seinem Mordprozess erlangen, wenn er über korruptive Verhaltensweisen von Mitarbeitern seines Unternehmens Auskünfte erteilte.[164] Folge hiervon war, dass, obwohl sich die Strafe weder nach oben noch nach unten aus ihrer Bestimmung als gerechtem Schuldausgleich lösen darf,[165] § 46b StGB mit dem Verzicht auf das Konnexitätserfordernis die Strafe aus dem durch obere und untere Grenzen markierten Bezug zum Maß der Schuld löste.[166] Ob es in der Folge allerdings tatsächlich zu solchen Ausnahmeprivilegierungen kam, ist empirisch nicht belegt.[167]

---

160 *Frank/Titz*, ZRP 2009, 137, 139; *Sander*, StraFo 2010, 365, 367 f.; *Salditt*, StV 2009, 375 f.; *Sahan/Berndt*, BB 2010, 647, 648; a.A. *Kaspar/Wengenroth*, GA 2010, 453, 462 ff; *Fischer*, § 46b Rn. 4a.

161 BGHSt 3, 179.

162 BGHSt 20, 264, 266.

163 BGHSt 7, 28, 32; *Kaspar/Wengenroth*, GA 2010, 453, 462.

164 Beispiel angelehnt an: *Frank/Titz*, ZRP 2009, 137, 139.

165 BGHSt 24, 132, 134.

166 BeckOK-*von Heintschel-Heinegg*, § 46b Rn. 4; a.A. *Kaspar/Wengenroth*, GA 2010, 453, 462 ff.

167 *Peglau*, NJW 2013, 1910, 1911.

Das neue Strafrechtsänderungsgesetz zur Beschränkung der Möglichkeit zur Strafmilderung bei Aufklärungs- und Präventionshilfe aus dem Jahr 2013 führte aus diesen Gründen ein Konnexitätserfordernis zwischen Anlasstat und aufzuklärender Katalogtat mittels der Worte „die mit seiner Tat im Zusammenhang steht" in § 46b Abs. 1 S. 1 Nr. 1 und Nr. 2 StGB sowie § 31 S. 1 Nr. 1 und Nr. 2 BtMG, in den die Rechtsprechung eine solche Verbindung bereits zuvor hineininterpretierte, ein.[168] Zur Konkretisierung des Terminus „Zusammenhang" verweist die Begründung des Strafrechtsänderungsgesetzes auf die von der Rechtsprechung zu § 31 BtMG entwickelten Vorgaben.[169] Diese Vorgaben sehen sowohl ein Negativ- als auch ein Positivkriterium zur Bestimmung des Terminus „Zusammenhanges" vor. In negativer Hinsicht kann es sich bei der Anlasstat um eine rechtlich selbstständige Tat handeln, die nicht Gegenstand des anhängigen Verfahrens sein muss.[170] Die Anlasstat muss mithin mit der Katalogtat keine prozessuale Tat nach § 264 StPO bilden. Das Positivkriterium setzt hingegen voraus, dass ein „innerer oder inhaltlicher Bezug" zwischen Anlass- und Katalogtat besteht.[171] Wie dieser innere Bezug ausgestaltet sein soll, ist in der Gesetzesbegründung allerdings vage formuliert und muss in jedem Einzelfall neu entschieden werden. Die Gesetzesbegründung führt insoweit aus, dass allein die Zugehörigkeit zu einer Bande oder Gruppe, ein zeitliches oder örtliches Zusammentreffen beider Taten oder eine persönliche Beziehung zwischen den beiden Tätern noch nicht genügen sollen, um einen solchen Zusammenhang zu begründen.[172] Beide Taten müssten sich vielmehr „in das verabredete Gesamtgeschehen einfügen", wobei auf die Rechtsprechung zu den sog. „*kleinen*" Kronzeugenregelungen der § 31 BtMG a.F., §§ 129, 129a StGB a.F. verwiesen wird.[173] Ein Verstoß gegen das Schuldprinzip nach § 46 Abs. 1 S. 1 StGB und das aus dem Rechtsstaatsprinzip abgeleitete Gebot der materiellen Gerechtigkeit ist durch Einführung der Änderung zu § 46b StGB folglich nicht mehr zu verzeichnen.[174] Gleichwohl bleibt fraglich, wie die „unterschiedliche Strafmilderungsrelevanz" desselben Sachverhalts, die die unstreitig bestehende, positive Leistung des auch externen Täters, die zur Aufklärung einer Katalogtat eines Dritten beiträgt, als Strafmilderung in

---

168 BT-Drs. 17/9695, S. 5.
169 BT-Drs. 17/9695, S. 8.
170 BT-Drs. 17/9695, S. 8.
171 BT-Drs. 17/9695, S. 8.
172 BT-Drs. 17/9695, S. 8 f.
173 BT-Drs. 17/9695, S. 8.
174 BT-Drs. 17/9695, S. 6.

§ 46 Abs. 2 StGB aufgefasst werden kann, während § 46b StGB in der gleichen Konstellation ausscheiden soll.[175]

3. *Verstoß gegen Art. 3 Abs. 1 GG*

Kritik hat die Neuregelung des § 46b StGB aus dem Jahr 2009 zudem im Hinblick auf das verfassungsrechtliche Gebot der Gleichbehandlung gemäß Art. 3 Abs. 1 GG erfahren, welche überdies auch nach Inkrafttreten des Strafrechtsänderungsgesetzes aus dem Jahre 2013 fortwirkt. Das Gleichbehandlungsgebot strahlt in die Strafzumessung aus und ist dann verletzt, „wenn eine Gruppe von Normadressaten im Vergleich zu anderen Normadressaten anders behandelt wird, obwohl zwischen beiden Gruppen keine Unterschiede von solcher Art und solchem Gewicht bestehen, daß sie die ungleiche Behandlung rechtfertigen könnten“[176]. Eine solche, nicht gerechtfertigte Ungleichbehandlung folgt aus dem restriktiven Anwendungsbereich des § 46b StGB im Hinblick auf die Anlasstat, wonach Täter von Delikten einfacher Kriminalität nicht in den Anwendungsbereich der Norm fallen, obwohl ihnen im Hinblick auf die Katalogtat möglicherweise gleiches Offenbarungspotential wie Tätern von Delikten mittlerer und schwerer Kriminalität zukommt.[177] Nach Auffassung des Gesetzgebers liegt kein Verstoß gegen den Gleichheitsgrundsatz vor, da auch Tätern, die nicht in den Anwendungsbereich des § 46b StGB fallen, nach § 46 Abs. 2 StGB oder §§ 153 ff. StPO eine schuldangemessene Strafe zukommen kann; der sachliche Rechtfertigungsgrund liege folglich darin, dass eine Konzentration der Kronzeugenregelung auf den Bereich strukturell abgeschotteter Kriminalität gerade wünschenswert sei.[178] Diese Begründung ist jedoch insoweit nicht stichhaltig, als allein nach § 46b Abs. 1 S. 4 StGB ein Absehen von Strafe mit einer Einstellung nach § 153b StPO ermöglicht wird und diese Einstellungsmöglichkeit dem Täterkreis der einfachen bis mittleren Kriminalität verwehrt bleibt.[179] Im Hinblick auf Art. 3 Abs. 1 GG bleibt die Neuregelung daher verfassungsrechtlich bedenklich.[180]

---

175 *Kaspar*, Stellungnahme Strafrechtsänderungsgesetz, S. 7 f., abrufbar unter: http://www.jura.uni-augsburg.de/lehrende/professoren/kaspar/aktuell_download/kaspar_stn_kronzeugenregelung_dt_bundestag.pdf [zuletzt abgerufen am 11.11.2014].

176 BVerfGE 78, 232, 247.

177 *Sahan/Berndt*, BB 2010, 647, 648; NK-*Streng*, § 46b Rn. 6.

178 BT-Drs. 17/9695, S. 7.

179 *Kaspar/Wengenroth*, GA 2010, 453, 459.

180 So auch im Ergebnis: *Kaspar/Wengenroth*, GA 2010, 453, 460.

4. *Verstoß gegen die Öffentlichkeit und Mündlichkeit des Verfahrens*

Die Neuregelung der Präklusionsvorschrift des § 46b Abs. 3 StGB, die auch nach dem Strafrechtsänderungsgesetz aus dem Jahr 2013 Bestand hat, verstößt gegen die Prozessmaximen der Öffentlichkeit der Hauptverhandlung nach § 169 GVG und der Mündlichkeit des Strafverfahrens nach § 261 StPO. Durch § 46b Abs. 3 StGB werden die wesentlichen Rechtsfolgenfragen in die sog. „*black box* des Vernehmungszimmers"[181] – das Ermittlungsverfahren – erneut vorverlagert und konterkarieren damit Transparenzbestrebungen des Gesetzgebers wie jene des § 257c StPO.[182] Laut der von *König* vertretenen Ansicht wird es in Zukunft daher zwei Arten von Kronzeugen geben, diejenigen, die ihre Aufklärungs- oder Präventionshilfe vor der Eröffnung des Hauptverfahrens absolvieren und diejenigen, die dies erst nach Eröffnung in der Hauptverhandlung durch eine Verständigung im Sinne des § 257c StPO leisten:[183] Für erstere gelten dann die Rechtsfolgen der §§ 46b, 49 Abs. 1, 46 Abs. 2 StGB und für letztere besteht lediglich die Strafmilderungsmöglichkeit nach § 46 Abs. 2 StGB im Rahmen der Würdigung des Nachtatverhaltens.

5. *Probleme in der Praxis zwischen großer Kronzeugenregelung und § 299 StGB*

Nach Inkrafttreten der neuen, großen Kronzeugenregelung 2009 wurden vermehrt Compliancebeauftragte innerhalb der Unternehmen eingesetzt, die die Bilanzen unter die Lupe nehmen sollten; denn in der Praxis der Unternehmen werden Vorteilsannahmen bzw. -gewährungen nach § 299 StGB oftmals als Provisionszahlungen gebucht und als steuerwirksam gewinnmindernde Betriebsausgaben abgesetzt.[184] Dies stellt jedoch einen Verstoß gegen § 4 Abs. 5 S. 1 Nr. 10 EStG dar. Insbesondere bei den als Provisionszahlungen deklarierten Altfällen kommt es nunmehr zu Problemen mit § 299 StGB. Werden die falschen Steuererklärungen ordnungsgemäß berichtigt, entfällt zwar eine Strafbarkeit wegen Steuerhinterziehung, da dies für die Unternehmensleitung als strafbefreiende Selbstanzeige gemäß § 371 AO oder nach § 371 Abs. 4 AO strafbefreiend für Dritte wirkt. Die Strafbarkeit nach § 299 StGB bleibt jedoch bestehen. Das Finanzamt ist überdies gemäß § 4 Abs. 5 S. 1 Nr. 10 S. 3 EStG dazu angehalten,

181 *König*, NJW 2009, 2481, 2483.
182 *Fischer*, § 46b Rn. 4b, 4c.
183 *König*, NJW 2009, 2481, 2483.
184 *Sahan/Berndt*, BB 2010, 647, 649 ff.

den Sachverhalt an die Staatsanwaltschaft zu melden.[185] Durch die neue Kronzeugenregelung ist das Risiko für Unternehmen nach §§ 299, 300 StGB belangt zu werden zudem exorbitant gestiegen, da sich Mitarbeiter durch die Begünstigungen der Regelung animiert sehen könnten, als Kronzeugen aufzutreten. Das nunmehr weitergehende Erfordernis des inneren oder inhaltlichen Zusammenhangs von Anlass- und Katalogtat ändert an diesem Ergebnis grundsätzlich nichts, da es im Bereich der §§ 299, 300 StGB bei Unternehmen, die sich großflächig der Korruption im geschäftlichen Verkehr verschrieben haben, leichter erfüllt ist als bei anderen Katalogtaten.

III. Stellungnahme

Unabhängig von den aufgezeigten dogmatischen Problemen der neuen Kronzeugenregelung birgt diese für die Praxis gerade im Hinblick auf § 299 StGB auch große Vorteile. Ähnlich der kleinen Kronzeugenregelung des § 31 BtMG oder auch der Kronzeugenregelung im Kartellrecht verbessert die umfassende Neuregelung im StGB die Funktionsfähigkeit der Strafrechtspflege, da nunmehr effektive Mechanismen geschaffen wurden, um korruptive Strukturen aufzubrechen und die Ermittlungsarbeit voranzutreiben. Zudem dient die Regelung, vornehmlich im Bereich der Wirtschaftskorruption, Aspekten der Generalprävention. Allerdings steigt durch die Honorierung des Denunziantentums auch das Risiko von Falschbelastungen. Die Sicherungsmechanismen des Gesetzgebers mit der der Neuregelung einhergehenden Strafrahmenerhöhungen der §§ 145d, 164 StGB und der Einführung der Präklusionsvorschrift des § 46b Abs. 3 StGB bieten hierfür keinen ausreichenden Schutz.[186] Täter eines Kapitalverbrechens lassen sich nur schwerlich durch das Risiko einer Strafe für eine Falschaussage abschrecken, wenn ihnen im Gegenzug der Erlass eines nicht unerheblichen Teils ihrer Freiheitsstrafe eröffnet wird. Das Strafrechtsänderungsgesetz zu § 46b StGB ist im Ergebnis begrüßenswert, da es durch Einführung eines Konnexitätserfordernisses zwischen Anlass- und Katalogtat Probleme im Zusammenhang mit dem Schuldprinzip weitgehend minimiert, auch wenn die dahingehende Änderung noch nicht alle vorliegenden Friktionen zu tilgen vermag. Friktionen mit dem Legalitätsprinzip, dem Gleichheitsgrundsatz des Art. 3 Abs. 1 GG und den mittelbaren Folgen für die Prozessmaximen liegen vielmehr weiterhin vor. Eine umfassende, „große“ Kronzeugenregelung ist

185 Zur Frage, ob eine umfassende Mitteilungsverpflichtung besteht: *Madauß*, NZWiSt 2013, 176 ff.

186 *König*, NJW 2009, 2481, 2483.

entgegen der Ansicht des Gesetzgebers nicht von Nöten, da bereits die Einführung des § 257c StPO mannigfaltige Möglichkeiten der Berücksichtigung kooperativen Verhaltens schuf, die im Gegensatz zur Regelung des § 46b StGB unter Aufsicht des erkennenden Richters erfolgen. Ebenso bieten die §§ 153 ff. StPO bereits weitreichende Möglichkeiten zur Einstellung des Verfahrens. Um die aufgezeigten Friktionen zu verhindern und dennoch in den Genuss der Vorteile der Regelung zu kommen, ist folglich der Verweis auf den Straftatenkatalog des § 100a Abs. 2 StPO zu streichen und statt einer großen Kronzeugenregelung im Allgemeinen Teil des Strafgesetzbuches eine bereichsspezifische Kronzeugenregelung einzuführen, wie diese beispielsweise bereits § 31 BtMG vorsieht.[187] Die ursprüngliche Überlegung bei Implementierung des § 12 UWG a.F. in § 299 StGB zur Einführung einer bereichsspezifischen Kronzeugenregelung in einem gesonderten § 300a StGB[188] ist mithin der zielführende Weg zur Bekämpfung der konspirativen Strukturen. Hierbei sollte die bereichsspezifische Kronzeugenregelung entsprechend des Strafrechtsänderungsgesetzes zu § 46b StGB mit einem Konnexitätserfordernis zwischen Anlasstat und aufzuklärender Tat ausgestattet sein und keine Präklusionsvorschrift enthalten, um die Anwendung des § 257c StPO zu ermöglichen. Auf diese Weise könnten sowohl das Legalitätsprinzip, das Schuldprinzip, der Gleichheitsgrundsatz als auch die Prozessmaximen gewahrt werden.

---

187 So im Ergebnis auch: Gemeinsame Erklärung des Deutschen Richterbundes, des Deutschen Anwaltvereins, der Bundesrechtsanwaltskammer und der Strafverteidigervereinigungen zum Strafrechtsänderungsgesetz, abrufbar unter: http://www.bundesgerichtshof.de/SharedDocs/Downloads/DE/Bibliothek/Gesetzesmaterialien/17_wp/straendgbeschrpraevention/stellung_gem_erkl_refe.pdf?__blob=publicationFile [zuletzt abgerufen am 11.11.2014].

188 Ursprüngliche Fassung des § 300a StGB, in: BT-Drs. 14/9258, S. 1:
„Das Gericht kann in den Fällen des § 299, auch in Verbindung mit § 300, die Strafe nach seinem Ermessen mildern (§ 49 Abs. 2) oder von Strafe absehen, wenn der Täter
(1.) durch die freiwillige Offenbarung seines Wissens wesentlich dazu beigetragen hat, dass die Tat über seinen eigenen Tatbeitrag hinaus aufgedeckt werden konnte, oder
(2.) freiwillig sein Wissen so rechtzeitig einer Dienststelle offenbart, dass Straftaten nach § 299 unter den in § 300 bezeichneten Voraussetzungen oder nach den §§ 332, 334, auch in Verbindung mit § 335 oder § 336, von deren Planung er weiß, noch verhindert werden können“.

§ 6 Genese der Bestechlichkeit und Bestechung im geschäftlichen Verkehr

Zu einem besseren Verständnis der *lex lata* ist ein Rückblick auf die Entstehungsgeschichte der Norm sowie ein Ausblick auf § 299 StGB *de lege ferenda* unabdingbar, da sich hieraus wichtige Aspekte für die Auslegung der bestehenden Vorschrift und zukünftigen Gestaltung eines entsprechenden Tatbestandes unter Einhaltung internationaler Vorgaben ergeben.

I. § 12 UWG a.F.

Den ersten Anstoß zur strafrechtlichen Erfassung von Bestechlichkeit und Bestechung im geschäftlichen Verkehr lieferte am 05.11.1901 ein Artikel der Frankfurter Halbmonatsschrift „Das freie Wort" mit dem Titel „Innere Ursachen für den Niedergang der Industrie in Deutschland".[189] Der Artikel prangerte das überhandnehmende Bestechungsunwesen in Deutschland als den primären inneren Aspekt für den Niedergang der deutschen Industrie an. Das Ausmaß des damals vorherrschenden Bestechungsunwesens spiegelte sich vornehmlich in Zeitungsannoncen des frühen 20. Jahrhunderts wider, die mit Provisionen für Angestellte in Austausch für Waren und Leistungen des Annoncierenden warben, wobei insbesondere auf die Diskretion des Geschäftsvorganges Bezug genommen wurde.[190] Initiiert durch diesen ersten Artikel innerhalb der Frankfurter Halbmonatsschrift wurden bald Forderungen an den deutschen Gesetzgeber laut, ein entsprechendes Gesetz zu dem in England vorbereiteten *Prevention of Corruption Act*,[191] der im Jahre 1906 verabschiedet wurde, zu entwerfen.[192] Diesen Forderungen nachkommend diskutierte der deutsche Gesetzgeber in der Folge eine strafrechtliche Normierung zur Bekämpfung des „Schmiergeldunwesens"[193] im Wirtschaftsleben. Hierzu brachte die Kommission des Reichstags einen Gesetzesvorschlag zur Implementierung eines Paragraphen im UWG ein, bezüglich

---

189 *Jülich*, § 12 UWG, S. 1; Weitere Artikel zur Bestechung von Angestellten aus den Jahren 1902–1904, in: Das freie Wort, S. 5 ff.

190 *Hollinde*, § 12 UWG, S. 5, Fn. 3: „Interessant ist, daß in fast allen Annoncen Diskretion zugesichert und verlangt wird, ein Zeichen, daß man sich des sittenwidrigen Charakters des Vorhabens wohl bewußt ist".

191 *Walther*, Bestechlichkeit und Bestechung, S. 14: Der *Prevention of Corruption Act* ist die historisch älteste, europäische Pönalisierung von Bestechlichkeit und Bestechung im geschäftlichen Verkehr.

192 *Jülich*, § 12 UWG, Fn. 3.

193 RT-Drs. 1909, XII. Legislaturperiode, XXIII. Band, Nr. 1390, S. 30.

dessen konkreter, tatbestandlicher Fassung kontroverse Diskussionen zwischen Reichstagskommission und Reichsregierung folgten.[194] Die Diskussionen drehten sich bereits im Jahr 1909 um Fragen der Ausuferungsbeschränkung der Norm im Hinblick auf die Differenzierung zwischen „den harmlosen und nicht wohl anfechtbaren Zuwendungen“[195] und „solchen Geschenken, die ihrem Treu und Glauben widersprechenden Charakter nach unbedenklich Strafe verdienen“[196]. In gleicher Weise wurde bereits zu diesem frühen Zeitpunkt die Aufnahme eines Pflichtwidrigkeitskriteriums des Angestellten gegenüber seinem Prinzipal in den Tatbestand, in Anlehnung an den Wortlaut des englischen Gegenstücks „*corruptly*“, diskutiert, jedoch durch die Worte „durch unlauteres Verhalten“ im Tatbestand des § 12 UWG a.F. ersetzt.[197] Der Wortlaut des § 12 UWG a.F. orientierte sich an den bestehenden Regelungen zu §§ 331 ff. StGB.[198] Schließlich wurde der Gesetzentwurf zu § 12 UWG a.F. in zweiter Lesung vom Reichstag am 18.05.1909 angenommen und trat im Zuge der Novellierung des Gesetzes zur Bekämpfung des unlauteren Wettbewerbs vom 27.05.1896 am 01.10.1909 in Kraft.[199]

---

194 Siehe näher zum Gesetzgebungsverfahren, in: *Jülich*, § 12 UWG, S. 2 ff.; Dölling-*Möhrenschlager*, Korruptionsprävention, 8. Kapitel Rn. 88.

195 RT-Drs. 1909, XII. Legislaturperiode, XXIII. Band, Nr. 1390, S. 33; RGSt 48, 291, 294.

196 RT-Drs. 1909, XII. Legislaturperiode, XXIII. Band, Nr. 1390, S. 33; RGSt 48, 291, 294.

197 RT-Drs. 1909, XII. Legislaturperiode, XXIII. Band, Nr. 1390, S. 32 ff.; *Pfeiffer*, FS v. Gamm, S. 129, 130.

198 RT-Drs. 1909, XII. Legislaturperiode, XXIII. Band, Nr. 1390, S. 32.

199 § 12 UWG a.F. lautete, in: RGBl. 1909, 499, 502: „

(1) Mit Gefängnis bis zu einem Jahre und mit Geldstrafe oder mit einer dieser Strafen wird, soweit nicht nach anderen Bestimmungen eine schwerere Strafe verwirkt wird, bestraft, wer im geschäftlichen Verkehre zu Zwecken des Wettbewerbs dem Angestellten oder Beauftragten eines geschäftlichen Betriebs Geschenke oder andre Vorteile anbietet, verspricht oder gewährt, um durch unlauteres Verhalten des Angestellten oder Beauftragten bei dem Bezuge von Waren oder gewerblichen Leistungen eine Bevorzugung für sich oder einen Dritten zu erlangen.

(2) Die gleiche Strafe trifft den Angestellten oder Beauftragten eines geschäftlichen Betriebes, der im geschäftlichen Verkehre Geschenke oder andere Vorteile fordert, sich versprechen läßt oder annimmt, damit er durch unlauteres Verhalten einem anderen bei dem Bezuge von Waren oder gewerblichen Leistungen im Wettbewerb eine Bevorzugung verschaffe.

(3) Im Urteil ist zu erklären, daß das Empfangene oder sein Wert dem Staate verfallen sei“.

II. EGStGB aus dem Jahr 1974

§ 12 UWG a.F. fristete in der Folge zunächst ein Schattendasein. Erst durch Inkrafttreten des Einführungsgesetzes zum Strafgesetzbuch (EGStGB) vom 02.03.1974 erhielt § 12 UWG a.F. neuen Auftrieb. Das EGStGB sah Änderungen der tatbestandlichen Fassung des § 12 UWG a.F. vor, um ihn an die Strafvorschriften der §§ 332 Abs. 1, 334 Abs. 1 StGB – seinem Gegenstück der Korruption im öffentlichen Sektor – anzupassen. Hierdurch sollten vornehmlich Auslegungsdivergenzen vermieden werden.[200] Überdies entfiel gemäß Art. 139 Nr. 6 EGStGB die Subsidiaritätsklausel des § 12 UWG a.F., wodurch die Relevanz der Vorschrift deutlich angehoben wurde.[201] Im Zuge der Neufassung erhielt die Vorschrift zudem das Erfordernis einer „Unrechtsvereinbarung", sodass der Vorteil „*dafür*" angeboten, versprochen oder gewährt werden musste, um eine Bevorzugung im Wettbewerb zu erlangen. Zudem war nur noch eine wahlweise Anordnung von Freiheits- oder Geldstrafe möglich und die Verfallklausel des § 12 Abs. 3 UWG a.F. entfiel, da diese allgemein in den §§ 73 ff. StGB neu verortet war.[202]

III. Korruptionsbekämpfungsgesetz aus dem Jahr 1997

§ 12 UWG a.F. wurde am 13.08.1997 aufgehoben und durch Art. 1 Nr. 3 des Korruptionsbekämpfungsgesetzes (KorrBekG) mit Wirkung zum 20.08.1997 in §§ 299 ff. des Strafgesetzbuches – den neuen 26. Abschnitt der Straftaten gegen den Wettbewerb – implementiert.[203] Hierbei baute die Neufassung des § 299 StGB die passive Angestelltenbestechung gegenüber der Fassung des ursprünglichen § 12 UWG a.F. auf Drittzuwendungen aus und der Regelstrafrahmen des

---

200 NK-*Dannecker*, § 299 Rn. 1.

201 BGBl. 1974 I, 469, 574; *Tiedemann*, 49. DJT, S. C 63.

202 § 12 UWG lautete nach Inkrafttreten des EGStGB von 1974: „
(1) Wer im geschäftlichen Verkehr zu Zwecken des Wettbewerbs einem Angestellten oder Beauftragten eines geschäftlichen Betriebes einen Vorteil dafür anbietet, verspricht oder gewährt, dass er ihn oder einen Dritten bei dem Bezug von Waren oder gewerblichen Leistungen in unlauterer Weise bevorzuge, wird mit Freiheitsstrafe bis zu einem Jahr oder mit Geldstrafe bestraft.
(2) Ebenso wird ein Angestellter oder Beauftragter eines geschäftlichen Betriebes bestraft, der im geschäftlichen Verkehr einen Vorteil als Gegenleistung dafür fordert, sich versprechen lässt oder annimmt, dass er einen anderen bei dem Bezug von Waren oder gewerblichen Leistungen, im Wettbewerb in unlauterer Weise bevorzuge."

203 BGBl. 1997 I, 2038; NK-*Dannecker*, § 299 Rn. 1.

§ 299 StGB erhöhte sich von einem auf drei Jahre.[204] Für besonders schwere Fälle gemäß § 300 StGB wurde der Strafrahmen zudem auf Freiheitsstrafe bis zu 5 Jahren erweitert und das ursprünglich absolute Antragsdelikt wandelte sich zum relativen.[205] Der Gesetzgeber führte überdies nach dem Vorbild der Regelung in § 338 StGB eine Anwendbarkeit der Vorschriften über den Erweiterten Verfall und die Vermögensstrafe in § 302 StGB ein und verkehrte die Absatzreihenfolge des § 12 UWG a.F. Die Intention des Gesetzgebers bei der Verlagerung der Vorschrift vom Nebenstrafrecht des UWG in das Wettbewerbskernstrafrecht des StGB lag in der Schärfung des öffentlichen Bewusstseins im Hinblick auf die sozialethische Missbilligung der Wirtschaftskorruption sowie die Effektivierung der Strafverfolgung durch eine Ausgestaltung als relatives Antragsdelikt nach § 301 StGB.[206] Hintergrund für diese verschärfte Ahndung war die Angst vor der weiteren Korruptionszunahme im privaten Sektor sowie der Ansteckung des öffentlichen Sektors.[207] Teile der Literatur kommentierten die Implementierung der Angestelltenbestechung ins Strafgesetzbuch jedoch kritisch.[208] Sie führten grundsätzliche und dogmatische Bedenken aufgrund systematischer Friktionen ins Feld, da die übrigen Strafvorschriften zum Schutz des lauteren Wettbewerbs im UWG verblieben waren.[209] So befinde sich beispielsweise § 13 UWG, der den zivilrechtlichen Unterlassungs- und Schadensersatzanspruch bei Verstoß gegen § 299 StGB regelt, weiterhin im UWG, sodass die Überführung des § 12 UWG a.F. ins StGB zu einer „unstimmigen Lösung" mit einem einhergehenden Verlust an Übersichtlichkeit führe.[210] Die Bundesregierung teilte in der Gegenäußerung zu dieser Kritik mit, prüfen zu wollen, ob aufgrund dieser Friktionen nicht eine Gesamtreform des UWG sinnvoll wäre.[211] Eine solche Reform ist bislang jedoch ausgeblieben. Änderungen des UWG wurden lediglich am 08.07.2004 im Hinblick auf die Straftatbestände des hinteren Teil des Gesetzes, §§ 16–19 UWG,

---

204 BGBl. 1997 I, 2038; Übersicht über die Neuerungen bei: *Korte*, NJW 1997, 2556, 2557.

205 BGBl. 1997 I, 2038; Übersicht über die Neuerungen bei: *Korte*, NJW 1997, 2556, 2557.

206 BT-Drs. 13/5584, S. 15 f.; BR-Drs. 298/95, Anl. 9, S. 21; Sch/Sch-*Heine/Eisele*, § 299 Rn. 1; *Fischer*, vor § 298 Rn. 5; *Tiedemann*, Wirtschaftsstrafrecht BT, § 5 Rn. 212: sprunghafte Intensivierung der Strafverfolgung.

207 *Schaupensteiner*, Korruption in Deutschland, S. 131, 144.

208 *Dölling*, Gutachten C, S. C 85; *Lampe*, FS Stree/Wessels, S. 449, 461 ff.

209 *Lampe*, FS Stree/Wessels, S. 449, 461 ff.

210 *Kahmann*, Bestechlichkeit und Bestechung, S. 164.

211 BT-Drs. 13/6424, S. 13.

sowie an § 15 UWG a.F. durch Streichung des Verleumdungstatbestandes vorgenommen.[212] Die systematischen Bedenken haben sich insoweit als begründet herausgestellt, als bei der Auslegung der einzelnen Tatbestandsmerkmale des § 299 StGB *de lege lata* aufgrund der inhaltlich weitgehend unveränderten Übernahme des Tatbestandes von § 12 UWG a.F. deren Verständnis und normativer Kontext weiter heranzuziehen sind,[213] und sich hierdurch Friktionen bei der praktischen Anwendung der Norm ergeben. Auf diese wird im Folgenden noch näher einzugehen sein.

IV. EU-Rahmenbeschluss des Rates 2003/568/JI vom 22.07.2003 zur Bekämpfung der Bestechung im privaten Sektor

Durch ein Sammelgesetz[214] zur Implementierung verschiedener strafrechtsrelevanter EU-Rechtsakte ist § 299 StGB im Jahr 2002 um einen dritten Absatz ergänzt worden.[215] Der neue § 299 Abs. 3 StGB erweiterte den Anwendungsbereich der vorangehenden Absätze auf Handlungen im ausländischen Wettbewerb. Hierdurch nahm der Gesetzgeber eine Ausdehnung des Schutzbereiches der Bestechlichkeit und Bestechung im geschäftlichen Verkehr auf den Weltmarkt vor.[216] Die Gemeinsame Maßnahme 98/742/JI zur Bekämpfung der Bestechung im privaten Sektor vom 22.12.1998, auf der die Ausdehnung auf den Weltmarkt maßgeblich fußt, ist durch Art. 8 und Art. 11 des Rahmenbeschlusses des Rates 2003/568/JI vom 22.07.2003 aufgehoben und in diesen überführt worden.[217]

---

212 *Koepsel*, Bestechlichkeit und Bestechung, S. 28 f.

213 BT-Drs. 13/5584, S. 15: „Für die Auslegung der Tatbestandsmerkmale des neuen § 299 StGB wird daher weiterhin von Bedeutung sein, daß es sich bei dieser Vorschrift um einen Straftatbestand aus dem Bereich des Rechts gegen den unlauteren Wettbewerb handelt"; NK-*Dannecker*, § 299 Rn. 2; BeckOK-*Momsen*, § 299 Rn. 1.

214 BGBl. 2002 I, 3387: Gesetz zur Ausführung des Zweiten Protokolls vom 19.06.1997 zum Übereinkommen über den Schutz der finanziellen Interessen der Europäischen Gemeinschaften, der Gemeinsamen Maßnahme betreffend die Bestechung im privaten Sektor vom 22.12.1998 und des Rahmenbeschlusses vom 29.05.2000 über die Verstärkung des mit strafrechtlichen und anderen Sanktionen bewehrten Schutzes gegen Geldfälschung im Hinblick auf die Einführung des Euro.

215 *Wolf*, NJW 2006, 2735 ff.

216 NK-*Dannecker*, § 299 Rn. 74; *Tiedemann*, FS Lampe, S. 759, 760 f.; Zur Frage, ob dieser auch schon vor der Einführung des § 299 Abs. 3 StGB umfasst war: *Pelz*, ZIS 2008, 333 ff.

217 *Wolf*, NJW 2006, 2735, 2737; *Fischer*, § 299 Rn. 1a.

V. Internationale Übereinkommen zur Bekämpfung der Wirtschaftskorruption – Quo vadis § 299 StGB?

Die Bestechlichkeit und Bestechung im geschäftlichen Verkehr ist auf internationaler Ebene Gegenstand mehrerer Abkommen, die zukunftsweisend für die Ausgestaltung des § 299 StGB *de lege ferenda* sind. Diese Feststellung fußt auf der Erkenntnis, dass Korruption kein national begrenztes, sondern vielmehr ein ubiquitäres Phänomen ist. Internationale Abkommen zur Korruptionsbekämpfung existieren auf der Ebene der OECD, der EU, des Europarats und der Vereinten Nationen. Die in diesem Rahmen erhobenen kriminalpolitischen Forderungen reichen mitunter sehr weit und verlangen ein ambitioniertes Vorgehen der Staaten bei der Korruptionsbekämpfung.[218]

1. OECD Konvention und UK Bribery Act 2010

Eine besondere Rolle im internationalen Kampf gegen die Korruption nimmt die Organisation für wirtschaftliche Zusammenarbeit und Entwicklung (OECD) ein. Deutschland ist Gründungsmitglied der OECD und unterzeichnete die Konvention am 14.12.1960. Am 17.12.1997 wurde in Paris das OECD-Abkommen gegen die Bestechung ausländischer Amtsträger im internationalen Geschäftsverkehr zur Unterzeichnung ausgelegt, welches mittlerweile von allen 34 Mitgliedsstaaten ratifiziert ist.[219] Dieses Übereinkommen stellt das erste namhafte Ergebnis der Korruptionsbekämpfung auf internationaler Ebene dar.[220] Deutschland erließ zur Umsetzung des Übereinkommens am 10.09.1998 das Gesetz zur Bekämpfung internationaler Bestechung (IntBestG).[221] Der Entwurf des OECD Übereinkommens nimmt allerdings zur strafrechtlichen Erfassung der Wirtschaftskorruption keinerlei Stellung und beschäftigt sich ausschließlich mit der Pönalisierung der Korruption im öffentlichen Sektor. Diese auf den öffentlichen Bereich beschränkte Befassung resultiert aus der ungleich schwereren internationalen Anerkennung eines Mindestregelungsumfangs im Hinblick auf die Strafbarkeit der Wirtschaftskorruption, diesbezüglich sich insbesondere die USA sehr zurückhaltend zeigen.[222] Es gibt mehrere Bestrebungen

---

218 NK-*Dannecker*, Vorbemerkungen zu §§ 298 ff. Rn. 8.

219 OECD Abkommen Stand der Ratifizierung, abrufbar unter: http://www.oecd.org/berlin/themen/konvention-gegen-die-bestechung-auslaendischer-amtstraeger.htm [zuletzt abgerufen am 11.11.2014].

220 *Walther*, Bestechlichkeit und Bestechung, S. 25.

221 BGBl. 1998 II, 2327 f.

222 *Walther*, Bestechlichkeit und Bestechung, S. 26.

auch seitens des Beratenden Ausschusses der Wirtschaft bei der OECD (BIAC) das Abkommen auf die Korruption im nichtöffentlichen Sektor zu erweitern.[223] Offizielle Überlegungen beschränken sich jedoch auf eine Ausarbeitung einer nicht bindenden Empfehlung zur Bekämpfung der wirtschaftlichen Korruption.[224] Gleichwohl nimmt das OECD-Übereinkommen im Hinblick auf die Umsetzung desselben in einem anderen europäischen Staat Einfluss auf deutsche Wirtschaftsunternehmen. Am 08.04.2010 ist der *UK Bribery Act 2010* (UKBA)[225] mit großer, parteiübergreifender Mehrheit vom britischen Parlament beschlossen worden und am 01.07.2011 in Kraft getreten.[226] Es handelt sich hierbei um ein wirtschaftsstrafrechtliches Gesetz, das insgesamt vier neue Bestechungstatbestände betreffend sowohl den öffentlichen als auch den privaten Sektor implementiert, die in ihrem Anwendungsbereich extraterritoriale Wirkung entfalten und über die Vorgaben des OECD-Übereinkommens insbesondere hinsichtlich der Regelungen zur Wirtschaftskorruption weit hinausgehen.[227] Großbritannien wandelt damit seine *lex lata* zu dem derzeit strengsten Anti-Korruptionsregime weltweit.[228] Der räumlich-persönliche Anwendungsbereich innerhalb dieser Regelungen zur privatwirtschaftlichen Korruption ist unabhängig vom Tatort eröffnet, sofern das Unternehmen auf irgendeine Weise geschäftlich im Vereinigten Königreich tätig ist. Zudem sind Unternehmen nach § 7 UKBA schon dann haftbar, wenn keine ausreichenden Präventivmaßnahmen nachgewiesen werden können, um Angestellte oder sonstige dem Unternehmen zuordenbare Personen von Korruptionshandlungen abzuhalten.[229] So kann sich beispielsweise ein deutsches Unternehmen mit Sitz in Frankfurt am Main und Vertriebsniederlassung in London strafbar machen, wenn die englische Vertriebsniederlassung einen Makler in Peking mit der Anmietung von Geschäftsräumen beauftragt und dieser hierzu ein Bestechungsgeld an einen Angestellten einer chinesischen Immobiliengesellschaft zahlt, um die Geschäftsräume unter dem üblichen Marktpreis zu erhalten.[230] Der für das deutsche Unternehmen in

---

223 *Pletscher/Tash*, BIAC, S. 221, 228.

224 *Walther*, Bestechlichkeit und Bestechung, S. 26.

225 Textfassung des UK Bribery Acts 2010, abrufbar unter: http://www.legislation.gov.uk/ukpga/2010/23/contents [zuletzt abgerufen am 11.11.2014].

226 *Hugger/Röhrich*, BB 2010, 2643.

227 *Daniel/Rubner*, NJW-Spezial 2011, 335 f.

228 *Deister/Geier/Rew*, CCZ 2011, 81, 82; Momsen/Grützner-*Grützner/Behr*, Wirtschaftsstrafrecht, 9. Kapitel F Rn. 2.

229 *Deister/Geier*, CCZ 2011, 12, 13.

230 Beispiel entnommen aus: *Pörnbacher*, NZG 2010, 1372, 1375.

diesem Fall nach dem UKBA zu verhängenden Geldstrafe sind nach oben keine Grenzen gesetzt.[231] Des Weiteren existiert kein Ausnahmetatbestand für alltägliche, legale Zuwendungen unter Geschäftspartnern. Im März des Jahres 2011 ist eine sog. *Guidance* zum UKBA erschienen, in der unter dem Punkt „Einladungen und Geschenke" ausgeführt wird, dass diese gegenüber ausländischen Amtsträgern dann zulässig sind, wenn sie in angemessenem (*reasonable*) und verhältnismäßigem (*proportionate*) Umfang erfolgen.[232] Indizien hierfür seien laut Guidance „die Art und das Ausmaß des Geschenks" sowie die „spezifische Branche", was dazu führt, dass jedwede Zuwendung nunmehr einer Einzelfallbetrachtung bedarf. Der UKBA hat hierdurch weitreichende Auswirkungen auf deutsche Unternehmen, die im Vereinigten Königreich tätig sind. Diese sind dazu gezwungen, ihre Compliance-Praktiken und Antikorruptionsstrukturen an die neue Gesetzeslage anzupassen und die strengen, britischen Vorgaben in Einklang mit den in der Praxis verbreiteten Vorgehensweisen zu bringen.[233]

2. *Übereinkommen über den Schutz der finanziellen Interessen der EG (EUBestG)*

Neben dem bereits erwähnten Rahmenbeschluss 2003/568/JI des Rates vom 22.07.2003[234] und noch vor Inkrafttreten des IntBestG trat am 22.09.1998 das Gesetz zum Protokoll vom 27.09.1996 zum Übereinkommen über den Schutz der finanziellen Interessen der Europäischen Gemeinschaften (EUBestG) in Kraft.[235] Wie das IntBestG bezieht sich dieses Gesetz allerdings nur auf die grenzüberschreitende Korruption im öffentlichen Sektor und eröffnet den Anwendungsbereich der Strafvorschriften der aktiven und passiven Bestechung auf Taten, die von oder gegenüber Unionsbeamten und Amtsträgern der EU-Mitgliedstaaten begangen wurden.[236]

3. *Strafrechtsübereinkommen des Europarats über Korruption (EuR-Übk)*

Der Europarat erarbeitete ein Strafrechtsübereinkommen über Korruption, das seit dem Jahr 1999 für Mitgliedstaaten und Nichtmitgliedstaaten, die an der Ausarbeitung beteiligt waren, zur Unterzeichnung stand und am 01.07.2002 in

---

231 *Deister/Geier*, CCZ 2011, 12, 15.
232 *Scheint*, NJW-Spezial 2011, 440.
233 So auch: *Scheint*, NJW-Spezial 2011, 440.
234 Siehe oben: Kapitel 1 § 6 IV.
235 BGBl. 1998 II, 2340.
236 *Pelz*, StraFo 2000, 300, 301.

Kraft trat. Deutschland unterzeichnete zwar am 27.01.1999 das EuR-Übk sowie im Jahr 2003 das Zusatzprotokoll zum EuR-Übk,[237] hat es jedoch bis dato nicht ratifiziert, gleichwohl Art. 37 des EuR-Übk eine explizite Vorbehaltsmöglichkeit gegen die Umsetzung bestimmter Vertragsbestimmungen vorsieht.[238] Das Übereinkommen übertrifft in der inhaltlichen Ausgestaltung die Übereinkommen der OECD und der EU, die als Mindeststandard zur Ausarbeitung des Übereinkommens des Europarates Modell standen.[239] So war der Europarat in der Chronologie die zweite internationale Organisation neben der EU, die gegen Wirtschaftskorruption strafrechtliche Sanktionen vorsah. Art. 7 und Art. 8 des Übereinkommens verpflichten die Gesetzgeber der Mitgliedstaaten zur Pönalisierung aktiver und passiver Bestechung im privaten Sektor.[240] Während Art. 7 EuR-ÜbK die aktive, vorsätzlich (*intentionally*) im Zuge geschäftlicher Tätigkeit (*in the course of business activities*) begangene Bestechung normiert, ist in Art. 8 EuR-Übk die passive Bestechung im privaten Sektor normiert.[241] Im Gegensatz

---

237 Das Zusatzprotokoll fordert aus deutscher Sicht die Pönalisierung der Bestechung ausländischer Schiedsrichter und Schöffen; Zusatzprotokoll zum Strafrechtsübereinkommen des Europarates vom 15.05.2003, abrufbar unter: http://conventions.coe.int/Treaty/GER/Treaties/Html/191.htm [zuletzt abgerufen am 11.11.2014].

238 Siehe zur Bindungswirkung und Durchsetzung des Strafrechtsübereinkommens, in: *Walther*, Bestechlichkeit und Bestechung, S. 40 f.; *Wolf*, ZRP 2012, 251 f.

239 *Androulakis*, Globalisierung der Korruptionsbekämpfung, S. 319 ff.

240 Art. 7 EuR-ÜbK lautet:
„Jede Vertragspartei trifft die erforderlichen gesetzgeberischen und anderen Maßnahmen, um folgende Handlungen, wenn vorsätzlich im Rahmen einer Geschäftstätigkeit begangen, nach ihrem innerstaatlichen Recht als Straftaten zu umschreiben: das unmittelbare oder mittelbare Versprechen, Anbieten oder Gewähren eines ungerechtfertigten Vorteils an eine Person, die ein Unternehmen im privaten Sektor leitet oder für ein solches tätig ist, für diese selbst oder für einen Dritten als Gegenleistung dafür, dass sie unter Verletzung ihrer Pflichten eine Handlung vornimmt oder unterlässt."
Art. 8 EuR-ÜbK lautet:
„Jede Vertragspartei trifft die erforderlichen gesetzgeberischen und anderen Maßnahmen, um folgende Handlungen, wenn vorsätzlich im Rahmen einer Geschäftstätigkeit begangen, nach ihrem innerstaatlichen Recht als Straftaten zu umschreiben: das unmittelbare oder mittelbare Fordern oder Annehmen eines ungerechtfertigten Vorteils oder das Annehmen des Angebots oder Versprechens eines solchen Vorteils durch eine Person, die ein Unternehmen im privaten Sektor leitet oder für ein solches tätig ist, für sie selbst oder einen Dritten als Gegenleistung dafür, dass sie unter Verletzung ihrer Pflichten eine Handlung vornimmt oder unterlässt."

241 *Vogel*, FS Weber, S. 395, 397.

zur deutschen Regelung ist die Bestechung und Bestechlichkeit von Personen erfasst, die ein Unternehmen im privaten Sektor leiten oder für ein solches tätig sind. Gleichsam sieht das Übereinkommen entgegen der deutschen Regelung keine Fixierung auf den Wettbewerb vor. Im Mittelpunkt der Textierung steht vielmehr die Pflichtverletzung des Bestochenen.[242] In Korrelation zur deutschen Regelung ist ein Schaden obsolet. Die Umsetzung des Übereinkommens wird von der Staatengruppe GRECO (*Group of States against Corruption*) in einem sog. *Monitoringsystem* überwacht. GRECO überprüft mittels Evaluationsrunden die Implementierungsgrade der Bestimmungen der Strafrechtskonvention innerhalb der einzelnen Vertragsstaaten.[243] Im Bericht der dritten Evaluationsrunde betreffend Deutschland forderte GRECO drastische Tatbestandserweiterungen der §§ 108e, 299 und 331 ff. StGB.[244] GRECO verlangt zum einen eine Überwindung der wettbewerbsrechtlichen Verankerung des § 299 StGB,[245] eine zukünftige strafrechtliche Erfassung des Betriebsinhabers im Täterkreis des § 299 Abs. 1 StGB sowie zum anderen die Etablierung eines untreuenahen sog. *Geschäftsherrenmodells*, das die Pflichtverletzung innerhalb des Verhältnisses Angestellter-Anstellungsbetrieb in den Mittelpunkt rückt.[246] Die Nichterfassung strafwürdiger Verhaltensweisen außerhalb von Beschaffungsvorgängen solle mit der Anpassung der Formulierung „Bestechlichkeit und Bestechung im Zusammenhang mit geschäftlicher Tätigkeit" (*bribery in the course of business activities*) behoben werden.[247] Der Handel mit eigenem Einfluss auf Entscheidungsträger (*trading in influence*) müsse nach Ansicht GRECOs ebenfalls unter Strafe gestellt werden.[248] GRECOs Änderungsvorschläge zur Gestaltung des § 299 StGB *de lege ferenda* sind zwar vor dem europäischen Normengefüge zur Wirtschaftskorruption nachvollziehbar, stellen jedoch gerade den deutschen Gesetzgeber vornehmlich durch die Forderung nach einem untreueähnlichen Geschäftsherrenmodell vor systematische und dogmatische Probleme.[249]

---

242 *Vogel*, FS Weber, S. 395, 397.

243 GRECO-Bericht zur dritten Evaluierungsrunde zu Deutschland, abrufbar unter: http://www.coe.int/t/dghl/monitoring/greco/evaluations/round3/GrecoEval3%282009%293_Germany_One_EN.pdf [zuletzt abgerufen am 11.11.2014].

244 Hierzu kritisch: *Hauck*, wistra 2010, 255 ff.

245 GRECO-Bericht, a.a.O., S. 32, Rn. 112.

246 GRECO-Bericht, a.a.O., S. 32, Rn. 112; *Fischer*, § 299 Rn. 1a.

247 GRECO-Bericht, a.a.O., S. 32, Rn. 112.

248 GRECO-Bericht, a.a.O., S. 32, Rn. 114.

249 So auch: *Hauck*, wistra 2010, 255, 258.

4. *Konvention der Vereinten Nationen (UNCAC)*

Das umfassendste Übereinkommen der Vereinten Nationen im Kampf gegen die globale Korruption ist die UN-Konvention zur Bekämpfung der Korruption (*United Nations Convention against Corruption* – UNCAC)[250], welche Deutschland am 09.12.2003 unterzeichnete. Die Konvention enthält insgesamt acht Kapitel und 71 Artikel. In der Konvention sind sowohl Maßnahmen gegen Korruption im privaten als auch im öffentlichen Sektor geregelt. Auf dem Gipfeltreffen der zwanzig wichtigsten Industrie- und Schwellenländer (G20) in Seoul im November 2010 ist ein Plan zur Durchführung der UNCAC ausgearbeitet worden (*G20 Agenda für Action on Combating Corruption, Promoting Market Integrity, and Supporting a Clean Business Environment*). Das Erfordernis einer Umsetzungsagenda resultiert aus der Erkenntnis, dass die tatsächliche Umsetzung der UNCAC in den G20 nur schleppend vorankommt;[251] auch eine Ratifizierung durch den deutschen Bundestag fand bisher nicht statt, wobei der Bundesrepublik Deutschland zu Gute gehalten werden muss, dass sie bereits in weiten Teilen den Vorgaben des UNCAC entsprochen hat.[252] Nach Art. 12 UNCAC hat jeder Vertragsstaat Maßnahmen zu treffen, um die Korruption im privaten Sektor zu verhindern. Auf diese Weise sollen Compliancestrukturen in Unternehmen aufgebaut und gefördert, sowie die steuerliche Abzugsfähigkeit von Bestechungsgeldern verhindert werden. Nach Art. 18–22 und Art. 24 UNCAC sind die Mitgliedsstaaten dazu angehalten, die Kriminalisierung der Bestechlichkeit und Bestechung, der veruntreuenden Unterschlagung in der Privatwirtschaft, des Einflusshandels, des Amtsmissbrauchs, der ungerechtfertigten Bereicherung im Amt sowie der Verheimlichung von Vermögenswerten voranzutreiben. Die Artikel des UNCAC sind fakultativ ausgestaltet. Das UNCAC trat nach Art. 68 Abs. 1 UNCAC am 14.12.2005, 90 Tage nachdem die dreißigste Ratifikation hinterlegt wurde, in Kraft.

5. *Fazit*

Zur Umsetzung des UNCAC, des Strafrechtsübereinkommens des Europarates über Korruption, des Zusatzprotokolls zum Strafrechtsübereinkommen über Korruption und des Rahmenbeschlusses 2003/568/JI vom 22.07.2003 des Rates liegt seit dem 30.05.2007 ein Gesetzentwurf eines Zweiten Gesetzes zur Bekämpfung

---

250 UN-Konvention abrufbar unter: https://www.unodc.org/documents/treaties/UNCAC/Publications/Convention/08-50026_E.pdf [zuletzt abgerufen am 11.11.2014].

251 *Fifka*, Korruption, S. 9 f.

252 Hauschka-*Greeve*, Corporate Compliance, § 25 Rn. 14.

der Korruption vor. Der Entwurf schließt an das Korruptionsbekämpfungsgesetz aus dem Jahr 1997 an und sieht weitreichende Änderungen insbesondere für § 299 StGB vor, die diesen von seiner wettbewerbsrechtlichen Verankerung hin zu einem untreuenahen Geschäftsherrenmodell mit inhärentem Pflichtwidrigkeitskriterium lösen sollen. Die parlamentarische Behandlung und Umsetzung des Strafrechtsänderungsgesetzes von 2007 ist allerdings nicht erfolgt, wodurch der Gesetzentwurf aufgrund Ablaufs der Wahlperiode verfallen ist.[253] Dies ist maßgeblich durch die Formulierung des ebenfalls von dem Strafrechtsänderungsgesetz erfassten § 108e StGB – der Abgeordnetenbestechung – begründet, zu der bisher keine parteiübergreifende Einigung erzielt werden konnte.[254] Die Verzögerung der Implementierung eines Geschäftsherrenmodells im Rahmen des § 299 StGB ist positiv zu werten, da weitreichende Friktionen mit der deutschen Strafrechtsdogmatik zu befürchten sind.[255] Trotz beachtlicher Kritik des Schrifttums an der aktuellen tatbestandlichen Fassung und Rezeption des § 299 StGB im Hinblick auf die strafrechtliche Erfassung des Betriebsinhabers, fanden keine dieser Bedenken Eingang in den Gesetzesentwurf des Strafrechtsänderungsgesetzes. Seit 13.06.2014 liegt überdies ein neuer Referentenentwurf des Bundesministeriums der Justiz und für Verbraucherschutz zur Bekämpfung der Korruption vor, der an das Strafrechtsänderungsgesetz aus dem Jahr 2007 anknüpft und ebenfalls eine Abkehr vom bestehenden Wettbewerbsmodell des § 299 StGB hin zu einem untreuenahen Geschäftsherrenmodell vorsieht.[256] Die in Bezug auf das Strafrechtsänderungsgesetz geäußerte Kritik des Schrifttums, die deckungsgleich auf den Referentenentwurf übertragbar ist, fand auch in diesen Gesetzesentwurf keinen Einzug.[257] Vor der Implementierung neuer fragwürdiger Regelungsmodelle sind allerdings bestehende Unstimmigkeiten des existenten Wettbewerbsmodells zu verifizieren und zu beheben. Diese Erkenntnis beansprucht insbesondere auch für die Umsetzung internationaler Vorgaben Geltung, da jede Organisation eigene Ziele verfolgt, die dogmatisch nicht mit der deutschen *lex lata* übereinstimmen müssen.[258]

---

253 NK-*Dannecker*, § 299 StGB Rn. 102.

254 *Rönnau*, StV 2009, 302.

255 Siehe ausführlich hierzu unten, in: Kapitel 2 § 4 II. 4. sowie Kapitel 4 § 5 I. 4.

256 Referentenentwurf des BMJV vom 13.06.2014, abrufbar unter: http://www.bmjv.de/SharedDocs/Downloads/DE/pdfs/Gesetze/RefE_KorrBekG.pdf?__blob=publicationFile [zuletzt abgerufen am 11.11.2014].

257 Zur Kritik am Referentenentwurf siehe: *Gaede*, NZWiSt 2014, 281 ff. m.w.N.

258 *Walther*, Bestechlichkeit und Bestechung, S. 51 f.

2. Kapitel: Rechtsgüterschutz ob § 299 StGB

In Literatur und Rechtsprechung ist nicht erst seit Implementierung der Bestechlichkeit und Bestechung im geschäftlichen Verkehr ins Kernstrafrecht im Jahr 1997 umstritten, welches Schutzgut § 299 StGB bzw. vormals § 12 UWG a.F. zugrunde liegt.[259] Das Rechtsgut ist Dreh- und Angelpunkt der Auslegung aller Tatbestandsmerkmale der Norm sowie der *„ratio legis"* des Paragraphen und mithin Ausgangspunkt für das Verständnis der Folgeproblematiken im Hinblick auf eine mögliche Strafbarkeit des Prinzipals im Zusammenhang mit der Tätigkeit juristischer Personen. Ausgehend hiervon ist es zwingend notwendig, zuvorderst das der Bearbeitung zugrundeliegende Verständnis der Rechtsgutslehre zu verifizieren, um in der Folge die verschiedenen Ansichten in Literatur und Rechtsprechung zum Rechtsgut des § 299 StGB zu untersuchen. Angesichts des Umfangs einer solchen Untersuchung kann keine umfassende Rezeption der allgemeinen Rechtgutslehre erfolgen. Für die Bearbeitung werden daher nur die insoweit für die weitere Untersuchung wichtigen Grundstrukturen erörtert.

§ 1 Grundpfeiler der Rechtsgutslehre

Ob die Legitimation staatlichen Strafens einer Rechtsgüterverletzung bedarf, ist in der Strafrechtswissenschaft bereits seit ungefähr 200 Jahren umstritten und bedingt Folgeproblematiken wie die Frage nach der Aufgabe, des Inhalts, der Funktion sowie der Wirkungsweise des Strafrechts.[260] Es handelt sich letztlich um die Frage nach den sachlichen Kriterien der Strafwürdigkeit und -bedürftigkeit menschlichen Handelns, welche man unter den sog. *„materiellen Verbrechensbegriff"* fasst.[261] Die überwiegende Meinung in Literatur und Rechtsprechung sieht indes die präventive Aufgabe des Strafrechts im Schutz vor der Verletzung und Gefährdung von „Rechtsgütern".[262] Diese Erkenntnis hat überdies Eingang in

259 *Tiedemann*, ZStW 86 (1974), 990, 1027: „Offenbar liegt dem § 12 UWG eine bislang nicht völlig geklärte Kombination verschiedener Gesichtspunkte – Schutz der Mitbewerber und Schutz des lauteren Wettbewerbs – zugrunde".

260 *Fischer*, Vor § 13 Rn. 2; Zur Geschichte des Rechtsgüterschutzes siehe: *Amelung*, Rechtsgüterschutz, S. 15 ff., S. 1: „Hier [in den Standardwerken der deutschen Strafrechtswissenschaft] heißt es seit rund hundert Jahren, Aufgabe der Strafnormen sei es, Rechtsgüter zu schützen".

261 *Roxin*, Strafrecht AT, § 2 Rn. 1; *Hefendehl*, Kollektive Rechtsgüter, S. 6.

262 BVerfG, Urt. vom 9.3.1994, BVerfGE 90, 145, 201: gewichtige und elementare Gemeinschaftsgüter der Verfassung sind Schutz- und Bezugsobjekte des Strafrechts;

den Alternativ-Entwurf des Allgemeinen Teils des Strafgesetzbuches (AE-StGB) aus dem Jahr 1966 gefunden.[263] So sollte in § 2 AE-StGB vorangestellt werden, dass Strafen und Maßregeln dem Schutz der Rechtsgüter und der Wiedereingliederung des Täters in die Rechtsgemeinschaft dienen. Trotz dieser grundlegenden Bedeutung des Rechtsgutes in der Strafrechtswissenschaft, ist eine einheitliche Definition weder in Rechtsprechung noch Literatur auszumachen.[264] Es scheint vielmehr so, als dass beinahe alle namhaften Autoren ein eigenes Verständnis des „materialen Gehalts des Rechtsgutsbegriffs"[265] entwickelten. *Roxin* beschreibt Rechtsgüter prägnant – insoweit stellvertretend für Viele – als „alle Gegebenheiten oder Zwecksetzungen [...], die für die freie Entfaltung des Einzelnen, die Verwirklichung seiner Grundrechte und das Funktionieren eines auf dieser Zielvorstellung aufbauenden staatlichen Systems notwendig sind".[266] *Hefendehl* hingegen sieht das „rechtlich geschützte Gut" als „Werturteil der positiven Rechtsordnung",[267] wohingegen *Hassemer* eine Rechtsgutdefinition insgesamt ablehnt und als unmöglich deklariert.[268] Der Streit innerhalb der Rechtsgutslehre entfacht sich insbesondere an der Frage, inwiefern das Rechtsgut ein „konkretisierbares Etwas" oder aber einen rein „ideellen Wert" repräsentiert.[269] Die Wesensbestimmung des Rechtsguts ist daher unter immer neuen Herausforderungen der Gegenwart, wie beispielsweise der von im Wirtschaftsstrafrecht vorliegenden Universalrechtsgütern und Delikten, die wie § 168 StGB dem Schutz von Gefühlen dienen, äußerst komplex;[270] denn das Rechtsgutskonzept steht im Widerstreit zweier Begrifflichkeiten, die es uferlos erscheinen lassen: „das Interesse an umfassender Kriminalisierung" und „das strafrechtswissenschaftliche Interesse, den Begriff des Rechtsguts eher systematisierend als kritisierend einzusetzen".[271]

NK-*Hassemer/Neumann*, Vor § 1 Rn. 109; *Lackner/Kühl*, Vor § 13 Rn. 4; MK-*Joecks*, Einleitung Rn. 29; *Fischer*, Vor § 13 Rn. 12; Sch/Sch-*Eisele*, Vor §§ 13 ff. Rn. 8; *Hassemer*, NStZ 1989, 553, 557; zum Begriff des Rechtsguts: *Birnbaum*, Archiv des Criminalrechts, S. 149 ff.

263 *Baumann/Brauneck/Kaufmann*, AE, § 2 Abs. 1.

264 BVerfG, Urt. v. 26.02.2008, BVerfGE 120, 224, Rn. 39 (juris): „Schon über den Begriff des Rechtsguts besteht keine Einigkeit"; *Hefendehl*, Kollektive Rechtsgüter, S. 1 ff.

265 MK-*Joecks*, Einleitung Rn. 34.

266 *Roxin*, Strafrecht AT, § 2 Rn. 7.

267 *Hefendehl*, Kollektive Rechtsgüter, S. 18.

268 *Hassemer*, Rechtsgutslehre, S. 61 ff.

269 Siehe zu dieser Streitfrage: Kapitel 2 § 4 IV. 1. c).

270 NK-*Hassemer/Neumann*, Vor § 1 Rn. 117; *Hassemer*, NStZ 1989, 553, 557.

271 *Hassemer*, NStZ 1989, 553, 557.

Gleichwohl ist der Rechtsgüterschutz als Ausgangspunkt der Rezeption des Strafrechts für die weitere Bearbeitung zu Grunde zu legen.[272]

Innerhalb der Normen des Haupt- und Nebenstrafrechts werden unabhängig der Ermangelung einer allgemeingültigen Definition des Rechtsguts zwei Subkategorien von Rechtsgütern unterschieden: *Individual-* und *Kollektivrechtsgüter.*[273] Individualrechtsgüter garantieren ein Gut primär einem bestimmten Individuum, wie sich dies beispielsweise bei dem Leben, der Freiheit, der Gesundheit oder dem Eigentum des Einzelnen verhält.[274] Individualrechtsgüter sind folglich höchstpersönliche Güter oder Vermögensgüter.[275] Das Kollektiv- bzw. Universalrechtsgut ist hingegen der Allgemeinheit oder dem Staat zugeordnet und lediglich dann als *kollektiv* zu bezeichnen, „wenn es sich nicht in einzelnen Individuen zuzuordnende Anteile spalten lässt".[276] Kollektivrechtsgüter rekurrieren auf die Staatssicherheit, die Rechtspflege, die Umwelt oder auch den Wettbewerb.[277] Eine Unterscheidung zwischen Individual- und Kollektivrechtsgut ist im Hinblick auf die sog. *systemimmanente Funktion*[278] der Rechtsgutstheorie, für Fragen der Dispositionsbefugnis im Rahmen der Notwehr, der Einwilligung und Verteidigung sowie der Konkurrenzen unverzichtbar;[279] denn nur im Falle der Disponibilität des Rechtsguts für den Rechtsgutsinhaber kann dieser auf dessen Integritätswahrung wirksam verzichten.

I. Dualistische Lehre

Innerhalb dieser beiden Termini zum Rechtsgut haben sich zwei Lehren – die *dualistische* und die *monistische* – etabliert, die die beiden Begrifflichkeiten in zueinander differierende Abhängigkeitsverhältnisse setzen. Die *dualistische Lehre* vertritt die Meinung, dass zwei voneinander unabhängige Rechtsgüter in Form des Kollektiv- und des Individualrechtsguts existieren.[280] Die Vertreter dieser Auffassung kommen durch die Trennschärfe dieser Unterscheidung im

272 So auch: *Hefendehl*, GA 2007, 1, 2.

273 Die Begrifflichkeiten Kollektivrechtsgut und Universalrechtsgut sind Synonyme.

274 Beispiele entnommen aus: NK-*Hassemer/Neumann*, Vor § 1 Rn. 126; Definition angenähert an: *Kindhäuser*, Abstrakte Gefährdungsdelikte, S. 125, 128.

275 Sch/Sch-*Eisele*, Vor §§ 13 ff. Rn. 9a.

276 *Greco*, FS Roxin, S. 199, 203.

277 Beispiele entnommen aus: NK-*Hassemer/Neumann*, Vor § 1 Rn. 126.

278 Siehe unten: Kapitel 2 § 1 IV.

279 NK-*Hassemer/Neumann*, Vor § 1 Rn. 126; Sch/Sch-*Eisele*, Vor §§ 13 ff. Rn. 9a.

280 *Tiedemann*, Tatbestandsfunktionen im Nebenstrafrecht, S. 6 a.E., S. 113 ff.; *Hefendehl*, Kollektive Rechtsgüter, S. 73 ff.

Rahmen ihrer Verwendung zwar zu vergleichsweise präzisen Ergebnissen für beide Rechtsgüter, verkennen jedoch die Aufgabe des Strafrechts den Rechtsgüterschutz *einheitlich* zu bestimmen und zu definieren.[281] Wenn sich zwei unterschiedliche Rechtsgutsbegriffe ohne Bezug zueinander gegenüberstehen, so sind, nach der von *Hassemer* vertretenen Ansicht, eine einheitliche Rechtsgutslehre sowie eine einheitliche Theorie des Verbrechens nicht mehr begründbar.[282] Er meint überdies, dass ohne einen „Metabegriff" des Rechtsguts überhaupt kein Rechtsgutsbegriff existieren könne.[283]

II. Monistische Lehre

Einen diametralen Ansatz verfolgen die Anhänger der *monistischen Lehre*, nach deren Verständnis beide Subkategorien von Rechtsgütern von ein- und demselben Rechtsgutsträger herrühren.[284] Streit herrscht innerhalb dieser Lehre allerdings insoweit, als ein Teil der Befürworter das Individualrechtsgut als Ausgangspunkt aller Rechtsgüter ansieht und ein anderer Teil das Kollektivrechtsgut als vorrangig begreift.[285] Innerhalb der monistischen Lehre stellt sich mithin die weitergehende Frage nach dem Rangverhältnis des Individual- zum Kollektivrechtsgut, wobei wechselseitig das jeweils andere Rechtsgut als mittelbarer Reflex des eigenen Primärrechtsguts verstanden wird. Die Anhänger der monistischen Lehre unterteilen sich somit in Verfechter des *monistisch-etatistischen Konzepts* und Verfechter des *monistisch-personalen Konzepts*.

1. Monistisch-etatistisches Konzept

Die Anhänger eines *monistisch-etatistischen Konzepts*[286] sehen beide Rechtsgutskonzepte als ein vom Staat beziehungsweise der Allgemeinheit ausgehendes Primärkollektivrechtsgut an. Individualrechtsgüter seien abgeleitete Rechtsgüter der Allgemeinheit, ohne dass ihnen eine eigenständige Bedeutung zukomme.[287]

---

281 NK-*Hassemer/Neumann*, Vor § 1 Rn. 130.

282 *Hassemer*, Rechtsgutslehre, S. 78.

283 *Hassemer*, Rechtsgutslehre, S. 78.

284 *Wohlers*, Deliktstypen des Präventionsstrafrechts, S. 222: Spricht sich für die Aufhebung der Unterscheidung zwischen Individual- und Kollektivrechtsgut sowie einhergehendem Rangverhältnis der Subkategorien aus; *Roxin*, Strafrecht AT, § 2 Rn. 11: Anhänger des monistisch-personalen Konzepts.

285 Siehe Literaturnachweise in Fn. 287 und Fn. 289.

286 Zu den beiden Begriffspaaren siehe: *Stächelin*, Strafgesetzgebung, S. 68 f.

287 NK-*Hassemer/Neumann*, Vor § 1 Rn. 128; Diese Ansicht vertretend: *Honig*, Einwilligung, S. 115: „Interessen der einzelnen als quantité négligeable"; *Maurach/Zipf*,

So soll es bereits aus dem „publizistischen Charakter des Strafrechts“ folgen, dass dieses ausschließlich im Dienste der Interessen der Gesamtheit stehe und der Wahrung und Förderung des Gemeinschaftslebens diene.[288]

2. *Monistisch-personales Konzept*

Die Anhänger des *monistisch-personalen Konzepts* verfolgen den Gedanken, dass das Individuum der Ausgangspunkt sowohl des Individual- als auch des Kollektivrechtsguts sei. Infolgedessen seien Kollektivrechtsgüter nur insoweit zu legitimieren, „als sie der personalen Entfaltung des Individuums dienen“, da der Staat einzig um des Individuums Willen existiere.[289] Der Vorteil einer monistisch-personalen Rechtsgutskonzeption liege in der Begrenzungsmöglichkeit für Kollektivrechtsgüter.[290] Nicht jedes Gefühl, jede unmoralische Verhaltensweise oder jedweder Gedanke des Tier- und Umweltschutzes stellten hiernach ein strafrechtlich schützenswertes Rechtsgut dar, sofern sie nicht auf einen Individualrechtsgutsträger zurückführbar seien. Gleichsam seien Verstöße gegen diffuse Moralvorstellungen der Gesellschaft folglich mitnichten durch eine Strafnorm zu inkriminieren.[291] Diese Problematik betrifft jedoch nicht die Frage, ob es dem Staat überhaupt erlaubt ist, zu strafen. Das *ius puniende* ergibt sich bereits aus Art. 74 Abs. 1 Nr. 1 GG mit der dort erfolgten Zuweisung des Strafrechts zum Gebiet der konkurrierenden Gesetzgebung des Bundes.[292] Vorliegend geht es vielmehr um die Frage, inwieweit dem Gesetzgeber durch das Rechtsgutsdogma Grenzen in seiner Pönalisierungsfreiheit gesetzt sind.[293] Diese Grenzen können sich nur aus dem sog. „*subsidiären Rechtsgüterschutz*“,[294]

Strafrecht AT (Stand: 7. Auflage 1987), § 19 II. Rn. 8; *Jescheck/Weigend*, Strafrecht AT (Stand: 5. Auflage 1996), § 26 I 4.: „Die Rechtsgüter sind nicht als der Sinneswahrnehmung zugängliche Gegenstände zu verstehen, sondern sie sind **geistige Werte der Sozialordnung**, auf denen die Sicherheit, Wohlfahrt und Würde des Daseins in der Gemeinschaft beruhen“.

288 *Honig*, Einwilligung, S. 115 ff.

289 NK-*Hassemer/Neumann*, Vor § 1 Rn. 128; Diese Ansicht vertretend: *Marx*, Rechtsgut, S. 79 ff.; *Otto*, Grundkurs Strafrecht, § 1 Rn. 32 ff.; *Roxin*, Strafrecht AT, § 2 Rn. 11: Bezeichnung als „personaler Rechtsgutsbegriff“.

290 *Hefendehl*, Kollektive Rechtsgüter, S. 79.

291 Siehe Sondervotum des Richters *Hassemer* zur Verfassungsmäßigkeit der Strafbarkeit des Geschwisterinzests: BVerfG, Urt. v. 26.02.2008, BVerfGE 120, 224; Hierzu auch: *Heinrich*, FS Roxin, S. 131, 140 ff.

292 *Mölders*, Anwendbarkeit § 299 StGB, S. 75.

293 So auch: *Heinrich*, FS Roxin, S. 131.

294 *Roxin*, Strafrecht AT, § 2 Rn. 97.

als Ausfluss des Verhältnismäßigkeitsprinzips, sowie der *ultima ratio*-Funktion des Strafrechts ergeben. Die *ultima ratio*-Funktion sieht vor, dass eine Pönalisierung nur dann in Betracht kommt, „wenn ein bestimmtes Verhalten über sein Verbotensein hinaus in besonderer Weise sozialschädlich und für das geordnete Zusammenleben der Menschen unerträglich, seine Verhinderung daher besonders dringlich ist."[295] Gerade diese *ultima ratio*-Funktion des Strafrechts droht jedoch nach Ansicht einiger Vertreter der Literatur im Bereich des vorliegend relevanten Wirtschaftsstrafrechts immer mehr zur sog. *„prima ratio"* oder auch *„sola ratio"* auszuufern, was primär durch die Nichtbeachtung des Verhältnismäßigkeitsprinzips bedingt sein soll.[296] Diese verfassungsrechtliche Schranke ist daher im Rahmen der Rechtsgutsbestimmung des § 299 StGB besonders streng zu beachten.

III. Systemtranszendentes Verständnis der Rechtsgutsfunktion

Unabhängig von dem Streit zwischen monistischer und dualistischer Lehre ist es für die weitere Untersuchung von Relevanz, die Funktion des Rechtsgutsbegriffs innerhalb der Rechtsgutsdogmatik zu bestimmen. Hierbei wird zwischen zwei Funktionen differenziert: dem *systemtranszendenten Verständnis*[297] und dem *systemimmanenten Verständnis*[298] der Rechtsgutsfunktion. Bei dem *systemtranszendenten Verständnis* der Rechtsgutsfunktion geht es um die der Strafgesetzgebung vorgelagerte Frage, unter welchen Voraussetzungen Güter strafrechtlich schutzwürdig sind.[299] Das systemtranszendente Verständnis beschreibt daher einen Legitimationsmaßstab, der als Überprüfungsmechanismus an den im Strafgesetzbuch formulierten oder noch zu formulierenden Schutzobjekten konzipiert ist und sich an den menschlichen Lebensinteressen als höchstem Gut orientiert.[300] Die systemtranszendente Funktion setzt dem Gesetzgeber für die Schaffung von Straftatbeständen folglich Grenzen mittels eines überpositiven Rechtsordnungsverständnisses, ohne sich dabei an der auszulegenden Vorschrift selbst zu orientieren.[301] Das Rechtsgut wird mithin von jenseits der Norm liegenden Umstände beschrieben und kann anhand dieser Funktion kritisch hinterfragt werden. Die

295 BVerfG, Urt. vom 28.5.1993, BVerfGE 88, 203, 257 f.; BVerfG NJW 2008, 1137, 1142.
296 *Nestoruk*, Strafrechtliche Aspekte, S. 18 f.; *Achenbach*, KritV 2009, 296, 302.
297 Synonyme: systemkritischer bzw. liberaler Rechtsgutsbegriff.
298 Synonyme: methodisch-teleologischer bzw. positivistischer Rechtsgutsbegriff.
299 *V. Liszt*, ZStW 6 (1886), 663, 673; Sch/Sch-*Eisele*, Vor §§ 13 ff. Rn. 10.
300 Vgl. *Hassemer*, Rechtsgutslehre, S. 19; *Rudolphi*, FS Honig, S. 151, 155.
301 *Roxin*, Strafrecht AT, § 2 Rn. 8.

systemtranszendente Funktion des Rechtsguts ist daher keine Auslegungshilfe für die bestehende Norm, sondern eine Überprüfung derselben anhand überpositiver Maßstäbe. Sie birgt mithin primär Vorteile bei der Schaffung gänzlich neuer Straftatbestände, nicht jedoch bei der Anwendung und Auslegung bereits bestehender Normen.

IV. Systemimmanentes Verständnis der Rechtsgutsfunktion

Die *systemimmanente Funktion* des Rechtsgutterminus eignet sich primär als „Auslegungshilfe“[302] des bestehenden Rechts. Gemäß der Ansicht der Vertreter dieser Theorie wird das Rechtsgut formal durch den Gesetzgeber bei jeder Normimplementierung „neu“ geschaffen, wodurch kein feststehender Rechtsgüterkanon jenseits des bestehenden Normkanons existiert.[303] Die systemimmanente Funktion beschreibt das Rechtsgut als sog. *„Abbreviatur des Zweckgedankens“*,[304] welcher die *„ratio legis“*[305] des einzelnen Tatbestandes enthält. Der Gesetzgeber ist nach dieser Rezeption der Rechtsgutsfunktion im Gegensatz zu einem systemtranszendenten Verständnis bei der Schaffung von Rechtsgütern völlig frei und keinen Zwängen oder rechtlichen Schranken unterworfen. Idealiter fielen daher systemimmanente und systemtranszendente Funktion im konkreten Rechtsgut zusammen. Dies wäre allerdings nur dann anzunehmen, wenn sich die Summe der Schutzobjekte des geltenden Strafrechts mit einem fiktiv vollkommenen Katalog der strafrechtlichen Schutzobjekte deckte.[306] Ein solcher Deckungsgrad ist in seiner Annahme allerdings reine Utopie, da selbst der fiktive, ideale Katalog an Schutzobjekten einem stetigen Wandel – insbesondere im Bereich der Wirtschaftsdelikte – unterliegt und folglich zu keiner Zeit abschließend formuliert werden kann.[307]

V. Stellungnahme sowie Ermittlungssystematik

Zusammenfassend lässt sich festhalten, dass es an einer allgemeingültigen Rechtsgutsdefinition fehlt und eine solche aufgrund des sich unaufhörlich wandelnden Kanons an schutzwürdigen Gütern womöglich auch gar nicht umfassend vorgenommen werden kann. Unabhängig von der Ermangelung einer Definition

---

302 *Wollschläger*, Täterkreis, S. 6.
303 *Grünhut*, FG v. Frank, S. 8; *Schwinge*, Teleologische Begriffsbildung, S. 25.
304 *Grünhut*, FG v. Frank, S. 8.
305 *Schwinge*, Teleologische Begriffsbildung, S. 25.
306 *Hassemer*, Rechtsgutslehre, S. 20.
307 *Hassemer*, Rechtsgutslehre, S. 20.

herrscht Einigkeit darüber, dass sich der Begriff des Rechtsguts im deutschen Strafrecht in zwei Arten von Rechtsgütern – das Individual- und das Kollektivrechtsgut – untergliedert, wobei umstritten ist, welche der beiden Termini nur ein mittelbarer Reflex des jeweils anderen ist.

1. Kritik an der monistischen und dualistischen Rechtsgutslehre

Kritik in Bezug auf die *monistisch-personale Rechtsgutslehre* äußert sich dahingehend, dass diese Lehre neu aufkommende Schutzgüter, wie beispielsweise das Recht auf informationelle Selbstbestimmung, nicht zu erklären vermöge, ohne diese durch Ableitung aus der Rechtsstellung des Individuums zu konstruieren.[308] Dass das monistisch-personale Rechtsgutskonzept einer Herleitung seiner Rechtsgüter bedarf, zählt jedoch, wie *Stächelin* richtig festgestellt hat, zu den Stärken und nicht zu den Schwächen dieser Lehre.[309] In Bezug auf das Recht auf informationelle Selbstbestimmung optierte das BVerfG in seiner Entscheidung zur *Volkszählung*[310] für eine Herleitung desselben aus der allgemeinen Handlungsfreiheit des Individuums gemäß Art. 2 Abs. 1 GG und der Menschenwürde gemäß Art. 1 Abs. 1 GG. Der größte Nachteil einer *dualistischen Betrachtung* des Rechtsguts liegt darin, dass die beiden in dieser Lehre vertretenen Rechtsgüter nebeneinander existieren sollen, ohne eine innere Verbindung zueinander aufzuweisen. Überdies gelingt es auch den Vertretern des *monistisch-etatistischen Rechtsgutskonzepts* nicht, das Vorliegen reiner Individualrechtsgüter ohne Bezug auf Kollektivrechtsgüter schlüssig zu erklären.[311] Die Tötung einer Person ist, wie *Kargl* richtig ausführt, allein deshalb schädlich, weil sie das Lebensinteresse dieser einen Person verletzt.[312] Ob sie zudem nachteilige Folgen für die übrigen Gesellschaftsmitglieder und somit die Gemeinschaft im Allgemeinen mit sich bringt, spielt für die Begründung des Rechtsguts „Leben“ keine Rolle.[313] Nach *Kargl* besteht die Aufgabe des Strafrechts daher zutreffender Weise nicht darin, die Gemeinschaft an sich zu schützen, sondern in dem konkreten Schutz des individuellen Menschen.[314] Überdies ist auch *Hefendehl* dieser Ansicht, wenn er konstatiert, dass eine nicht auf das Individuum rekurrierende Staatstheorie,

308 *Müssig*, Rechtsgüterschutz, S. 192 Fn. 48.
309 *Stächelin*, Strafgesetzgebung, S. 73.
310 BVerfG, Urt. v. 15.12.1983, BVerfGE 65, 1, 42 ff.
311 *Hefendehl*, Kollektive Rechtsgüter, S. 72.
312 *Kargl*, ARSP 82, 485, 493 f.
313 *Kargl*, ARSP 82, 485, 493 f.
314 *Kargl*, ARSP 82, 485, 493 f.

welche gleichwohl Rechtsgüter wie Leben und Gesundheit zu integrieren vermag, noch nicht formuliert worden sei.[315] Sowohl die dualistische Lehre als auch das monistisch-etatistische Rechtsgutskonzept sind daher im Ergebnis abzulehnen. Es ist im Folgenden die monistisch-personale Rechtsgutslehre der weiteren Bearbeitung zu Grunde gelegt.

2. *Kritik an der systemimmanenten und systemkritischen Funktion*

Die systemkritische Funktion des Rechtsguts existiert unabhängig vom positiven Recht und schafft Überprüfungsmöglichkeiten bestehender bzw. vornehmlich noch zu schaffender Straftatbestände, während der systemimmanenten Funktion des Rechtsguts – als inhaltsleerem Gegenpart – ein rein formaler Aspekt des Rechtsguts zugrunde liegt.[316] Dem systemkritischen Rechtsgutsbegriff gelingt es, als dem Recht vorgelagertem und aufgrund von in der Rechtsordnung nicht denknotwendigerweise anerkannten Wertvorstellungen gebildeten Terminus, allerdings nicht, die nach dem Gesetz strafbaren Verhaltensweisen einem gemeinsamen materiellen Kern zuzuordnen;[317] noch dient diese Funktion als Auslegungshilfe der existierenden Norm, da sie gänzlich unabhängig von ihr formuliert wird. Bei § 299 StGB liefe es nach einem rein systemtranszendenten Verständnis deshalb darauf hinaus, das Wesen der Wirtschaftskorruption in seiner Strafbedürftigkeit und Strafwürdigkeit zu hinterfragen, um hieraus ein allgemeingültiges Rechtsgut abzuleiten.[318] Für den bereits existierenden Straftatbestand des § 299 StGB und die darauf fußende Auslegung der Tatbestandsmerkmale ist dieses rein systemtranszendente Verständnis deshalb nicht zielführend. Der systemimmanenten Funktion gelingt es im Gegensatz hierzu jedoch ebenso wenig, bestehende Strafnormen einer kritischen Überprüfung an höheren Maßstäben zu unterziehen. Sie läuft überdies Gefahr einem Zirkelschluss zu erliegen, da sie sowohl Auslegungsprodukt des Telos der Norm, als auch Mittel zur Erlangung eben dieser teleologischen Auslegung der Norm ist.[319] Weder die systemimmanente Funktion noch die systemkritische Funktion bergen daher simultan nutzbare Stärken und Schwächen. Eine Entscheidung zwischen beiden Funktionen ist folglich immer mit reziproken Nachteilen verknüpft. Gleichwohl vertreten verschiedene Stimmen in der Literatur die Ansicht, dass es einer

---

315 So auch: *Hefendehl*, Kollektive Rechtsgüter, S. 73.
316 *Rudolphi*, FS Honig, S. 151, 154, 158.
317 *Rudolphi*, FS Honig, S. 151, 157 f.
318 Siehe: *Pragal*, Korruption, S. 132 ff.
319 *Nelles*, Untreue, S. 289 f.; *Hefendehl*, Kollektive Rechtsgüter, S. 25.

Entscheidung zwischen den beiden Funktionen bedürfe, da sie sich gegenseitig ausschlössen.[320]

3. *Kombinatorischer Ansatz und Ermittlungssystematik*

Vorzugswürdig ist indessen nicht die Entscheidung zwischen jenen beiden Funktionen, sondern vielmehr eine Kombination derselben.[321] So schlug bereits *Rudolphi* zur Synergiehebung vor, eine Vereinigung von systemkritischer und systemimmanenter Rechtsgutsfunktion vorzunehmen.[322] Durch die Kombination beider Funktionen könnten die Stärken der beiden Ansätze vereint und die reziproken Schwächen minimiert werden. Die Kombination greift daher die Auslegung anhand des bestehenden Tatbestandes der Norm als systemimmanenten Teilaspekt heraus und überprüft dieses Ergebnis an höherrangigem, für den Gesetzgeber verbindlichem Recht als Teilaspekt des systemtranszendenten Rechtsgutsverständnisses. Der systemkritische Ansatz ist daher insoweit abzuwandeln, als keine irgendwie gearteten, überpositiven Naturrechtssätze Prüfungsmaßstab sein können, sondern vielmehr die Verfassung selbst den einzig maßgeblichen Prüfungsmaßstab diktiert.[323] Rechtsgüter sollen sich nach diesem kombinatorischen Konzept zu ihrer dogmatischen Verankerung am Maßstab des Verfassungsrechts, als dem Strafgesetzgeber vorgelagerter Wertvorstellung, und mithin an verbindlichem, höherrangigem Recht messen lassen.[324] Hierbei bilden sich zum einen materielle Kriterien für die Implementierung neuer Strafrechtsnormen sowie zum anderen feste Auslegungskriterien für bestehende Strafnormen heraus.[325] Dieser höherrangige Maßstab orientiert sich insbesondere am verfassungsrechtlichen Verhältnismäßigkeitsprinzip, Art. 2 Abs. 2 GG und Art. 103 Abs. 2 GG als maßgeblichen Schranken sozialschädlichen Verhaltens.[326] Aus diesem kombinatorischen Konzept ergibt sich folgende Ermittlungssystematik für das Rechtsgut des § 299 StGB: Zuvorderst muss danach gefragt

320 *Pragal*, Korruption, S. 89, 94 ff.: „nicht simultan nutzbare Funktionen ein und desselben Rechtsgutskonzepts, sondern vielmehr der jeweilige Ausfluss zweier grundsätzlich verschiedener Rechtsgutskonzepte".

321 *Rudolphi*, FS Honig, S. 151, 158 ff.; *Szebrowski*, Kick-Back, S. 148 ff.; *Wollschläger*, Täterkreis, S. 6 ff.

322 *Rudolphi*, FS Honig, S. 151, 158 ff.; So auch im Ergebnis: *Vasilikou*, FS Imme Roxin, S. 359, 361; *Wollschläger*, Täterkreis, S. 6 ff.

323 *Rudolphi*, FS Honig, S. 151, 158.

324 *Rudolphi*, FS Honig, S. 151, 158 ff.

325 *Rudolphi*, FS Honig, S. 151, 158.

326 *Szebrowski*, Kick-Back, S. 149, 151: umgekehrte Systemkritik.

werden, was genau geschützt werden soll. Hierbei erfolgt eine Rechtsgutskonkretisierung auf Grundlage der Analyse des Tatbestandes der streitgegenständlichen Norm *eo ipso* im Hinblick auf die allgemein anerkannten Auslegungstopoi *Historie, Wortlaut, Systematik* und *Telos*. In einem zweiten Prüfungsschritt ist der Rechtsgutsträger – Individuum oder Kollektiv – zu bestimmen. Hier gilt es die sog. „*Scheinrechtsgüter*", denen kein bestimmter Rechtsgutsträger zugeordnet werden kann, auszusortieren.[327] Des Weiteren muss in diesem Prüfungsschritt die Anwendung der monistisch-personalen Rechtsgutslehre insoweit Beachtung finden, als sämtliche Kollektivrechtsgüter auf Individualrechtsgütern fußen. Dritter Prüfungsschritt ist die Prüfung der Frage, wovor der Rechtsgutsträger geschützt werden soll; denn das Rechtsgut bedarf eines *konkreten Abwehrerfordernisses*. Die Ermittlung des konkreten Abwehrerfordernisses erfolgt anhand der Theorie *Amelungs* zur unkontrollierten Häufigkeit, da nach dieser Ansicht eine „unkontrollierbare Häufung dysfunktionaler Handlungen" zu messbaren Schäden führt.[328] Zusammengefasst stellt sich bei der Rechtsgutsermittlung folglich die von *Heinrich* formulierte Frage: „Was und wer soll wovor geschützt werden".[329] Das gefundene Ergebnis muss sich gemäß des zugrunde gelegten kombinatorischen Ansatzes in einem abschließenden Prüfungsschritt an verfassungsrechtlichen Maßstäben messen, sich innerhalb des verfassungsmäßigen Spielraums bewegen sowie insbesondere dem Verhältnismäßigkeitsprinzip, Art. 2 Abs. 2 GG und Art. 103 Abs. 2 GG mit den inhärenten Grundsätzen „*nulla poena sine lege praevia*" und „*nulla poena sine lege certa*" entsprechen.[330] In diesem letzten Prüfungsschritt ist die Pönalisierung bloßer sittlicher Moralvorstellungen auszusortieren, da jene in einer pluralistischen Gesellschaft diametral verlaufen und daher nicht pönalisiert werden dürfen. Als Strafrechtsgut taugt vielmehr nur ein „elementarer Wert der Rechtsgemeinschaft".[331] Die weitere Untersuchung des Rechtsguts des § 299 StGB folgt diesem Schema unter Zugrundelegung des kombinatorischen Ansatzes der Rechtsgutsfunktion sowie der monistisch-personalen Rechtsgutslehre.

---

327 *Heinrich*, FS Roxin, S. 131, 150.

328 *Amelung*, Rechtsgüterschutz, S. 388.

329 Sog. „Drei-Stufen-Prüfungsschema" des Rechtsgüterschutzes: *Heinrich*, FS Roxin, S. 131, 148 ff.

330 BVerfG NJW 1995, 1141; *Androulakis*, FS Hassemer, S. 271, 277 ff.: Votierend für eine Überprüfung der Strafnorm allein am verfassungsrechtlichen Verhältnismäßigkeitsprinzip ohne dies über ein angebliches Rechtsgut zu konstruieren.

331 BVerfG NJW 2008, 1137, 1138.

VI. Verletzungsdelikt contra abstraktes Gefährdungsdelikt

Bei § 299 StGB handelt es sich nach überwiegender Auffassung in Literatur und Rechtsprechung um ein abstraktes Gefährdungsdelikt,[332] das das Kollektivrechtsgut des „lauteren Wettbewerbs", sowie mehrere Individualrechtsgüter schützen soll.[333] Diese Akkumulation eines abstrakten Gefährdungsdelikts mit inhärenter Vorverlagerung der Strafbarkeit und eines Kollektivrechtsguts mit unscharfen Voraussetzungen für seine Rechtsgutserhebung ist in jüngerer Zeit durch die Strafrechtswissenschaft vermehrt problematisiert worden.[334] Universalrechtsgüter werden als „zu vage" und zu „großflächig formuliert" beschrieben; sie stellten ein „wohlfeiles Instrument einer verfehlten Kriminalpolitik der Risikogesellschaft" dar.[335] Ihr Vorkommen ist vermehrt in den Bereichen Wirtschaft, Umwelt und organisierte Kriminalität des Besonderen Teils des Strafgesetzbuches zu verorten. Die Kritik spitzt sich gerade unter dem Aspekt der Vorverlagerung des Rechtsschutzes in den Gefährdungsbereich zu. Innerhalb eines Teils der Strafrechtswissenschaft besteht mithin die Befürchtung, dass die Akkumulation zu einem „illegitimen Gesinnungsstrafrecht" führen könnte, da der geringere Unrechts- und Schuldgehalt von abstrakten Gefährdungsdelikten keinen Einsatz von Kriminalstrafe rechtfertige.[336] Die Tendenz zu einem vermehrten Einsatz von abstrakten Gefährdungsdelikten und Kollektivrechtsgütern spricht jedoch nicht gegen das Rechtsgutskonzept, beziehungsweise den Einsatz von Kollektivrechtsgütern, an sich, sondern bedarf als sozusagen „neues System" lediglich eines intensivierten Schutzes vor Missbrauch.[337] Missbrauch kann in Bezug auf abstrakte Gefährdungsdelikte beispielsweise dann vorliegen, wenn die Vorverlagerung der Strafbarkeit nur der Ermittlungserleichterung der Strafverfolgungsorgane diente.[338] Die Einordnung des § 299 StGB als abstraktes

---

332 *Fischer*, § 299 Rn. 2b m.w.N.

333 NJW 2006, 3290, 3298: „Schutzgut des § 299 StGB ist die strafwürdige Störung des Wettbewerbs sowie die abstrakte Gefahr sachwidriger Entscheidungen"; *Fischer*, § 299 Rn. 2; LK-*Tiedemann*, § 299 Rn. 1; NK-*Dannecker*, § 299 Rn. 4; BeckOK-*Momsen*, § 299 Rn. 2: Daneben auch Schutz der Vermögensinteressen der Mitbewerber; *Lackner/Kühl*, § 299 Rn. 1; Sch/Sch-*Heine/Eisele*, § 299 Rn. 2; siehe hierzu näher, in: Kapitel 2 § 2.

334 *Hefendehl*, Kollektive Rechtsgüter, S. 252 ff.

335 *Hefendehl*, Kollektive Rechtsgüter, S. 1; *Hassemer*, NStZ 1989, 553, 557; *Krüger*, Entmaterialisierungstendenz, S. 119 ff., 136.

336 *Roxin*, Strafrecht AT, § 2 Rn. 69; *Kindhäuser*, FS Krey, S. 249, 253.

337 So auch: *Roxin*, FS Hassemer, S. 573, 589 f.

338 *Tiedemann*, FS Müller-Dietz, S. 905, 911: Dieser Vorwurf ist im Rahmen des § 299 StGB jedoch noch nicht erhoben worden.

Gefährdungsdelikt könnte sich daraus ergeben, dass das „Fordern und Sich-Versprechen-Lassen" beziehungsweise das „Anbieten und Versprechen" eines Vorteils noch keinen materiellen Schaden an Individualrechtsgütern bewirke, sondern diese lediglich gefährde, wohingegen der lautere Wettbewerb, sollte man ein Vertrauen der Allgemeinheit in seine Funktionsbedingung als Rechtsgutbestandteil ansehen,[339] bereits durch das Anbieten des Vorteils beeinträchtigt sein könnte.[340] In Konsequenz dessen könnte es sich daher bei § 299 StGB unter Annahme eines singulären Kollektivrechtsguts „lauterer Wettbewerb" um ein Verletzungsdelikt handeln.[341] Voraussetzung des Vorliegens eines Verletzungsdeliktes ist, dass es durch die Tathandlung zu einer Beeinträchtigung des Angriffsobjekts gekommen sein muss, während Voraussetzung eines Gefährdungsdeliktes lediglich die Wahrscheinlichkeit der Gefährdung des Angriffsobjekts durch Ausübung der Tathandlung ist.[342] Bei abstrakten Gefährdungsdelikten ging der Gesetzgeber folglich davon aus, dass bestimmte Handlungen aus der Natur der Sache heraus gefährlich seien und daher bereits als solche verboten werden müssten, ohne dass es des Eintritts einer wie auch immer gearteten Gefahrenlage für das Rechtsgut bedürfe.[343] Aufgrund dieser Prämisse sind Tatsituationen denkbar, in denen eine Beeinträchtigung des geschützten Rechtsguts sicher ausgeschlossen ist.[344] Das Rechtsgut des § 299 StGB ist daher im Folgenden vornehmlich anhand des weiterführenden Gedankens herauszuarbeiten, dass hiervon überdies die Einordnung des Deliktstypus abhängt.

§ 2 Überblick über das geschützte Rechtsgut des § 299 StGB

In Rechtsprechung und Literatur werden im Rahmen des § 299 StGB eine Vielzahl unterschiedlicher Kollektiv- und Individualrechtsgüter in zueinander variierenden Abhängigkeitsverhältnissen diskutiert. Zum einen wird vertreten,

---

339 So: *Pragal*, Korruption, S. 146, 149 ff.

340 *Sprafke*, Korruption, S. 114; NK-*Dannecker*, § 299 Rn. 11 m.w.N.

341 *Gercke/Wollschläger*, wistra 2008, 5, 8; LK-*Tiedemann*, § 299 Rn. 7; Siehe hierzu: Kapitel 2 § 4 IV. 4.

342 BeckOK-*von Heintschel-Heinegg*, Lexikon des Strafrechts, Deliktstypen, V Rn. 46.

343 Sch/Sch-*Heine/Bosch*, Vorbemerkungen zu §§ 306 ff. Rn. 4; MK-*Radtke*, Vorbemerkungen zu §§ 306 ff. Rn. 5.

344 MK-*Radtke*, Vorbemerkungen zu §§ 306 ff. Rn. 5; Momsen/Grützner-*Rotsch*, Wirtschaftsstrafrecht, 1. Kapitel, B Rn. 11: Eine Beeinträchtigung des geschützten Rechtsguts solle bei der Verwirklichung eines abstrakten Gefährdungsdeliktes nie eintreten.

dass der „lautere Wettbewerb“ Alleinkollektivrechtsgut des § 299 StGB sei,[345] zum anderen sollen mittelbar, unmittelbar oder autonom hierzu die Individualinteressen der Mitbewerber, des Geschäftsherrn des Bestochenen sowie weiterer Marktteilnehmer treten.[346] Während sich die Schutzinteressen der potentiellen Individualrechtsgutsträger ähneln, werden zu dem Schutz des Geschäftsherrn des Bestochenen diametrale Interessen vertreten: Zum einen bestehe lediglich ein vermögensschutzrechtlicher Aspekt,[347] zum anderen begründe sich sein Interesse ausschließlich in sein Vertrauen in die Treue seiner Angestellten.[348] In den folgenden Paragraphen der Bearbeitung werden die von Rechtsprechung und Literatur vertretenen differierenden Ansätze zum Rechtsgut des § 299 StGB dargestellt, um im Anschluss daran, anhand der Ermittlungsgrundsätze das richtige Schutzgut des § 299 StGB zu verifizieren.

I. Kollektivrechtsgut: Lauterer Wirtschaftswettbewerb

Sowohl die Rechtsprechung als auch die überwiegende Meinung in der Literatur sehen den primären Schutzzweck des § 299 StGB im Kollektivrechtsgut des „freien, fairen, lauteren Wettbewerbs“[349]. Wie sich bereits aus den Gesetzesbegründungen zu § 299 StGB ergebe, habe sich bei der Implementierung der Norm vom Neben- ins Kernstrafrecht nichts an der, der Auslegung der Norm zugrundeliegenden Systematik ändern sollen.[350] Es sei vielmehr weiterhin auf das UWG zu rekurrieren, was nicht zuletzt durch den Verweis in § 301 Abs. 2 StGB auf § 8 Abs. 3 Nr. 1, 2 und 4 UWG verdeutlicht werde.[351] Der Gesetzgeber habe mithin

345 *Vormbaum*, FS Schroeder, S. 649, 652; *Heinrich*, Amtsträgerbegriff, S. 602 ff.; *Höltkemeier*, Sponsoring, S. 166 f.: Rechtsgut ist der Wettbewerb als Institution; *Mölders*, Anwendbarkeit § 299 StGB, S. 133, 161: Rechtsgut ist „die Institution „*Wettbewerb*“ als Teil der sozialen Marktwirtschaft“.

346 *Rönnau*, StV 2009, 302, 303: „Rechtsgütermix“; *Tiedemann*, Wirtschaftsstrafrecht BT, § 5 Rn. 197; *Maurach/Schroeder/Maiwald*, Strafrecht BT, § 68 Rn. 2.

347 *Fischer*, § 299 Rn. 2; *Walter*, wistra 2001, 321, 323.

348 *Pragal*, ZIS 2006, 75 ff.; *Jaques*, Bestechungstatbestände, S. 115 f.; *Wessels/Hillenkamp*, Strafrecht BT 2, Rn. 704.

349 BGH NJW 2004, 3129, 3133; BGH NJW 2006, 3290, 3298; NK-*Dannecker*, § 299 Rn. 4 m.w.N.

350 BT-Drs. 13/5584, S. 15; BT-Drs. 14/8998, S. 9.

351 BT-Drs. 13/5584, S. 15: „Eine inhaltliche Änderung der Vorschrift ist mit der Verlagerung in das Strafgesetzbuch, abgesehen von den im Anschluß darzustellenden Änderungen, nicht beabsichtigt. Für die Auslegung der Tatbestandsmerkmale des neuen § 299 StGB wird daher weiterhin von Bedeutung sein, daß es sich bei dieser Vorschrift um einen Straftatbestand aus dem Bereich des Rechts gegen den

bei seinen Implementierungsbemühungen aus dem Jahr 1997 das Rechtsgut des § 12 UWG a.F. im neuen § 299 StGB lediglich perpetuiert.[352] In Korrelation zu dieser Erkenntnis wurden in den Entscheidungen des Reichsgerichts sowohl der „redliche, faire Wettbewerb"[353] als auch das „öffentliche Interesse an der Steuerung der Auswüchse im Wettbewerb"[354] als Schutzgüter des § 12 UWG a.F. benannt, wodurch sich retrospektiv für § 12 UWG a.F. der „lautere Wettbewerb" als Schutzgut konkludiere.[355]

1. *Der „lautere Wettbewerb" in der Rechtsprechung*

Die Rechtsprechung folgt zwar der Auffassung, dass der „lautere Wettbewerb" Primärkollektivrechtsgut des § 299 StGB sei,[356] benennt hierzu jedoch fallbezogen weitere individuelle Schutzinteressen, wie die der Mitbewerber,[357] des Prinzipals[358] und der Endverbraucher[359]. Überdies herrscht innerhalb der höchstrichterlichen Rechtsprechung erst seit kurzer Zeit eine Art Konsens über ein Primärrechtsgut „lauterer Wettbewerb". Insbesondere das Reichsgericht variierte über die Jahre je nach Fallkonstellation in den Schutzzwecken des § 12 UWG a.F.: So konstatierte das Reichsgericht in seiner wahrscheinlich bekanntesten *Korkengeld*-Entscheidung zu den sog. *„halb oder ganz entschleierten Schmiergeldern"*,[360] dass der „unlautere Wettbewerb in jeder Form" durch die Textierung des § 12 UWG a.F. getroffen werden sollte.[361] Im Jahr 1932 stand hingegen der „Schutz

unlauteren Wettbewerb handelt. Ebenso wie bei dem neuen Straftatbestand in § 298 StGB gegen wettbewerbsbeschränkende Absprachen bei Ausschreibungen die Verknüpfung mit dem GWB erhalten bleibt, wird bei der Auslegung der Tatbestandsmerkmale des § 299 StGB deshalb der Zusammenhang mit den Regelungen des UWG zu berücksichtigen sein".

352 BT-Drs. 13/5584, S. 15; BT-Drs. 14/8998, S. 9.

353 BGHSt 10, 358, 367; *Baumbach/Hefermehl*, UWG, Einleitung Rn. 51; *Pfeiffer*, FS v. Gamm, S. 129, 130 f.

354 RGSt 76, 335, 336.

355 GK-*Otto*, § 12 Rn. 5; GK-*Schünemann*, Einleitung Rn. C30.

356 BGH NJW 2004, 3129, 3133; BGH NJW 2006, 3290, 3298, wonach Schutzgut die strafwürdige Störung des Wettbewerbs sowie die abstrakte Gefahr sachwidriger Entscheidungen sei.

357 RGSt 48, 291, 295; BGH NJW 1968, 1572, 1574; laut BGHSt 2, 396, 402 „schützt [...] die Gleichheit der Aussichten der Wettbewerber".

358 RGSt 72, 289, 294; BGHSt 31, 207, 210 ff.

359 BGH NJW 1968, 1572, 1574.

360 Begrifflichkeit aus: *Wassermann*, GRUR 1931, 549, 554.

361 RGSt 48, 291, 297.

der Mitbewerber vor verschmähungswürdigen Wettbewerbsmitteln" im Vordergrund.[362] Später entschied das Reichsgericht, dass die „Interessen des Geschäftsherrn des Bestochenen" in den Schutzbereich des § 12 UWG a.F. fielen, da er als „Verletzter" im Rahmen der Vorschrift anzusehen sei.[363] In einer weiteren Entscheidung untermauerte das Reichsgericht die Öffnung des Tatbestandes für Individualinteressen, wie die der „Gefolgschaftstreue" und „vor allem Anstand und gute Sitte des geschäftlichen Lebens im Verhältnisse der Wettbewerber zueinander".[364] Dieser bunte Strauß an potentiellen Rechtsgütern der Bestechlichkeit und Bestechung im geschäftlichen Verkehr fand auch durch die Rechtsprechung des Bundesgerichtshofs zu § 299 StGB kein Verblühen.[365] Erst im Jahr 2006 legte der BGH das Primärschutzgut des § 299 StGB auf „die strafwürdige Störung des Wettbewerbs sowie die abstrakte Gefahr sachwidriger Entscheidungen"[366] fest. Dieses Ergebnis bestätigte der BGH sowohl in der Entscheidung *Siemens/ ENEL* aus dem Jahr 2008, in der er lediglich prüfte, ob es sich beim Schutz des Wettbewerbs um ein inländisches Rechtsgut handele, dieses jedoch gleichwohl als Rechtsgut des § 299 StGB stillschweigend zugrunde legte,[367] als auch in seiner aktuellsten Entscheidung zu § 299 StGB aus dem Jahr 2012, indem er die Strafbarkeit des Pharma-Marketings niedergelassener Vertragsärzte verneinte.[368]

2. *Der „lautere Wettbewerb" in der Literatur*

In den von der Literatur vertretenen Ansichten zum Rechtsgut des § 299 StGB findet sich die gleiche Entwicklungstendenz zum Alleinkollektivrechtsgut

362 RGSt 66, 81, 82.

363 RGSt 76, 335, 336 f.

364 RGSt 72, 289, 294.

365 BGHSt 31, 207, 209 ff.: „[Dass] es [...] „weniger" auf eine Pflichtwidrigkeit gegen den Geschäftsherrn an[kommt], [...] bedeutet [...] nicht, daß der Geschäftsherr nicht als Träger des geschützten Rechtsguts in Frage kommt, sondern es besagt lediglich, daß die Strafbarkeit nicht davon abhängt, ob er Verletzter ist."; BGHSt 49, 214, 229 zu § 299 Abs. 2 StGB: „Der Schutzzweck des Gesetzes, der darin gesehen wird, daß nicht nur der redliche Wettbewerb geschützt, sondern „im öffentlichen Interesse den Auswüchsen im Wettbewerb überhaupt gesteuert werden soll" (BGHSt 10, 358, 367 zu § 12 UWG aF), gebietet eine weite Auslegung des Wettbewerbsbegriffs".

366 BGH NJW 2006, 3290, 3298.

367 BGHSt 52, 323, 340 ff.

368 BGH NStZ 2012, 35, 38.

„lauterer Wettbewerb" wieder.[369] Allerdings sind die Facetten der vertretenen Meinungen im Vergleich zu jenen der Rechtsprechung noch deutlich intransparenter. Grund hierfür ist die Differenzierung zwischen primären und nachgelagerten Individualschutzgütern innerhalb der Norm. So werden das „Interesse der Mitbewerber an Chancengleichheit" und/oder am „Vermögensschutz", das „Interesse des Geschäftsherrn an der Loyalität seiner Angestellten" und/oder an der „Wahrung seines Vermögens" sowie der „Schutz der Verbraucher" bzw. der „Allgemeinheit vor der Warenverteuerung" mal als gleichrangige Rechtsgüter neben dem „lauteren Wettbewerb", mal als alleinige Rechtsgüter des § 299 StGB, oder aber als nachgelagerte Rechtsgüter zum Wettbewerbsschutz verstanden.[370] Manche Stimmen in der Literatur lehnen überdies das Rechtsgut des „freien Wettbewerbs" im Allgemeinen und insbesondere im Rahmen des § 299 StGB gänzlich ab.[371]

II. Individualrechtsgut: Vermögensinteresse und Chancengleichheit der Konkurrenten

Nach überwiegender Ansicht in Literatur und Rechtsprechung sollen die „Vermögensinteressen der inländischen und ausländischen Mitbewerber" als Individualrechtsgüter durch § 299 StGB (mit-)geschützt werden.[372] Unter

---

369 GK-*Otto*, § 12 Rn. 5; *Höltkemeier*, Sponsoring, S. 166 f.; *Mölders*, Anwendbarkeit § 299 StGB, S. 133, 161; *Vormbaum*, FS Schroeder, S. 649 ff.; *Wollschläger*, Täterkreis, S. 12 ff.; *Kahmann*, Bestechlichkeit und Bestechung, S. 169 ff., 181.

370 *Fischer*, § 299 Rn. 2: Rechtsgut ist der freie Wettbewerb, nur mittelbar geschützt sind Vermögensinteressen der Mitbewerber sowie des Geschäftsherrn; *Maurach/Schroeder/Maiwald*, Strafrecht BT, § 68 Rn. 2: Geschütztes Rechtsgut ist das individuelle Vermögen der Mitbewerber; NK-*Dannecker*, § 299 Rn. 4: Vorrangiges Rechtsgut ist der lautere (faire) Wettbewerb weniger als Schutz der Institution Wettbewerb, als vielmehr der Lauterkeit des Wettbewerbs; *Wessels/Hillenkamp*, Strafrecht BT 2, Rn. 704: Mitbewerber und Geschäftsherr sind mitgeschützt; *Lackner/Kühl*, § 299 Rn. 1: Vorrangiger Schutz des Allgemeininteresses an einem freien, lauteren Wettbewerb; Sch/Sch-*Heine/Eisele*, § 299 Rn. 2: Schutz des Allgemeininteresses an „lauteren" fairen Wettbewerbsbedingungen dazu mittelbarer Schutz des öffentlichen Interesses an Auswüchsen im Wettbewerb sowie der Allgemeinheit vor Verteuerung der Waren; LK-*Tiedemann*, § 299 Rn. 1: Primärer Schutz des lauteren, fairen Wettbewerbs dazu gleichrangig Schutz der in- und ausländischen Mitbewerber in ihrer Chancengleichheit und ihrem Vermögen.

371 *Lüderssen*, BB 1996, 2527 ff.; *Stächelin*, Strafgesetzgebung, S. 309 f.; *Maurach/Schroeder/Maiwald*, Strafrecht BT, § 68 Rn. 2; *Greco*, FS Roxin, S. 214 a.E.

372 BGH NJW 1968, 1572, 1574; *Hiersemann*, WRP 1964, 222, 223; Beck-OK-*Momsen*, § 299 Rn. 2; *Lackner/Kühl*, § 299 Rn. 1; LK-*Tiedemann*, § 299 Rn. 1; NK-*Dannecker*, § 299 Rn. 5; Sch/Sch-*Heine/Eisele*, § 299 Rn. 2; *Fischer*, § 299 Rn. 2.

Konkurrenten werden hierbei diejenigen Personen verstanden, die im Wettbewerb um die begünstigende Entscheidung des Angestellten oder Beauftragten des geschäftlichen Betriebes ringen. Sofern diese Entscheidung unter Regelverstoß zuungunsten des lauteren (Mit-)Bewerbers ausfällt, soll dieser hierdurch einen Vermögensschaden erleiden.[373] Während weitgehende Einigkeit über die Einbeziehung der Interessen der Mitbewerber in den Schutzbereich des § 299 StGB herrscht, variiert jedoch das Verhältnis des Vermögensschutzes der Mitbewerber zum Kollektivinteresse des „lauteren Wettbewerbs" innerhalb der einzelnen Auffassungen beträchtlich: Einige rezipieren die Vermögensinteressen der Mitbewerber als alleiniges Rechtsgut des § 299 StGB,[374] andere hingegen sehen diese als gleichrangiges oder sogar vorrangiges Schutzgut im Vergleich zum Wettbewerbsschutz an,[375] wohingegen wieder andere für einen lediglich mittelbaren Schutz der Vermögensinteressen der Konkurrenten optieren.[376] In einem Atemzug mit dem „Vermögensschutz der Konkurrenten" wird überdies vermehrt die „Chancengleichheit der Mitbewerber" genannt, die bei unlauterer Entscheidung in Mitleidenschaft gezogen werden soll,[377] sowie das „Interesse vor einer Verdrängung aus dem Markt".[378]

III. Individualrechtsgut: Vermögensinteressen der Verbraucher

Durch Bestechungshandlungen im Wettbewerb seien nicht nur potentielle Mitbewerber, sondern nach Ansicht von Literatur und Rechtsprechung zudem Verbraucher als Käufer des Endproduktes geschädigt, sollte der Käufer infolge der Bestechung die schlechtere oder teurere Ware, die keinen lauteren, objektiven Wettbewerbskriterien entspreche, erhalten.[379] Letztendlich handelt es sich

373 *Maurach/Schroeder/Maiwald*, Strafrecht BT, § 68 Rn. 2.

374 *Maurach/Schroeder/Maiwald*, Strafrecht BT, § 68 Rn. 2; Arzt/Weber-*Heinrich*, BT, § 49 Rn. 52; *Walter*, wistra 2001, 321, 323: Konkurrenten und der Geschäftsherr des Bestochenen sind alleinige Individualrechtsgüter.

375 Gleichrangiges Rechtsgut: *Hiersemann*, WRP 1964, 222, 223; Beck-OK-*Momsen*, § 299 Rn. 2; *Lackner/Kühl*, § 299 Rn. 1; LK-*Tiedemann*, § 299 Rn. 1; NK-*Dannecker*, § 299 Rn. 5; Sch/Sch-*Heine/Eisele*, § 299 Rn. 2; Vorrangiges Rechtsgut: BGH NJW 1968, 1572, 1574.

376 *Fischer*, § 299 Rn. 2.

377 BeckOK-*Momsen*, § 299 Rn. 2; evident im sportlichen Wettbewerb: *Cherkeh/Momsen*, NJW 2001, 1745 ff.; BGHSt 2, 396, 402; NK-*Dannecker*, § 299 Rn. 5.

378 SK-*Rogall* (Stand März 2012), § 299 Rn. 9; *Sprafke*, Korruption, S. 102.

379 RGSt 48, 291, 295 f.; *Baumbach/Hefermehl*, UWG, Vor § 12 Rn. 3; NK-*Dannecker*, § 299 Rn. 7.

bei diesem Schutzinteresse um das des Einzelnen an einem angemessenen Preis, der bestmöglichen Produktqualität und an kompetenter Beratung.[380] In Rechtsprechung und Literatur herrscht über die Einbeziehung der Vermögensinteressen der Verbraucher weitgehende Einigkeit, lediglich zu den differierenden Abhängigkeitsverhältnissen dieses Schutzinteresses zum Schutzgut des „lauteren Wettbewerbs" werden unterschiedliche Auffassungen vertreten: Mal sollen die Interessen des Verbrauchers dem unmittelbaren Schutz des § 299 StGB unterfallen,[381] mal dem mittelbaren,[382] mal seien sie lediglich Rechtsreflex[383] und somit im Ergebnis überhaupt kein schützenswertes Gut im Rahmen der Norm.

IV. Kollektivrechtsgut: Vermögensinteresse der Allgemeinheit

Darüber hinaus wird vertreten, dass das „Vermögensinteresse der Allgemeinheit" Rechtsgut des § 299 StGB sei. Dieses wird zum einen als „öffentliches Interesse an den Auswüchsen im Wettbewerb"[384] sowie zum anderen als „Schutz der Allgemeinheit vor der Verteuerung der Waren"[385] beschrieben.

V. Individualrechtsgut: Schutzinteressen des Geschäftsherrn des Bestochenen

Während über den Schutz der Individualinteressen der Mitbewerber und Verbraucher i.R.d. § 299 StGB weitgehender Konsens herrscht, wird der Schutz des Individualinteresses des Geschäftsherrn des Bestochenen kontrovers diskutiert. Zum einen wird der Geschäftsherr des Bestochenen bereits als nach § 299 StGB *de lege lata* (mit-)geschützt angesehen,[386] was internationale und europäische Vorgaben überdies explizit *de lege ferenda* fordern.[387] Zum anderen wird ein Schutz des Geschäftsherrn des Bestochenen *de lege lata* abgelehnt.[388] So ging die Bundesregierung in ihrem Entwurf zu einem zweiten Änderungsgesetz zur

---

380 *Pfeiffer*, FS v. Gamm, S. 129, 131; *Vasilikou*, FS Imme Roxin, S. 359, 367.

381 MK-*Krick*, § 299 Rn. 2.

382 LK-*Tiedemann*, § 299 Rn. 4.

383 *Koepsel*, Bestechlichkeit und Bestechung, S. 80 f.; BeckOK-*Momsen*, § 299 Rn. 2.

384 BGHSt 31, 207, 211 zu § 12 UWG a.F.; *Pfeiffer*, FS v. Gamm, S. 129, 130; Sch/Sch-*Heine/Eisele*, § 299 Rn. 2.

385 *Lackner/Kühl*, § 299 Rn. 1.

386 BGHSt 31, 207, 211 zu § 12 UWG a.F.; BeckOK-*Momsen*, § 299 Rn. 2; *Fischer*, § 299 Rn. 2; *Lackner/Kühl*, § 299 Rn. 1; LK-*Tiedemann*, § 299 Rn. 2, 5 m.w.N.

387 *Walther*, Bestechlichkeit und Bestechung, S. 72 f.

388 *Koepsel*, Bestechlichkeit und Bestechung, S. 67 ff, 78; *Mölders*, Anwendbarkeit § 299 StGB, S. 133 ff., 154.

Bekämpfung der Korruption durch den Vorschlag der Einführung eines Pflichtwidrigkeitskriteriums in der Innenbeziehung „Angestellter – Anstellungsbetrieb" davon aus, dass die Fassung *de lege lata* keinen ausreichenden Schutz des Prinzipals biete; in der Fassung *de lege ferenda* sollte das Rechtsgut folglich unmissverständlich auf die Interessen des Geschäftsherrn erweitert werden.[389] Innerhalb der Vertreter eines bereits *de lege lata* bestehenden Schutzes wird hingegen kontrovers diskutiert, wie sich das konkrete Schutzinteresse gestaltet. So wird zwischen einer monetären Ausgestaltung in Form des Schutzes der „Vermögensinteressen"[390] und einem Pflichtwidrigkeitskriterium in Form des „Treueverhältnisses des Angestellten zu seinem Prinzipal" differenziert.[391]

1. Der Schutz des Geschäftsherrn des Bestochenen in der Rechtsprechung

Im Jahr 1924 optierte der dritte Strafsenat des Reichsgerichts zu § 12 UWG a.F., dass der Geschäftsherr nicht unter den Schutzzweck der Vorschrift falle.[392] Der zweite Strafsenat vertrat im Jahre 1943 hingegen eine diametrale Auffassung und bejahte in der Folge eine Strafantragsberechtigung des Geschäftsherrn des

389 BR-Drs. 548/07, S. 23 sowie BT-Drs. 16/6558, S. 14: „§ 299 StGB diente bereits bisher nicht nur dem Schutz der Funktionsfähigkeit des Wettbewerbs, sondern auch dem Schutz der Interessen des Geschäftsherrn. Durch die Änderung wird der Schutz der Interessen des Geschäftsherrn an der loyalen und unbeeinflussten Erfüllung der Pflichten durch seine Angestellten und Beauftragten im Bereich des Austausches von Waren und Dienstleistungen erweitert".

390 BGHSt 31, 207, 209 ff. zu § 12 UWG a.F.; BeckOK-*Momsen*, § 299 Rn. 2; Arzt/Weber-*Heinrich*, BT, § 49 Rn. 52: Vorverlagerter Vermögensschutz ohne Konkretisierung des Inhabers des Vermögens; *Fischer*, § 299 Rn. 2; *Lackner/Kühl*, § 299 Rn. 1: Schutz des Geschäftsherrn vor Benachteiligung ohne weitere Konkretisierung; SK-*Rogall* (Stand März 2012), § 299 Rn. 11; *Nestoruk*, Strafrechtliche Aspekte, S. 112 f.; *Dölling*, ZStW 112 (2000), 334, 351; *Wolters*, JuS 1998, 1100, 1103; *Walter*, wistra 2001, 321, 323.

391 MK-*Krick*, § 299 Rn. 2; BGHSt 31, 207, 211: Es komme „weniger" auf eine Pflichtwidrigkeit gegen den Geschäftsherrn an, was aber im Umkehrschluss nicht bedeutet, dass der Geschäftsherr nicht als Träger des geschützten Rechtsguts also auch in der Variante der Pflichtwidrigkeit in Frage kommt; LK-*Tiedemann*, § 299 Rn. 2 m.w.N.; NK-*Dannecker*, § 299 Rn. 6; *Lackner/Kühl*, § 299 Rn. 1: Schutz des Geschäftsherrn vor Benachteiligung ohne weitere Konkretisierung; *Pfeiffer*, FS v. Gamm, S. 129, 131: Umkehrschluss aus der Beschreibung *Pfeiffers*, dass § 12 UWG a.F. nicht zwingend eine Unlauterkeit und Pflichtwidrigkeit des Angestellten gegenüber seinem Geschäftsherrn voraussetzt; *Wessels/Hillenkamp*, Strafrecht BT 2, Rn. 704.

392 RGSt 58, 429.

Bestochenen mit dem Argument, dass § 12 UWG a.F. die „Auswüchse des Wettbewerbs“ steuern wolle, weswegen dem Geschäftsherrn des Bestochenen ein Strafantragsrecht zustünde und er in den Schutzbereich des § 12 UWG a.F. falle.[393] Der BGH erneuerte nach einer abweichenden Entscheidung aus dem Jahr 1977[394] diese Rechtsprechung im Jahr 1983 und verwies in seiner Begründung auf die Historie sowie das Telos des § 12 UWG a.F.: Seiner Ansicht nach sei die Ablehnung der Einfügung eines Pflichtwidrigkeitskriteriums bei der Neufassung des UWG im Jahre 1909 für § 12 UWG a.F. keine Entscheidung gegen die Einbeziehung der Interessen des Geschäftsherrn gewesen, sondern habe eine Beschränkung der Tatbestandes ausschließlich auf diese Interessen verhindert, sodass auch Verhaltensweisen erfasst werden könnten, die nur die Mitbewerber beträfen.[395] Der Tatbestand solle nach Ansicht des BGH mithin *a maiore ad minus* zumindest auch die Interessen des Geschäftsherrn des Bestochenen schützen.

2. Der Schutz des Geschäftsherrn des Bestochenen in der Literatur

In der Literatur werden die Vermögens- und Treueinteressen des Geschäftsherrn des Bestochenen zum Teil als gleichrangiges Schutzgut neben dem der Mitbewerber rezipiert,[396] zum Teil werden sie im Verhältnis zum Wettbewerbsschutz als nachrangig anerkannt.[397] Überdies existieren Meinungen, die ausschließlich die Interessen des Geschäftsherrn des Bestochenen als durch § 299 StGB geschütztes Primärindividualrechtsgut ansehen, ohne ein zusätzliches Element des Wettbewerbsschutzes mitanzuerkennen.[398]

§ 3 Alternative Rechtsgutsvorschläge zu § 299 StGB

Verschiedene Autoren innerhalb der Literatur weichen von dem geebneten Weg der Untergliederung des § 299 StGB in das Kollektivrechtsgut des „lauteren Wettbewerbs“ sowie variierend hinzutretender Individualrechtsgüter unter Entwicklung alternativer Rechtsgutskonzepte, ab. Ohne Anspruch auf Vollständigkeit zu erheben, werden im Folgenden die geläufigsten Literaturvorschläge dargestellt und im sich anschließenden Paragraphen auf ihre Nachhaltigkeit überprüft.

393 RGSt 76, 335, 336 f.

394 BGH NJW 1977, 1242.

395 BGHSt 31, 207 ff.

396 MK-*Krick*, § 299 Rn. 2; *Fischer*, § 299 Rn. 2; Sch/Sch-*Heine/Eisele*, § 299 Rn. 2.

397 NK-*Dannecker*, § 299 Rn. 6; LK-*Tiedemann*, § 299 Rn. 2, 5.

398 *Szebrowski*, Kick-Back, S. 170; *Jaques*, Bestechungstatbestände, S. 98 ff.

I. Pragal

Pragal legt der Ermittlung des Rechtsguts den systemtranszendenten Funktionsbegriff sowie die monistisch-personale Orientierung zugrunde. Ausgehend von dieser Prämisse beschreibt er verschiedene, straflose Fallgestaltungen, wie beispielsweise den Studenten, der zur Erlangung eines Stipendiums den zuständigen Mitarbeiter einer Stiftung besticht, die allesamt außerhalb des wirtschaftlichen Wettbewerbs spielen, denen jedoch das gleiche Rechtsgut bzw. die gleiche Funktionsbedingung wie den strafbaren Fallkonstellationen des § 299 StGB zugrunde liegen sollen.[399] Seine hierauf basierende Schlussfolgerung lautet, dass es sich beim „wirtschaftlichen Wettbewerb" um eine den Tatbestand konturierende Angriffsmodalität handele, welche lediglich einen von vielen Lebensbereichen der Korruption definiere.[400] Das Rechtsgut der Korruptionsdelikte müsse deswegen auf einer höheren Abstraktionsstufe angesiedelt sein, um alle Korruptionsformen und -delikte erfassen zu können.[401] *Pragals* These zur Bestimmung des Rechtsguts des § 299 StGB lautet daher, dass aus diesem Grunde der „lautere bzw. faire Wettbewerb" nicht Rechtsgut des § 299 StGB sein könne.[402] Zur Erarbeitung seines Rechtsgutsverständnisses besinnt sich *Pragal* unter Heranziehung der Korruptionsdefinition *Volks* auf die gemeinsamen Strukturmerkmale der Korruption. Wie bereits in Kapitel 1 § 1 beschrieben, liegen diese nach der von *Volk* vertretenen Ansicht im „regelwidrigen Tausch einer Entscheidung gegen einen Vorteil".[403] Für die Wirtschaftskorruption ergebe sich diese Regelwidrigkeit dabei aus einer Verletzung der vertraglichen Beziehung zwischen Prinzipal und Angestelltem, bzw. allgemein aus der Handlung des Geschäftsherrn, sollte dieser den Vorteil bei „normalen Austauschverträgen" nicht als Betriebseinnahme verbuchen bzw. versteuern, sowie aus der Einflussnahme auf rechtserhebliche Entscheidungen eines anderen im Interesse eines Dritten durch eine Person, die für sich ein besonderes Vertrauen in ihre Unabhängigkeit, Objektivität oder ihren Sachverstand in Anspruch nehme.[404] Die Regelwidrigkeit definiere sich folglich in prägnanter Form als „Kauf übertragener Entscheidungsmacht".[405] Hieraus folgt für *Pragal* als Rechtsgut des § 299 StGB die *„Nichtkäuflichkeit übertragener*

399 *Pragal*, Korruption, S. 132 ff.
400 *Pragal*, Korruption, S. 133.
401 *Pragal*, Korruption, S. 134.
402 *Pragal*, Korruption, S. 134.
403 *Volk*, GS Zipf, S. 419, 421.
404 *Pragal*, Korruption, S. 145 f.
405 *Pragal*, Korruption, S. 146.

oder sonst besonders fremdverantwortlicher Entscheidungen sowie das diesbezügliche Vertrauen der Allgemeinheit".[406] Dieses Rechtsgut setzt sich aus einer internen Funktionsbedingung in Bezug auf die Nichtkäuflichkeit der Entscheidung sowie aus einer externen Funktionsbedingung in Form des Vertrauens der Allgemeinheit in diese Nichtkäuflichkeit zusammen.[407] Das so verstandene Rechtsgut solle über den Tatbestand des § 299 StGB hinaus für weitere Korruptionsdelikte der §§ 108e, 331 ff. StGB gelten.[408]

II. Jaques

Jaques setzte sich im Jahr 1996 mit dem Strafrechtsgut des § 12 UWG a.F. auseinander und kam hierbei zu folgendem Ergebnis: Aus den Verhandlungen des Reichstags zur Einführung eines Tatbestandsmerkmals der Pflichtenbeziehung des Angestellten bzw. Beauftragten zu seinem Geschäftsinhaber folgerte er, dass es Intention des Gesetzgebers gewesen sei, durch die Begrenzung auf Angestellte bzw. Beauftragte eine besondere Pflichtenbindung zu umschreiben, weswegen sich nur derjenige nach § 12 UWG a.F. strafbar machen könne, der einer solchen zum Prinzipal unterliege.[409] Ausgehend von dieser Prämisse beschreibt *Jaques* das § 299 StGB zugrunde liegende Rechtsgut als „*Schutz des einzelnen Schuldverhältnisses zwischen dem Angestellten oder Beauftragten einerseits und dem Geschäftsherrn andererseits, um so die Übertragbarkeit von Aufgaben, Entscheidungsbefugnissen und Interessenwahrnehmungen im wirtschaftlichen Bereich zu gewährleisten*".[410] § 299 StGB soll mithin eine speziellere Form des Treuebruchs im Vergleich zu § 266 StGB darstellen, bei der lediglich keine Vermögensbetreuungspflicht beziehungsweise keine Möglichkeit zur Verfügung über das Vermögen vorliege.[411] Da die ungestörte Pflichtenbeziehung zwischen Angestelltem und Geschäftsherrn für das Funktionieren einer arbeitsteiligen Gesellschaft unabdingbar sei, dürfe deren Schutz nicht nur durch das Zivilrecht, sondern müsse gerade auch durch das Strafrecht gewährleistet werden.[412] Hierbei stellt er jedoch nicht auf das individuelle Treueverhältnis ab, sondern konstruiert ein

406 *Pragal*, Korruption, S. 146.
407 *Pragal*, Korruption, S. 146 ff.
408 *Pragal*, Korruption, S. 159.
409 *Jaques*, Bestechungstatbestände, S. 92 f.
410 *Jaques*, Bestechungstatbestände, S. 110 ff., 115.
411 *Jaques*, Bestechungstatbestände, S. 113.
412 *Jaques*, Bestechungstatbestände, S. 110.

überindividuelles Rechtsgut der Allgemeinheit. Dieses Rechtsgut gelte überdies einheitlich für alle Bestechungstatbestände.[413]

III. Szebrowski

Szebrowski differenziert zwischen zwei Rechtsgütern für § 299 Abs. 1 und Abs. 2 StGB. Für § 299 Abs. 1 StGB kommen nach der von ihm vertretenen Ansicht einzig der wirtschaftliche, lautere Wettbewerb, die Rechtsinstitute zur Aufgabenübertragung im wirtschaftlichen Bereich sowie die Pflichten- und Loyalitätsbeziehung zwischen Täter und Prinzipal im vermögensrechtlichen Bereich in Betracht.[414] Der „lautere Wettbewerb" müsse hierbei als Rechtsgut des § 299 Abs. 1 StGB ausscheiden, da er einen zu hohen Abstraktionsgrad aufweise, um für den Täter als Verletzungsobjekt erkennbar zu sein und letztlich nur ein Konglomerat an verschiedenen Schutzinteressen darstelle.[415] Die beiden anderen Rechtsgüter gingen hingegen von demselben Anknüpfungspunkt des Treueverhältnisses zwischen Angestelltem und seinem Prinzipal aus und würden diesen nur auf unterschiedlichen Abstraktionsstufen beschreiben. Nach der von *Szebrowski* vertretenen Ansicht müsse hierbei das Rechtsgut der niedrigsten Abstraktionsstufe vorgezogen werden, was mithin das der „*Pflichten- und Loyalitätsbeziehung zwischen Täter und Prinzipal im vermögensrechtlichen Bereich*" sei; *Jaques* überindividuelles Rechtsgut lehnt er daher im Ergebnis als zu abstrakt ab.[416] Gleichwohl schütze § 299 Abs. 2 StGB die „*Chancengleichheit der Mitbewerber*" als Grundlage des freien Leistungswettbewerbs.[417] Diese Erkenntnis leitet er aus dem in § 299 Abs. 1 StGB nicht erwähnten Handeln „zu Zwecken des Wettbewerbs" ab, was auf den Schutz der Konkurrenten des Täters schließen lasse.[418] Diese unterschiedliche Fassung der Tatbestände sei ausschlaggebend für das in seinem Wesen zu trennende Delikt.

IV. Koepsel

Koepsel präzisiert in ihrer Arbeit aus dem Jahr 2006 die „Lauterkeit" innerhalb des Schutzgutes des „lauteren Wettbewerbs", welcher an sich in seiner Rechtsgutseignung als zu abstrakt einschätzen sei.[419] Nach ihrer Ansicht müsse für die

---

413 *Jaques*, Bestechungstatbestände, S. 125 ff.
414 *Szebrowski*, Kick-Back, S. 161.
415 *Szebrowski*, Kick-Back, S. 169 f.
416 *Szebrowski*, Kick-Back, S. 169 f.
417 *Szebrowski*, Kick-Back, S. 179.
418 *Szebrowski*, Kick-Back, S. 172 f.
419 *Koepsel*, Bestechlichkeit und Bestechung, S. 99 ff.

Konkretisierung des lauteren Wettbewerbs eruiert werden, was genau die erstrebte bzw. zu gewährende Bevorzugung rechtswidrig mache.[420] Entscheidendes Anknüpfungsmerkmal sei insoweit der Terminus der Lauterkeit in § 299 StGB. Hierzu konstatiert sie, dass eine lautere Entscheidung im Wettbewerb diejenige sei, welche sich an der optimalen Leistung entsprechend dem sog. *Leistungsprinzip* orientiere.[421] Daher solle sich der Entscheidungsmaßstab für lautere bzw. unlautere Bevorzugungen und Bestechungen am marktwirtschaftlichen Leistungsprinzip ausrichten.[422] Das Vorliegen eines sog. *Leistungswettbewerbs*[423] wird allerdings gerade von der Kommentarliteratur zum UWG vehement bestritten; so könne der Begriff des Leistungswettbewerbs bestimmte Erscheinungsformen des Wettbewerbs, wie beispielsweise den Nachfragewettbewerb oder den Wettbewerb um die Aufmerksamkeit des Kunden, nicht erfassen.[424] Dieser vornehmlich in der Zivilrechtsliteratur ausgetragene Diskurs über den Leistungswettbewerb sei nach Ansicht *Koepsels* in Bezug auf § 299 StGB obsolet, da das Leistungsprinzip hier nichts anderes beschreibe „als den üblichen und damit „wettbewerbsgerechten" Maßstab für die Entscheidung über eine Bevorzugung von Wettbewerbern".[425] Bei § 299 StGB gehe es vielmehr darum, dass durch die Vorteilsgewährung das Leistungsprinzip als alleiniger Maßstab für regelkonforme Bezugsentscheidungen aufgehoben und durch einen anderen „subjektivierten Maßstab" (wie z.B. die Höhe des Vorteils) ersetzt bzw. ergänzt werde.[426] Bei *Koepsels* Leistungsbegriff handelt es sich daher um ein durch die Parteien zu bestimmendes, rein subjektives Verständnis desselben. Letztendlich sieht *Koepsel* das Rechtsgut des § 299 StGB daher im Schutz der Regelgerechtigkeit der finalen Bezugsentscheidung im Sinne eines sog. *Leistungsprinzips*.[427]

---

420 *Koepsel*, Bestechlichkeit und Bestechung, S. 99 ff.

421 *Koepsel*, Bestechlichkeit und Bestechung, S. 100 ff.

422 *Koepsel*, Bestechlichkeit und Bestechung, S. 100 ff.

423 Verwendung dieser Begrifflichkeit in: BGHZ 51, 236, 242; BGH GRUR 1971, 322, 323; BVerfG GRUR 2001, 1058, 1059 f.; BVerfG GRUR 2002, 455; BVerfG GRUR 2008, 81 ff.

424 Köhler/Bornkamm-*Köhler*, UWG, § 1 Rn. 44: Begriff sollte aufgegeben werden.

425 *Koepsel*, Bestechlichkeit und Bestechung, S. 104.

426 *Koepsel*, Bestechlichkeit und Bestechung, S. 105.

427 *Koepsel*, Bestechlichkeit und Bestechung, S. 99 ff.; So auch im Ergebnis: *Walther*, Bestechlichkeit und Bestechung, S. 62; *Peinemann*, GmbH, S. 115 ff.

§ 4 Stellungnahme

Um das tatsächliche Rechtsgut des § 299 StGB anhand dieser Fülle an Vorschlägen aus Literatur und Rechtsprechung zu verifizieren, ist die Ermittlungssystematik ins Gedächtnis zu rufen.[428] Zuvorderst erfolgt die Rechtsgutskonkretisierung mithilfe einer Tatbestandsanalyse im Hinblick auf die allgemein anerkannten Auslegungstopoi *Historie*, *Wortlaut*, *Systematik* und *Telos* der Norm. Diese Analyse entspricht dem systemimmanenten Verständnis der Rechtsgutsfunktion. In einem zweiten Schritt wird der Rechtsgutsträger zu identifizieren sein. In einem dritten Schritt folgt die Konkretisierung des Abwehrerfordernisses, an welches sich die Überprüfung des Ergebnisses anhand verfassungsrechtlicher Maßstäbe anschließt, um im Sinne des kombinatorischen Ansatzes eine Art systemtranszendente Überprüfungsmöglichkeit zu schaffen.

I. Kritik am Schutz der Institution des „lauteren Wettbewerbs"

Wie bereits festgestellt, sieht die überwiegende Ansicht in Rechtsprechung und Literatur den „lauteren, freien, fairen wirtschaftlichen Wettbewerb"[429] als geschütztes (Primär-)Rechtsgut des § 299 StGB an,[430] zu dem, in variierenden Abhängigkeitsverhältnissen, Individualschutzgüter hinzutreten sollen. Ob dieses Ergebnis haltbar ist, ist *ad interim* anhand einer Analyse des Tatbestandes nach den allgemein anerkannten Auslegungsmethoden zu ermitteln.

1. Tatbestandsanalyse

a) Historie

Der Gesetzgeber intendierte bei der Einführung des § 12 UWG a.F. im Jahr 1909, den Kampf gegen das Schmiergeldunwesen im Wirtschaftssektor zu effektivieren. In den Gesetzesbegründungen aus dem Jahr 1909 finden sich zur Umsetzung dieser Intention differierende Schutzzweckbestimmungen. Zum einen werden die Konkurrenten in folgender Passage der Gesetzesbegründungen genannt:

---

428 Siehe Kapitel 2 § 1 V. 3.

429 Freier bzw. fairer Wettbewerb sind Synonyme zum lauteren Wettbewerb.

430 *Vormbaum*, FS Schroeder, S. 649, 652; *Heinrich*, Amtsträgerbegriff, S. 602 ff.; *Höltkemeier*, Sponsoring, S. 166 f.: Rechtsgut ist der Wettbewerb als Institution; *Mölders*, Anwendbarkeit § 299 StGB, S. 133, 161: Rechtsgut ist „die Institution „*Wettbewerb*" als Teil der sozialen Marktwirtschaft".

„daß die Gewährung oder Annahme von Bestechungsgeldern ein Delikt sei, das sich weniger gegen den Dienstherrn des Bestochenen als gegen die ***Konkurrenten*** *richte."*[431]

Diese individualschutzrechtliche Ausrichtung auf die Konkurrenten des Vorteilsgebers entspricht dem damaligen Schutzzweckverständnis des UWG.[432] Schutzobjekte des UWG im Jahre 1909 waren vornehmlich die Konkurrenten des unlauter Handelnden und die Verbraucher.[433] Der „lautere Wettbewerb" fand in den Gesetzesbegründungen aus dem Jahr 1909 im weiteren Verlauf der Begründungen folgendermaßen Erwähnung:

„Auch im schärfsten Konkurrenzkampfe dürfe es nicht erlaubt sein, Geschenke zu geben, um andere Konkurrenten aus dem Felde zu schlagen. ***Das reelle Interesse des Handels*** *gehe dahin, Waren oder Leistungen anzubieten, die besser seien als diejenigen der Konkurrenz. Durch die bessere Qualität, nicht durch die Gewährung von Geschenken, sei der Kampf mit der Konkurrenz auszufechten."*[434]

Das „reelle Interesse des Handels", das sich bei der Wettbewerbsentscheidung am besten Preis-Leistungs-Verhältnis und nicht an der Gewährung von Geschenken orientieren soll, ist insoweit ein Hinweis auf den Schutz des lauteren Wettbewerbs. Aus den Gesetzesbegründungen des Jahres 1909 lässt sich aufgrund der differierenden Schutzzweckbestimmungen keine eindeutige Aussage über ein singuläres Primärrechtsgut treffen, es werden vielmehr sowohl Individual- als auch Kollektivrechtsgüter postuliert. Bei der Implementierung des § 12 UWG a.F. in § 299 StGB stellte der Gesetzgeber fest, dass entsprechend den Regelungen zur Bekämpfung der Umweltkriminalität verstärkt von traditionellen Rechtsgütern abgewichen werden müsse, um den aktuellen Lebenssachverhalten Herr werden zu können.[435] So liege das überindividuelle Rechtsgut des § 299 StGB im Schutz des „freien Wettbewerbs" zur Sicherung der sozialen Marktwirtschaft.[436] Der Gesetzgeber des § 299 StGB ließ folglich ausdrücklich den „freien Wettbewerb" als Kollektivrechtsgut der Norm festhalten. Allerdings findet sich in den Gesetzesbegründungen aus dem Jahr 1996 auch ein Verweis auf die Gesetzesbegründungen zu § 12 UWG a.F., sodass auch in § 299 StGB eine individualschutzrechtliche

431 RT-Drs. 1909, XII. Legislaturperiode, XXIII. Band, Nr. 1390, S. 31.
432 *Koepsel*, Bestechlichkeit und Bestechung, S. 92.
433 *Tiedemann*, FS Müller-Dietz, S. 905, 907 f.
434 RT-Drs. 1909, XII. Legislaturperiode, XXIII. Band, Nr. 1390, S. 36.
435 BT-Drs. 13/5584, S. 12.
436 BT-Drs. 13/5584, S. 12.

Komponente hineininterpretiert werden könnte.[437] Die Motive des Gesetzgebers lassen mithin keine eindeutigen Rückschlüsse auf ein singuläres Primärrechtsgut zu, sondern stellen vielmehr sowohl auf individuelle als auch auf kollektive Schutzaspekte ab.

aa) Gesetzgebungsmotive als Determinanten des Rechtsguts?

Im Rahmen der Untersuchung sind bereits mehrfach die Motive des Gesetzgebers, wie sie sich in den Gesetzesbegründungen der Paragraphen § 12 UWG a.F. sowie § 299 StGB wiederfinden, erwähnt worden. Es stellt sich mithin gerade für die sog. *historisch-genetische Auslegung* der Norm die Frage, inwieweit die Gesetzgebungsmotive das Rechtsgut des § 299 StGB prädeterminieren. Ob es sich bei den Gesetzgebungsmotiven um zwingende Diktate handelt, ist anhand der Systematik der allgemeinen Auslegungstopoi zu beantworten; denn die Gesetzgebungsmotive spielen nur insoweit eine Rolle, als sie sich im Wortlaut der Norm widerspiegeln. Die grammatikalische Auslegung des Wortlauts der Norm geht hierbei allen anderen Auslegungsregeln vor. Die anderen Auslegungsmethoden, insbesondere die historisch-genetische, müssen sich daher dem Wortlaut der Norm unterordnen bzw. innerhalb seines Rahmens bewegen.[438] Sofern folglich der Wortlaut des § 299 StGB keine Stütze für einzelne Gesetzgebungsmotive liefert, sind diese nicht als Rechtsgüter zu berücksichtigen.[439] Umgekehrt bedeutet dies aber auch, dass es ein Rechtsgut, welches nicht in den Gesetzesbegründungen angelegt ist, niemals geben kann.[440] Hierauf wird gerade in Bezug auf das von *Pragal* vorgeschlagene Rechtsgut zu § 299 StGB noch einmal zurückzukommen sein.[441]

---

437 BT-Drs. 13/5584, S. 15: „Eine inhaltliche Änderung der Vorschrift ist mit der Verlagerung in des Strafgesetzbuch, abgesehen von den im Anschluß darzustellenden Änderungen, nicht beabsichtigt. [...] wird bei der Auslegung der Tatbestandsmerkmale des § 299 StGB deshalb der Zusammenhang mit den Regelungen des UWG zu berücksichtigen sein."

438 MK-*Schmitz*, § 1 Rn. 72; NK-*Hassemer/Kargl*, § 1 Rn. 108.

439 So auch im Ergebnis: *Mölders*, Anwendbarkeit § 299 StGB, S. 85.

440 NK-*Hassemer/Kargl*, § 1 Rn. 108 [3. Auflage 2010]: „Gesetzesbegründungen sind dann nicht zu beachten, wenn Einführung und Änderung des Verbrechenstatbestands kaum noch vom Parlament beraten werden und deshalb unklar ist, ob den Abgeordneten überhaupt bewusst war, worüber sie abstimmten und die Gesetzgebungsinitiative nicht auf die Gesetzgebungsorgane – Bundestag und Bundesrat – zurückzuführen ist."

441 Siehe unten, in: Kapitel 2 § 4 III.

bb) Fazit

Aus der historisch-genetischen Auslegung des § 299 StGB folgt, dass der Gesetzgeber den Schutz des „lauteren Wettbewerbs" bezweckte. Inwieweit es sich hierbei jedoch um ein singuläres Primärrechtsgut oder aber ein Konglomerat an individuellen und kollektiven Schutzgütern handelt, kann aus der Analyse der Historie nicht festgestellt werden.

b) Wortlaut

§ 299 Abs. 1 StGB inkriminiert eine Bevorzugung „im Wettbewerb". Bei § 299 Abs. 2 StGB wird die Tathandlung „zu Zwecken des Wettbewerbs" pönalisiert. Der Wettbewerb findet somit explizite tatbestandliche Erwähnung. Der Wortlaut des § 299 StGB beschreibt überdies die kausale Verknüpfung von Exspektanz und begünstigender Entscheidung, welche sich unter Begehung eines Regelverstoßes, entsprechend der in Kapitel 1 § 1 ausgearbeiteten Quintessenz der Bestechlichkeit und Bestechung im strafrechtlichen Sinn, vollzieht. Der Regelverstoß wird in § 299 StGB an die „Unlauterkeit" geknüpft, da die Bevorzugung „im Wettbewerb in unlauterer Weise" erfolgen muss, um strafbar zu sein. Nach § 299 Abs. 3 StGB ist überdies der ausländische Wettbewerb auf den Weltmärkten in den Schutzbereich der Vorschrift integriert.[442] Die grammatikalische Auslegung des § 299 StGB lässt folglich keinen abweichenden Schluss zu dem „lauteren Wettbewerb" als Rechtsgut der Norm zu.

c) Systematik

§ 299 StGB befindet sich im 26. Abschnitt des Besonderen Teils des Strafgesetzbuches, der den Titel „Straftaten gegen den Wettbewerb" trägt. Auffällig im systematischen Vergleich ist, dass auch andere Abschnitte innerhalb des Besonderen Teils des Strafgesetzbuches entsprechende Überschriften mit den Worten „Straftaten gegen" führen: beispielsweise befasst sich der 18. Abschnitt des Strafgesetzbuches mit „Straftaten gegen die persönliche Freiheit". Unter diesen Abschnitt fallen Rechtsgüter wie die sexuelle Selbstbestimmung nach § 232 StGB oder die Freiheit der Willensentschließung und Willensbetätigung nach § 240 StGB. Die persönliche Freiheit ist hierbei mithin übergreifendes Motiv der speziellen Konkretisierungen der unter den 18. Abschnitt fallenden Tatbestände. Die Hypothese lautet daher, dass die Abschnittsüberschrift möglicherweise zwingende Rückschlüsse für ein wettbewerbsakzessorisches Rechtsgut der

---

442 BT-Drs. 14/8998, S. 9; Jeweils m.w.N.: NK-*Dannecker*, § 299 Rn. 74; Sch/Sch-*Heine/Eisele*, § 299 Rn. 2.

darunter fallenden Straftatbestände zulässt. Dies wäre für den streitgegenständlichen 26. Abschnitt allerdings nur dann der Fall, sollte § 298 StGB ebenfalls den „Wettbewerb" schützen. Das Rechtsgut des § 298 StGB wird in ähnlicher Weise kontrovers diskutiert wie das Rechtsgut des § 299 StGB. Neben dem Schutz des „freien Wettbewerbs als Institution des Wirtschaftslebens" oder des „freien Wettbewerbs mit individualschützendem Charakter" sollen das Schutzinteresse des „Vermögens des Veranstalters der Ausschreibung" sowie das der potentiellen Mitbewerber treten.[443] In diesem Zusammenhang lehnen überdies einige Stimmen in der Literatur die Rechtsgutstauglichkeit des „freien Wettbewerbs" im Rahmen von § 298 StGB gänzlich ab.[444] Zwingende Rückschlüsse für das Rechtsgut des § 299 StGB sind aus diesem Grunde nicht möglich. Gleichwohl bietet die Überschrift „Straftaten gegen den Wettbewerb" ein Indiz für den Schutz des Wettbewerbs im Rahmen des § 299 StGB.

d) Telos – Wettbewerbsakzessorische Bestimmung des Rechtsguts

Das Rechtsgut „lauterer Wettbewerb" ist aufgrund seiner Referenz zum Wettbewerbsrecht im wettbewerbsrechtlichen Kontext auszulegen. Das deutsche Wettbewerbsrecht im weiteren Sinne umfasst das Kartellrecht sowie das Lauterkeitsrecht.[445] Die Rechtsmaterie des Kartellrechts ist in dem Gesetz gegen Wettbewerbsbeschränkungen (GWB) geregelt, während die Rechtsmaterie des Lauterkeitsrechts in dem Gesetz gegen den unlauteren Wettbewerb (UWG) Regelung erfährt. Während das GWB den Schutz des Wettbewerbs als Institution mithin als sog. *Marktstrukturkontrolle* auf Makroebene verfolgt, bezweckt das UWG den Schutz des Wettbewerbs vor Unlauterkeit durch die Kontrolle des Marktverhaltens auf Mikroebene vor unlauteren Maßnahmen von Wettbewerbern untereinander.[446] Diese Dualität ist allerdings nicht stringent eingehalten, da das GWB ebenfalls in Teilen die Freiheit der Wettbewerber und Verbraucher schützt und das UWG überdies den Wettbewerb als Institution.[447] Gleichwohl ist aufgrund der Genese des Tatbestandes allein das Wesen des deutschen Wettbewerbsrechts im engeren Sinne – das Lauterkeitsrecht – bei der Ermittlung des

---

443 BT-Drs. 13/5584, S. 13; MK-*Hohmann*, § 298 Rn. 1 ff. m.w.N.; NK-*Dannecker*, § 298 Rn. 11 ff.; *Pasewaldt*, ZIS 08, 84 f.

444 *Lüderssen*, BB 1996, 2525 ff.; *Stächelin*, Strafgesetzgebung, S. 309 f.

445 GK-*Schünemann*, Einleitung Rn. A1.

446 Piper/Ohly/Sosnitza-*Ohly*, UWG, Einführung D Rn. 71; LK-*Tiedemann*, Vor § 298 Rn. 2; *Vasilikou*, FS Imme Roxin, S. 359, 363; NK-*Dannecker*, Vorbemerkungen zu §§ 298 ff. Rn. 19.

447 LK-*Tiedemann*, Vor § 298 Rn. 2.

Telos des § 299 StGB von Bedeutung; obsolet sind hingegen der Wettbewerbsbegriff des GWB und dessen Schutzzwecke.[448] Zuvorderst ist daher der Begriff des „lauteren Wettbewerbs", wie er in § 299 StGB sowie §§ 1, 3 UWG auftaucht, vergleichend zu untersuchen. Bemerkenswerterweise bietet § 299 StGB trotz tatbestandlicher Erwähnung des „Wettbewerbs" keine rechtliche Definition desselben. Mindestens ebenso beachtlich ist die Tatsache, dass überdies das Gesetz gegen den unlauteren Wettbewerb auf eine Definition des Wettbewerbs verzichtet. Wettbewerbsdefinitionen haben sich daher vornehmlich im Bereich der Judikatur herausgebildet. Die Rechtsprechung zum UWG-Recht verlangt zwei Voraussetzungen für das Vorliegen von Wettbewerb: *Objektiv* ein Verhalten, das auf den Abschluss von Geschäften mit Kunden gerichtet und äußerlich geeignet ist, den Absatz eines Wettbewerbers zuungunsten desjenigen eines Mitbewerbers zu fördern, und *subjektiv* eine auf die Förderung des eigenen oder eines fremden Wettbewerbs gerichtete Absicht.[449] Der Wettbewerbsbegriff des UWG und mithin auch jener des § 299 StGB umfasst daher ein vertikales Verständnis der Bestechlichkeit und Bestechung auf unterschiedlichen Interaktionsniveaus zwischen Personen auf Angebots- und Bieterseite im Gegensatz zu § 298 StGB, der in Parallele zu § 1 GWB eine horizontale Absprache zwischen mindestens zwei miteinander im Wettbewerb stehenden Unternehmen auf Bieterseite voraussetzt.[450] Diese Definition des Wettbewerbs erweist sich jedoch als lediglich auf die konkrete Wettbewerbsbeziehung zugeschnitten, was auch in der Literatur vielfach kritisiert wurde.[451] Im Ergebnis wird der wirtschaftliche Wettbewerb in zahlreichen Erscheinungsformen evident und entzieht sich dadurch einer exakten Definition. Festgehalten werden kann, dass „freier Wettbewerb" i.S.d. § 299 StGB abstrakt die Freiheit der Marktkonkurrenz auf verschiedenen Interaktionsebenen zum Schutz individueller, unternehmerischer Handlungsfreiheiten sowie deren Entfaltungsbedingungen durch institutionelle Gewährleistung, meint.[452]

448 *Tiedemann*, Wirtschaftsstrafrecht BT, § 5 Rn. 197; Zur Ausstrahlwirkung auf das Tatbestandsmerkmal der Unlauterkeit: *Tiedemann*, FS Rissing-van Saan, S. 690 ff.

449 BGH GRUR 1953, 293, 294; 1960, 384, 386; 1966, 509, 512.

450 BGH NJW 2004, 2761, 2762 f.; NK-*Dannecker*, § 298 Rn. 61 ff. m.w.N.; *Greeve*, NStZ 2002, 505, 508; a.A. BGH NJW 2012, 3318: kartellrechtswidrige Vertikalabsprachen zwischen einem Anbieter und dem Veranstalter einer Ausschreibung stellen ebenfalls rechtswidrige Absprachen i.S.d. § 298 Abs. 1 StGB dar.

451 *Baumbach/Hefermehl*, UWG, Allgemeine Grundlagen Rn. 6.

452 Sch/Sch-*Heine/Eisele*, Vorbemerkungen zu §§ 298 ff. Rn. 5; *Fischer*, Vorbemerkung zu § 298 Rn. 6.

aa) Wettbewerb als Bestandteil der Schutzzwecktrias des § 1 UWG

Der Schutzzweck des Gesetzes gegen den unlauteren Wettbewerb wird in dessen § 1 wie folgt umschrieben:

> [1]*Dieses Gesetz dient dem Schutz der Mitbewerber, der Verbraucherinnen und Verbraucher sowie der sonstigen Marktteilnehmer vor unlauteren geschäftlichen Handlungen.* [2]*Es schützt zugleich das Interesse der Allgemeinheit an einem unverfälschten Wettbewerb.*

§ 1 UWG legt dem UWG eine sog. *Schutzzwecktrias* zugrunde: Das UWG schützt die Lauterkeit des Wettbewerbs im Interesse der Mitbewerber, der sonstigen Marktteilnehmer, insbesondere der Verbraucher, und der Allgemeinheit.[453] Die Trias der Mitbewerber, der Verbraucher und der Allgemeinheit steht im UWG folglich gleichberechtigt nebeneinander.[454] Aus der Beziehung des Satzes 2 gegenüber Satz 1 in § 1 UWG ergibt sich, dass sich der Schutzzweck der Norm nicht im individualrechtlichen Interesse der Marktbeteiligten am Schutz vor unlauterem Wettbewerb erschöpft. § 1 S. 2 UWG bezweckt vielmehr losgelöst von individuellen Aspekten den Schutz des Wettbewerbs als Institution.[455] Es existiert mithin sowohl ein konkreter Wettbewerbsbegriff, der sich individualrechtlich nach § 1 S. 1 UWG ausgestaltet als auch ein extensiver Wettbewerbsbegriff, der sich vornehmlich überindividuell gemäß § 1 S. 2 UWG ausformt. Es stellt sich somit die Frage, ob und inwieweit diese *Schutzzwecktrias* des UWG in das Rechtsgut des § 299 StGB hineinspielt und ob der konkrete Wettbewerb zwischen Angebots- und Nachfrageseite mit intendiertem Schutz der Mitbewerber oder aber die überindividuelle Institution „Wettbewerb" i.R.d. § 299 StGB geschützt ist. Bereits aus dem wettbewerbsrechtlichen Kontext der Norm könnte daher folgen, dass die Institution des „lauteren Wettbewerbs" nicht als Primärrechtsgut des § 299 StGB anzusehen wäre. Neben diesen müssten vielmehr gleichberechtigt die individuellen Schutzgüter der Schutzzwecktrias des UWG treten.

bb) Schutzzweck des § 1 UWG in Relation zu § 12 UWG a.F.

§ 12 UWG a.F. erfasste als wettbewerbsrechtliche Strafvorschrift innerhalb des UWG einen engeren Anwendungsbereich als die Schutzzwecktrias des weit gefassten § 1 UWG. Die in § 1 UWG vorherrschende Akzentuierung der Individualinteressen steht folglich in keinem Widerspruch zur Annahme des Schutzes

453 Köhler/Bornkamm-*Köhler*, UWG, § 1 Rn. 2.

454 Köhler/Bornkamm-*Köhler*, UWG, § 1 Rn. 45.

455 Köhler/Bornkamm-*Köhler*, UWG, § 1 Rn. 42; Piper/Ohly/Sosnitza-*Sosnitza*, UWG, § 1 Rn. 31.

der Institution des „lauteren Wettbewerbs" als Primärrechtsgut des § 299 StGB.[456] § 1 UWG verdeutlicht im Ergebnis nur das Abhängigkeitsverhältnis der Individualinteressen zum allgemeinen, institutionellen Wettbewerbsschutz. Gleichwohl ist der Schutz der Institution „Wettbewerb" nicht bloßer Reflex des Schutzes der Marktteilnehmer; dem Allgemeininteresse kommt vielmehr eigenständige, ergänzende Bedeutung als Schutzzweck an einem unverfälschten Wettbewerb zu.[457] In der Folge ist daher weiterhin die Rechtsgutstauglichkeit des „lauteren Wettbewerbs" als Ordnungssystem zu untersuchen.

2. Rechtsgutsträger

Träger des Rechtsguts „lauterer Wettbewerb" ist die Allgemeinheit, da es sich um ein Kollektivrechtsgut handelt.

3. Konkretes Abwehrerfordernis

Die Frage danach, wovor die Allgemeinheit durch die Tathandlungen des § 299 StGB geschützt werden soll, lässt sich mit Hilfe der Theorie *Amelungs* in Bezug auf die „unkontrollierbare Häufung dysfunktionaler Handlungen" beschreiben.[458] Hiernach lassen sich messbare Schäden und das damit inhärente Abwehrerfordernis bestimmen, wenn man die Tathandlung - bei § 299 StGB die Bestechlichkeit und Bestechung von Angestellten und Beauftragten eines geschäftlichen Betriebes - vielfach multipliziert und die Auswirkungen auf das Rechtsgut betrachtet. Dieser Ansatz wird auch unter dem Stichwort der sog. *Kumulationsdelikte* diskutiert, bei denen eine Gefährdung des Rechtsguts erst bei einem tatbestandserfüllenden Verhalten „in großer Zahl" auftritt.[459] Das Erfordernis der Betrachtung einer großen Anzahl an Taten nach § 299 StGB folgt aus der Erkenntnis, dass nicht jede einzelne Tathandlung unter Zugrundelegung der Eigenschaften eines abstrakten Gefährdungsdeliktes zu einer Verletzung des Rechtsgutes „Wettbewerb" führen kann. Der Bestand der Institution „Wettbewerb" wird folglich lediglich bei einer großen Menge kleinerer Wettbewerbsverletzungen überhaupt ernsthaft gefährdet. Diese Feststellung ist gleichzeitig

456 So auch: *Wollschläger*, Täterkreis, S. 26.
457 Köhler/Bornkamm-*Köhler*, UWG, § 1 Rn. 48.
458 *Amelung*, Rechtsgüterschutz, S. 388.
459 *Kuhlen*, GA 1986, 389, 399; *Ders.*, ZStW 105 (1993), 697, 711 ff.; *Loos*, FS Welzel, S. 879, 891 f.

eine der Kritikpunkte der Literaturgegner des Rechtsguts „freier Wettbewerb".[460] Manche sehen den Wettbewerb deshalb als sog. *„mediatisiertes Zwischenrechtsgut"*, das als Durchgangsposten zwischen Handlung und letztlich individualrechtlichem Primärrechtsgut steht und aus diesem Grund nicht als Rechtsgut des § 299 StGB angesehen werden könne.[461] Diese Kritik trifft jedoch gleichsam auf alle Kollektivrechtsgüter des Strafgesetzbuches zu, sodass sie deren Bestand und Berechtigung an sich negiert.[462] *Mölders* weist in diesem Zusammenhang zu Recht daraufhin, dass die höchstrichterliche Rechtsprechung die Existenz von Kollektivrechtsgütern nicht in Frage stellt,[463] weswegen auch die Kritik letztlich nicht verfängt. Sollte der Bezug von Waren oder gewerblichen Leistungen nicht mehr anhand der Zweipersonenverknüpfung „Prinzipal-Wettbewerber" und damit anhand der unternehmerischen Einzelentscheidung des Prinzipals erfolgen, sondern sich in großem Umfang allein an individuellen Vorteilen in Form von Bestechungsleistungen an einen dritten Entscheidungsträger, der außerhalb des Wettbewerbsverhältnisses „Prinzipal-Wettbewerber" steht, orientieren, würde die Wirtschaft erhebliche Einbußen an Leistung, Qualität und Transparenz erfahren und sich letztlich die soziale Marktwirtschaft mit der inhärenten Voraussetzung eines freien Wettbewerbs selbst zerstören.[464] Von korruptem Verhalten geht eine sog. *Sogwirkung* aus, die zur Perpetuierung des Verstoßes bei vormals redlichen Mitbewerbern führt, die sich lediglich auf diese Weise noch zur wirtschaftlichen Konkurrenzfähigkeit im Stande sehen.[465]

4. Verfassungsrechtliche Überprüfung des „lauteren Wettbewerbs"

Der „lautere Wettbewerb" taugt lediglich unter der Voraussetzung zum Strafrechtsgut des § 299 StGB, als er sich unter Zugrundelegung verfassungsrechtlicher Kriterien als legitimes Rechtsgut des Wettbewerbsstrafrechts erweist. Ein legitimes Rechtsgut des Wettbewerbsstrafrechts läge vor, wenn es sich um einen elementaren Wert der Rechtsgemeinschaft handelte, dessen Beeinträchtigung „in besonderer Weise sozialschädlich und für das [geordnete] Zusammenleben

---

460 *Hefendehl*, Kollektive Rechtsgüter, S. 175 ff.; *Seelmann*, NJW 1990, 1257, 1259; *Krüger*, Entmaterialisierungstendenz, S. 125 ff., 136.

461 *Seelmann*, NJW 1990, 1257, 1259: abstrakt zu Umweltdelikten; LK-*Tiedemann*, § 298 Rn. 9; *Szebrowski*, Kick-Back, S. 163.

462 *Mölders*, Anwendbarkeit § 299 StGB, S. 120 ff.

463 *Mölders*, Anwendbarkeit § 299 StGB, S. 121.

464 So auch: *Wollschläger*, Täterkreis, S. 14 f.

465 Arzt/Weber-*Heinrich*, BT, § 19 Rn. 15: sog. Sog- oder Ansteckungswirkung; *Bannenberg*, Korruption, S. 370 f.: sog. Sog- und Spiralwirkung.

der Menschen unerträglich, [...] ist".[466] Bei der Entwicklung und Institution von Rechtsgütern kommt dem Strafgesetzgeber folglich entsprechend dem kombinatorischen Ansatz der Rechtsgutsermittlung keine Freiheit zu. Er ist vielmehr auf den „Schutz elementarer Werte des Gemeinschaftslebens", auf die „Sicherung der Grundlagen einer geordneten Gesellschaft" und die „Bewahrung wichtiger Gemeinschaftsbelange" beschränkt.[467] Diese Restriktion realisiert sich lediglich, wenn das Rechtsgut außerordentlich wichtigen, grundrechtlichen Wertentscheidungen entspricht. Es ist daher *ad interim* zu untersuchen, woraus sich der lautere Wettbewerb verfassungsrechtlich herleitet, um sich anschließend mit der Frage der Legitimität staatlichen Strafens auf dieser Grundlage auseinanderzusetzen.

a) Grundgesetzliche Herleitung der deutschen Wirtschaftsordnung

Das Grundgesetz ist wirtschaftspolitisch neutral ausgestaltet.[468] Dem Gesetzgeber steht es daher grundsätzlich frei, sich für ein bestimmtes Wirtschaftssystem zu entscheiden und es durch Gesetze zu instituieren. Das Grundgesetz liefert lediglich Grenzen für den Erlass einer potentiellen Wirtschaftsordnung mittels eines weitgehenden Gestaltungsspielraums. Diesem Gestaltungsspielraum liegen spezifische Grundkonzeptionen zu Grunde, aus denen sich ein Rahmen für ein potentielles Wirtschaftssystem ergibt. Dieser Rahmen wird vornehmlich durch zwei Verfassungsprinzipien ausgestaltet: das *Individualprinzip*,[469] das in der Statuierung zahlreicher Freiheitsrechte des Individuums besteht sowie das *Sozialprinzip*, das die Gemeinschaftsgebundenheit jedes Individualrechts in einem demokratischen und sozialen Bundesstaat zum Ausdruck bringt, vgl. Art. 20, 28, 79 Abs. 3 GG.[470] Aus dieser gleichrangigen Geltung beider Verfassungsprinzipien folgt für den verfassungsrechtlichen Rahmen der Wirtschaftsordnung, dass lediglich extrem liberale Wirtschaftssysteme sowie extrem planwirtschaftliche

---

466 BVerfG NJW 2008, 1137, 1138.

467 BVerfG NJW 2008, 1137, 1142.

468 BVerfG, Urt. vom 20.7.1954, BVerfGE 4, 7, 17; BVerfG, Urt. vom 11.6.1958, BVerfGE 7, 377, 400.

469 Das *Individualprinzip* ermöglicht durch folgende Freiheitsrechte für den Marktteilnehmer eine wirtschaftliche Betätigung auf dem Markt: Art. 2 Abs. 1 GG durch das Recht auf freie Entfaltung der Persönlichkeit, Art. 5 GG durch das Recht auf freie Meinungsäußerung, Art. 12 GG durch das Recht auf freie Berufswahl und Berufsausübung, Art. 9 GG durch die Vereinigungs- und Koalitionsfreiheit, Art. 11 GG durch das Recht auf Freizügigkeit und Art. 14 GG durch die Garantie des Eigentums.

470 Köhler/Bornkamm-*Köhler*, UWG, Einleitung Rn. 1.44.

Wirtschaftssysteme verfassungsrechtlich illegitim sind.[471] Eine Festlegung auf ein wettbewerblich-marktwirtschaftliches Wirtschaftssystem im Sinne einer „Sozialen Marktwirtschaft“ kann hieraus hingegen nicht entnommen werden.[472]

aa) Exkurs Lüth-Urteil des BVerfG

Die mittelbare Drittwirkung der Grundrechte, die im Rahmen des Gestaltungsspielraums für ein Wirtschaftssystem Relevanz hat, wurde erstmals im *Lüth*-Urteil des BVerfG konstruiert.[473] Das BVerfG rekurrierte zunächst, dass die Grundrechte originär als Abwehrrechte des Bürgers gegen den Staat intendiert waren und eine sog. *unmittelbare Drittwirkung* daher unabhängig von Art. 9 Abs. 3 GG nicht bestehe.[474] Eine Anwendung der Grundrechte im Verhältnis von Privatrechtssubjekten zueinander sei ihnen daher grundsätzlich fremd. Allerdings optierte das BVerfG unter dem Aspekt der Einheit der Gesamtrechtsordnung in der Folge insoweit für eine mittelbare Drittwirkung der Grundrechte auf das Privatrecht, als das Grundgesetz eine objektive Werteordnung errichtet habe, die als verfassungsrechtliche Grundlage für alle Bereiche des Rechts Geltung beanspruche. Diese Werteordnung spielt insbesondere in die unbestimmten Rechtsbegriffe des Privatrechts, wie „Treu und Glauben“, „Unlauterkeit“ und „Wettbewerb“ hinein. Die Größe des Entscheidungsspielraums der Gerichte bedingt insoweit die Größe der Ausstrahlwirkung der Grundrechte.[475] Einfallstore für verfassungsrechtliche Wertungen bieten daher vornehmlich die Generalklauseln des Privatrechts, wie beispielsweise § 3 UWG.[476]

bb) Fazit

Das Grundgesetz schreibt aufgrund seiner wirtschaftspolitischen Neutralität keine konkrete Wirtschaftsordnung vor. Es formuliert jedoch einen Gestaltungsspielraum für den Erlass einer Wirtschaftsordnung, der sich anhand der Freiheitsgrundrechte und des Sozialprinzips ausrichtet. Aufgrund der Tatsache, dass der Gestaltungsspielraum für die Etablierung eines Wirtschaftssystems verfassungsrechtlich geschützt ist, ist zugleich auch die Institution eines Wirtschaftssystems, dessen Ausgestaltung nach verfassungsrechtlichen Grundsätzen dem Gesetzgeber vorbehalten ist, verfassungsrechtlich geschützt.

---

471 Köhler/Bornkamm-*Köhler*, UWG, Einleitung Rn. 1.44.

472 BVerfG, Urt. vom 20.7.1954, BVerfGE 4, 7, 17; Köhler/Bornkamm-*Köhler*, UWG, Einleitung Rn. 1.43.

473 BVerfG, Urt. vom 15.1.1958, BVerfGE 7, 198, 204 ff.

474 BVerfG, Urt. vom 15.1.1958, BVerfGE 7, 198, 204 ff.

475 Piper/Ohly/Sosnitza-*Ohly*, UWG, Einführung D Rn. 1.

476 BVerfG, Urt. vom 15.1.1958, BVerfGE 7, 198, 207.

b) Wirtschaftssystem „Soziale Marktwirtschaft"

In der Bundesrepublik Deutschland ist das Wirtschaftssystem der „Sozialen Marktwirtschaft" durch den Gesetzgeber etabliert.[477] Es fußt auf selbstständigen Wirtschaftssubjekten, die über freien Marktzugang verfügen und sich auf dem Markt als Anbieter und Nachfragende wirtschaftlich frei betätigen können.[478] Der Staat greift in den Markt von Angebot und Nachfrage mittels Regulierung ein. Diese Regulierung erfolgt durch die normative Gewährung eines „freien Wettbewerbs". Telos des Wettbewerbsrechts ist daher die Möglichkeit der Wirtschaftssubjekte, sich auf einem grundsätzlich freien Markt selbsttätig zu koordinieren, wobei dieses Individualrecht aus Art. 2 Abs. 1 GG sowie Art. 12 Abs. 1 GG folgt.[479] In der vorherrschenden Wirtschaftsordnung der „Sozialen Marktwirtschaft" ist der Regulator „freier Wettbewerb" normativ – durch das Wettbewerbsrecht – gesichert, um die Funktion der Marktregelung zu erfüllen.[480] Das bedeutet, dass der Gesetzgeber in den ihm verfassungsrechtlich gesetzten Grenzen in den Wettbewerb eingreifen kann und muss, um ihn dadurch, gleich einem Paradoxon, überhaupt erst zu gewährleisten, wobei die unternehmerische Einzelentscheidung stets unangetastet bleiben muss. Im Ergebnis ist daher die Entscheidung des Gesetzgebers für die „Soziale Marktwirtschaft" durch den Schutz des verfassungsrechtlich garantierten Gestaltungsspielraumes im Rahmen der verfassungsrechtlichen Werteordnung und die damit einhergehende Delegation der Etablierung eines Wirtschaftssystems ebenfalls als geschützt anzusehen.

---

477 Vertrag über die Schaffung einer Währungs-, Wirtschafts- und Sozialunion zwischen der Bundesrepublik Deutschland und der Deutschen Demokratischen Republik, Staatsvertrag vom 18. Mai 1990, Kapitel I, Artikel 1, Abs. 3: „Grundlage der Wirtschaftsunion ist die Soziale Marktwirtschaft als gemeinsame Wirtschaftsordnung beider Vertragsparteien. Sie wird insbesondere bestimmt durch Privateigentum, Leistungswettbewerb, freie Preisbildung und grundsätzlich volle Freizügigkeit von Arbeit, Kapital, Gütern und Dienstleistungen; hierdurch wird die gesetzliche Zulassung besonderer Eigentumsformen für die Beteiligung der öffentlichen Hand oder anderer Rechtsträger am Wirtschaftsverkehr nicht ausgeschlossen, soweit private Rechtsträger dadurch nicht diskriminiert werden. Sie trägt den Erfordernissen des Umweltschutzes Rechnung."

478 Köhler/Bornkamm-*Köhler*, UWG, Einleitung Rn. 1.46.

479 Köhler/Bornkamm-*Köhler*, UWG, Einleitung Rn. 1.46.

480 Köhler/Bornkamm-*Köhler*, UWG, Einleitung Rn. 1.46; *Vasilikou*, FS Imme Roxin, S. 359, 365.

c) Literaturkritik

Nach Ansicht einiger Kritiker ist aus der Tatsache, dass durch gewisse Verhaltensweisen der Wettbewerb nachteilig beeinträchtigt wird, jedoch nicht herzuleiten, dass dieser damit auch strafrechtlich schützenswert sei.[481] *Oldigs* ist beispielsweise der Ansicht, dass der Wettbewerb keine feste oder zumindest klar eingrenzbare Größe besitze und grundgesetzlich in der konkreten Ausgestaltung der „Sozialen Marktwirtschaft" keine Stütze finde.[482] Auch *Lüderssen* beklagt die mangelnde Bestimmtheit der Institution des „lauteren Wettbewerbs" und tritt für eine rein zivilrechtliche Sanktionierung der Verletzung desselben ein.[483] Hinzu käme, dass alle Strafvorschriften des UWG lediglich individualrechtlich bestimmt seien; die Verwendung des Schutzgutes „Institution Wettbewerb" jedoch nur dort auftrete, wo die Lauterkeit des Wettbewerbs seiner Ordnung diene.[484] In jenen Bereichen habe das UWG seine Strafvorschriften gerade nicht etabliert.[485] Sowohl *Lüderssen* als auch *Oldigs* ist entgegenzuhalten, dass sie ihre Kritik lediglich in Bezug auf das Rechtsgut des § 298 StGB äußerten und keine Stellung zu § 299 StGB bezogen. Gleichwohl schloss sich *Jaques* nunmehr in Bezug auf § 299 StGB der komprimierten, auf das Bestimmtheitsgebot des Art. 103 Abs. 2 GG ausgerichteten Kritik am Rechtsgut des „lauteren Wettbewerbs" an. Nach seiner Ansicht sei der Wettbewerbsschutzaspekt in § 299 StGB ebenfalls zu abstrakt, um kausal verletzt werden zu können.[486] Es handele sich bei ihm um eine „inhaltsleere Formel",[487] die allein durch die Ausfüllung der Individuen in der konkreten Situation mit rechtsgutsbedingtem Leben erfüllt werden könne. Lediglich durch die Pflichtverletzung des Angestellten bzw. Beauftragten gegenüber seinem Prinzipal könne nach der von *Jaques* vertretenen Ansicht eine Verfälschung des Wettbewerbs nach § 299 Abs. 1 StGB ausgemacht werden.[488] In ähnlicher Weise sieht *Szebrowski* den lauteren Wettbewerb als „in unzulässiger Weise entmaterialisiert"[489] an. Es handele sich bei dem lauteren Wettbewerb um nichts anderes als die „Summe der (unverletzten) Einzelinteressen

481 *Achenbach*, KritV 2009, 296 ff.; *Oldigs*, wistra 1998, 294; *Lüderssen*, BB 1996, 2525 ff.

482 *Oldigs*, wistra 1998, 294.

483 *Lüderssen*, BB 1996, 2530.

484 *Lüderssen*, BB 1996, 2530.

485 *Lüderssen*, BB 1996, 2530.

486 *Jaques*, Bestechungstatbestände, S. 105; *Zöller*, GA 2009, 137, 144.

487 *Jaques*, Bestechungstatbestände, S. 105.

488 *Jaques*, Bestechungstatbestände, S. 106.

489 *Szebrowski*, Kick-Back, S. 163.

der Marktbeteiligten".[490] Allein diese Einzelinteressen kämen als Rechtsgüter in Frage, nicht jedoch der abstrakte Wettbewerb.[491] Bedenken bestehen insbesondere auch hinsichtlich der „Lauterkeit", da sie keine nachprüfbare Größe darstelle und somit zu befürchten sei, dass unter dem „Deckmantel eines kollektiven Rechtsgutes" subjektive Wertvorstellungen des Gesetzgebers an die Stelle objektiv bestimmbarer, rechtlicher Kriterien gesetzt würden.[492] Der Kern der Kritik konzentriert sich folglich auf verfassungsrechtliche Erwägungen im Hinblick auf die Bestimmtheit eines potentiellen Schutzgutes „lauterer Wettbewerb" sowie auf Fragen seiner generellen Verletzbarkeit.

d) Strafrechtliches Bestimmtheitsgebot contra elementarer Wert der Rechtsgemeinschaft

Art. 103 Abs. 2 GG gewährleistet, dass eine Tat nur dann bestraft werden kann, wenn die Strafbarkeit zum Zeitpunkt der Tat gesetzlich bestimmt war. Zum einen muss der Gesetzgeber mithin abstrakt-generell über die konkrete Strafbarkeit entscheiden, was aus dem aus Art. 103 Abs. 2 GG herzuleitenden, strengen Gesetzesvorbehalt folgt, der es der vollziehenden und der rechtsprechenden Gewalt verwehrt, die normativen Voraussetzungen einer Bestrafung festzulegen.[493] Zum anderen dient Art. 103 Abs. 2 GG dem Schutz des Normadressaten, der die Möglichkeit haben muss, vorauszusehen, welches Verhalten verboten und mit Strafe bedroht ist.[494] Dieser zweite Schutzzweck sieht eine freiheitsgewährleistende Funktion vor, die vorliegend in Frage stehen könnte. Das verfassungsrechtliche Bestimmtheitsgebot des Art. 103 Abs. 2 GG bedeutet für Strafgesetze daher „die Verpflichtung des Gesetzgebers, die Voraussetzungen der Strafbarkeit so konkret zu umschreiben, daß Tragweite und Anwendungsbereich der Straftatbestände zu erkennen sind und sich durch Auslegung ermitteln lassen".[495] Dieser Grundsatz konkretisiert sich durch die Erwägung, dass der Gesetzgeber die Strafbarkeitsvoraussetzungen tatbestandlich umso präziser fassen muss,

490 *Szebrowski*, Kick-Back, S. 163.

491 *Krüger*, Entmaterialisierungstendenz, S. 125 ff.; *Szebrowski*, Kick-Back, S. 163 f.

492 *Zöller*, GA 2009, 137, 143.

493 BVerfG, Urt. vom 6.5.1987, BVerfGE 75, 329, 341 m.w.N.; BVerfG wistra 2010, 380, 386.

494 BVerfG, Urt. vom 6.5.1987, BVerfGE 75, 329, 341 m.w.N.; BVerfG wistra 2010, 380, 386.

495 BVerfG, Urt. vom 6.5.1987, BVerfGE 75, 329, 341 m.w.N.; Maunz/Dürig-*Schmidt/Aßmann*, Art. 103 Abs. 2 Rn. 184.

je schwerer das Strafmaß wiegt.[496] Dies darf im Ergebnis jedoch nicht dazu führen, dass die Gesetze „starr" und „kasuistisch" ausgestaltet werden.[497] Sie müssen sich „dem Wandel der Verhältnisse und der Besonderheit des Einzelfalles" anpassen können, da dies sonst das Verbot der Einzelfallgesetzgebung nach Art. 19 Abs. 1 S. 1 GG konterkarierte. Hiernach ist jede grundrechtseinschränkende gesetzliche Regelung mit Nennung eines persönlichen Adressaten oder eines konkreten Sachverhalts, die sich mit ihrer Anwendung auf diesen Sachverhalt dauerhaft erledigt, verboten.[498] Insoweit ist die Fassung der Straftatbestände des § 299 Abs. 1 und Abs. 2 StGB im Hinblick auf die Einhaltung des strafrechtlichen Bestimmtheitsgebots zu überprüfen.[499] Obgleich die Tathandlungen des Forderns, Sich-Versprechen-Lassens oder Annehmens, die kausale Verknüpfung des Vorteils mit der Bevorzugung sowie die Beschreibung des Regelverstoßes als unlauter die beiden Absätze des § 299 StGB im Hinblick auf die Einhaltung des strafrechtlichen Bestimmtheitsgebots grundsätzlich ausreichend konkretisieren,[500] bereitet es potentiellen Normadressaten Probleme, straflose Zuwendungen von strafbaren Vorteilsgewährungen zu unterscheiden. Dieser Umstand folgt aus der Verknüpfung des Tatbestandsmerkmals des „Vorteils" mit dem unbestimmten Rechtsbegriff der „unlauteren Bevorzugung". Was genau unter dem Terminus der Unlauterkeit zu verstehen ist, entzieht sich einer festen definitorischen Begrenzung.[501] So soll nach Ansicht mancher

---

496 BVerfG, Urt. vom 6.5.1987, BVerfGE 75, 329, 342; Maunz/Dürig-*Schmidt/Aßmann*, Art. 103 Abs. 2 Rn. 186.

497 BVerfG, Urt. vom 6.5.1987, BVerfGE 75, 329, 342; Maunz/Dürig-*Schmidt/Aßmann*, Art. 103 Abs. 2 Rn. 186.

498 BVerfG NJW 1962, 100 f.; BVerfG NJW 1969, 1203, 1204 f.; BVerfG NJW 1999, 1535, 1539; BeckOK-*Enders*, GG, Art. 19 Rn. 9.

499 § 299 Abs. 1 und Abs. 2 StGB *de lege lata* lauten: „

(1) Wer als Angestellter oder Beauftragter eines geschäftlichen Betriebes im geschäftlichen Verkehr einen Vorteil für sich oder einen Dritten als Gegenleistung dafür fordert, sich versprechen läßt oder annimmt, daß er einen anderen bei dem Bezug von Waren oder gewerblichen Leistungen im Wettbewerb in unlauterer Weise bevorzuge, wird mit Freiheitsstrafe bis zu drei Jahren oder mit Geldstrafe bestraft.

(2) Ebenso wird bestraft, wer im geschäftlichen Verkehr zu Zwecken des Wettbewerbs einem Angestellten oder Beauftragten eines geschäftlichen Betriebes einen Vorteil für diesen oder einen Dritten als Gegenleistung dafür anbietet, verspricht oder gewährt, daß er ihn oder einen anderen bei dem Bezug von Waren oder gewerblichen Leistungen in unlauterer Weise bevorzuge."

500 So auch: *Tiedemann*, FS Müller-Dietz, S. 905, 913 f.

501 Siehe unten, in: Kapitel 3 § 2 I. 6.

Vertreter der Literatur bei dem Merkmal der „Unlauterkeit" die Abgrenzung von sozialadäquaten Zuwendungen zu Zuwendungen, die geeignet sind, die Entscheidung sachwidrig zu beeinflussen, erfolgen.[502] Diese Abgrenzung bedarf einer Einzelfallbetrachtung, sodass die Tragweite und der Anwendungsbereich der Vorschrift für den Normadressaten nicht aus sich heraus verständlich sind. Allerdings führt das strafrechtliche Bestimmtheitsgebot hinsichtlich der Fassung von Tatbeständen nicht dazu, dass unbestimmte Rechtsbegriffe per se keine Verwendung finden dürfen.[503] Das Bestimmtheitsgebot nach Art. 103 Abs. 2 GG fordert vielmehr, dass unbestimmte Rechtsbegriffe restriktiv ausgelegt werden.[504] Alternativ käme nur eine komplizierte Detailregelung mit abschließender Auflistung aller strafbaren Vorteilshandlungen in Betracht, die den Tatbestand extensiv und kasuistisch gestaltete, womit zwar der Bestimmtheit gedient wäre, nicht jedoch der Sache selbst.[505] Eine solche Detailregelung erforderte auch die Klärung weitergehender Fragen im Hinblick auf die Ausgestaltung als gerade noch zulässiges *Maßnahme-* bzw. *Anlassgesetz*[506] nach Art. 19 Abs. 1 S. 1 GG. Dem Gesetzgeber muss daher ein Entscheidungsspielraum hinsichtlich der Frage, ob er eine detaillierte oder aber generalisierende Tatbestandsfassung erlassen will, zugebilligt werden.[507] Die Verwendung des unbestimmten Rechtsbegriffs der „Unlauterkeit" ist daher nicht unzulässig. Trotz der unbestimmten Rechtsbegriffe ist der Tatbestand des § 299 StGB ausreichend bestimmt.

Das Bestimmtheitsgebot des Art. 103 Abs. 2 GG bezieht sich mithin lediglich auf die tatbestandliche Ausformulierung der Norm und kann entgegen der Ansicht der oben erwähnten Kritiker nicht zur Bestimmung des Rechtsgutes herangezogen werden.[508] Wie bereits ausgeführt, kann die Institution „Wettbewerb" bei einer Vielzahl von Verstößen gemäß § 299 StGB verletzt werden, was diametral gegen eine „Vagheit" oder „Konturenlosigkeit" dieses potentiellen

502 *Fischer*, § 299 Rn. 16; *Lackner/Kühl*, § 299 Rn. 5; Sch/Sch-*Heine/Eisele*, § 299 Rn. 19; a.A. Achenbach/Ransiek-*Rönnau*, Wirtschaftsstrafrecht, 3. Teil 2. Kapitel Rn. 38; *Park*, wistra 2010, 321 ff.: Rekurriert zur Bestimmung des Merkmals auf die steuerrechtlichen Fremdvergleichsgrundsätze; zum eigenen Ansatz siehe Kapitel 3 § 2 I. 6.

503 BVerfG wistra 2010, 396, 400, 402.

504 NK-*Dannecker*, § 299 Rn. 51: Zur restriktiven Auslegung des Terminus „Unlauterkeit".

505 MK-*Schmitz*, § 1 Rn. 42.

506 BVerfG NJW 1999, 1535, 1539; BeckOK-*Enders*, GG, Art. 19 Rn. 9.

507 BVerfG wistra 2010, 380, 386; BVerfG wistra 2010, 396, 400, 402; MK-*Schmitz*, § 1 Rn. 42.

508 NK-*Dannecker*, § 299 Rn. 4 m.w.N.; a.A. *Zöller*, GA 2009, 137, 144.

Rechtsgutes spricht.[509] Die verfassungsrechtlichen Vorgaben in Bezug auf die Qualität des Rechtsguts sind folglich nicht an dem strafrechtlichen Bestimmtheitsgebot zu messen. Den verfassungsrechtlichen Vorgaben entspricht ein Strafrechtsgut, wie bereits in der Einleitung zu Punkt 4 dargestellt, wenn es sich um einen elementaren Wert der Rechtsgemeinschaft handelt, dessen Beeinträchtigung „in besonderer Weise sozialschädlich und für das [geordnete] Zusammenleben der Menschen unerträglich, [...] ist.[510] Der „lautere Wettbewerb" stellt sich als solch elementares Gut der Rechtsgemeinschaft dar. So führte bereits das BVerfG in seiner Entscheidung zur *Grabsteinwerbung* aus, dass „die bestehende Wirtschaftsverfassung [...] den grundsätzlich freien Wettbewerb der als Anbieter und Nachfrager auf dem Markt auftretenden Unternehmer als eines ihrer Grundprinzipien [enthalte]."[511] Der „freie Wettbewerb" stellt mithin das entscheidende Grundprinzip der bestehenden Wirtschaftsverfassung der „Sozialen Marktwirtschaft" dar. Diese Einschätzung korreliert mit den Gesetzesbegründungen zu § 299 StGB, nach denen eine funktionierende Soziale Marktwirtschaft den Schutz des freien Wettbewerbs bedinge.[512] Der freie Wettbewerb ist darüber hinaus nicht nur für die Wirtschaftsverfassung konstitutiv, sondern auch für die Entfaltung des Einzelnen, die verfassungsrechtlich gemäß Art. 2 Abs. 1 GG geschützt ist.[513] *Dannecker* stellt diesbezüglich richtigerweise fest, dass die Gesellschaft so organisiert werden muss, dass Individualität möglich wird.[514] Dies erfordert die Konstituierung wettbewerbsrechtlicher Schranken. Es kommt damit zu dem, im ersten Augenblick als Paradoxon anmutenden *factum brutum*, dass es staatlicher Eingriffe in die Wettbewerbsfreiheit bedarf, um freien Wettbewerb generell zu gewährleisten. Aus dem Schutz der wirtschaftlichen Individualität des Einzelnen folgt letztlich auch die Legitimation der Kodifizierung von Kriminalstrafe.[515] Die Bestechlichkeit und Bestechung im geschäftlichen Verkehr stellt einen Eingriff in das in seinen Rahmenbedingungen verfassungsrechtlich garantierte Wirtschaftssystem der Sozialen Marktwirtschaft dar, der, sollte er von anderen Wettbewerbern am Markt perpetuiert werden, einen elementaren Wert der Rechtsgemeinschaft – die „Wettbewerbsfreiheit" – zerstörte und dadurch für die Wirtschaft immense materielle und

509 So aber: *Krüger*, Entmaterialisierungstendenz, S. 125 ff.
510 BVerfG NJW 2008, 1137, 1138.
511 BVerfGE 32, 311, 317.
512 BT-Drs. 13/5584, S. 12.
513 *Dannecker*, FS Tiedemann, S. 789, 794.
514 *Dannecker*, FS Tiedemann, S. 789, 794.
515 *Kindhäuser*, FS Krey, S. 249, 267.

immaterielle Schäden zur Folge hätte.[516] Die offene Fassung der Institution des „freien Wettbewerbs" steht mithin in keinem Widerspruch zur elementaren Bedeutung des Wettbewerbs für die geltende deutsche Wirtschaftsverfassung der Sozialen Marktwirtschaft.[517]

e) Ultima ratio-Funktion des Strafrechts als Ausfluss des verfassungsrechtlichen Verhältnismäßigkeitsprinzips gemäß Art. 20 Abs. 3 GG

Kritiker des Rechtsguts „lauterer Wettbewerb" führen an, dass der Wettbewerb allein deshalb nicht als Strafrechtsgut tauge, da ebenso effektive bzw. effektivere Sanktionsmöglichkeiten als eine strafrechtliche Pönalisierung zur Verfügung stünden.[518] So sollen kartellrechtliche Bußgeldtatbestände, Compliance-Regelungen in Unternehmen, der Betrugsstraftatbestand und zivilrechtliche Sanktionsmöglichkeiten im Rahmen des Wettbewerbsrechts als Alternativen in Frage kommen, die der *ultima ratio*-Funktion des Strafrechts nachhaltiger genügten.[519] Dieses Argument geht jedoch fehl. Die alternativen Sanktionsmöglichkeiten bieten gerade keinen äquivalenten Schutz zu einer strafrechtlichen Pönalisierung. Der Betrugstatbestand umfasst den Schutzbereich des § 299 StGB nicht in Gänze. Wie noch auszuführen sein wird,[520] schützt § 263 StGB unter engen, zusätzlichen Voraussetzungen die Mitbewerber im Hinblick auf eine kompetitive Benachteiligung, wohingegen § 299 StGB einen extensiveren, überindividuellen Schutz bezweckt. Kartellrechtliche Bußgeldtatbestände, Compliance-Regelungen und die zivilrechtliche Verfolgung im Rahmen des UWG waren bereits allesamt vor Implementierung der Bestechlichkeit und Bestechung im geschäftlichen Verkehr ins Kernstrafrecht etabliert und führten daher ausweislich der diesbezüglichen Empirie gerade zu keinem ausreichenden Schutz. Insoweit sei auf die steigenden Fallzahlen im Rahmen der Wirtschaftskorruption sowie die Begründung der Einführung einer umfassenden Kronzeugenregelung in Kapitel 1 § 4 und § 5 der Untersuchung verwiesen. Die „strafrechtliche Hauptkodifikation"[521] ist daher gerechtfertigt und verstößt nicht gegen das *ultima ratio*-Prinzip des subsidiären Rechtsgüterschutzes.

---

516 *BKA*, Bundeslagebild Korruption 2013, S. 14: Monetärer Schaden von ca. 175 Millionen Euro; *Kienle/Kappel*, NJW 2007, 3530: Schätzwerte von 5–10 Milliarden Euro; *Tiedemann*, FS Müller-Dietz, S. 905, 910 ff. m.w.N.

517 *Dannecker*, FS Tiedemann, S. 789, 800; NK-*Dannecker*, § 299 Rn. 4.

518 *Achenbach*, KritV 2009, 296, 300 ff.

519 Aufzählung in: *Achenbach*, KritV 2009, 296, 300.

520 Siehe unten, in: Kapitel 2 § 4 II. 1. a) dd).

521 *Tiedemann*, FS Müller-Dietz, S. 905, 914.

5. *Zwischenergebnis zum Schutz der Institution des „lauteren Wettbewerbs“*

Der „lautere Wettbewerb“ entspricht als überindividuelles Schutzgut mithin generell den Kriterien, die an ein strafrechtliches Rechtsgut angelegt werden können. Fraglich bleibt jedoch, ob im Rahmen des § 299 StGB darüber hinaus auch individuelle Schutzinteressen erfasst sind.

II. Kritik an Individualrechtsgütern der Mitbewerber/der Verbraucher/der Allgemeinheit/des Geschäftsherrn

Die überwiegende Ansicht in Literatur und Rechtsprechung sieht zusätzlich zum Schutz des „lauteren Wettbewerbs“ unterschiedliche Individualrechtsgüter als gleichrangig, nachrangig oder reflexartig (mit-)geschützt an. Diese These gilt es anhand einer Analyse des Tatbestandes sowie einer Bestimmung des Rechtsgutsträgers zu überprüfen.

1. *Schutz der Mitbewerber*

a) Tatbestandsanalyse

aa) Historie

Die mit der Vorbereitung des Gesetzes zu § 12 UWG a.F. betraute Kommission stellte im Rahmen der Gesetzesbegründung fest, dass die Gewährung oder Annahme von Bestechungsgeldern in erster Linie die Konkurrenten benachteilige.[522] Sie akzentuierte dadurch den Schutz der Mitbewerber *expressis verbis* und stellte diesen über mögliche weitere Individualrechtsgüter wie die der Verbraucher, des Geschäftsherrn oder der Allgemeinheit.[523] Die Gesetzesbegründungen zu § 299 StGB enthalten zwar keine Erwähnung in Bezug auf den Schutz der Interessen der Mitbewerber, verweisen jedoch auf die Gesetzesbegründungen und die Auslegung der ursprünglichen Fassung des § 12 UWG a.F.[524] Obgleich die Historie des Gesetzesparagraphen die Intention des Gesetzgebers zeigt, die Mitbewerber unter den Schutz des § 12 UWG a.F. zu stellen, reichen die Gesetzgebungsmotive allein nicht für die Begründung eines Rechtsgutes aus, sollte die Tatbestandsanalyse das Motiv nicht perpetuieren.[525]

---

522 RT-Drs. 1909, XII. Legislaturperiode, XXIII. Band, Nr. 1390, S. 31.

523 *Lampe*, Tagungsberichte, S. 2 ff.

524 BT-Drs. 13/5584, S. 15.

525 Siehe zur historisch-genetischen Auslegung oben: Kapitel 2 § 4 I. 1. a) aa).

bb) Wortlaut

Der Wortlaut des § 299 StGB hat sich im Vergleich zur Fassung des § 12 UWG a.F. nur marginal verändert. Durch die fortwährende Verwendung der Termini „*im Wettbewerb*" in § 299 Abs. 1 StGB und „*zu Zwecken des Wettbewerbs*" in § 299 Abs. 2 StGB sind die Konkurrenten mittelbar erfasst, da Wettbewerb nur dort stattfinden kann, wo Mitbewerber vorhanden sind und keine Monopolbildungen vorliegen, die den Wettbewerb ausschließen.[526] Für § 299 StGB bedeutet das, dass die Norm tatbestandlich nur dort Geltung beanspruchen kann, wo keine Geschäftsmonopole auf Seiten des zu Bevorzugenden bestehen.[527] Zudem pönalisieren beide Absätze des § 299 StGB die Tathandlung „*ihn oder einen anderen bevorzuge*". Eine Bevorzugung ist nur bei Vorliegen von zumindest zwei Bewerbern möglich, da sie eine spiegelbildliche Benachteiligung des jeweils anderen Bewerbers enthält.[528]

(1) Beispiel 3 zur Monopolkonstellation

> *A als Angestelltem eines geschäftlichen Betriebes steht bei dem Bezug von Waren eine Auswahl an Produzenten (B, C, D und E) gegenüber. Lediglich B ist dazu in der Lage, die von A gesuchte Ware auf einer gewissen Produktionsstufe anzubieten. B gewährt A einen Vorteil, damit er als Produzent des Auftrages ausgewählt wird. A erteilt daraufhin B den Zuschlag.*

In *Beispiel 3* besteht eine Auswahl an Produzenten (B, C, D und E), wodurch das Vorliegen eines Wettbewerbserfordernisses auf Seiten des Vorteilsgebers grundsätzlich bejaht werden könnte. Es liegt allerdings kein wirtschaftliches Konkurrenzverhältnis zwischen B, C, D und E vor, da allein B den konkreten Auftrag aus qualitativen Gründen in der gewünschten Form erfüllen kann. In *Beispiel 3* besteht daher ein sog. „*De-facto-Monopol*" des Produzenten B. Die Vorteilshingabe des B und die Vorteilsannahme des A sind mangels Wettbewerb der Produzenten folglich nicht nach § 299 StGB zu bestrafen.[529]

---

526 Mit Ausnahme der Verhinderung zukünftigen, potentiellen Wettbewerbs und des Vorliegens sog. „de-facto-Monopole".

527 *Baumbach/Hefermehl*, UWG, § 12 Rn. 3; *Gercke/Wollschläger*, wistra 2008, 7; NK-*Dannecker*, § 299 Rn. 46b; Sch/Sch-*Heine/Eisele*, § 299 Rn. 23; SK-*Rogall*, § 299 Rn. 67; *Fischer*, § 299 Rn. 15a; LK-*Tiedemann*, § 299 Rn. 37; MK-*Krick*, § 299 Rn. 27.

528 *Walter*, wistra 2001, 321, 323.

529 Hierzu rechtsirrig das Beispiel bei GK-*Otto*, § 12 Rn. 40, der die Monopolbildung auf Seiten des Angestellten bzw. Beauftragten nach § 299 Abs. 1 StGB umschreibt: „Wenn ein Unternehmen in Bezug auf eine bestimmte Ware oder gewerbliche Leistung eine Monopolstellung innehat, indem es beispielsweise allein Waren oder Leistungen eines bestimmten anderen Unternehmens bezieht, fallen Geschenke des

Der Schutzbereich des § 299 StGB ist überdies beim Vorliegen sog. „*Vollmonopole*" nach § 19 Abs. 2 Nr. 1 Var. 1 GWB nicht eröffnet. In dieser Konstellation existieren aus rechtlichen oder tatsächlichen Gründen keine Mitbewerber, die die Waren oder gewerblichen Leistungen in gleicher Art und Weise anbieten. Diese rechtlichen oder tatsächlichen Gründe orientieren sich am wettbewerbsrechtlichen *Bedarfsmarktkonzept*, das das Konzept der funktionellen Austauschbarkeit von Gütern aus Sicht des Abnehmers beschreibt.[530] Funktionelle Austauschbarkeit beinhaltet insoweit *sachlich-gegenständliche*, *räumliche* und *zeitliche* Komponenten.[531] Marktgleichwertig sind daher „sämtliche Erzeugnisse, die sich nach ihren Eigenschaften, ihrem wirtschaftlichen Verwendungszweck und ihrer Preislage so nahe stehen, dass der verständige Verbraucher sie als für die Deckung eines bestimmten Bedarfs geeignet in berechtigter Weise abwägend miteinander vergleicht und als gegeneinander austauschbar ansieht" und mithin in ihren sachlich-gegenständlichen, räumlichen und zeitlichen Komponenten übereinstimmen.[532] Nur die Konkurrenz marktgleichwertiger Produkte kann damit wirtschaftlichen Wettbewerb und somit eine Strafbarkeit nach § 299 StGB eröffnen.

(2) Fazit

Aus der grammatikalischen Auslegung des Tatbestandes folgt, dass der Wortlaut mittelbar durch den Verweis auf das Erfordernis von Wettbewerb auch Konkurrenten mitumfasst. Ob dies als mittelbares Schutzinteresse i.S.e. individualrechtlichen Rechtsgutes oder aber als Ausfluss der monistisch-personalen Lehre anzusehen ist, bedarf weiterer Untersuchung.

cc) Systematik

Im Hinblick auf die systematische Auslegung des § 299 StGB müssen zwei benachbarte Normen berücksichtigt werden: die Strafantragsberechtigung des § 301 Abs. 2 StGB und die Bestechungsvorschriften des öffentlichen Sektors gemäß §§ 331 ff. StGB.

Herstellers an Angestellte oder Beauftragte dieses Unternehmens nicht unter § 12 UWG, da es an einem Wettbewerbsverhältnis fehlt."

530 Immenga/Mestmäcker-*Fuchs/Möschel*, GWB, § 18 Rn. 32.

531 Immenga/Mestmäcker-*Fuchs/Möschel*, GWB, § 18 Rn. 32; *Gercke/Wollschläger*, wistra 2008, 7.

532 BGH WuW/E BGH 1445, 1447; BGH WuW/E BGH 2433 ff.; BGH WuW/E BGH 2150, 2153; Immenga/Mestmäcker-*Fuchs/Möschel*, GWB, § 18 Rn. 32.

(1) § 301 Abs. 2 StGB

§ 301 StGB normiert das Strafantragsrecht für § 299 StGB. § 301 Abs. 2 StGB sieht vor, dass der „Verletzte" das Recht habe, den Strafantrag zu stellen sowie die nach § 8 Abs. 3 Nr. 1, 2 und 4 UWG bezeichneten Gewerbetreibenden, Verbände und Kammern. Nach § 77 Abs. 1 StGB ist derjenige „Verletzter", der Träger des durch die Tat unmittelbar verletzten Rechtsguts ist.[533] Die herrschende Meinung in Literatur und Rechtsprechung betrachtet die Konkurrenten des zu Bevorzugenden als strafantragsberechtigte Verletzte nach § 301 Abs. 2, 1. Alt. StGB.[534] Innerhalb dieser Auffassung entfacht sich ein Diskurs, ob lediglich für die Konstellation eine Strafantragsberechtigung anzunehmen ist, in der die Unternehmer in tatsächlichem Wettbewerb um die Erteilung eines konkreten Auftrages mit dem zu Bevorzugenden stehen oder ob es bereits ausreicht, dass die Unternehmer auf demselben sachlich, räumlich und zeitlich relevanten Markt, wie der zu bevorzugende Unternehmer des § 299 StGB, wirtschaftlich agieren, sodass keine Wettbewerbsbeeinträchtigung sowie keine Auftragskonkurrenz im konkreten Fall vorliegen müsse.[535] Im Ergebnis kommt es auf diesen Meinungsstreit innerhalb der herrschenden Meinung nicht an, da die Konkurrenten aus anderen systematischen Erwägungen heraus nicht als Verletzte i.S.d. § 301 Abs. 2, 1. Alt. StGB anzusehen sind. Das Strafantragsrecht der Mitbewerber ist bereits ausdrücklich in § 301 Abs. 2, 2. Alt. StGB i.V.m. § 8 Abs. 3 Nr. 1 UWG erfasst. § 8 Abs. 3 Nr. 1 UWG i.V.m. § 2 Abs. 1 Nr. 3 UWG umfassen jeden Mitbewerber, der auf ein- und demselben, wettbewerbsrechtlichen Grundsätzen unterfallenden Markt agiert, ohne dass es zu einer konkreten Anspruchskonkurrenz innerhalb eines konkreten Auftrages gekommen sein muss.[536] Sollten die Mitbewerber als Rechtsgutsträger zu qualifizieren sein und daher unter die Verletzteneigenschaft des § 301 Abs. 2, 1. Alt. StGB fallen, wäre § 301 Abs. 2, 2. Alt StGB i.V.m. § 8 Abs. 3 Nr. 1 UWG obsolet und entbehrte jeglichen Anwendungsbereiches.[537] Aus diesem Grund kann § 301 Abs. 2 StGB nicht als systematisches Argument für einen Schutz der Mitbewerber im Rahmen des Rechtsguts des § 299 StGB herangezogen werden.

---

533 BGHSt 31, 207, 210; *Fischer*, § 77 Rn. 2.

534 NK-*Dannecker*, § 301 Rn. 4; *Fischer*, § 301 Rn. 4; BeckOK-*Momsen*, § 301 Rn. 1; *Lackner/Kühl*, § 301 Rn. 2; MK-*Krick*, § 301 Rn. 2; Sch/Sch-*Heine/Eisele*, § 301 Rn. 3; SK-*Rogall*, § 301 Rn. 9; LK-*Tiedemann*, § 301 Rn. 2.

535 LK-*Tiedemann*, § 301 Rn. 2 m.w.N.; NK-*Dannecker*, § 301 Rn. 4; *Walter*, wistra 2001, 321, 324 m.w.N.

536 Köhler/Bornkamm-*Köhler*, UWG, § 2 Rn. 94; Harte-Bavendamm/Henning-Bodewig-*Keller*, UWG, § 2 Rn. 128.

537 *Mölders*, Anwendbarkeit § 299 StGB, S. 160.

(2) §§ 331 ff. StGB

Die Gesetzesbegründungen zu § 12 UWG a.F. sehen u.a. vor, dass sich die Norm tatbestandlich an den Regelungen der Amtsträgerdelikte nach §§ 331 ff. StGB orientieren sollte.[538] Bei der Implementierung des § 299 StGB wurde jedoch lediglich bezüglich des Strafrahmens auf §§ 332, 334 StGB verwiesen, eine weitere inhaltliche Annäherung aufgrund des höheren Schutzgutes der §§ 331 ff. StGB fand hingegen nicht statt.[539] Schutzgut der §§ 332, 334 StGB – als komplementäre Regelungen der Bestechlichkeit und Bestechung im öffentlichen Sektor – ist nach Ansicht der Rechtsprechung die „Lauterkeit und Reinheit des öffentlichen Dienstes".[540] In der Literatur zu §§ 331 ff. StGB finden sich mannigfaltige Nuancierungen dieses Schutzgutes,[541] sodass entsprechend der Problematik zu § 299 StGB kein singuläres Rechtsgut ausgemacht werden kann. Der Verweis auf das beziehungsweise die Rechtsgüter der §§ 331 ff. StGB geht daher ebenfalls fehl.

dd) Telos

Die Schutzinteressen der Mitbewerber sind auf ihr gedankliches Substrat zu untersuchen. Die Gesetzesbegründungen zu § 12 UWG a.F. und § 299 StGB schweigen diesbezüglich. In der Literatur wird zwischen dem Schutz des Vermögensinteresses sowie dem Schutz der Chancengleichheit im Wettbewerb differenziert.

(1) Vermögensinteressen der Mitbewerber

§ 299 StGB wird zum Teil als *abstraktes Vermögensgefährdungsdelikt* angesehen, dessen Schutz sich allein auf die Vermögensinteressen der Mitbewerber erstrecke.[542] Der Wettbewerb fungiere insoweit lediglich als sog. „*Zwischenrechtsgut*", durch dessen Störung das Individualvermögen der Mitbewerber angegriffen werde.[543] Da im Rahmen des § 299 StGB kein konkreter Vermögensschaden zur Vollendung des Delikts eintreten muss, schütze § 299 StGB das sog. *vorverlagerte*

---

538 RT-Drs. 1909, XII. Legislaturperiode, XXIII. Band, Nr. 1390, S. 32: „Die Redaktionskommission habe die Absicht gehabt, sich äußerlich an die Regelung der Beamtenbestechung im Strafgesetzbuch anzuschließen."

539 BT-Drs. 13/5584, S. 15.

540 BT-Drs. 13/5584, S. 15; *Fischer*, § 331 Rn. 2; *Dölling*, ZStW 112 (2000), 335 ff. m.w.N.; NK-*Kuhlen*, § 331 Rn. 9 ff. m.w.N.

541 NK-*Kuhlen*, §§ 331 Rn. 10 ff. m.w.N.

542 *Maurach/Schroeder/Maiwald*, Strafrecht BT, § 68 Rn. 2; *Pfeiffer*, FS v. Gamm, S. 129, 131: Schutz der Mitbewerber in erster Linie aber nicht ausschließlich; *Tiedemann*, Wirtschaftsstrafrecht BT, § 5 Rn. 197; *Zöller*, GA 2009, 137, 146.

543 Zu § 264b StGB: *Stächelin*, Strafgesetzgebung, S. 310.

Vermögen der Mitbewerber.[544] Diese Kumulation an vorverlagertem Vermögensschutz der Mitbewerber und Individualrechtsgut verzichtet zwar aufgrund der dogmatischen Einbettung als abstraktes Vermögensgefährdungsdelikt auf den Taterfolg des Vermögensschadens, ist im Ergebnis aber dann unhaltbar, sollte ein Vermögensschaden der Mitbewerber von vornherein niemals in Betracht kommen können. Obgleich abstrakte Gefährdungsdelikte auf den Eintritt des Verletzungserfolges sowie auf die konkrete Gefährdung des Rechtsgutes verzichten,[545] avanciert lediglich dasjenige Schutzinteresse zum Rechtsgut eines abstrakten Gefährdungsdeliktes, welches zumindest nach allgemeinem Erfahrungsstand besonders häufig Verletzungen ausgesetzt ist.[546] Eine Vermögensschädigung der Mitbewerber tritt jedoch, wenn überhaupt, lediglich im Rahmen einer Vereitelung ihrer Chancen auf Vermögensmehrung ein, die als sog. „*faktische Exspektanz*“[547] als Unterfall des entgangenen Gewinns nur marginal schutzwürdig ist.[548] Nach betrugsrechtlichen Grundsätzen kommt ein Schaden bei faktischer Exspektanz lediglich für den Fall in Betracht, in dem sich die faktische Exspektanz bereits zu einem Vermögenswert konkretisiert hat.[549] Zunächst ist festzustellen, dass in der Tatsituation des § 299 StGB nie das Vermögen mehrerer Mitbewerber betroffen sein kann, da unter ordnungsgemäßen Wettbewerbsbedingungen nur ein objektiv bester Mitbewerber den Zuschlag erhalten hätte.[550] Dieser fiktive potentielle Mitbewerber ist der einzige, der möglicherweise einen Vermögensschaden durch Vereitelung seiner Chancen auf Vermögensmehrung erleiden könnte. Es ist daher festzuhalten, dass als individuelles Schutzgut des § 299 StGB im Gegensatz zu der Auffassung der Anhänger dieses Individualschutzgedankens lediglich das Vermögensinteresse *eines potentiellen Mitbewerbers* überhaupt in Betracht kommen kann. Dieses müsste nach schadensrechtlichen Grundsätzen so ausreichend zu konkretisieren sein, dass es überhaupt schützenswert wäre. Da sich der wettbewerbsrechtliche Zuschlag nicht nach rein objektiven Kriterien bemessen lässt, ist eine Konkretisierung der Schadenssumme nicht möglich. Oft spielen regelkonforme Faktoren wie interne Richtlinien bei der Auftragsvergabe in

544 NK-*Dannecker*, § 299 Rn. 4a m.w.N.

545 *Sprafke*, Korruption, S. 112 f.; Arzt/Weber-*Weber*, BT, § 35 Rn. 44, 46 ff.

546 *Wessels/Beulke/Satzger*, Strafrecht AT, Rn. 29.

547 NK-*Dannecker*, § 299 Rn. 4a.

548 *Kindhäuser*, ZIS 2011, 461, 466; Siehe auch: *Koepsel*, Bestechlichkeit und Bestechung, S. 82 f.

549 *Fischer*, § 263 Rn. 122.

550 So auch: Müller-Gugenberger/Bieneck-*Blessing*, § 53 Rn. 41; *Mölders*, Anwendbarkeit § 299 StGB, S. 159 f.

Bezug auf den „Zeitpunkt der Lieferung", oder den „Zeitpunkt der Zahlung" sowie das Zusammentreffen „langjähriger Geschäftsbeziehungen" in der Auswahlentscheidung eine Rolle.[551] Es ist somit illusorisch anzunehmen, in jedem Bestechungsfall den einen, konkret geschädigten Mitbewerber identifizieren sowie die Bezifferung der Schadenshöhe vornehmen zu können. Der Vermögensschaden des Mitbewerbers ist daher nicht ausreichend konkretisiert, um schutzwürdig zu sein, und kann mithin nicht in den Rang eines Rechtsgutes erhoben werden.

Überdies schützen bereits §§ 263, 266, 246 StGB abschließend die vermögensrechtlichen Individualinteressen der Mitbewerber sowie diejenigen des Geschäftsherrn des Bestochenen.[552] § 263 StGB ist zum Nachteil der Mitbewerber erfüllt, wenn die Bevorzugung in einer auf Täuschung beruhenden Benachteiligung des oder der Konkurrenten besteht.[553] Sollte man die Vermögensinteressen der Mitbewerber sowie die des Geschäftsherrn des Bestochenen bereits über § 299 StGB schützen, käme dies einer Umgehung der restriktiveren Regelungen der §§ 263, 266 StGB gleich. Das Vermögensinteresse des singulären, potentiellen Mitbewerbers, der unter lauteren Bedingungen den Zuschlag erhalten hätte, erfüllt daher nicht die Rechtsgutsvoraussetzungen eines Primärrechtsguts gemäß § 299 StGB. Gleichwohl kann dieses individuelle Schutzinteresse im konkreten Einzelfall beeinträchtigt sein. Wie sich diese Beeinträchtigung zum Rechtsgut des § 299 StGB verhält, ist in Kapitel 2 § 4 II. 5. dargestellt.

(2) Chancengleichheit der Mitbewerber

In Literatur und Rechtsprechung wird des Weiteren vereinzelt die Auffassung vertreten, dass Kern des Schutzes der Interessen der Mitbewerber die Wahrung ihrer *Chancengleichheit* im Wettbewerb sei.[554] Eine Definition oder gar normative Begründung dieses Rechtsgutes erfolgt jedoch nicht. Chancengleichheit im Wettbewerb kann in diesem Kontext lediglich das Recht auf Gleichbehandlung bzw. das Recht auf objektive Behandlung der Mitbewerber am Markt bedeuten. Ein solches Recht ist nur aus Normen ableitbar, die eine Gleichbehandlung der Konkurrenten im Wettbewerb vorschreiben und dadurch einen elementaren Wert der Rechtsgemeinschaft normieren. Diese Normen könnten sowohl einfachgesetzlicher als auch verfassungsrechtlicher Natur sein. Insoweit findet an

551 Beispiele in: *Mölders*, Anwendbarkeit § 299 StGB, S. 159.

552 Für § 266 StGB siehe: BGHSt 52, 323 ff.

553 *Fischer*, § 299 Rn. 25a m.w.N.

554 BGHSt 2, 396, 402; BeckOK-*Momsen*, § 299 Rn. 2 m.w.N.; NK-*Dannecker*, § 299 Rn. 5; Zur Chancengleichheit im Sportstrafrecht: *Cherkeh/Momsen*, NJW 2001, 1745 ff.

diesem Prüfungspunkt eine Vermengung mit der vierten Prüfungsstufe der Ermittlungssystematik des Rechtsguts – der verfassungsrechtlichen Überprüfung – statt. Zuvorderst kommen einfachgesetzliche Normen aus dem Wettbewerbsrecht in Betracht. § 20 GWB sieht ausdrücklich ein wettbewerbsrechtliches Diskriminierungsverbot vor, welches allerdings lediglich gegenüber Unternehmen, die sich einem marktbeherrschenden Unternehmen gegenübersehen, Geltung beansprucht. In Bezug auf die § 299 StGB zugrundeliegende Konstellation, die keine marktbeherrschenden Unternehmen auf der Seite des Bestochenen voraussetzt, ist § 20 GWB in seinem Anwendungsbereich daher zu restriktiv.[555]

Ein Recht auf Gleichbehandlung könnte sich allerdings aus verfassungsrechtlichen Normen ergeben. In Betracht kommt insoweit die grundgesetzlich verankerte *Wettbewerbsfreiheit*.[556] Diese leitet sich in der Konstellation der rechtswidrigen staatlichen Förderung des Konkurrenten direkt aus dem Abwehranspruch des eingerichteten und ausgeübten Gewerbebetriebs nach Art. 14 GG ab. Die Wettbewerbsfreiheit setzt sich im Allgemeinen aus einer Akkumulation verschiedener Grundrechte zusammen: sowohl Art. 2 Abs. 1 GG als auch Art. 12 Abs. 1 GG in Verbindung mit Art. 14 GG sowie Art. 3 Abs. 1 GG können je nach Einzelfall herangezogen werden.[557] Allerdings greift die Wettbewerbsfreiheit lediglich bei Vorliegen eines vertikalen Verhältnisses mit Beteiligung eines Hoheitsträgers. Diese Tatsituation widerspricht jedoch der tatbestandlichen Fassung des § 299 StGB, welcher rein hoheitliche Tätigkeiten durch die Formulierung „im geschäftlichen Verkehr" ausschließt.

Nach einer in der Literatur vertretenen Ansicht soll die Chancengleichheit der Konkurrenten aus einem privatwirtschaftlichen Verständnis des öffentlichrechtlichen Gleichheitssatzes aus Art. 3 Abs. 1 GG resultieren.[558] Adressat dieses hieraus erwachsenden *Gleichbehandlungsgebots* als Ausprägung des öffentlich-rechtlichen Gleichheitsgrundsatzes kann lediglich der Angestellte bzw. Beauftragte sein. Da das öffentlich-rechtliche Gleichbehandlungsgebot nach der von *Hueck* vertretenen Ansicht jedoch nicht deckungsgleich mit dem privatrechtlichen Gleichbehandlungsgebot sei, müsse für rechtsverbindliche, privatrechtliche Gleichbehandlungsgebote ein zusätzliches Merkmal zur Konkretisierung dieser Rechtsverbindlichkeit in Abgrenzung zur rein durch moralische Bindungen hervorgerufenen Forderung der Gerechtigkeit in Gestalt des

555 So auch: *Koepsel*, Bestechlichkeit und Bestechung, S. 87.

556 Schoch/Schneider/Bier-*Wahl/Schütz*, VwGO, § 42 Rn. 291 m.w.N.

557 Maunz/Dürig-*Di Fabio*, Art. 2 Rn. 116 m.w.N.

558 *Koepsel*, Bestechlichkeit und Bestechung, S. 84 ff. verweist auf: *Hueck*, Grundsatz der gleichmäßigen Behandlung, S. 2 ff.

Gemeinschaftsverhältnisses auf Seiten der gleich zu Behandelnden vorliegen.[559] Dieses Gemeinschaftsverhältnis, sei es auch lose und kurzweilig, führe zur Entstehung rechtlicher Gleichbehandlungspflichten, die bei einem Konstrukt eines Nebeneinanders ohne verbindendes Element der Gemeinschaft nicht vorliegen könnten.[560] Das Bestehen eines Gemeinschaftsverhältnisses zwischen Wettbewerbern im Rahmen des Kartellrechts verneint *Hueck* jedoch, da nach seiner Ansicht kein gemeinschaftliches Ziel der Wettbewerber zu erkennen sei, sondern diese vielmehr in Anspruchskonkurrenz zueinander stünden.[561] Diesem Ergebnis entspricht auch die Tatsache, dass die Rechtsordnung grundsätzlich die Freiheit des Wettbewerbs in der Ausprägung der wirtschaftlichen Bewegungsfreiheit aller Marktbeteiligten gewährleistet, wodurch im Bereich der Leistungsaustauschverträge keine Ansprüche auf Gleichbehandlung weder aus Art. 3 Abs. 1 GG noch aus dem Grundsatz der guten kaufmännischen Sitten abgeleitet werden können.[562] Mangels einfachgesetzlicher oder verfassungsrechtlicher Gleichbehandlungsgebote sowie einhergehender Ermangelung eines elementaren Werts der Rechtsgemeinschaft entfällt folglich die Möglichkeit des Schutzes der Chancengleichheit der Mitbewerber im Wettbewerb gemäß § 299 StGB.

b) Zwischenergebnis zum Schutz der Mitbewerber

Nach dem Ergebnis der Tatbestandsanalyse ist der Vermögensschutz der Mitbewerber nicht als primärer Schutzbestandteil des Rechtsgutes des § 299 StGB zu qualifizieren. Ob ein mittelbarer Vermögensschutz der Mitbewerber im Rahmen des Rechtsgutes besteht, ist im zweiten Prüfungsschritt der Ermittlungssystematik auszumachen.[563] Die Chancengleichheit der Mitbewerber im Wettbewerb ist hingegen kein Rechtsgutsbestandteil.

2. Schutz der Verbraucher

a) Tatbestandsanalyse

Der Schutz der Verbraucher findet im Wortlaut des § 299 StGB keine grammatikalische Stütze. Der Gesetzgeber erwähnte den Verbraucher in den

559 *Hueck*, Grundsatz der gleichmäßigen Behandlung, S. 169 f.

560 *Hueck*, Grundsatz der gleichmäßigen Behandlung, S. 170.

561 *Hueck*, Grundsatz der gleichmäßigen Behandlung, S. 159 f.: Einzelrechtsverhältnisse sind gänzlich unabhängig voneinander; Ausnahme hierzu: einfachgesetzliche Ausprägungen des § 20 GWB.

562 Immenga/Mestmäcker-*Kellermann*, GWB [4. Auflage 2007], § 24 Rn. 110.

563 Siehe unten, in: Kapitel 2 § 4 5.

Gesetzesbegründungen zu § 299 StGB überhaupt nicht, in den Gesetzesbegründungen zu § 12 UWG a.F. lediglich an nebensächlicher Stelle.[564] In systematischer Hinsicht sind insbesondere die individualschützenden Regelungen des UWG heranzuziehen, welche jedoch im Hinblick auf § 1 UWG, wie bereits in Kapitel 2 § 4 I. d) bb) festgestellt, lediglich das Abhängigkeitsverhältnis der Individual- zu den Kollektivinteressen verdeutlichen. Obgleich die strafbare irreführende Werbung nach § 16 UWG unmittelbar die Verbraucher schützt, ist diese Norm im Gegensatz zu § 299 StGB konkret an die Verbraucher adressiert, denen nicht vorhandene Vorzüge der Ware oder Dienstleistung vorgespiegelt werden.[565] Die jeweiligen Schutzgüter der Paragraphen des UWG treffen daher keinerlei Aussage über das Rechtsgut des § 299 StGB. Der Kern des Verbraucherschutzes wird im Interesse des Einzelnen an einem angemessenen Preis, der bestmöglichen Produktqualität und an kompetenter Beratung gesehen.[566] Zweifelhaft ist jedoch, ob diese Schutzinteressen einer strafrechtlichen Textierung bedürfen und ob es sich bei ihnen dementsprechend überhaupt um legitime Strafrechtsgüter handeln kann. Letztendlich ist der Verbraucher nicht gezwungen das Produkt unter den gegebenen Konditionen zu erwerben; er ist in seiner Kauf- und Bezugsentscheidung vielmehr frei.[567] Die Schutzinteressen der Verbraucher sind daher allesamt zu vage und in schadensrechtlichen Dimensionen nicht quantifizierbar,[568] sodass entsprechend den Ausführungen zu dem Vermögensinteresse des Mitbewerbers einem *argumentum a fortiori* folgend kein strafrechtlicher Schutz für die Verbraucherinteressen begründbar ist.

b) Zwischenergebnis zum Schutz der Verbraucher

Der Schutz der Verbraucherinteressen ist weder im Hinblick auf das beste Preis-Leistungsverhältnis noch im Hinblick auf die Kompetenz der Beratung Individualrechtsgut des § 299 StGB.

---

564 RT-Drs. 1909, XII. Legislaturperiode, XXIII. Band, Nr. 1390, S. 30.

565 BGHSt 27, 293, 294: „Denn § 4 UWG dient nicht allein dem Schutz der Mitbewerber vor unlauterer Reklame, sondern weiterhin dem Interesse der Allgemeinheit an der Erhaltung eines leistungsfähigen Wettbewerbs und dem **Verbraucherschutz**.“; LK-*Tiedemann*, § 299 Rn. 4.

566 *Pfeiffer*, FS v. Gamm, S. 129, 131; *Vasilikou*, FS Imme Roxin, S. 359, 367.

567 So auch: NK-*Dannecker*, § 299 Rn. 7: Dieser schließt hieraus jedoch auf einen mittelbaren Schutz der Verbraucherinteressen.

568 Mit Ausnahme des Interesses an vertretbarer Produktqualität, das bereits im Rahmen der §§ 223 ff., 303 StGB geschützt ist.

3. *Schutz der Vermögensinteressen der Allgemeinheit*

a) Tatbestandsanalyse

Die Allgemeinheit taucht in der historischen Analyse des § 299 StGB lediglich im Zusammenhang mit der Aufgabenformulierung sowie der Zielsetzung des Gesetzgebers auf.[569] Aus der Formulierung des Tatbestandes lassen sich keine Rückschlüsse auf ein von der Lauterkeit des Wettbewerbs zu unterscheidendes Kollektivrechtsgut des Schutzes der Vermögensinteressen der Allgemeinheit ziehen. Das „öffentliche Interesse an den Auswüchsen im Wettbewerb"[570] ist bereits abschließend durch das Kollektivinteresse des lauteren Wettbewerbsschutzes umfasst und der „Schutz der Allgemeinheit vor der Verteuerung der Waren"[571] als Vermögensschutzaspekt muss aus den gleichen Gründen wie der Schutz des Vermögens des einzelnen Verbrauchers abgelehnt werden.[572] Die Allgemeinheit ist im kollektiven Wettbewerbsschutz abschließend abgebildet und bedarf daneben keines eigenen vermögensrechtlichen Schutzaspektes.

b) Zwischenergebnis zum Schutz der Allgemeinheit

Neben dem Kollektivinteresse des „lauteren Wettbewerbs" gibt es kein hiervon gesondertes, in den Rang eines Rechtsguts des § 299 StGB zu erhebendes Kollektivinteresse des Vermögensschutzes der Allgemeinheit.

4. *Schutz des Geschäftsherrn des Bestochenen*

a) Tatbestandsanalyse

aa) Historie

In den Gesetzesbegründungen zu § 12 UWG a.F. diskutierte der Gesetzgeber explizit die Einführung eines Pflichtwidrigkeitskriteriums im Verhältnis des Angestellten zu seinem Geschäftsherrn, ließ dieses jedoch zugunsten des geltenden sog. *Wettbewerbsmodells* entfallen.[573] Die Vertreter des Reichsamts des

---

569 BT-Drs. 13/5584, S. 15: „Hiermit [durch den Gesetzgebungsentwurf] soll das Bewußtsein in der Bevölkerung geschärft werden, daß es sich auch bei der Korruption im geschäftlichen Bereich um eine Kriminalitätsform handelt, die nicht nur die Wirtschaft selbst betrifft, sondern Ausdruck eines allgemein sozialethisch mißbilligten Verhaltens ist."

570 BGHSt 31, 207, 211 zu § 12 UWG a.F.; *Pfeiffer*, FS v. Gamm, S. 129, 130; Sch/Sch-*Heine/Eisele*, § 299 Rn. 2.

571 *Lackner/Kühl*, § 299 Rn. 1.

572 Siehe hierzu Kapitel 2 § 4 II. 2. a).

573 RT-Drs. 1909, XII. Legislaturperiode, XXIII. Band, Nr. 1390, S. 33 ff.

Innern und des Reichsjustizamtes schlugen in dieser Debatte eine Tatbestandsfassung für § 12 UWG a.F. vor, die das pflichtwidrige Verhalten des Angestellten bzw. Beauftragten gegenüber seinem Geschäftsherrn pönalisieren sollte.[574] Die Kommission entgegnete hierauf, dass sie durch ihre das Wettbewerbsmodell konstituierende Formulierung des Tatbestandes auch den Fall der Pflichtwidrigkeit des Angestellten gegenüber seinem Geschäftsherrn habe erfassen wollen, jedoch darüber hinaus, respektive ohne Einschränkung auf das Verhältnis „Agent-Prinzipal", „die Gewährung und Annahme von Bestechungsgeldern als an sich pflichtwidrig [kennzeichnen wollte]".[575] Die Entscheidung gegen die Einführung eines Pflichtwidrigkeitskriteriums in § 12 UWG a.F. und für die Einführung eines Wettbewerbsmodells lässt daher gerade nicht darauf schließen, dass die Schutzinteressen des Geschäftsherrn des Bestochenen nicht integriert sind, sondern zeigt vielmehr, dass deren Schutz sehr wohl intendiert war, jedoch zugunsten eines extensiveren Wettbewerbsschutzes in den Hintergrund rückte.

bb) Wortlaut

Der Geschäftsherr des Bestochenen wird tatbestandlich nicht explizit erwähnt, findet sich jedoch mittelbar in der Formulierung des *„geschäftlichen Betriebes"* wieder. Aus der Formulierung des § 299 Abs. 1 und Abs. 2 StGB *„in unlauterer Weise"* wird zum Teil gefolgert, dass es sich hierbei um eine Umschreibung des Pflichtwidrigkeitskriteriums des Angestellten/Beauftragten gegenüber seinem Prinzipal handele.[576] Die gegenteilige Auffassung in der Literatur argumentiert mit der Entscheidung des Reichsgerichts zu den sog. *„entschleierten*

574 RT-Drs. 1909, XII. Legislaturperiode, XXIII. Band, Nr. 1390, S. 33.

575 RT-Drs. 1909, XII. Legislaturperiode, XXIII. Band, Nr. 1390, S. 34: „Beschränke man die Strafdrohung auf pflichtwidrige Handlungen, so schaffe man ein bedenkliches argumentum e contrario in dem Sinne, daß Bestechungen ohne das Moment der Pflichtwidrigkeit als vom Gesetze nicht gemißbilligt, also erlaubt erschienen. Verlange man eine Pflichtwidrigkeit, so werde die Bestrafung in den meisten Fällen an der Beweisfrage scheitern. Die Pflichtwidrigkeit gehöre dann zum subjektiven Tatbestand und müsse vom Richter ausdrücklich festgestellt werden. Solche Feststellung werde aber gegenüber dem Zeugnisse des Prinzipals nur in seltenen Fällen möglich sein; denn der Prinzipal werde natürlich die Neigung haben, sich und den Bestochenen „herauszuhalten". Mit dem Tatbestandserfordernis der Pflichtwidrigkeit werde das Gesetz gegenüber den Tatbeständen des Strafgesetzbuchs wenig Wert haben. Also lasse man das Gesetz so, wie es die Redaktionskommission vorschlage, „sit ut est, aut non sit"!"

576 Arzt/Weber-*Heinrich*, BT, § 49 Rn. 59: Setzt Wettbewerbswidrigkeit mit Pflichtwidrigkeit gleich.

Schmiergeldern"[577]: Diese Entscheidung des Reichsgerichts aus dem Jahr 1914 zur Strafbarkeit von Korkengeldern sprach sich dafür aus, dass es für eine Strafbarkeit nach § 12 UWG a.F. irrelevant sei, ob die Tathandlung des Angestellten bzw. Beauftragten mit Wissen und Billigung des Geschäftsherrn erfolge oder nicht.[578] Ein Teil der Literatur schloss hieraus, dass es im Rahmen des § 299 StGB nicht auf eine Treuepflichtverletzung ankommen könne.[579] Diese Auffassung verkennt jedoch, dass einem *argumentum a maiore ad minus* folgend die Strafbarkeit von Treuepflichtverletzungen im Rahmen des § 12 UWG a.F./ § 299 StGB ein „rechtliches Weniger" zur Strafbarkeit aller, von dem Verhältnis des Angestellten zu seinem Prinzipal unabhängigen Wettbewerbsverletzungen darstellt. Eine Aussage über die Pönalisierung von Treuepflichtverletzungen wurde in der *Korkengeldentscheidung* des Reichsgerichts daher nicht getroffen. Diese Rechtsprechung stützt vielmehr die bereits dargelegten Überlegungen der Reichstagskommission zur Einführung des § 12 UWG a.F.[580]

Unabhängig hiervon soll der Schutz des Geschäftsherrn jedoch aus der tatbestandlichen Formulierung des *„geschäftlichen Betriebes"* in den beiden Absätzen des § 299 StGB resultieren, für den der Bestochene „Angestellter" oder „Beauftragter" sei.[581] Die Formulierung sei hierbei Ausdruck des Abhängigkeitsverhältnisses von dem Angestellten/Beauftragten zu seinem Prinzipal.[582] Diese Ansicht verkennt, dass die Interpretation des „geschäftlichen Betriebes" *de lege lata* lediglich zur Abgrenzung nicht vom Tatbestand erfasster, privater Bereiche dient.[583] Ob darüber hinaus auf den Schutz des Geschäftsherrn geschlossen werden kann, ist letztendlich ergebnisorientierte Interpretation und somit weder ein Argument für noch wider des Schutzes des Geschäftsherrn des Bestochenen. Gegen einen Schutz der Interessen des Geschäftsherrn des Bestochenen in der geltenden Fassung des § 299 StGB könnte die Fassung des Strafrechtsänderungsgesetzes aus dem Jahr 2007 sowie die Fassung des Referentenentwurfs aus dem Jahr 2014 sprechen, die in § 299 Abs. 1 und Abs. 2 StGB jeweils die Implementierung einer Nummer 2 vorsehen, in der die Pflichtenverletzung gegenüber dem Unternehmen im Sinne eines sog. *Geschäftsherrenmodells* pönalisiert werden

577 *Wassermann*, GRUR 1931, 549, 554; LK-*Tiedemann*, § 299 Rn. 6, 37 m.w.N.
578 RGSt 48, 291 ff.
579 *Baumbach/Hefermehl*, UWG, § 12 Rn. 12.
580 Siehe oben, in: Kapitel 2 § 4 II. 4. a) aa).
581 *Walter*, wistra 2001, 321, 323.
582 *Walter*, wistra 2001, 321, 323.
583 BGHSt 2, 396, 402 ff.; MK-*Krick*, § 299 Rn. 16; Sch/Sch-*Heine/Eisele*, § 299 Rn. 6.

soll.[584] Einer solchen Einführung könnte es *prima vista* nur bedürfen, sollte deren Schutz von der Vorgängerversion nicht erfasst sein. Dies widerspricht jedoch den Begründungen des Gesetzentwurfs des Strafrechtsänderungsgesetz aus dem Jahr 2007 sowie des Referentenentwurfs aus dem Jahr 2014, welche die Erweiterung als „sachgerecht“ bezeichnen, „da die derzeit geltende Fassung durch die Beschränkung auf Bevorzugungen im Wettbewerb die strafbedürftigen Fälle der mit Schmiergeldzahlungen erkauften Verletzung von Pflichten durch Angestellte und Beauftragte von Unternehmen *außerhalb von Wettbewerbslagen* nicht erfasst“.[585] Diese Erweiterung – so die Begründungen weiter – entspreche dem Schutzgedanken des § 299 StGB *de lege lata*, der bereits bisher nicht nur dem Schutz des „lauteren Wettbewerbs“, sondern auch dem Schutz der Interessen des Geschäftsherrn diente.[586] Die Gesetzesbegründungen des Strafrechtsänderungsgesetzes und des Referentenentwurfs bestätigen daher auf den zweiten Blick die Meinung, dass der Schutz der Interessen des Geschäftsherrn im Wettbewerb bereits *de lege lata* zum Rechtsgut des § 299 StGB gehört.[587] Die geplante Erweiterung soll vielmehr lediglich den Tatbestand auf Pflichtverletzungen des besagten Treueverhältnisses erweitern, die außerhalb des Wettbewerbs erfolgen. Obwohl

---

584 NK-*Dannecker*, § 299 Rn. 102 ff. m.w.N.; BT-Drs. 16/6558, S. 5 f.: „
(1) Wer als Angestellter oder Beauftragter eines Unternehmens im geschäftlichen Verkehr einen Vorteil für sich oder einen Dritten als Gegenleistung dafür fordert, sich versprechen lässt oder annimmt, dass er bei dem Bezug von Waren oder Dienstleistungen
1. einen anderen im inländischen oder ausländischen Wettbewerb in unlauterer Weise bevorzuge oder
2. seine Pflichten gegenüber dem Unternehmen verletze, wird mit Freiheitsstrafe bis zu drei Jahren oder mit Geldstrafe bestraft.
(2) Ebenso wird bestraft, wer im geschäftlichen Verkehr einem Angestellten oder Beauftragten eines Unternehmens einen Vorteil für diesen oder einen Dritten als Gegenleistung dafür anbietet, verspricht oder gewährt, dass er bei dem Bezug von Waren oder Dienstleistungen
1. ihn oder einen anderen im inländischen oder ausländischen Wettbewerb in unlauterer Weise bevorzuge oder
2. seine Pflichten gegenüber dem Unternehmen verletze.“

585 BT-Drs. 16/6558, S. 13; Referentenentwurf des BMJV vom 13.06.2014, S. 21 f., abrufbar unter: http://www.bmjv.de/SharedDocs/Downloads/DE/pdfs/Gesetze/RefE_KorrBekG.pdf?__blob=publicationFile [zuletzt abgerufen am 11.11.2014].

586 BT-Drs. 16/6558, S. 13; Referentenentwurf des BMJV vom 13.06.2014, S. 21 f., abrufbar unter: http://www.bmjv.de/SharedDocs/Downloads/DE/pdfs/Gesetze/RefE_KorrBekG.pdf?__blob=publicationFile [zuletzt abgerufen am 11.11.2014].

587 So auch: *Wolf*, ZRP 2007, 44, 45.

der Geschäftsherr des Bestochenen mittelbare tatbestandliche Erwähnung findet, lässt sich aus den Überlegungen zur Reform des § 299 StGB *de lege ferenda* schließen, dass der Schutz des Geschäftsherrn des Bestochenen in der geltenden Fassung der Bestechlichkeit und Bestechung im geschäftlichen Verkehr intendiert ist.

cc) Systematik

In systematischer Hinsicht müssen zu Gunsten eines in § 299 StGB intendierten Schutzes des Geschäftsherrn des Bestochenen die §§ 266, 301 Abs. 2 StGB und § 4 Nr. 11 UWG untersucht werden.

(1) § 266 StGB

Die vermögensrechtlichen Interessen des Geschäftsherrn des Bestochenen sind bei Vorliegen einer *Vermögensbetreuungspflicht* des Angestellten bzw. Beauftragten und dem Eintritt eines *Vermögensschadens* auf Seiten des Geschäftsherrn des Angestellten/Beauftragten bereits abschließend durch § 266 StGB geschützt. § 299 StGB ist ausweislich seiner systematischen Stellung im Gesetz kein Untreuedelikt. Die Bestechlichkeit und Bestechung im geschäftlichen Verkehr wurde gerade nicht in einem fiktiven § 266c StGB, sondern in einem gänzlich anderen Abschnitt des Besonderen Teils des Strafgesetzbuchs normiert. Die systematische Auslegung im Hinblick auf § 266 StGB lässt daher darauf schließen, dass der Gesetzgeber bei § 299 StGB gerade keinen Unterfall der Untreue formulieren wollte.

(2) § 301 Abs. 2 StGB

Die Strafantragsberechtigung des „Verletzen" nach § 301 Abs. 2, 1. Alt. StGB soll nach herrschender Meinung sowohl den Mitbewerbern als auch dem Geschäftsherrn des Bestochenen zustehen, sofern das Handeln des Täters ihm gegenüber pflichtwidrig war.[588] Da der Geschäftsherr in § 301 Abs. 2, 2. Alt. StGB im Gegensatz zu den Mitbewerbern nicht erfasst ist, stünde ihm, sollte er nicht unter § 301 Abs. 2, 1. Alt. StGB fallen, überhaupt kein Antragsrecht zu. Diese Tatsache spricht jedoch nicht zwingend dafür, dass der Geschäftsherr des Bestochenen in der ersten Alternative des § 301 Abs. 2 StGB impliziert sein muss. Eine solche Herleitung ist wenig sachgerecht.[589] Es handelt sich hierbei vielmehr um ein

588 BGHSt 31, 207, 209; *Fischer*, § 301 Rn. 4; NK-*Dannecker*, § 301 Rn. 6; BeckOK-*Momsen*, § 301 Rn. 1; *Lackner/Kühl*, § 301 Rn. 2; MK-*Krick*, § 301, Rn. 2.

589 Insofern zustimmungswürdig: *Corsten*, Einwilligung, S. 293.

spezifisches Problem im Rahmen der Formulierung des § 301 Abs. 2 StGB,[590] sodass ausgehend von einer möglicherweise zwingend bestehenden Antragsberechtigung für den Geschäftsherrn nach § 301 Abs. 2, 1. Alt. StGB nicht im Umkehrschluss auf das Rechtsgut des § 299 StGB geschlossen werden kann. Dies käme einem dogmatischen Zirkelschluss gleich. Dogmatisch richtig ist es vielmehr, den Geschäftsherrn des Bestochenen als Rechtsgutsträger autonom im Rahmen des § 299 StGB zu identifizieren und ihm hieraus erwachsend eine Verletzteneigenschaft gemäß § 301 Abs. 2, 1. Alt. StGB zuzusprechen.

(3) § 4 Nr. 11 UWG

Gegen einen Schutz der Interessen des Geschäftsherrn des Bestochenen in Ausprägung des Schutzes des Treueverhältnisses „Agent-Prinzipal" wird u.a. vorgebracht, dass das UWG eine Unlauterkeitsbeziehung im Sinne einer Treuepflichtverletzung im Verhältnis Angestellter/Beauftragter zu seinem Geschäftsherrn nicht kenne und diese somit als Rechtsgut des § 299 StGB prinzipiell nicht in Frage komme.[591] *Mölders* argumentiert hierzu, dass der Begriff der „Unlauterkeit", wie ihn der Gesetzgeber in der UWG-Novelle aus dem Jahr 2004 definiere, alle Handlungen erfasse, „die den anständigen Gepflogenheiten in Handel, Gewerbe, Handwerk oder selbständiger beruflicher Tätigkeit zuwiderlaufen".[592] Den Begriff der „Unlauterkeit" durch den § 1 UWG verwandten Begriff der „guten Sitten" zu definieren, lehnte der Gesetzgeber hingegen ausdrücklich als antiquiert ab.[593] Durch diese Definition seien als unlautere Wettbewerbshandlungen nur diejenigen geeignet, die den Wettbewerb zum Nachteil der Mitbewerber, Verbraucher oder sonstiger Marktteilnehmer beeinträchtigten, wodurch der Geschäftsherr explizit ausgeschlossen wäre.[594] *Mölders* Argumentation greift jedoch zu kurz. Das UWG kennt in § 4 Nr. 11 i.V.m. §§ 17, 18 UWG durchaus Normen mit intendiertem Geschäftsherrenschutz im Sinne eines Loyalitätsverhältnisses zwischen Angestelltem und seinem Geschäftsherrn.[595] Überdies ist der Geschäftsherr als Unternehmer in seiner Eigenschaft als Anbieter und Nachfrager von Waren und Dienstleistungen Marktteilnehmer i.S.d. § 2 Abs. 1 Nr. 2,

---

590 Siehe hierzu unten, in: Kapitel 3 § 5.

591 *Bürger*, wistra 2003, 130, 133; *Mölders*, Anwendbarkeit § 299 StGB, S. 150 f.; a.A. *Corsten*, Einwilligung, S. 292 f.; SK-*Rogall*, § 299 Rn. 12.

592 BR-Drs. 301/03, S. 29; *Mölders*, Anwendbarkeit § 299 StGB, S. 151.

593 BR-Drs. 301/03, S. 29.

594 *Mölders*, Anwendbarkeit § 299 StGB, S. 151.

595 *Koepsel*, Bestechlichkeit und Bestechung, S. 67: Im Ergebnis lehnt sie einen Geschäftsherrenschutz jedoch trotzdem ab.

6 UWG. § 299 StGB kann folglich als Marktverhaltensregelung u.a. auch zum Schutze des Unternehmers i.S.d. § 4 Nr. 11 UWG angesehen werden.[596] Obgleich unlauteres Handeln im Sinne des UWG in Bezug zu illoyalem Verhalten des Angestellten gegenüber seinem Prinzipal gesetzt werden kann, ist hierin noch keine Aussage über das Verhältnis dieses Individualinteresses zu einem wettbewerbsrechtlichen Kollektivrechtsgut der Bestechlichkeit und Bestechung im geschäftlichen Verkehr oder die abstrakte Eignung zur Erhebung als Rechtsgut zu sehen. Ebenso unterläge man einem Zirkelschluss, sollte man von der Auslegung des Tatbestandsmerkmals „unlauter" auf das Rechtsgut des § 299 StGB schließen.[597] Aus § 4 Nr. 11 UWG kann mithin nicht auf das Rechtsgut der Bestechlichkeit und Bestechung im geschäftlichen Verkehr geschlossen werden.

(4) Fazit

Aus der systematischen Auslegung des § 299 StGB ergibt sich nicht zweifelsfrei, dass das Treueverhältnis des Angestellten zu seinem Prinzipal oder deren vermögensrechtliche Komponente als individuelles Rechtsgut geschützt sind. Die untersuchten Paragraphen wirken lediglich indiziell.

dd) Telos

Innerhalb des Telos der Norm ist der Kern des Schutzgedankens der Interessen des Geschäftsherrn des Bestochenen anhand der in Literatur und Rechtsprechung kontrovers diskutieren Meinungen herauszuarbeiten. Insoweit muss zwischen dem Schutz im Hinblick auf seine Vermögensinteressen, dem Schutz vor sachwidrigen Entscheidungen und dem Schutz im Hinblick auf das Treueverhältnis zwischen Angestelltem und Prinzipal – sog. *Prinzipal-Agent-Ansatz*[598] – unterschieden werden.

(1) Vermögensinteresse

Das Schutzinteresse des Geschäftsherrn des Bestochenen könnte zunächst rein monetärer Natur sein. Hierzu bedarf es der Konkretisierung dieses möglicherweise durch die Schmiergeldzahlung bedingten Schadens für den Geschäftsherrn. Der Schadenseintritt als Verletzungserfolg ist allerdings von § 299 StGB gerade nicht umfasst. Gleichwohl muss auch bei abstrakten Gefährdungsdelikten die Tathandlung für das Schutzobjekt generell gefährlich sein, um einen

---

596 Köhler/Bornkamm-*Köhler*, UWG, § 4 Rn. 11.175; Piper/Ohly/Sosnitza-*Ohly*, UWG, § 4 Rn. 11/89.

597 So auch: *Koepsel*, Bestechlichkeit und Bestechung, S. 67.

598 *Bürger*, wistra 2003, 130, 132 f.

Grund für die Existenz der Vorschrift zu bilden.[599] Es bedarf daher keiner Verletzung des Vermögensinteresses des Geschäftsherrn des Bestochenen im Einzelfall, sondern vielmehr einer generellen Erwartung der Verletzung bei Vorliegen einer Vielzahl gleichgelagerter Konstellationen.

Zur Verdeutlichung soll noch einmal die Grundkonstellation der Bestechlichkeit und Bestechung in abgewandelter Form des *Beispiels 1* ins Gedächtnis gerufen werden.[600] In dieser Konstellation agiert ein potentieller Prinzipal (P) des Angestellten A als der betroffene, möglicherweise geschädigte Geschäftsherr des Bestochenen. Ein monetärer Nachteil zulasten von P könnte darin begründet sein, dass der Bauauftrag zu einer über dem Marktpreis liegenden Auftragssumme von L durchgeführt wird. Die Differenz aus Marktwert des Auftrages und geleisteter Auftragssumme begründet grundsätzlich einen monetären Schaden des Geschäftsherrn des Bestochenen. Allerdings muss nach betrugs- sowie untreuerechtlichen Grundsätzen in dieser Differenz die gezahlte Schmiergeldsumme nach *Kompensationsgesichtspunkten* berücksichtigt werden.[601] Sofern sich Schmiergeldvolumen und konkrete Auftragssumme der Höhe nach decken, liegt mithin kein Schaden vor. Dies ist unzweifelhaft bei gleichzeitiger Vornahme von begünstigender Entscheidung und Vorteilsleistung der Fall. Problematisch und mithin in Rechtsprechung und Literatur kontrovers diskutiert, ist allerdings die Konstellation, sollte die Vorteilsleistung nur im Hinblick auf eine abstrakte, zukünftig begünstigende Entscheidung erfolgen.[602] Insoweit muss jedoch einschränkend berücksichtigt werden, dass § 299 StGB nur solche Bevorzugungen unter Strafe stellt, die ein gewisses Maß an Konkretisierung vorweisen; so sind Zuwendungen, die lediglich allgemeines „Wohlwollen" herbeiführen, nicht durch § 299 StGB erfasst.[603] Ein Schaden käme unter Berücksichtigung der

---

599 *Wessels/Beulke/Satzger*, Strafrecht AT, Rn. 29.

600 Siehe Beispiel 1 aus § 2 in leicht abgewandelter Form: A sucht nach neuen Lieferanten für das Baugewerbe seines Geschäftsherrn P. Er erhält mehrere Angebote unterschiedlicher Lieferanten. Obwohl Lieferant L nicht das günstigste Angebot unterbreitet, wählt A ihn aus, da L zusätzlich eine Geldspende von 2.000 Euro an A verspricht.

601 *Fischer*, § 266 Rn. 164.

602 OLG Frankfurt a.M. NStZ-RR 2004, 244; a.A. BGHSt 52, 323, 337 f.: „Weder die vage Chance, aufgrund des Mitteleinsatzes zu Bestechungszwecken später einmal einen möglicherweise im Ergebnis wirtschaftlich vorteilhaften Vertrag abzuschließen, noch gar die bloße Absicht des Täters, die entzogenen Mittel für solche Zwecke zu verwenden, stellen einen zur Kompensation geeigneten gegenwärtigen Vermögensvorteil dar"; *Fischer*, § 266 Rn. 164 ff. m.w.N.

603 *Fischer*, § 299 Rn. 13.

Kompensationsgrundsätze daher lediglich für den Fall in Betracht, als Schmiergeldvolumen und konkrete Auftragssumme nicht äquivalent wären. Wirtschaftliche Äquivalenz ist jedoch nicht rein rechnerisch zu bestimmen, da die *Chance* auf die unlautere Weise zum Ziel zu gelangen, wirtschaftlich wertvoller sein kann, als das hingegebene Geld.[604] Ob ein Schaden durch eine keinen objektiven Kriterien entsprechende Auftragsvergabe für den Geschäftsherrn des Bestochenen eintritt, kann daher nicht abstrakt bejaht werden und erweist sich mitunter als selbst im Einzelfall rechnerisch kaum quantifizierbar.

Nichts anderes ergibt sich aus den sog. *Kick-Back*-Grundsätzen der Rechtsprechung, in denen in Bezug auf § 266 StGB festgestellt wurde, dass durch Schmiergeldzahlungen motivierte Vertragsabschlüsse eines treupflichtigen Arbeitnehmers oder Organs nicht notwendig zu einem Schaden bei dem Geschäftsherrn führen müssen.[605] Sollte ein Schaden gleichwohl eintreten, wäre er in dieser Konstellation überdies bereits von § 266 StGB erfasst.[606] Das Vermögensinteresse des Geschäftsherrn des Bestochenen ist mithin nicht generell beeinträchtigt und kann somit kein primäres Individualrechtsgut des § 299 StGB darstellen.

Etwas anderes könnte sich jedoch daraus ergeben, konstruierte man einen vermögensrechtlichen Schaden des Geschäftsherrn des Bestochenen aus „good will“[607]-Gesichtspunkten des Unternehmens. Der „good will“ des Unternehmens ist mit seinem ideellen Wert in Form der Reputation gleichzusetzen. Kommt es durch Korruption zu Schäden im Hinblick auf die Rezeption des Unternehmens auf dem Markt, führt dies zu materiellen und immateriellen Einbußen für das Unternehmen. Der Verlust des guten Rufes kann damit auch ein nachgelagertes monetäres Schutzinteresse des Geschäftsführers des Bestochenen darstellen, da sich Unterlassungs- sowie Schadensersatzansprüche im Hinblick auf den Reputationsschaden des Unternehmens infolge aufgedeckter Korruption aus § 8 Abs. 2 UWG sowie § 9 UWG i.V.m. §§ 31, 831 BGB, §§ 823 Abs. 1, 2, 826 BGB ergeben können.[608] Den materiellen und immateriellen Reputationsschäden des Unternehmens ist insgesamt gemein, dass es sich lediglich um nachgelagerte, mittelbare Schäden handelt. Über das Konstrukt des Regressanspruchs ist folglich ein monetärer, mittelbarer Schaden für den

604 NK-*Kindhäuser*, § 266 Rn. 113, Fn. 3 m.w.N.

605 *Saliger*, NJW 2006, 3377, 3378; *Szebrowski*, Kick-Back, S. 1 ff.

606 So auch: *Kindhäuser*, ZIS 2011, 461, 466.

607 NK-*Kindhäuser*, § 266 Rn. 113.

608 SK-*Rogall*, § 299 StGB Rn. 12; *Sprafke*, Korruption, S. 43 ff., 103 f.: Bezeichnet den Schutz jedoch als vorgelagerten Schutz im Vergleich zum Wettbewerbsschutz.

Geschäftsherrn des Bestochenen bei einer Mehrzahl gleichgelagerter Fälle konstruierbar, wodurch dieser generell in seinen Vermögensinteressen verletzt wäre.

(2) Schutz vor abstrakter Gefahr sachwidriger Entscheidungen
Sollte sich der Angestellte/Beauftragte durch unlautere Vorteile von einer sachgerechten (Bezugs-)Entscheidung abbringen lassen, wird unabhängig von dem Eintritt eines Vermögensschadens auf Seiten des Geschäftsherrn des Bestochenen dessen Interesse an der wirtschaftlich sachgerechten Entscheidung zugunsten des objektiv besten Anbieters auf dem Markt verletzt.[609] Hierbei geht dieser Verstoß gegen eine lautere Auswahlentscheidung allerdings nicht mit einem monetären Schaden einher, sondern kann vielmehr lediglich in einer ideellen Verletzung des Interesses des Geschäftsführers münden. Bei einer Reduktion des Schutzes auf einen solchen vor abstrakten, sachwidrigen Entscheidungen ist jedoch nicht berücksichtigt, dass Angestellte/Beauftragte auch ohne finanzielle Zuwendung seitens des Bestechenden sachfremde Entscheidungen für ihren Geschäftsherrn treffen können, die sich damit unabhängig von einer Verletzung des Wettbewerbs manifestieren.[610] Überdies lässt sich eine thematische Eingrenzung des Merkmals „sachwidrige Entscheidung" mangels feststehenden Katalogs sachlicher Motive nicht nachvollziehen. Der Kern des Unrechtsvorwurfs des § 299 StGB ist daher nicht in Gänze durch den Schutz vor abstrakten, sachwidrigen Entscheidungen erfasst.[611]

(3) Schutz des Prinzipal-Agent-Ansatzes
Der Schutz des Treueverhältnisses zwischen Angestelltem bzw. Beauftragtem und seinem Prinzipal wird vermehrt mit einem monetären Schutzaspekt vermengt, ohne den Loyalitätsgedanken von dem Aspekt des Vermögensschutzes zu abstrahieren.[612] Dabei verdient der sog. *Prinzipal-Agent-Ansatz*[613] der Vertreter des Geschäftsherrenmodells[614] *de lege lata* autonome Betrachtung, insbesondere deshalb,

609 BGH NJW 2006, 3290, 3298; *Corsten*, Einwilligung, S. 291 f.; LK-*Tiedemann*, § 299 Rn. 6: Setzt Gefahr vor unreiner sachlicher Beeinflussung der Vermögensschädigung sowie der abstrakten Gefahr vor Treuwidrigkeit gleich.

610 *Corsten*, Einwilligung, S. 292.

611 Ebenso zweifelnd: BeckOK-*Momsen*, § 299 Rn. 2; SSW-*Rosenau*, § 299 Rn. 5; SSW-*Rosenau*, § 331 Rn. 6 f.

612 Ungenau: *Ulbricht*, § 299 StGB, S. 36 f.: Gefahr der auf der Treuwidrigkeit basierenden Vermögensschädigung; LK-*Tiedemann*, § 299 Rn. 6: „Es geht also um die Gefahr der Treuwidrigkeit und damit der Vermögensschädigung."

613 *Bürger*, wistra 2003, 130, 132 f.

614 *Jaques*, Bestechungstatbestände, S. 110 ff., 115; *Szebrowski*, Kick-Back, S. 170.

weil ein solcher ausweislich der Gesetzesbegründungen zu § 12 UWG a.F. umfasst werden sollte.[615] So sieht *Jaques*, als Verfechter des Prinzipal-Agent-Ansatzes, das Rechtsgut des § 299 StGB im „Schutz des einzelnen Schuldverhältnisses zwischen dem Angestellten oder Beauftragten einerseits und dem Geschäftsherrn andererseits, um so die Übertragbarkeit von Aufgaben, Entscheidungsbefugnissen und Interessenwahrnehmungen im wirtschaftlichen Bereich zu gewährleisten";[616] wohingegen *Szebrowski* das Rechtsgut des § 299 Abs. 1 StGB als Pflichten- und Loyalitätsbeziehung zwischen Täter und Prinzipal im vermögensrechtlichen Bereich und somit als Rechtsgut kleinerer Abstraktionsstufe im Vergleich zu *Jaques'* Rechtsgut beschreibt,[617] hierdurch jedoch wiederum Vermögensschutz und Loyalitätsaspekt miteinander vermengt. Das Prinzipal-Agent-Modell ist ökonomischen Ursprungs und stellt eines der primären wirtschaftswissenschaftlichen Erklärungsversuche des Auftretens korrupter privatrechtlicher Transaktionen dar.[618] Es baut auf einem hierarchischen Dreipersonenverhältnis auf, dem das Problem der sog. *asymmetrischen Information* – dem Mangel an Information des Prinzipals in Bezug auf das Handeln des Agenten – zugrunde liegt.[619]

(aa) Kritik an Jaques' Rechtsgut zu § 299 StGB

Jaques sieht durch § 299 StGB „die Übertragbarkeit von Aufgaben, Entscheidungsbefugnissen und Interessenwahrnehmungen im wirtschaftlichen Bereich" als überindividuell geschütztes Rechtsinstitut an.[620] Die Frage danach, um welche Delegation von Aufgaben, Entscheidungsbefugnissen und Interessenwahrnehmungen es sich konkret handele, bleibe jedoch, nach Ansicht seiner Kritiker, unbeantwortet.[621] Eine Abgrenzung zwischen legalen Aufmerksamkeitszuwendungen und illegalen Vorteilen im Rahmen des § 299 StGB sei folglich durch dieses Rechtsgut nicht vollziehbar.[622] *Jaques'* Kollektivrechtsgut wird daher von einigen Vertretern in der Literatur als zu unbestimmt und unpräzise

615 Siehe oben, in: Kapitel 2 § 4 II. 4. a) aa).
616 *Jaques*, Bestechungstatbestände, S. 110 ff., 115.
617 *Szebrowski*, Kick-Back, S. 170.
618 *Meyer*, Privatrechtliche Perspektive, S. 67, 73 ff.; *Beck/Nagel*, Ökonomisch Perspektive, S. 31, 34 f.
619 *Beck/Nagel*, Ökonomische Perspektive, S. 31, 34.
620 *Jaques*, Bestechungstatbestände, S. 110 ff.
621 *Corsten*, Einwilligung, S. 294 f.; *Wollschläger*, Täterkreis, S. 18 f.; *Peinemann*, GmbH, S. 111 f.
622 *Corsten*, Einwilligung, S. 294 f.; *Wollschläger*, Täterkreis, S. 18 f.; *Peinemann*, GmbH, S. 111 f.

bezeichnet.[623] Das Argument mangelnder Bestimmtheit ist bereits im Zusammenhang mit Rechtsgütern in Kapitel 2 § 4 I. 4. d) entkräftet worden. Gleichwohl ist *Jaques* zu widersprechen, wenn er den Wettbewerbsschutz der Norm im Außenverhältnis unterschlägt und generell nicht als Rechtsgutsbestandteil begreift und sich stattdessen allein auf das Innen- bzw. Loyalitätsverhältnis der Beziehung zwischen Prinzipal und Angestelltem konzentriert.[624] So konstatiert er, dass der lautere Wettbewerb „als abstraktes Modell nicht kausal verletzbar" sei und letztlich nur eine „inhaltsleere Formel" darstelle.[625] Wie bereits festgestellt, ist der Schutz des „lauteren Wettbewerbs" jedoch Zweck des § 299 StGB.[626] Überdies ist unter Zugrundelegung von *Jaques'* Ansicht in Form der exklusiven Pönalisierung des Loyalitätsverhältnisses zwischen Angestelltem und Prinzipal i.R.d. § 299 StGB im Ergebnis nicht nachzuvollziehen, warum der Vorteilsgeber als Täter des § 299 Abs. 2 StGB bestraft wird und nicht lediglich als Teilnehmer der Tat des Angestellten nach § 299 Abs. 1 StGB.[627] Zum einen verletzt der Vorteilsgeber als sog. „*Extraneus*"[628] selbst keine arbeitsrechtlichen Pflichten im Verhältnis des Angestellten/Beauftragten zu seinem Prinzipal und zum anderen wäre er widersprüchlicherweise trotz Nichtannahme des Vorteils durch den Angestellten und damit einhergehender Wahrung der arbeitsrechtlichen Pflichten wegen vollendeter Bestechung im geschäftlichen Verkehr durch das Anbieten eines Vorteils nach § 299 Abs. 2 StGB zu belangen.[629] Zudem kann aufgrund der eklatanten Unterschiede der Bestechlichkeit und Bestechung im öffentlichen Sektor zur Bestechlichkeit und Bestechung im privaten Sektor das Rechtsgut *Jaques* nicht übergreifend für alle Korruptionsdelikte wirken.

(bb) Kritik an Szebrowskis Rechtsgut zu § 299 StGB

Szebrowski entwickelt im Gegensatz zu *Jaques'* Ansatz zwei unterschiedliche Rechtsgüter für die beiden ersten Absätze des § 299 StGB und sieht die Pflichtenbeziehung im Prinzipal-Agent-Verhältnis als ausschließlich in § 299 Abs. 1 StGB geschützt an. Die Kritik an *Szebrowskis* Verständnis des Rechtsguts gleicht daher in weiten Teilen derjenigen an *Jaques'* Rechtsgut. Insbesondere stellt sich

623 *Corsten*, Einwilligung, S. 294 f.; *Wollschläger*, Täterkreis, S. 18 f.; *Peinemann*, GmbH, S. 111 f.

624 So auch: *Corsten*, Einwilligung, S. 294.

625 *Jaques*, Bestechungstatbestände, S. 105.

626 Siehe oben, in: Kapitel 2 § 4 I.

627 So auch: *Kindhäuser*, ZIS 2011, 461, 467; *Vogel*, FS Weber, S. 395, 409 f.

628 *Vogel*, FS Weber, S. 395, 409 f.

629 *Kindhäuser*, ZIS 2011, 461, 467.

die Kumulation von Treuepflichtverletzung und darauf fußendem Vermögensschaden innerhalb der von *Szebrowski* vertretenen Ansicht als zweifelhaft dar, da diese Konstellation bei Vorliegen eines Vermögensschadens bereits vollumfänglich von § 266 StGB erfasst wird. § 299 StGB verzichtet hingegen auf den Eintritt eines Vermögensschadens und höhlte daher unter Zugrundelegung der von *Szebrowski* vertretenen Ansicht die Bestimmung des § 266 StGB aus. Des Weiteren ist die Unterteilung der beiden Absätze des § 299 StGB in zwei Rechtsgüter dogmatisch fragwürdig, da die Tatbestände die gleiche Schutzrichtung in lediglich spiegelbildlicher Formulierung enthalten.[630] Bezüglich *Szebrowskis* Vorschlag hinsichtlich des Rechtsgutes des § 299 Abs. 2 StGB – „Schutz der Chancengleichheit der Mitbewerber" – sei auf die Ausführungen in Kapitel 2 § 4 II. 1. a) dd) (2) verwiesen.

Darüber hinaus ist anzumerken, dass der ursprüngliche Gedanke der Befürworter des Prinzipal-Agent-Ansatzes letztendlich die strafrechtliche Sanktionierung des vertraglichen Treueverhältnisses zwischen Angestelltem und Prinzipal betrifft. In der Konsequenz führte dieser Ansatz zu einer strafrechtlichen Pönalisierung jeglicher zivilrechtlicher, im Austauschverhältnis begründeter Vertragsverstöße ohne Herstellung eines wettbewerbsrechtlichen Bezugs.[631] Zivilrechtliche Vertragsverstöße sind allerdings durch den Gesetzgeber nur punktuell unter Hinzutreten weiterer Komponenten wie dem Eintritt eines Vermögensschadens als strafrechtswürdig empfunden worden, vgl. § 266 StGB, § 17 Abs. 1 UWG.[632] Zudem ist denjenigen Stimmen in der Literatur zuzustimmen, die die Strafwürdigkeit illoyalen Verhaltens des Angestellten ohne Eintritt eines darauf fußenden Vermögensschadens oder einer gesteigerten Vermögensbetreuungspflicht als unvereinbar mit der *ultima ratio*-Funktion des Strafrechts erachten.[633] Die strafrechtliche Sanktionierung vertraglicher Pflichtverletzungen stellt vielmehr einen Verstoß gegen das sich aus dem Rechtsstaatsprinzip ergebende *Übermaßverbot* dar.[634] Eine Norm, die vertragliche Pflichtverletzungen ohne

630 Zur Aufnahme eines Geschäftsherrenmodells, das ebenfalls mehrere Rechtsgüter in § 299 StGB verortete ebenfalls zweifelhaft: *Rönnau/Golombek*, ZRP 2007, 193, 194.

631 *Kindhäuser*, ZIS 2011, 461, 467; *Koepsel*, Bestechlichkeit und Bestechung, S. 75 m.w.N.; diesem Vorschlag entspricht das Geschäftsherrenmodell des Strafrechtsänderungsgesetzes von 2007, siehe hierzu: Kapitel 4 § 5 I. 4. und 5.

632 *Koepsel*, Bestechlichkeit und Bestechung, S. 75.

633 *Rönnau/Golombek*, ZRP 2007, 193, 194; *Vogel*, FS Weber, S. 395, 409, 411: Ausgreifen in den „Bereich moralisierenden Gesinnungsstrafrechts"; *Wollschläger*, Täterkreis, S. 18; *Rönnau*, StV 2009, 302, 307.

634 *Corsten*, Einwilligung, S. 295; Zum Übermaßverbot im Strafrecht: MK-*Joecks*, Einleitung Rn. 21.

Wettbewerbsbezug pönalisierte, führte dazu, dass der Arbeitgeber und nicht der verfassungsrechtlich berufene Gesetzgeber den Anwendungsbereich der Norm definierte, was überdies nicht mit dem Bestimmtheitsgrundsatz des Art. 103 Abs. 2 GG in Einklang zu bringen ist.[635]

(4) Fazit

Festzuhalten bleibt, dass im konkreten Einzelfall sowohl das Vermögensinteresse des Geschäftsherrn des Bestochenen als auch die Loyalitätsbeziehung zwischen Angestelltem/Beauftragtem und Prinzipal beeinträchtigt sein können. Wie sich diese Interessen zum Wettbewerbsschutz im Rahmen des § 299 StGB verhalten, ist aus der Analyse des Tatbestandes jedoch nicht auszumachen.

5. *Rechtsgutsträger der Individualinteressen*

Die Frage, die sich zu Beginn der Erörterung des oder der einschlägigen Rechtsgutsträger aufdrängt, ist, ob die im Einzelfall tangierten Individualinteressen des Geschäftsherrn des Bestochenen an seinem Vermögen und der Loyalitätsbeziehung zu seinen Angestellten sowie die Interessen des einen, potentiell den Zuschlag verdienenden, lauteren Mitbewerbers überhaupt in den Rang eines Rechtsguts zu erheben sind. Es muss insoweit zwischen Rechtsgütern und reflexartig geschützten Interessen differenziert werden, die nur, weil sie im Einzelfall tangiert sein mögen, nicht in den Rang eines Rechtsguts zu erheben sind. Zur Verdeutlichung dieser Reflexschutzproblematik führte bereits *Höltkemeier* an, dass bei § 212 StGB ausschließlich das Leben des individuellen Opfers geschützt sei, nicht jedoch zusätzlich die körperliche Unversehrtheit oder das Vermögen der unter Schock stehenden Angehörigen, obwohl diese Interessen im Einzelfall bei der vorsätzlichen Tötung eines Familienmitglieds tangiert sein mögen.[636] Daraus folgt, dass nicht jedes mitunter reflexartig betroffene Interesse zum Rechtsgut erhoben werden darf, da ansonsten der Rechtsgutslehre keinerlei strafbarkeitsbegrenzende Funktion mehr zukäme.[637] Für § 299 StGB bedeutet dies, dass wenn es sich um lediglich reflexartige Beeinträchtigungen der Individualinteressen des Geschäftsherrn des Bestochenen sowie des Mitbewerbers handeln sollte, generell keines dieser Individualinteressen zum Rechtsgut erhoben werden dürfte. Die Abgrenzung zwischen unmittelbarem, mittelbarem

---

635 Gleichlautende Kritik am Geschäftsherrenmodell *de lege ferenda*: *Zöller*, GA 2009, 137, 145; *Rönnau*, StV 2009, 302, 307.

636 *Höltkemeier*, Sponsoring, S. 161 f.

637 So auch richtigerweise zu § 299 StGB: *Vormbaum*, FS Schroeder, S. 649 ff.

sowie reflexartigem Schutz kann lediglich anhand der Quantität der bei einer unbestimmten Anzahl von Sachverhalten auftretenden Beeinträchtigungen sowie ihrer Qualität in Bezug auf die Art und Weise der Verletzung bestimmt werden. Sollte in jeder dieser Konstellationen eine Beeinträchtigung der Individualinteressen erfolgen, rechtfertigte dies eine Erhebung in den Rang eines mittelbar oder unmittelbar beeinträchtigten Rechtsguts. Sollte die Beeinträchtigung hingegen sporadisch zur Wettbewerbsverfälschung hinzutreten, spräche dies für einen lediglich reflexartigen Schutz der Individualinteressen, der keine Rechtsgutsqualität aufwiese. Eine überragende Gewichtung der in Rechtsprechung und Literatur vertretenen Individualinteressen, wonach diese einer Akzentuierung als zumindest mittelbar geschütztes Rechtsgut neben dem primären Schutz des „lauteren Wettbewerbs" bedurft hätten, ist aufgrund der lediglich sporadischen Beeinträchtigung dieser Interessen jedoch nicht anzunehmen.[638] Freilich kollidiert das hierdurch ermittelte Ergebnis eines möglicherweise lediglich singulären Kollektivrechtsguts des § 299 StGB mit der dogmatischen Aufgabe, dieses in die bestehende Strafrechtslehre einzugliedern. Allein aus der Tatsache eines erhöhten Begründungsaufwandes darf nicht auf eine Unmöglichkeit desselben geschlossen werden. Vielmehr bilden sowohl der Schutz des Geschäftsherrn des Bestochenen als auch das Vermögensinteresse des einzelnen, den Zuschlag objektiv verdienenden Mitbewerbers in Ausübung der monistisch-personalen Lehre das Substrat des Wettbewerbsschutzes, ohne jedoch selbst zum Rechtsgut zu avancieren.[639]

6. *Zwischenergebnis zum Schutz der Individualinteressen in § 299 StGB*

In der Konsequenz sind daher weder die in Literatur und Rechtsprechung vertretenen Individualinteressen der Verbraucher, der Mitbewerber, des Geschäftsherrn des Bestochenen noch die der Allgemeinheit – entgegen der herrschenden Meinung in Literatur und Rechtsprechung – als Rechtsgüter des § 299 StGB *de lege lata* zu deklarieren. Der Vermögensschutz des Geschäftsherrn des Bestochenen, sein Interesse an der Loyalität seiner Angestellten sowie das monetäre Interesse des einzelnen, lauteren Mitbewerbers werden zwar reflexartig durch die Bestechlichkeit und Bestechung im geschäftlichen Verkehr mitgeschützt, erlangen

638 Siehe oben Ergebnis der Tatbestandsanalysen, in: Kapitel 2 § 4 II. 1. und 4.

639 Ähnlich: BeckOK-*Momsen*, § 299 Rn. 2: „Gleichwohl sind, wie auch bei § 298 StGB, die *Individualinteressen* in der Weise integraler Bestandteil des Allgemeinrechtsguts, dass sich das allgemeine stets auf individuelle Interessen zurückführen lassen können muss. Somit ist in Bezug auf das Vermögen nur ein *Schutzreflex* zu bejahen."

jedoch nicht die Qualität eines Rechtsgutes. Dieser Reflexschutz ist vielmehr Ausfluss der monistisch-personalen Lehre, nach der jedes Kollektivrechtsgut auf Individualrechtsgüter zurückzuführen ist. Obwohl nach der historisch-genetischen Auslegung einzelne Individualinteressen, wie die der Mitbewerber, der Verbraucher oder des Geschäftsherrn des Bestochenen in den Gesetzesbegründungen Erwähnung fanden, bestätigen sich diese in der Literatur vertretenen Ausprägungen anhand der Tatbestandsanalysen nicht als Schutzgüter des § 299 StGB. Die Gesetzesbegründungen müssen insofern hinter dem Ergebnis der Tatbestandsanalysen zurücktreten.[640] Offen bleibt jedoch, ob sich ein in Literatur und Rechtsprechung noch nicht erörtertes, individuelles Interesse neben dem lauteren Wettbewerb als Rechtsgut des § 299 StGB erkennen lässt.

III. Kritik an Pragals Rechtsgut zu § 299 StGB

1. Tatbestandsanalyse

Pragal vertritt unter Annahme eines streng systemtranszendenten Rechtsgutverständnisses die Auffassung, das Rechtsgut des § 299 StGB sei die „Nichtkäuflichkeit übertragener oder sonst besonders fremdverantwortlicher Entscheidungen sowie das diesbezügliche Vertrauen der Allgemeinheit".[641] Die Strafbarkeit der Nichtkäuflichkeit fremdverantwortlicher Entscheidungen findet jedoch in den Gesetzesbegründungen zu § 12 UWG a.F. bzw. § 299 StGB keine Stütze. Insbesondere stellt sie keine Konkretisierung des „lauteren Wettbewerbs" dar. Der Gesetzgeber wollte gerade keinen genuinen Straftatbestand der Nichtkäuflichkeit fremdverantwortlicher Entscheidungen schaffen, sondern explizit zwischen den Regelungen der §§ 299, 331 ff., 108b und 108e StGB differenzieren.[642] Der Verweis innerhalb der Gesetzesbegründungen auf die Regelungen der §§ 331 ff. StGB bezog sich nicht, wie *Pragal* irrtümlicherweise annimmt, auf die Angleichung ihrer Rechtsgüter. Es folgt daher bereits aus der historisch-genetischen Analyse des Tatbestandes, dass mangels Wiedererkennung des von *Pragal* vertretenen Rechtsguts i.R.d. Gesetzesbegründungen zu § 12 UWG a.F. und § 299 StGB, dieses nicht als Rechtsgut des geltenden § 299 StGB in Frage kommt.[643] Überdies stellt sich gerade die Käuflichkeit von Entscheidungen als Grundlage des privatwirtschaftlichen, kompetitiven Handelns dar, die für sich genommen

640 Siehe hierzu oben, in: Kapitel 2 § 4 I. 1. a) aa).

641 *Pragal*, Korruption, S. 146.

642 NK-*Dannecker*, § 299 Rn. 4a.

643 Siehe oben, in: Kapitel 2 § 4 I. 1. a) aa).

kein strafwürdiges Unrecht zu begründen vermag.[644] Ein Vergleich zum Rechtsgut des § 331 StGB verbietet sich daher auch aus diesem Grunde.[645] Das System Wettbewerb ist nicht durch die Nichtkäuflichkeit bestimmter Entscheidungen intern zu konkretisieren. Freier Wettbewerb wäre vielmehr durch die Konstituierung eines Straftatbestandes der „Nichtkäuflichkeit privatwirtschaftlicher Entscheidungen" in seiner Existenz negiert. Durch die Möglichkeit eines tatbestandsausschließenden Einverständnisses seitens des Geschäftsherrn in der von *Pragal* vorgeschlagenen Fassung eines § 299a StGB *de lege ferenda*[646] konterkariert dieser sein Rechtsgut letztendlich selbst, indem er wiederum die Verletzung einer Prinzipal-Agent-Beziehung voraussetzt, wodurch die Singularität seines der Allgemeinheit dienenden Rechtsguts „Nichtkäuflichkeit fremder Entscheidungen" äußerst fraglich erscheint.[647]

2. *Zwischenergebnis zu Pragals Rechtsgut*

Das Rechtsgut des § 299 StGB *de lege lata* ist folglich nicht in der „Nichtkäuflichkeit übertragener oder sonst besonders fremdverantwortlicher Entscheidungen sowie das diesbezügliche Vertrauen der Allgemeinheit" zu sehen.

IV. Eigener Vorschlag zum Rechtsgut des § 299 StGB

Um einen eigenen Vorschlag zum Rechtsgut des geltenden § 299 StGB formulieren zu können, ist das bisher Erarbeitete kurz zu resümieren. Der „lautere Wettbewerb" als offenes Universalrechtsgut entspricht, wie in Kapitel 2 § 4 I. festgestellt, den Vorgaben, die generell an ein Strafrechtsgut angelegt werden können. Überdies weisen weder die Ausprägungen der in Literatur und Rechtsprechung kontrovers diskutierten Individualinteressen der Verbraucher, der Mitbewerber, oder der Allgemeinheit, noch die des Geschäftsherrn des Bestochenen in Bezug auf § 299 StGB Rechtsgutqualität auf. Die Hypothese, wonach § 299 StGB den „lauteren Wettbewerb" in Gänze schütze, drängt sich somit regelrecht auf. Gleichwohl ist fraglich, ob das offene Rechtsgut des „lauteren Wettbewerbs" auf die Institution „Wettbewerb" des gesamten Lauterkeitsrechts rekurriert, oder stattdessen eine konkrete, individuelle Ausprägung desselben schützt, da auch andere Normen des Besonderen Teils des Strafgesetzbuches nicht das abstrakte Motiv des Gesetzgebers in Gänze schützen. § 232 StGB, der im 18. Abschnitt

644 So auch: *Von Tippelskirch*, GA 2012, 574 ff.

645 a.A. *Pragal*, ZIS 2006, 63, 75.

646 *Pragal*, ZIS 2006, 63, 80 f.

647 Rechtsgut der Allgemeinheit: *Pragal*, ZIS 2006, 63, 76.

des Besonderen Teils des Strafgesetzbuches unter den Straftaten gegen die persönliche Freiheit geregelt ist, schützt beispielsweise nicht die „persönliche Freiheit" an sich, sondern die persönliche Freiheit in ihrer Ausprägung der sexuellen Selbstbestimmung.[648] Dieses Rechtsgut orientiert sich folglich an der tatbestandlichen Fassung der Norm. Es ist demnach zu untersuchen, inwieweit ein Zwang zur Konkretisierung des Rechtsgutes anhand grundgesetzlicher Wertungen existiert und ob demnach in § 299 StGB der lautere Wettbewerb generell oder eine spezifische, individuelle Ausprägung desselben geschützt ist.

1. *„Lauterer Wettbewerb" als abstraktes Primärrechtsgut*

Entgegen der Kritiker eines offenen Rechtsguts für § 299 StGB sowie entgegen gleichsam aller Verfechter einer diesbezüglichen Spezifizierung bedarf das Universalrechtsgut des „lauteren Wettbewerbs" grundsätzlich keiner Konkretisierung. Dieses Rechtsgut ist, wie in Kapitel 2 § 4 I. festgestellt, rechtsguttauglich und nicht etwa ein „zu abstraktes Modell".[649] Überdies existieren unzweifelhaft mehrere Tatbestände im Besonderen Teil des Strafgesetzbuches, die keine Konkretisierung, sondern das abstrakte Motiv des Gesetzgebers in Gänze schützen. Beispielhaft sei insofern § 315c Abs. 1 Nr. 2 StGB genannt. Dieser umfasst das generelle Motiv „Sicherheit des Straßenverkehrs"[650] als Rechtsgut und nicht etwa, wie *Altenburg* richtig feststellt, die „Regelungen der StVO als Entscheidungskriterien für die Entscheidungen im Straßenverkehr".[651] Die Frage, die sich nunmehr aufdrängt, lautet, worin sich die ein abstraktes Motiv oder eine Konkretisierung des Rechtsguts beinhaltenden Tatbestände unterscheiden und unter welchen Voraussetzungen der Konkretisierungsgrad zum Rechtsgut der Norm avanciert. Diesbezüglich bedarf es differenzierter Definitionen der Termini „Rechtsgut", „Handlungsobjekt" und „Angriffsweise".[652]

---

648 BeckOK-*Valerius*, § 232 Rn. 2.

649 *Koepsel*, Bestechlichkeit und Bestechung, S. 98.

650 BeckOK-*Kudlich*, § 315c Rn. 1; *Lackner/Kühl*, § 315c Rn. 1; MK-*Groeschke*, § 315c Rn. 1; NK-*Herzog*, § 315c Rn. 5; Sch/Sch-*Sternberg-Lieben/Hecker*, § 315c Rn. 2.

651 Beispiel entnommen aus: *Altenburg*, Unlauterkeit, S. 74 f.

652 Vgl.: *Altenburg*, Unlauterkeit, S. 75: „Die Ersetzung des Leistungsprinzips beschreibt das *Wie* der Verletzung des Rechtsguts, nicht das Rechtsgut selbst"; *Ulbricht*, § 299 StGB, S. 38: „Zunächst schützt die Norm den lauteren Wettbewerb, der dadurch verfälscht wird, dass an die Stelle des Vergleichs von Waren und Preisen eigennützige Erwägungen des Bestochenen gesetzt werden."

a) Handlungsobjekt

Das Rechtsgut ist zuvorderst vom Handlungsobjekt abzugrenzen. Das Handlungs- bzw. Verletzungsobjekt ergibt sich aus der Betrachtung des „rein äußerlichen Verlaufs der inkriminierten Handlung ohne Rücksicht auf ihre Normwidrigkeit" und ist dabei derjenige Mensch oder Gegenstand, an dem sich die im Tatbestand genannte Handlung verwirklicht.[653] Beispielhaft sei insofern der Diebstahl nach § 242 StGB angeführt, bei welchem das Handlungsobjekt eine „fremde bewegliche Sache" und Rechtsgut das „Eigentum" ist.[654] Das Verhältnis von Rechtsgut zu Handlungsobjekt existiert in drei Ausprägungen:[655] Zum einen kommen Rechtsgut und Handlungsobjekt in einer *formalen und inhaltlichen Identität* vor; so formuliert beispielsweise beim Betrug nach § 263 StGB das „Vermögen" sowohl Handlungsobjekt als auch Rechtsgut.[656] Des Weiteren gibt es Tatbestände, in denen Handlungsobjekt und Rechtsgut zwar inhaltlich übereinstimmen, jedoch *keine formale Identität* aufweisen. Dies tritt insbesondere beim Totschlag nach § 212 StGB zu Tage. Tatobjekt ist hier der „Mensch", wohingegen das Rechtsgut in seinem „Leben" zu finden ist.[657] Beide Begriffe haben bei der Auslegung insofern denselben Gehalt. Die dritte Möglichkeit besteht in einer *inhaltlichen und formalen Trennung* von Rechtsgut und Handlungsobjekt, wie sie das eingangs erwähnte Beispiel des Diebstahls nach § 242 StGB oder die Urkundendelikte nach §§ 267 ff. StGB inkorporieren; Handlungsobjekt der §§ 267 ff. StGB ist dabei die „Urkunde", Rechtsgut hingegen der „Beweisverkehr".[658] In Bezug auf § 299 StGB sind sowohl das Handlungsobjekt als auch das Rechtsgut im „lauteren Wettbewerb" bzw. einer Ausprägung des lauteren Wettbewerbs begründet. Es existiert mithin eine formale und inhaltliche Identität entsprechend der ersten Variante der Ausprägungen des Verhältnisses von Rechtsgut und Handlungsobjekt.

b) Angriffsweise

Der Angriffsweg ist gleichbedeutend mit der tatbestandlichen Ausformulierung der Tatmodalitäten wie Tun oder Unterlassen sowie allen objektiven und

653 *Sieber*, Computerkriminalität, S. 255; *Hefendehl*, Rechtsgutstheorie, S. 119.

654 NK-*Hassemer/Neumann*, Vorbemerkungen zu § 1 Rn. 121; *Roxin*, Strafrecht AT, § 2 Rn. 65; BeckOK-*Wittig*, § 242 Rn. 2.

655 Aufzählung in: *Sieber*, Computerkriminalität, S. 256.

656 *Hefendehl*, Rechtsgutstheorie, S. 119 f.

657 *Roxin*, Strafrecht AT, § 2 Rn. 65.

658 *Roxin*, Strafrecht AT, § 2 Rn. 65.

subjektiven Tatbestandsmerkmalen.[659] In Ausfluss des Verhältnismäßigkeitsprinzips sowie der *ultima ratio*-Funktion des Strafrechts besteht ein lediglich fragmentarischer Schutz an Strafrechtsgütern.[660] Rechtsgüter werden im Strafrecht folglich nicht umfassend geschützt, ihr Schutz konkretisiert sich vielmehr mittels bestimmter Angriffswege im Tatbestand. Zur Veranschaulichung soll insofern die Körperverletzung nach § 223 StGB herangezogen werden. § 223 StGB schützt nach herrschender Auffassung zwar die körperliche Unversehrtheit und die Gesundheit des Menschen;[661] die körperliche Unversehrtheit des Individuums wird hierbei jedoch nicht in allumfassender Form geschützt. Es sind vielmehr nur solche Beeinträchtigungen der körperlichen Unversehrtheit erfasst, die nicht ganz unerheblich sind. Beeinträchtigungen wie Kratzer im Sinne oberflächlicher Verletzungen oder Rötungen der Haut, die die Bagatellgrenze nicht überschreiten, scheiden bereits tatbestandlich aus § 223 StGB aus.[662] Die Konkretisierung führt folglich zu einem lediglich fragmentarischen Schutz des Rechtsguts der körperlichen Unversehrtheit im Rahmen des § 223 StGB. Aus diesem Beispiel lässt sich der Gedanke abstrahieren, dass selbst bei einem überindividuellen Rechtsgut dieses nicht in seiner allumfassenden Abstraktheit geschützt wird, sondern einer tatbestandlichen Konkretisierung unterworfen ist. Die Hypothese, dass es einer Entscheidung zwischen abstraktem und konkretem Rechtsgüterschutz bedarf, muss folglich revidiert werden; denn nach dem oben Gesagten und insbesondere unter Zugrundelegung eines systemimmanenten Rechtsgutsverständnisses gestaltet sich der Rechtsgüterschutz unausweichlich konkret.

c) Rechtsgut

Trotz der tatbestandlichen Konkretisierung in § 223 StGB ist der abstrakte Begriff der „körperlichen Unversehrtheit“ das Rechtsgut des Tatbestandes der Körperverletzung nach § 223 StGB. Die Topoi Rechtsgut und Angriffsweise sind daher keine Synonyme. Gleichwohl unterstützt die Betrachtung der Angriffsweise gerade unter Zugrundelegung des systemimmanenten Rechtsgutsverständnisses dessen Bestimmung.[663] Der Angriffsweg als Modalität der Verletzung des Rechtsguts ist somit das entscheidende Bindeglied. Das Rechtsgut ist wiederum

---

659 *Pragal*, Korruption, S. 99.

660 *Hefendehl*, JA 2011, 401 ff.

661 BT-Drs. 13/8587, S. 35; BeckOK-*Eschelbach*, § 223 Rn. 1; *Lackner/Kühl*, § 223 Rn. 1; MK-*Joecks*, § 223 Rn. 1; NK-*Paeffgen*, § 223 Rn. 2.

662 NK-*Paeffgen*, § 223 Rn. 8; Sch/Sch-*Eser*, § 223 Rn. 3.

663 *Krüger*, Entmaterialisierungstendenz, S. 125.

weder im abstrakten Motiv des Gesetzgebers noch in der tatbestandlichen Ausformulierung des Angriffsweges zu sehen, sondern beschreitet zwischen diesen beiden Extremen einen gedanklichen Mittelweg. Aus dem soeben gezogenen Schluss ergibt sich für die Definition des strafrechtlichen Rechtsgüterschutzes, dass es sich hierbei um kein rein ideelles Abstraktum im Sinne eines „[un] greifbare[n] Etwas der Außenwelt“[664] handelt, sondern vielmehr um ein der Beeinträchtigung zugängliches Gut, das nur so seiner Leistungsfähigkeit und begrenzenden Kraft gerecht werden kann.[665]

Dennoch ist bisher ungeklärt, was innerhalb dieses offenen Schutzgutes des „lauteren Wettbewerbs“ die „Lauterkeit“ bedeutet. Der Wettbewerb, wie ihn § 299 StGB schützt, umfasst, wie bereits erörtert, die Freiheit der Marktkonkurrenz auf verschiedenen Interaktionsebenen zum Schutz individueller, unternehmerischer Handlungsfreiheiten sowie deren Entfaltungsbedingungen durch institutionelle Gewährleistung.[666] Als weiterführende Überlegung könnte man daher zur Substantiierung des Terminus' „lauterer Wettbewerb“ die bestehenden wettbewerbsrechtlichen Normen des Wettbewerbs- und Lauterkeitsrechts heranziehen, sodass der Wettbewerb nur dann als lauter bzw. frei zu bezeichnen wäre, wenn er sich im Rahmen der von der sozialen Marktwirtschaft aufgestellten, normativ begrenzten Freiheitssphäre bewegte. Dies führte zu einer Konkretisierung des Strafrechtsgutes anhand Verweises auf die Regelungen des Lauterkeitsrechts. Diese Verweistechnik wird im Rahmen von unbestimmten Tatbestandsmerkmalen unter dem Stichwort des sog. *Blankettstrafgesetzes* kontrovers diskutiert und ist nur unter engen Voraussetzungen zulässig.[667] Nichts anderes kann für den Verweis eines Strafrechtsgutes gelten. Strafrechtsgüter sind folglich nicht durch Generalverweis auf außerstrafrechtliche Normen zu konkretisieren, da sie keinen strafrechtlichen Grundsätzen, wie beispielsweise dem Subsidiaritätscharakter des Strafrechts, genügen.[668] In ähnlicher Weise

---

664 Sch/Sch-*Eisele*, Vor §§ 13 ff. Rn. 9.

665 So auch: *Roxin*, Strafrecht AT, § 2 Rn. 66; *Welzel*, Strafrecht, S. 4: „Rechtsgut ist also jeder erwünschte soziale Zustand, den das Recht vor Verletzungen sichern will.“; *Kindhäuser*, FS Krey, S. 249, 257: „Rechtsgüter sind mit anderen Worten keine Museumsstücke, sondern Eigenschaften von Personen, Sachen und Institutionen im sozialen Leben.“

666 Siehe Kapitel 2 § 4 I. 1. d); Sch/Sch-*Heine/Eisele*, Vorbemerkungen zu §§ 298 ff. Rn. 5; *Fischer*, Vorbemerkung § 298 Rn. 6.

667 *Tiedemann*, Wirtschaftsstrafrecht AT, Rn. 197 ff. m.w.N.

668 BVerfG, Urt. v. 15.03.1978, BVerfGE 48, 48, 57; *Tiedemann*, Wirtschaftsstrafrecht AT, Rn. 202: Zum Verweis eines Tatbestandes auf außerstrafrechtliche Normen.

argumentiert auch die Literatur, wenn *Dannecker* im Hinblick auf §§ 298, 299 StGB ausführt, dass er den Wettbewerb nicht als generell kriminalstrafrechtlich zu schützenden Wert anerkennt, sondern vielmehr als solchen, dessen Schutz sich in weiten Teilen auf Ordnungswidrigkeitentatbestände des GWB und des UWG beschränkt.[669] § 299 StGB schützt daher nicht den Wettbewerb, wie er sich in seiner Gesamtheit der *lex lata* des Lauterkeitsrechts darstellt. Andernfalls wäre es nicht ersichtlich, warum nicht auch unlauteres Handeln des Betriebsinhabers, das nach §§ 3, 4 Nr. 1 UWG bereits zivilrechtlich geahndet werden kann, strafrechtlich nach § 299 StGB erfasst sein sollte oder alle Ordnungswidrigkeitentatbestände des UWG zu Kriminalstraftatbeständen avancieren sollten. Da es sich nicht so verhält, kann der Terminus „Lauterkeit" nicht mit einem Generalverweis auf das Lauterkeits- bzw. Wettbewerbsrecht gleichgesetzt werden. Der „lautere Wettbewerb" ist vielmehr nur in der Tatvariante des § 299 StGB strafrechtlichen Grundsätzen genügend erfasst, sodass das Rechtsgut „lauterer Wettbewerb" einer noch auszumachenden individuellen Konkretisierung bedarf.

d) Fazit

§ 299 StGB folgt keinem streng wettbewerbsrechtlichen Regelungsmodell, da er u.a. Vorteilsnehmer auf „Angestellte und Beauftragte eines geschäftlichen Betriebes" reduziert, wohingegen wettbewerbswidrige Vorteilsannahmen grundsätzlich durch alle Beteiligten des Wettbewerbs, insbesondere auch durch den Betriebsinhaber, möglich sind.[670] Ebenso ist die tatbestandliche Beschränkung auf „Waren und gewerbliche Leistungen" aus wettbewerbsakzessorischer Sicht nicht schlüssig.[671] Aus diesem Gedankengang folgt, dass § 299 StGB nicht den „lauteren Wettbewerb" in Gänze schützt. Beim Rechtsgut des § 299 StGB kann es sich daher als sog. *„Hybridtatbestand"*[672] lediglich um eine Konkretisierung des „lauteren Wettbewerbs" handeln. § 299 StGB muss mithin dahingehend überprüft werden, welche Konkretisierung die tatbestandliche Formulierung im Hinblick auf das Rechtsgut enthält. Ausgangspunkt der Überlegung ist insofern, dass § 299 StGB wettbewerbsrechtlich korrupte Dreipersonenverhältnisse unter Strafe stellt.

---

669 *Dannecker*, FS Tiedemann, S. 789, 801; NK-*Dannecker*, Vorbemerkungen zu §§ 298 ff. Rn. 12.

670 *Vogel*, FS Weber, S. 395, 404 f. m.w.N.

671 Siehe richtigerweise: *Vogel*, FS Weber, S. 395, 404 f.: Jedes Austauschverhältnis, das Gegenstand von Wettbewerb sein kann, also auch nichtgewerbliche Leistungen müssten einbezogen werden.

672 *Vogel*, FS Weber, S. 395, 399.

2. Kritik an Koepsels „Leistungsprinzip"

Ein Teil der Literatur erkennt das Rechtsgut des § 299 StGB im „lauteren Wettbewerb" in Ausprägung des sog. „*Leistungsprinzips*".[673] Das Leistungsprinzip bestimme den Maßstab für die Abgrenzung rechtmäßiger gegenüber rechtswidrigen Vorteilszuwendungen.[674] Diese Ansicht ist jedoch insoweit kritisch zu hinterfragen, als der wirtschaftliche Leistungswettbewerb *objektive* und *justiziable* Regeln für die strafbarkeitsbegründende Abgrenzung von wettbewerbskonformen und nicht-wettbewerbskonformen Leistungen enthalten müsste, um rechtsguttauglich zu sein.[675] Objektive Leistungskriterien finden sich insbesondere im Bereich des Sportstrafrechts oder im öffentlichen Sektor bei öffentlich-rechtlichen Vergabe-, Zulassungs- oder Genehmigungsverfahren durch einen Katalog an staatlich vorgegebenen Auswahlkriterien. In der wettbewerbsorientierten Privatwirtschaft sind objektive Leistungskriterien hingegen nicht vorgesehen, da es dem Wesen des „freien Wettbewerbs", welcher auf Gewinnmaximierung ausgelegt ist, entspricht, dass die Parameter von Leistung und Gegenleistung in jedem Einzelfall durch die Parteien neu festgelegt werden können und das Erzielen von Vorteilen größtenteils sachgerecht ist.[676] In der Privatwirtschaft existiert folglich kein festgelegter Kanon an objektiven Leistungskriterien.[677] Obwohl die Befürworter des Rechtsguts „Leistungsprinzip" das Problem mitunter selbst erkennen,[678] kann ihr Rechtsgutskonstrukt trotz alledem nicht überzeugen. Nach ihrer Auffassung liegt die Lösung des Problems in der Gewinnung subjektiver Kriterien für die Protagonisten des § 299 StGB, die wiederum, um tauglicher Maßstab sein zu können, objektiviert werden müssten. Die Parameter einer lauteren Wettbewerbsleistung sollen sich sowohl aus dem Produkt, mit den ihm inhärenten Eigenschaften wie Qualität, Preis und Verpackung, als auch aus den mit dem Erwerb einhergehenden Modalitäten wie Service, geographische Lage der Anbietung, Lieferfrist und Zahlungsmodalität ergeben.[679] Verkannt wird hierbei, dass es keine abschließende Aufzählung an Leistungsparametern innerhalb der Privatwirtschaft geben kann. Zudem gehört es gerade zur subjektivierten Bezugsentscheidung des Betriebsinhabers als

---

673 *Koepsel*, Bestechlichkeit und Bestechung, S. 99 ff.; *Walther*, Jura 2010, 513; Achenbach/Ransiek-*Rönnau*, Wirtschaftsstrafrecht, 3. Teil 2. Kapitel Rn. 7; zur detaillierten Darstellung des Leistungsprinzips siehe, in: Kapitel 2 § 3 IV.

674 *Koepsel*, Bestechlichkeit und Bestechung, S. 99 ff.

675 *Von Tippelskirch*, GA 2012, 574, 578 f.

676 *Kindhäuser*, ZIS 2011, 461, 466; *Von Tippelskirch*, GA 2012, 574, 579.

677 *Von Tippelskirch*, GA 2012, 574, 579.

678 *Koepsel*, Bestechlichkeit und Bestechung, S. 101 ff.

679 *Koepsel*, Bestechlichkeit und Bestechung, S. 102 f.

Nachfrager, dass dieser sich eines, in seinem Fall legalen Parameters „unlauterer Vorteil“ bedienen kann. Für den Geschäftsherrn trifft die Legalität dieser Entscheidung im Rahmen einer wettbewerbsrechtlichen Zweipersonenkonstellation fraglos zu. Anderes gilt jedoch im Dreipersonenverhältnis. *Koepsel*, als Begründerin des Leistungsprinzips, versucht dieses Problem dadurch zu lösen, dass sie den, dem Angestellten angebotenen Vorteil dann als untauglichen Leistungsparameter und mithin als § 299 StGB unterfallende, strafbare Handlung begreift, „wenn und weil er dem Nachfrager [Geschäftsherrn] als Leistungsempfänger nicht zugutekommt“.[680] Dies ist jedoch für die Lösung von Fällen sog. *„entschleierter Schmiergelder“* im Rahmen des § 299 StGB unzutreffend.[681] Das Leistungsprinzip bietet daher keinen rechtsgutstauglichen Maßstab für die Abgrenzung von rechtmäßigen gegenüber rechtswidrigen finalen Bezugsentscheidungen, da sich das allein subjektiv zu verstehende Leistungsprinzip im Einzelfall auch des „unlauteren Vorteils“ als Leistungsparameter bedienen kann. Da der Betriebsinhaber kein tauglicher Täter des § 299 Abs. 1 StGB und kein tauglicher, potentieller Zuwendungsempfänger des § 299 Abs. 2 StGB ist und, wie bereits festgestellt, selbst straflos unlauter handeln darf, ist ein solch „hygienischer“ Aspekt des Rechtsguts des § 299 StGB im Ergebnis verfehlt und beschreibt lediglich eine Utopie einer am Leistungsprinzip orientierten Privatwirtschaft, die mit der normativen Situation der *lex lata* sowie der gesetzgeberischen Entscheidung nicht konform geht.

3. *Lauterer Wettbewerb in Ausprägung der Wahrung der abgeleiteten Vertragsfreiheit des Prinzipals*

Für eine Rechtsgutsbestimmung ist daher das Dreipersonenverhältnis des § 299 StGB unabhängig von dienst- oder arbeitsvertraglichen Beziehungen der Personen zueinander zu betrachten und die Frage aufzuwerfen, was das Handeln des Täters im Gegensatz zu gleichgelagerten, straflosen Konstellationen, wie der des unlauter handelnden Prinzipals, unterscheidet. Die Strafbarkeit knüpft in § 299 StGB an die unlautere Vorteilsannahme, -versprechung bzw. -forderung des Angestellten bzw. Beauftragten an. Es muss folglich untersucht werden, was die Unlauterkeit des tatbestandlichen Verhaltens des Angestellten bzw. Beauftragten evoziert. Im Gegensatz zum öffentlich-rechtlichen Sektor ist die Gewinnmaximierung um jeden Preis innerhalb der Privatwirtschaft höchstes ökonomisches Ziel. Hierdurch kommt es zu dem im ersten Moment eklatant erscheinenden Widerspruch, dass die Erzielung von Vorteilen ein – marktwirtschaftlich

---

680 *Koepsel*, Bestechlichkeit und Bestechung, S. 105.

681 Siehe unten, in: Kapitel 2 § 4 IV. 3. b) bb).

betrachtet – erstrebenswertes, legales Ziel ist, welches in § 299 StGB unter Strafe gestellt wird. Dem sich hieraus ergebenden Umkehrschluss zufolge ist der Prinzipal durch die der Privatautonomie entspringende Vertragsfreiheit frei darin, seine Entscheidung von unlauteren Vorteilen abhängig zu machen, da die Freiheit der unternehmerischen Einzelentscheidung im Markt im Rahmen eines marktwirtschaftlichen Wirtschaftssystems nicht angetastet werden darf. Lediglich das Hinzutreten des Angestellten bzw. Beauftragten in diese zulässige Zwei-Personen-Wettbewerbsverquickung bedingt die Unzulässigkeit der Entscheidung anhand unlauterer Vorteile. Korruption im Sinne des § 299 StGB ist folglich einzig in Dreipersonenverhältnissen durch das Hinzutreten eines außerhalb des Wettbewerbs stehenden Dritten als neuem „Entscheidungsträger" strafbar. Angriffsweg des § 299 StGB ist folglich die Korruption im wettbewerbsrechtlichen Dreipersonenverhältnis „Prinzipal – Angestellter (Entscheidungsträger) – Vorteilsgeber". Durch § 299 StGB hat der Gesetzgeber klargestellt, dass dem Angestellten die der Privatautonomie entspringende, genuine Vertragsfreiheit des Prinzipals nicht in gleichem Maße zugutekommen soll. Der Geschäftsherr des Bestochenen kann daher weder Adressat der Bestechung, noch Täter der Bestechlichkeit sein. Wie bereits *Kindhäuser* richtig ausführte, hat der Gesetzgeber bisher gerade keinen „originären Deliktstatbestand der Wettbewerbsverzerrung" geschaffen.[682] § 299 StGB folgt daher in seiner geltenden Fassung keinem streng wettbewerbsrechtlichen Modell.[683] Ansatzpunkt der Überlegung im Hinblick auf das Rechtsgut des geltenden § 299 StGB ist mithin die Unterscheidung zwischen der Entscheidungsgewalt des Geschäftsherrn und derjenigen seines Angestellten bzw. Beauftragten. Ob die Aufrechterhaltung einer Unterscheidung innerhalb der Entscheidungsgewalten *de lege ferenda* haltbar oder gar wünschenswert ist, ist an dieser Stelle der Untersuchung unberücksichtigt zu lassen, da es hier vielmehr darum geht, das Rechtsgut des geltenden § 299 StGB präzise zu bestimmen.[684] Die Unterscheidung in den jeweiligen Entscheidungsgewalten knüpft insofern an die Wertung des Gesetzgebers an, den Prinzipal im Rahmen seiner Vertragsfreiheit unlautere Wettbewerbsentscheidungen anhand eines Vorteils auf legale Weise treffen zu lassen, wohingegen dies dem Angestellten verwehrt wird. § 299 StGB schützt mithin die Wettbewerbsentscheidungsgewalt des Prinzipals, konkretisiert durch

---

682 *Kindhäuser*, ZIS 2011, 461, 467.

683 *Vogel*, FS Weber, S. 395, 404 f.: Nach einem streng wettbewerbsrechtlichen Regelungsmodell müsste auch der Betriebsinhaber tauglicher Täter des § 299 StGB sein.

684 Siehe insofern ausführlich, in: Kapitel 4 § 5.

seine verfassungsrechtlich garantierte Vertragsfreiheit gegen eine hiervon abweichende, den lauteren Wettbewerb beeinträchtigende, durch Vorteilszuwendung eines Dritten bedingte Entscheidung seines Angestellten bzw. Beauftragten.

Das tatsächliche Rechtsgut des § 299 StGB *de lege lata* liegt aufgrund dieser Erwägungen daher im

„lauteren Wettbewerb in Ausprägung der Wahrung der abgeleiteten Vertragsfreiheit des Prinzipals".

Dem Prinzipal des Bestochenen kommt, wie bereits festgestellt, bei jeder Wettbewerbsentscheidung im Rahmen eines Zweipersonenverhältnisses die genuine Vertragsfreiheit zu, wodurch es ihm erlaubt ist, von der Leistung unabhängige Vorteile für sich bzw. seinen Betrieb oder einen Dritten im Gegenzug für eine begünstigende Entscheidung zu fordern. Die sich aus Art. 2 Abs. 1 GG ergebende Vertragsfreiheit bedingt hierbei sowohl die Wahl des Vertragspartners als auch die Entscheidung über den Abschluss sowie die inhaltliche Ausgestaltung des Vertrages.[685] Sobald der Angestellte bzw. Beauftragte als neuer Entscheidungsträger in dieses Wettbewerbsverhältnis eintritt, trifft er die delegierte Wettbewerbsentscheidung des Geschäftsherrn. Hierbei kommt dem Angestellten indes keine genuine Vertragsfreiheit, sondern lediglich die abgeleitete Vertragsfreiheit seines Geschäftsherrn zu. Der Angestellte hat sich bei seiner Wettbewerbsentscheidung folglich daran zu orientieren, was sein Prinzipal im Rahmen seiner Vertragsfreiheit innerhalb eines hypothetischen Zweipersonenverhältnisses ausgehandelt hätte. Von dieser hypothetischen Entscheidung des Prinzipals darf der Angestellte im Rahmen seiner Wettbewerbsentscheidung nicht abweichen. § 299 Abs. 1 StGB beschreibt die Tatsituation im Rahmen eines Austauschverhältnisses dergestalt, dass sich der Angestellte einen Vorteil dafür versprechen lässt, dass er einen bestimmten Wettbewerber in Rahmen einer Wettbewerbsentscheidung bevorzugt. Die Grundkonstellation des § 299 Abs. 2 StGB, ebenfalls auf ein Austauschverhältnis bezogen, sieht vor, dass der Täter einem Angestellten oder Beauftragten Vorteile dafür anbietet oder verspricht, dass er ihn im Rahmen seiner Bezugsentscheidung bevorzugt. Diese Konstellationen führen dann zur Strafbarkeit nach § 299 StGB, wenn sie nicht den hypothetischen Wettbewerbsentscheidungen des Geschäftsherrn im Rahmen seiner genuinen Vertragsfreiheit entsprechen, wodurch sie den „lauteren Wettbewerb in Ausprägung der abgeleiteten Vertragsfreiheit des Prinzipals" verletzen. Erfolgt die Vorteilszuwendung an den Angestellten bzw. Beauftragten ohne diesbezügliche Billigung seines

685 ErfK-*Schmidt*, GG, Art. 2 Rn. 2.

Prinzipals, bedient sich dieser nicht seinem ihm zustehenden Entscheidungsmaßstab im Sinne der abgeleiteten Vertragsfreiheit seines Geschäftsherrn, sondern legt der Entscheidung einen eigenen Entscheidungsmaßstab im Sinne einer genuinen Ausübung einer ihm nicht zustehenden Vertragsfreiheit zugrunde, was gegen das Rechtsgut des § 299 StGB verstößt. Die „Lauterkeit" des Wettbewerbs bezieht sich mithin auf die Wahrung der der Privatautonomie entspringenden Vertragsfreiheit des einzelnen Unternehmers am Markt. Das Rechtsgut des „lauteren Wettbewerbs in Ausprägung der abgeleiteten Vertragsfreiheit des Prinzipals" gilt es nunmehr anhand der oben beschriebenen Ermittlungssystematik der Rechtsgüter im Hinblick auf seine Tauglichkeit zu überprüfen.

a) Historie

In den Reichstagsbegründungen zu § 12 UWG a.F. finden sich verschiedene Hinweise auf die Aufrechterhaltung des „lauteren Wettbewerbs" als Zielsetzung des Paragraphen.[686] Darüber hinaus wurde insbesondere die Einführung eines Pflichtwidrigkeitskriteriums intensiv diskutiert und letztendlich abgelehnt, um dem *argumentum e contrario* zu entgehen, „daß Bestechungen ohne das Moment der Pflichtwidrigkeit als vom Gesetze nicht gemißbilligt, also erlaubt erschienen".[687] Wie bereits in Kapitel 2 § 4 II. 4. a) aa) ausgeführt, sollten vom Tatbestand auch solche Handlungen umfasst sein, die einen Wettbewerbsverstoß darstellten, ohne jedoch eine Pflichtwidrigkeit im Verhältnis „Agent-Prinzipal" zu enthalten. Im Unklaren blieb in den Gesetzesbegründungen, welche konkreten Konstellationen der Gesetzgeber hierbei im Sinn hatte. Aufschluss hierüber gab eine Entscheidung des Strafsenats des Reichsgerichts aus dem Jahre 1914,[688] die die sog. *Beratungsfälle* in Vierpersonenkonstellationen als streitgegenständliche Situationen entlarvte.[689] Das Rechtsgut des „lauteren Wettbewerbs in Ausprägung der Wahrung der abgeleiteten Vertragsfreiheit des Prinzipals" erfüllt die Anforderungen der Gesetzgeber aus den Jahren 1909 und 1997 an das Rechtsgut vollumfänglich, indem es kein reines *Geschäftsherrenmodell* konstituiert. Dem Rechtsgut liegt vielmehr das vom Reichstag angestrebte und befürwortete

---

686 Siehe Auflistung in: Kapitel 2 § 4 I. 1. a); RT-Drs. 1909, XII. Legislaturperiode, XXIII. Band, Nr. 1390, S. 36.

687 RT-Drs. 1909, XII. Legislaturperiode, XXIII. Band, Nr. 1390, S. 34.

688 RGSt 48, 291, 293 ff.

689 Siehe unten, in: Kapitel 2 § 4 IV. 3. b) cc); so auch: *Wassermann*, GRUR 1931, 549, 554 ff.: „entschleierte Schmiergelder" sind als Sonderkonstellation der Beratungsfälle vom Gesetzgeber bei pflichtwidrigkeitslosen Konstellationen im Verhältnis Angestellter-Anstellungsbetrieb gemeint gewesen.

Wettbewerbsmodell zugrunde. Dies folgt aus der Tatsache, dass nicht die Pflichtwidrigkeit innerhalb der dienst- oder arbeitsvertraglichen Beziehung im Verhältnis „Angestellter-Anstellungsbetrieb" für die Strafbarkeit nach § 299 StGB ausschlaggebend ist, sondern zusätzlich zum Vorliegen eines Wettbewerbserfordernisses die Strafbarkeit allein durch das der Korruption innewohnende Dreipersonenverhältnis „Entscheidungsträger – Prinzipal – Vorteilsgeber" entsprechend der Angriffsweise des Tatbestandes zu begründen ist.[690] Die historische Auslegung stützt folglich das gefundene Rechtsgut.

b) Wortlaut

Der Wortlaut des § 299 StGB enthält, wie bereits ausgeführt, mehrere Verweise auf den „lauteren Wettbewerb".[691] Die Ausprägung des Schutzes der abgeleiteten Vertragsfreiheit des Prinzipals ist in der tatbestandlichen Ausgestaltung des Dreipersonenverhältnisses durch die Verwendung der Worte „Angestellter", „Beauftragter" sowie „geschäftlicher Betrieb" indiziert, auch wenn der Geschäftsherr des Bestochenen keine explizite Erwähnung erfährt. Überdies wird der Prinzipal des Bestochenen von der herrschenden Meinung unter das Tatbestandsmerkmal des „Dritten" in § 299 Abs. 1 und Abs. 2 StGB subsumiert.[692] Die Erweiterung des Tatbestandes auf Drittvorteile sollte indes lediglich deklaratorischer Natur sein, da Zahlungen an Dritte bereits nach alter Rechtslage erfasst waren, sofern sie dem bestochenen Angestellten bzw. Beauftragten *mittelbar* zugutekamen.[693] Fraglich ist jedoch, ob diese Auslegung des Tatbestandsmerkmals „Dritter" im Rahmen des § 299 StGB unter Zugrundelegung des hier erarbeiteten Rechtsguts weiterhin angenommen werden kann.

aa) Prinzipal als Drittvorteilsempfänger i.S.d. § 299 StGB

Die Feststellungen zum Rechtsgut des § 299 StGB lassen nur eine einzige, stringente Auslegung bezüglich der Person des Drittvorteilsempfängers zu: Der Prinzipal des Bestochenen kann kein „Dritter" i.S.d. § 299 StGB sein.[694] Diese

---

690 Vgl. zur näheren Ausführung der Beratungsfälle: Kapitel 2 § 4 IV. 3. b); Kapitel 2 § 4 IV. 3. d) bb).

691 Siehe hierzu ausführlich, in: Kapitel 2 § 4 I. 1. b).

692 Zum Streitstand: *Grützner/Momsen/Behr*, NZWiSt 2013, 91 ff.; Sch/Sch-*Heine/Eisele*, § 299 Rn. 12; LK-*Tiedemann*, § 299 Rn. 26; *Fischer*, § 299 Rn. 11a; Vgl. zu § 331 StGB bei Zuwendungen an die Anstellungskörperschaft des Amtsträgers: OLG Köln NStZ 2002, 35 ff.

693 BT-Drs. 13/5584, S. 15 f.; BGH NJW 2006, 925, 927.

694 So auch: *Grützner/Momsen/Behr*, NZWiSt 2013, 92; *Samson*, FS Sootak, S. 225 ff.; *Winkelbauer*, FS Weber, S. 385 ff.

Feststellung bedarf dogmatischer Begründung, da der Prinzipal des Bestochenen grundsätzlich vom Tatbestandsmerkmal des „Dritten" erfasst ist. In der Literatur wird hierzu argumentiert, dass der Prinzipal als Drittvorteilsempfänger ausscheide, da das Handeln seines Angestellten in diesem Fall nicht „unlauter" sei,[695] er lediglich seinen arbeitsrechtlichen Pflichten nachkomme,[696] er eine an objektiven Leistungskriterien ausgerichtete Entscheidung treffe[697] oder es an der notwendigen Unrechtsvereinbarung fehle.[698] Die mannigfaltigen Lösungsansätze stellen jedoch allesamt ergebnisorientierte Argumentationen dar, die einer dogmatischen Analyse nicht standhalten. Richtiger Ansatzpunkt für die dogmatische Begründung dieser Auslegung ist vielmehr das Rechtsgut der Norm. Lediglich im Falle der Rezeption dieses als „lauterer Wettbewerb in Ausprägung der Wahrung der abgeleiteten Vertragsfreiheit des Prinzipals", kommt man in der Auslegung der Tatbestandsmerkmale zu dogmatisch schlüssigen Ergebnissen. Der Tatbestand des § 299 StGB ist bezüglich des „Dritten" in Fällen, in denen der Vorteil dem Prinzipal des Bestochenen zufließt, entsprechend seines Rechtsguts teleologisch zu reduzieren.[699] Diese Auslegung ist überdies unabhängig von einer Kenntnis des Vorgangs seitens des Prinzipals, da die Delegation der Entscheidungsbefugnis die Auswahl der Entscheidungsparameter nicht abschließend enumerieren muss.[700] Letztendlich zieht der Angestellte als Beurteilungsmaßstab für seine Bezugsentscheidung bei Zuwendung des Vorteils an den Prinzipal, auch ohne dessen Kenntnis, die genuine Vertragsfreiheit des Prinzipals in seiner hiervon abgeleiteten Vertragsfreiheit heran und handelt dementsprechend im Rahmen seiner Entscheidungsbefugnisse.[701] Zugunsten dieser Annahme spricht, dass bei einer den Prinzipal des Bestochenen erfassenden

695 *Nepomuck/Groß*, wistra 2012, 132; Achenbach/Ransiek-*Rönnau*, Wirtschaftsstrafrecht, 3. Teil 2. Kapitel Rn. 38; *Höltkemeier*, Sponsoring, S. 174 f.; *Tiedemann*, FS Gauweiler, S. 533, 542.

696 *Winkelbauer*, FS Weber, S. 385, 392: Weisungsabhängigkeit ist Argument gegen die Strafbarkeit.

697 *Koepsel*, Bestechlichkeit und Bestechung, S. 166 ff., 172 f.; NK-*Dannecker*, § 299 Rn. 41.

698 *Odenthal*, wistra 2005, 170, 171 f.

699 Mit anderen Begründungen: *Grützner/Momsen/Behr*, NZWiSt 2013, 92; Achenbach/Ransiek-*Rönnau*, Wirtschaftsstrafrecht, 3. Teil 2. Kapitel Rn. 38.

700 So auch im Ergebnis mit anderer Begründung: *Tiedemann*, FS Gauweiler, S. 533, 542.

701 *Walther*, Bestechlichkeit und Bestechung, S. 94: Bei schwerwiegender Bezugsverfehlung des Beauftragten ist auch eine Strafbarkeit über § 266 StGB im Rahmen eines individuellen Schadenseinschlages begründbar.

Auslegung des Begriffes „Drittvorteilsempfänger" diesem, bei Kenntnis des Zufließens des Vorteils, unter Umständen Anstiftung oder Beihilfe zur Bestechlichkeit und Bestechung im geschäftlichen Verkehr vorgeworfen werden könnte. Dies widerspricht jedoch dem gesetzgeberischen Bestreben, den Prinzipal *de lege lata* nicht in den Täter- bzw. Teilnehmerkreis des § 299 StGB einzubeziehen. Überdies gestaltet sich die Situation im Falle des Vorliegens einer Kapital- oder Personengesellschaft als Geschäftsherr des Bestochenen ungleich komplizierter und führte zu noch widersinnigeren Ergebnissen. Kapital- und Personengesellschaften können am Rechtsverkehr nur durch Tätigwerden ihrer Organe teilnehmen. Werden diese Organe im Geschäftsverkehr tätig, stellen sie im Rahmen von § 299 StGB Angestellte bzw. Beauftragte vornehmlich der eigenen Gesellschaft als Geschäftsherrin dar.[702] Die Aushandlung von Rabatten für die eigene Gesellschaft, als in marktwirtschaftlicher Hinsicht erstrebenswertes Ziel, beinhaltete folglich ein unkalkulierbares, strafrechtliches Risiko für die Kapital- oder Personengesellschaft, käme sie in Austauschverhältnissen als Geschäftsherrin des Angestellten als Drittvorteilsempfängerin nach § 299 StGB in Betracht.[703] Dies ist letztlich eine nicht zu rechtfertigende Ungleichbehandlung im Vergleich zu natürlichen Personen, die nur durch eine teleologische Reduktion des Tatbestandsmerkmals des „Dritten" beendet werden kann. Zu der weitergehenden Frage, welche Organe generell als Angestellte/Beauftragte oder gar Geschäftsherr bei Kapital- und Personengesellschaften im Rahmen des § 299 StGB anzusehen sind, siehe ausführlich in Kapitel 4. Die richtige Übertragung der Terminologie des Dreipersonenverhältnisses „Prinzipal – Entscheidungsträger – Vorteilsgeber" auf die konkrete Fallkonstellation stellt sich allerdings auch unabhängig von Kapital- und Personengesellschaftskonstellationen bei Vorliegen von vier oder mehr beteiligten Akteuren beispielsweise im Fall von Unternehmensberatungen oder Beratungsleistungen eines Anlageberaters bezüglich eines Finanzproduktes als problematisch dar.

(1) Beispiel 4 – Vierpersonenkonstellationen im Rahmen des § 299 StGB[704]

P möchte im Rahmen seines geschäftlichen Betriebes ein Finanzprodukt zeichnen. Hierzu lässt er sich vom fachkundigen, bei dem Unternehmen G beschäftigten Anlageberater A beraten. Nach entsprechender Absprache mit A sollen dem Arbeitgeber G des Anlageberaters A durch den mit A befreundeten Manager M eines Immobilienfonds für jeden

---

702 Siehe zum Streitstand: *Fischer*, § 299 Rn. 8a.

703 *Erb*, FS Geppert, S. 97, 104 f.

704 Beispiel angelehnt an Abwandlung 2, in: *Koepsel*, Bestechlichkeit und Bestechung, S. 178.

gewonnenen Investor, den A zur Zeichnung eines Finanzprodukts bei M bewegt, 2000 Euro erwachsen. A bewirbt daraufhin gegenüber P das Finanzprodukt des M, obwohl er weiß, dass am Markt weitaus renditeträchtigere Fonds mit geringerem Risikopotential aufgelegt sind. P zeichnet sodann das Finanzprodukt bei M.

Zunächst ist diese Vierpersonenkonstellation des *Beispiels 4* mit den Protagonisten P, G, A und M auf die Terminologie des Dreipersonenverhältnisses „Prinzipal - Entscheidungsträger - Vorteilsgeber" zu übertragen. Bei Manager M handelt es sich um den Vorteilsgeber und damit Wettbewerber i.R.d. Dreipersonenverhältnisses. Beauftragter ist der Anlageberater A des Unternehmens G als sog. *unechter Entscheidungsträger*. Für die Einordung als Angestellter bzw. Beauftragter ist Voraussetzung, dass dieser die Funktion des „Entscheidungsträgers" im Dreipersonenverhältnis des § 299 StGB ausübt. Hierbei ist zwischen sog. *„echten"* und *„unechten"* Entscheidungsträgern zu unterscheiden.[705] Echte Entscheidungsträger sind mit rechtlicher Vertretungsmacht ausgestattete Personen, die den Vertrag zwischen Prinzipal und Vorteilsgeber mit Wirkung für und gegen den Prinzipal nach §§ 164 ff. BGB schließen können. Unechte Entscheidungsträger verfügen über keine rechtliche Vertretungsmacht und sind lediglich hinsichtlich ihrer Expertise als faktische Vertreter des Geschäftsherrn anzusehen, da ihnen die Entscheidungsmacht kraft überlegenen Wissens zukommt.[706] Sie üben folglich mittelbaren Einfluss auf die im Rahmen des Betriebes zu treffenden Entscheidungen aus.[707] Dieses Konstrukt ähnelt demjenigen der mittelbaren Täterschaft des § 25 Abs. 1, 2. Alt. StGB, der „Organisationsherrschaft kraft überlegenen Wissens".[708] Problematisch gestaltet sich in *Beispiel 4* jedoch die Zuordnung des Prinzipals. Zweifellos ist zunächst der Anlageberater A Angestellter seines eigenen Anstellungsbetriebs G. Allerdings könnte A zusätzlich Beauftragter des Kunden P nach § 299 Abs. 1 StGB sein. Besondere Komplikation erlangt die Konstellation des *Beispiels 4* mithin dadurch, dass P sozusagen „Diener zweier Herren", also zweier potentieller Prinzipale - G und P - ist. Solange A hinsichtlich der Vermittlung des Finanzproduktes an P - sei es aus gesetzlichen oder vertraglichen Gründen - ausschließlich dessen Interessen

705 Siehe hierzu ausführlich in Bezug auf Angestellte: *Koepsel*, Bestechlichkeit und Bestechung, S. 143 f.: Unterscheidung echter und faktischer Entscheidungsträger.

706 OLG Karlsruhe BB 2000, 635, Rn. 30 ff., 32: unmittelbarer oder mittelbarer Einfluss auf die Geschäftsentscheidung reicht für das Tatbestandsmerkmal des Beauftragten aus; BGH NJW 1968, 1573.

707 BGH NJW 1968, 1573.

708 *Koepsel*, Bestechlichkeit und Bestechung, S. 144; zur Organisationsherrschaft: BeckOK-*Kudlich*, § 25 Rn. 33.

unterworfen ist und nicht den Interessen des G, ist A, trotz anderweitiger abhängiger Beschäftigung, einzig als Beauftragter des Prinzipals P i.S.d. § 299 Abs. 1 StGB anzusehen.[709] Die rein wirtschaftliche Abhängigkeit des Anlageberaters vom Unternehmen G steht dieser Einordnung nicht entgegen.[710] Abgrenzungsmerkmal der Rechtsprechung ist, dass A sich hinsichtlich des konkreten Geschäfts als *ausschließlich an die Interessen* des Geschäftsherrn P gebundener Beauftragter darstellt.[711] Unter Zugrundelegung dieser ausschließlichen Interessensvertretung des P ist der Arbeitgeber G folglich kein Prinzipal i.S.d. Dreipersonenkonstellation des § 299 StGB, wodurch das Tatbestandsmerkmal des „Dritten" nicht entsprechend der Problematik des Prinzipals als Drittvorteilsempfängers teleologisch zu reduzieren ist.[712] Arbeitgeber G ist vielmehr als sog. *„echter Dritter"* nach § 299 Abs. 1 StGB anzusehen, ohne zugleich Prinzipal des Bestochenen A i.S.d. Dreipersonenterminologie des § 299 StGB zu sein. A muss sich folglich als Beauftragter den Parametern der genuinen Vertragsfreiheit seines Geschäftsherrn P unterwerfen, der das für ihn subjektiv beste Finanzprodukt zeichnen möchte. Gerade im Bereich der Anlageberatung ist die fachkundige Beurteilung und Beratung des Anlegers Hauptbestandteil des mit dem Anlageberater geschlossenen Vertrages. Durch die Verheimlichung der Vorteilsgewähr von 2000 Euro und die dadurch bedingte, subjektive Beratung des A, die überdies gegen § 31 Wertpapierhandelsgesetz verstößt, missachtet A die abgeleitete Vertragsfreiheit seines Kunden P und legt seine eigene, genuine Vertragsfreiheit als Entscheidungsmaßstab zugrunde, wodurch er sich nach § 299 Abs. 1 StGB strafbar macht.[713] Diese Konstellation führt auch nicht unter der Prämisse, dass der Vorteil von 2000 Euro an den Anstellungsbetrieb G des abhängig Beschäftigten A fließt, zu einer Straflosigkeit des A, da G, wie bereits festgestellt, in diesem Verhältnis nicht als Prinzipal i.S.d. Dreipersonenterminologie des § 299 StGB agiert.[714]

---

709 So auch: BGH GRUR 1968, 587, 589; MK-*Krick*, § 299 Rn. 6 f.

710 BGH NJW 1986, 1572, 1574; MK-*Krick*, § 299 Rn. 6 f.

711 BGH NJW 1986, 1572, 1574: Indiz hierfür ist die Verwehrung des Bezuges von Entgelt von der anderen Vertragspartei.

712 Insofern rechtsirrig hinsichtlich der Einordnung des Prinzipals: *Francuski*, BLJ 2009, 3, 6 f.

713 *Lampe*, Tagungsberichte, S. 83: In diesem Fall liegt Idealkonkurrenz zwischen § 263 StGB und § 299 StGB vor.

714 Etwas anderes könnte sich unter Zugrundelegung einer von *Beispiel 4* differierenden, abstrakten Vierpersonenkonstellation nur dann ergeben, wenn A – sei es aus gesetzlichen oder vertraglichen Gründen – nicht den Interessen seines Kunden P, sondern ausschließlich jenen seines Geschäftsherrn G unterworfen wäre. In dieser Vierpersonenkonstellation wäre einzig G als Prinzipal i.S.d. Dreipersonenkonstellation des

(2) Fazit

Das Ergebnis des *Beispiels 4* ist mithin, dass A sich nach § 299 Abs. 1 StGB strafbar macht, M hingegen nach § 299 Abs. 2 StGB. Bezüglich Vorteilen, die sowohl dem Prinzipal des Bestochenen als auch dem Angestellten bzw. Beauftragten zugutekommen, muss die Problematik der Auslegung des Tatbestandsmerkmals des „Dritten" nicht bemüht werden, da jene, sofern sie nicht dem anzulegenden Entscheidungsmaßstab der abgeleiteten Vertragsfreiheit des Prinzipals entsprechen, unproblematisch bereits unter das Tatbestandsmerkmal des „Eigenvorteils" zu subsumieren sind.

bb) Sonderproblem „entschleierte Schmiergelder" bzw. Zustimmung des Prinzipals zu einem Vorteil, der ihm nicht selbst zugutekommt

Aus dem neuformulierten Rechtsgut ergibt sich für eine weitere problematische Folgekonstellation – der unter Zustimmung des Prinzipals erfolgenden Vorteilsversprechung, -forderung bzw. -annahme – nur eine gangbare Lösung: Die mit Zustimmung des Prinzipals erfolgenden Vorteile an den Angestellten/Beauftragten oder einen Dritten können nicht vom Tatbestand erfasst sein, da sowohl in dieser Variante als auch in der Variante des Prinzipals als Drittvorteilsempfänger die grundsätzlich erwünschte Vertragsfreiheit des Geschäftsherrn im Zweipersonenverhältnis erneut Raum greift, wodurch eine Korruption denknotwendig ausscheiden muss. Bei Zustimmung des Prinzipals zu einer Vorteilsannahme des Angestellten oder eines Dritten kommt der Angestellte bzw. Beauftragte lediglich einer zwischengeschalteten Mittelsperson gleich, die, gleich einer Marionette, die verfassungsrechtlich verbürgte Vertragsfreiheit des Prinzipals nach dessen Anweisung inhaltlich ausgestaltet. Gleichwohl wird die hier vertretene Straflosigkeit dieser Konstellation in Rechtsprechung und Literatur vehement bestritten.[715] Die hierzu angeführten Begründungen sind insofern richtig, als dieses Ergebnis nicht über das Konstrukt der Einwilligung, sondern über das der teleologischen Reduktion des Tatbestandes zu erzielen ist.[716] Eine Zustimmung des Berechtigten zu einem dem Tatbestand unterfallenden Verhalten kann

---

§ 299 StGB anzusehen, wodurch der Tatbestand bei Vorteilszuwendung an G als Prinzipal des § 299 StGB im Rahmen des Tatbestandsmerkmals des „Dritten" teleologisch zu reduzieren wäre, was eine Straflosigkeit des A bedingte, da A der abgeleiteten Vertragsfreiheit des Prinzipals entsprochen hätte.

715 RGSt 48, 291; LK-*Tiedemann*, § 299 Rn. 2, 56.; BeckOK-*Momsen*, § 299 Rn. 22; NK-*Dannecker*, § 299 Rn. 80; Sch/Sch-*Heine/Eisele*, § 299 Rn. 19a jeweils m.w.N.

716 a.A. *Corsten*, Einwilligung, S. 351 f.: keine teleologische Reduktion notwendig, da Tatbestand nicht vorliegt.

grundsätzlich lediglich über ein *Einverständnis* oder eine *Einwilligung* zur Straflosigkeit des Verhaltens führen. Ein Einverständnis liegt hierbei dann vor, wenn die tatbestandliche Verhaltensbeschreibung ein Tun oder Unterlassen explizit gegen den Willen des Betroffenen voraussetzt.[717] Dies ist beispielsweise i.R.d. § 248b StGB, der Nötigungsdelikte, des Hausfriedensbruchs oder des Diebstahls durch die tatbestandliche Formulierung „gegen den Willen des Berechtigten" normiert. Um eine Einwilligung handelt es sich hingegen, wenn die Zustimmung einen Rechtsschutzverzicht, sei es über eine fehlende Tatbestandsmäßigkeit oder aber über eine fehlende Rechtswidrigkeit, auslöst.[718] Während der mit Einverständnis des Betroffenen begangene Diebstahl das Rechtsgut nicht verletzt, stellt die mit rechtfertigender Einwilligung begangene Körperverletzung zugleich eine Verletzung des geschützten Rechtsgutes dar. § 299 StGB ist indes nicht als Einverständnisnorm ausgestaltet, sodass einzig eine Einwilligung in Betracht kommen kann. Hierbei könnte eine Einwilligung im Rahmen des § 299 StGB nur tatbestandsausschließende Wirkung entfalten, da sich der Entscheidungsspielraum des Angestellten bzw. Beauftragten durch die Zustimmung des Berechtigten grundsätzlich erweitert und keine Rechtsgutsverletzung darstellt, sodass seine Handlung bereits auf Tatbestandsebene aus der Strafbarkeit entfiele.[719] Die Problematik verkompliziert sich im Falle der Bestimmung dieses Berechtigten, da das erarbeitete Rechtsgut sowohl individuelle als auch überindividuelle Schutzaspekte aufweist. Rechtsgutsträger sind – insoweit sei das Ergebnis von Kapitel 2 § 4 IV. 3. e) vorweggenommen – sowohl die Allgemeinheit als auch der Prinzipal. In eine Verletzung eines Kollektivrechtsgutes kann allerdings nicht individuell eingewilligt werden. Gleichwohl halten einige Stimmen in der Literatur den Prinzipal auch zur Einwilligung in den überindividuellen Schutzaspekt des lauteren Wettbewerbs für dispositionsbefugt.[720] Hierbei werden Parallelen zu den Einwilligungsproblematiken innerhalb der §§ 315c, 331 Abs. 3, 333 Abs. 3 StGB sowie §§ 17, 18 UWG gezogen und letztlich die Dominanz des individuellen Schutzaspekts gegenüber dem überindividuellen

717 MK-*Schlehofer*, Vorbemerkungen zu den §§ 32 ff. Rn. 124.

718 BGHSt 17, 359 ff.; MK-*Schlehofer*, Vorbemerkungen zu den §§ 32 ff. Rn. 124; LK-*Tiedemann*, Vor § 32 Rn. 149 ff. jeweils m.w.N. insbesondere zur Differenzierungslösung der h.M.

719 So auch: *Corsten*, Einwilligung, S. 336 ff., 338.

720 *Von Tippelskirch*, GA 2012, 574, 582 f.; *Corsten*, Einwilligung, S. 336 ff.; Zur Rechtfertigung nach § 34 StGB: *Dann*, wistra 2011, 127 ff.

Schutzaspekt als ausschlaggebend angesehen, welcher als verbleibender, nicht einwilligungsfähiger Rest, zur Tatbestandserfüllung nicht ausreiche.[721] Ein Überwiegen des individuellen Schutzaspektes im vorliegend erarbeiteten Rechtsgut des § 299 StGB lässt sich jedoch nicht feststellen. Das Rechtsgut gestaltet sich nämlich vornehmlich überindividuell, sowohl was das Allgemeininteresse an der Aufrechterhaltung eines lauteren Wettbewerbs, als auch das überindividuelle Interesse an der Einhaltung der Vertragsfreiheit als Ausfluss der Privatautonomie angeht. Das Individualinteresse des Prinzipals stellt mithin einen nachgeordneten Aspekt dar.[722] Überdies sind beide Schutzgedanken derart miteinander verwoben, dass sie sich nicht voneinander lösen lassen. Dies folgt bereits aus der Tatsache, dass lediglich ein Rechtsgut mit zwei Schutzinteressen und nicht zwei voneinander unabhängige Rechtsgüter existieren.

Die Lösung des Problems kann daher dogmatischen Grundsätzen folgend lediglich über die dem Rechtsgut der Norm entsprechende *teleologische Reduktion* des Tatbestandes gefunden werden.[723] Allein hierdurch wird dem Schutz der abgeleiteten Vertragsfreiheit des Prinzipals genügt. Hierfür spricht überdies die Willkürlichkeit der Straflosigkeit bei lediglich marginal abweichenden Gestaltungen des Geschehens, sollte der Geschäftsherr des Bestochenen sich den Vorteil selbst gewähren lassen, um ihn dann an seine Angestellten im Rahmen einer Verkaufsprämie weiterzuleiten.[724] Wie *Winkelbauer* bereits treffend formulierte, käme diese rein zufällig im Sachverhalt differierende, im Ergebnis jedoch straflose Situation einer „Privilegierung von Komödien“ gleich.[725] Aus der Tatsache, dass der Geschäftsherr in dieser Situation u.U. nach §§ 3, 4 Nr. 1 UWG belangt werden kann, folgt nichts anderes, da es sich nicht um strafrechtlich relevantes Fehlverhalten handelt.[726] Die Vorteilszuwendung ist folglich unabhängig

---

721 Ablehnend für § 164 StGB: OLG Düsseldorf NJW 1962, 1263 f.; *Corsten*, Einwilligung, S. 340 ff. m.w.N.; *Noltensmeier*, Public Private Partnership, S. 253 ff. m.w.N.

722 Ähnliche Konstruktion bei § 356 StGB: NK-*Kuhlen*, § 356 Rn. 8.

723 Im Ergebnis ähnlich: Müller-Gugenberger/Bieneck-*Blessing*, § 53 Rn. 81; Achenbach/Ransiek-*Rönnau*, Wirtschaftsstrafrecht, 3. Teil 2. Kapitel Rn. 38, 42 ff., 59; *Rönnau*, StV 2009, 302, 305.

724 Siehe: *Lampe*, Tagungsberichte, S. 21 f.: Gesetz bringt seine Interpreten in eine ausweglose Lage; *Samson*, FS Sootak, S. 225 ff.: der im Ergebnis jedoch über das hier erarbeitete Verständnis des Rechtsguts hinausschießt, indem er Spenden an gemeinnützige Organisationen als unabhängig von der Zustimmung des Prinzipals faktisch immer als gebilligt ansieht; *Rengier*, FS Tiedemann, S. 837, 844 ff.

725 *Winkelbauer*, FS Weber, S. 385, 392 f.

726 BGH GRUR 1974, 394, 395; Achenbach/Ransiek-*Rönnau*, Wirtschaftsstrafrecht, 3. Teil 2. Kapitel Fn. 319; LK-*Tiedemann*, § 299 Rn. 10.

von ihrer außerstrafrechtlichen Legalität bzw. Illegalität zu betrachten. Selbst die Zuwendung wettbewerbswidriger Vorteile i.S.d. UWG hebt mithin die teleologische Reduktion nicht auf.[727] Entgegen der Auffassung von Kritikern in der Literatur,[728] wonach eine solche teleologische Reduktion des Tatbestandes dem Schutzzweck des § 299 StGB zuwiderliefe, da der Geschäftsherr eines großen Wirtschaftsunternehmens hierdurch die Möglichkeit habe, all seinen Mitarbeitern eine Blankobestechungsbefugnis einzuräumen, ist vorzubringen, dass ein Prinzipal immer das für ihn optimalste Preis-Leistungs-Verhältnis suchen wird, da er die Entgegennahme von Vorteilen lediglich so lange tolerieren wird, wie die hierdurch begünstigten Geschäfte in seinem eigenen wirtschaftlichen Interesse liegen.[729] Der Kritik ist zwar zugute zu halten, dass sie richtig erfasst, dass eine derartige rechtliche Einordnung der Blankobestechungsbefugnis dem Anstandsgefühl aller billig und gerecht Denkenden zuwiderläuft, allerdings ent- und nicht widerspricht die Ausklammerung dieser Tatvariante aus dem Tatbestand des § 299 StGB gerade dem Schutzzweck der Norm, der in der „Wahrung der abgeleiteten Vertragsfreiheit des Prinzipals" liegt. Sofern sich der Prinzipal zu einer wettbewerbsrechtlich unlauteren Handlung entschließt, ist diese *de lege lata* nicht unter § 299 StGB zu subsumieren. Wertungswidersprüche ließen sich daher lediglich *de lege ferenda* durch Einführung eines streng wettbewerbsrechtlichen Modells mit einhergehender Pönalisierung des Geschäftsherrn vermeiden. Zur Sinnhaftigkeit einer solchen Textierung *de lege ferenda*, siehe unten in Kapitel 4 § 5.

Solange eine Entscheidung des BGH zu den Problemkreisen des Prinzipals des Bestochenen als möglichem Drittvorteilsempfänger sowie zur Zustimmung des Prinzipals bei dem Bezug von Vorteilen, die ihm nicht selbst zugutekommen, aussteht,[730] herrscht weiterhin Rechtsunsicherheit unter den Normadressaten. Bei einer Neuformulierung des Tatbestandes ist dieser, zur Auflösung der Rechtsunsicherheit, als Einverständnisnorm auszugestalten, da hierdurch zum einen die Möglichkeit einer Teilnahmestrafbarkeit des Prinzipals in Ermangelung einer Haupttat ausgeschlossen werden kann und zum anderen das Fehlen einer Rechtsgutsverletzung deutlich gemacht wird. Der Gesetzgeber ist daher dazu angehalten, den Tatbestand des § 299 Abs. 1 und Abs. 2 StGB aus Gründen der Rechtssicherheit wie folgt zu modifizieren:

---

727 So auch: *Nepomuck/Groß*, wistra 2012, 132, 135 f.; a.A. *Fischer*, § 299 Rn. 11a.

728 *Grützner/Momsen/Behr*, NZWiSt 2013, 90.

729 *Erb*, FS Geppert, S. 97, 99.

730 *Nepomuck/Groß*, wistra 2012, 132, 135.

(1) Wer als Angestellter oder Beauftragter eines ***Prinzipals*** *im geschäftlichen Verkehr* ***gegen den Willen des Prinzipals*** *einen Vorteil für sich oder einen Dritten als Gegenleistung dafür fordert, sich versprechen läßt oder annimmt, daß er einen anderen bei dem Bezug von Waren oder gewerblichen Leistungen im Wettbewerb in unlauterer Weise bevorzuge, wird mit Freiheitsstrafe bis zu drei Jahren oder mit Geldstrafe bestraft.*

(2) Ebenso wird bestraft, wer im geschäftlichen Verkehr zu Zwecken des Wettbewerbs einem Angestellten oder Beauftragten eines ***Prinzipals gegen den Willen des Prinzipals*** *einen Vorteil für* ***den Angestellten oder Beauftragten*** *oder einen Dritten als Gegenleistung dafür anbietet, verspricht oder gewährt, daß er ihn oder einen anderen bei dem Bezug von Waren oder gewerblichen Leistungen in unlauterer Weise bevorzuge.*

Die Legaldefinition des Terminus „Prinzipal" ist sodann entweder in § 299 Abs. 4 StGB oder in § 11 StGB vorzunehmen. Zur Ausgestaltung dieser Legaldefinition sei auf die Ausführungen in Kapitel 5 verwiesen.

cc) Beispiel 5 – Rechtliche Behandlung der Korkengeldentscheidung des Reichsgerichts nach dem hier verstandenen Rechtsgut des § 299 StGB

Der *Korkengeldentscheidung*[731] des Reichsgerichts aus dem Jahr 1914 lag folgender Sachverhalt zugrunde:

Ein Sektlieferant hatte den Kellnern eines Weinrestaurants mit Wissen des Geschäftsinhabers dieses Weinrestaurants sog. Korkengelder für jede Ablieferung der Korken seiner Sektmarke versprochen, sollten sie den Gästen des Lokals vornehmlich seine Sektmarke verkaufen. Die Kellner empfahlen in der Folge besonders häufig die Sektmarke des Sektlieferanten und strichen die „Gratifikationen" des Sektlieferanten ein.

Das Reichsgericht hob den ursprünglichen Freispruch der Strafkammer des Landgerichts Hamburg auf und sprach eine Verurteilung des Sektlieferanten nach § 12 UWG a.F. mit der Begründung aus, dass die Kenntnis des Geschäftsinhabers dahingehend irrelevant sei, als die Strafbarkeit nach § 12 UWG a.F. aufgrund der hiervon unabhängigen Auslegung des Tatbestandsmerkmals „unlauteres Verhalten" anzunehmen wäre.[732] Die Strafbarkeit sog. *„entschleierter Schmiergelder"*[733] blieb in der Folge höchst umstritten.[734] Unter Zugrundelegung

731 RGSt, 48, 291.

732 RGSt, 48, 291, 296.

733 *Wassermann*, GRUR 1931, 549, 554.

734 Bestätigend: BGH GRUR 1959, 31, 32 f.; ablehnend: *Winkelbauer*, FS Weber, S. 385, 392 f.; *Erb*, FS Geppert, S. 97, 99 f.; *Rengier*, FS Tiedemann, S. 837, 844 ff.; *Rönnau*, StV 2009, 302, 305.

des Rechtsgutes des „lauteren Wettbewerbs in Ausprägung der Wahrung der abgeleiteten Vertragsfreiheit des Prinzipals“ ist der Sachverhalt rechtlich jedoch gänzlich unterschiedlich zu würdigen: Prinzipal i.S.d. Dreipersonenkonstellation des § 299 StGB ist zunächst allein der Restaurantbesitzer und nicht etwa die Kunden des Restaurants,[735] die überdies das Merkmal des „geschäftlichen Betriebes“ nicht erfüllen. Die Einordnung des Restaurantbesitzers als Prinzipal folgt aus der Tatsache, dass es keiner objektiven, am Interesse der Kunden ausgerichteten Beratung der Kellner im Rahmen eines Bewirtungsvertrages bedarf und damit keine ausschließliche Interessenausrichtung der Kellner auf jene Interessen der Kunden begründbar ist, die jedoch für das Angestellten-Prinzipalverhältnis erforderlich ist.[736] Grundsätzlich existieren i.R.e. Bewirtungsvertrages keine generellen Erwartungen der Kunden dahingehend, dass eine Beratungsleistung nicht von der Aussicht auf eine Umsatzprämie oder einen sonstigen geldwerten Vorteil abhängig gemacht wird. Dieses neue, aufgeklärte Verbraucherleitbild wurde vom BGH für Zivilsachen bereits mehrfach bestätigt.[737] Allein aus der generellen Schutzbedürftigkeit des Verbrauchers ergibt sich daher keine Verpflichtung zur objektiven Beratungsleistung und somit auch keine korrelierende, ausschließliche Interessenvertretung. Der Zwang zur Objektivität der Beratungsleistung, mit einhergehender, ausschließlicher Interessenvertretung der Vertragsfreiheit nur einer Person, liegt vielmehr nur in solchen Konstellationen vor, in denen unter Verletzung gesetzlich angeordneter oder vertraglich vereinbarter, objektiver Beratungspflichten ein besonderes Eigeninteresse verschwiegen wird.[738] In der Korkengeldentscheidung des Reichsgerichts liegt diese Pflicht zur objektiven Beratung seitens der Kellner demnach nicht vor. Die Kellner sind vielmehr ausschließlich den Interessen ihres Restaurantbesitzers unterworfen, weswegen einzig dieser als Prinzipal i.S.d. Dreipersonenkonstellation des § 299 StGB in Frage kommt und die Schädigung des Rechtsguts des § 299 StGB in Form der Wettbewerbsbeeinträchtigung in Ausprägung der Wahrung seiner Vertragsfreiheit durch seine Billigung der Tathandlung ausgeschlossen ist.

---

735 a.A. *Koepsel*, Bestechlichkeit und Bestechung, S. 161 f.

736 Siehe oben, in: Kapitel 2 § 4 IV. 3. b) aa) (1).

737 BGH GRUR 2000, 619, 621: „[…] des durchschnittlich informierten und verständigen Durchschnittsverbrauchers“; BGH GRUR 2002, 976, 978.

738 Vgl. etwa § 10 ApoG: „Der Erlaubnisinhaber darf sich nicht verpflichten, bestimmte Arzneimittel ausschließlich oder bevorzugt anzubieten oder abzugeben oder anderweitig die Auswahl der von ihm abzugebenden Arzneimittel auf das Angebot bestimmter Hersteller oder Händler oder von Gruppen von solchen zu beschränken.“; So auch: *Von Tippelskirch*, GA 2012, 574, 585.

Überdies ist bereits die Stellung der Kellner als Entscheidungsträger i.R.d. Tatbestandsmerkmals „Angestellte" fraglich. Das Reichsgericht votierte zwar, dass die subjektive Empfehlung der Kellner „*auch eine besonders reichliche Bestellung dieser Sektmarke bei den Geschäftsherren bezwecken sollte*",[739] wie die Einflussnahme der Kellner auf die Bezugsentscheidung des Restaurantbesitzers konkret ausgestaltet sein sollte, bleibt unklar. Dass die Bestellungen bezüglich der Sektlieferungen i.S.e. „echten Entscheidungsträgerschaft" von den Kellnern selbst ausgeführt wurden, ist kaum denkbar. Die Kellner können daher lediglich als „unechte Entscheidungsträger" angesehen werden, die die Informationsbasis für die Wettbewerbsentscheidung verfälschten. Sie müssten jedoch über ein gewisses Maß an Entscheidungskompetenz verfügt haben, um überhaupt als Entscheidungsträger und nicht als lediglich untergeordnete Hilfskräfte anerkannt zu werden.[740] Die Feststellungen des Reichsgerichts treffen hierzu allerdings keine Aussage.

Die Argumentation des Reichsgerichts im weiteren Verlauf der Begründung zeigt, was die Rechtsprechung unter der Aussage der Gesetzesbegründung versteht, dass auch solche Handlungen von § 12 UWG a.F. umfasst sein sollten, die einen Wettbewerbsverstoß darstellten, ohne jedoch eine Pflichtwidrigkeit im Verhältnis „Agent-Prinzipal" zu enthalten.[741] Die Kenntnis des Geschäftsherrn sollte nach Ansicht des Reichsgerichts nämlich insoweit irrelevant sein, als die Strafbarkeit aufgrund der hiervon unabhängigen Auslegung des Tatbestandsmerkmals „unlauteres Verhalten" anzunehmen wäre.[742] Der Gesetzgeber meinte folglich, dass sog. *Beratungsfälle*, in denen mehrere potentielle Prinzipale zur Verfügung stehen, unabhängig von der Pflichtwidrigkeit im Verhältnis „Angestellter-Anstellungsbetrieb" zu lösen seien. Diese Ansicht ist im Ergebnis dogmatisch richtig, führte aber aufgrund mangelnder Darstellung und Erklärung in den Gesetzesbegründungen, insbesondere auch hinsichtlich des Rechtsguts der Norm, zu einer widersprüchlichen Auslegung seitens der Rechtsprechung, die sich in der Fehlentscheidung des Korkengeldfalles manifestierte.

Unter Zugrundelegung des Rechtsgut des § 299 StGB, das „im lauteren Wettbewerb in Ausprägung der Wahrung der abgeleiteten Vertragsfreiheit des Prinzipals" besteht, kommt es in der konkreten Tatsituation allein auf die richtige Zuordnung der Dreipersonenterminologie „Entscheidungsträger – Prinzipal – Vorteilsgeber" an. Eine Strafbarkeit der Kellner nach § 299 Abs. 1 StGB käme

---

739 RGSt 48, 291, 293.

740 BayObLG NJW 1996, 268; RGSt 72, 132 f.; NK-*Dannecker*, § 299 Rn. 19.

741 RT-Drs. 1909, XII. Legislaturperiode, XXIII. Band, Nr. 1390, S. 34.

742 RGSt 48, 291, 296.

entsprechend der Ausurteilung des Reichsgerichts lediglich dann in Betracht, wenn man das Dreipersonenverhältnis des § 299 StGB auf die Endverbraucher, im vorliegenden Beispiel die Kunden des Restaurants, als Prinzipal adjustieren würde. Dieses Ergebnis kann jedoch aus mehreren Gründen zu keiner Strafbarkeit der Kellner und des Sektlieferanten führen: Zunächst verkennt das Reichsgericht in eklatanter Weise die Angriffsweise des § 299 StGB bzw. § 12 UWG a.F., die in der Dreipersonenterminologie „Entscheidungsträger – Prinzipal – Vorteilsgeber" zu sehen ist, indem es zwei Prinzipale – den Restaurantbesitzer und die Kunden – ihrer rechtlichen Würdigung zugrunde legt.[743] Der Restaurantbesitzer wird explizit in den Entscheidungsgründen als Geschäftsherr bezeichnet, argumentiert wird jedoch aus Sicht der Kunden als Prinzipal.[744] Die Kunden als Prinzipal i.S.d. § 12 UWG a.F. zu qualifizieren, ist rechtsirrig, da die Endverbraucher vom Tatbestandsmerkmal des „geschäftlichen Betriebes" nicht erfasst sind. Das Reichsgericht sah sich infolgedessen für die Begründung einer Strafbarkeit gezwungen, den Restaurantbesitzer als Geschäftsherrn zu deklarieren. Diese Zuordnung hat das Reichsgericht fehlerhaft nicht stringent zu Ende geführt, sondern sich weiterhin in seiner Argumentation gedanklich auf die Kunden als Prinzipal bezogen. „Prinzipal" im Sinne des Dreipersonenverhältnisses nach § 299 StGB ist einzig derjenige, dessen Interessen entsprechend seiner genuinen Vertragsfreiheit ausschließlich vom Angestellten bzw. Beauftragten verfolgt werden.[745] Wie bereits festgestellt, ist in der Korkengeldentscheidung einzig der Restaurantbesitzer als Prinzipal anzusehen, weshalb die Strafbarkeit der Kellner und des Weinhändlers durch die Billigung der Korkengelder im Wege einer teleologischen Reduktion des Tatbestandes hätte entfallen müssen. Die Situation gestaltet sich nicht anders, als hätte der Geschäftsinhaber die Korkengelder selbst bezogen, um sie im Rahmen von Boni oder einer anderen, aus eigenen Mitteln zu bewirkenden Leistung zur Motivationssteigerung an seine Mitarbeiter auszuhändigen.[746] Die rechtlich legale Zweipersonenkonstellation „Prinzipal-Wettbewerber" bricht sich in der Korkengeldentscheidung folglich erneut Bahn. Das Reichsgericht lag daher in seiner Entscheidung, eine

743 Ebenfalls rechtsirrig aus Sicht der Kunden argumentierend: *Hiersemann*, WRP 1964, 222, 224.

744 RGSt 48, 291, 293 ff.

745 Siehe oben, in: Kapitel 2 § 4 IV. 3. b) aa) (1); BGH NJW 1986, 1572, 1574; MK-*Krick*, § 299 Rn. 5.

746 So auch: *Von Harder*, GRUR 1967, 182, 184.

Strafbarkeit nach § 12 UWG a.F. anzunehmen, falsch.[747] Einzig bei fehlender Billigung des Restaurantbesitzers hinsichtlich der Bezugskonstellation wäre eine Strafbarkeit der Kellner nach § 299 Abs. 1 StGB und des Lieferanten nach § 299 Abs. 2 StGB begründbar gewesen, da in diesem Fall der angestellte Kellner seine Verkaufsentscheidung bezüglich des konkreten Sektes von seinem eigenen Entscheidungsmaßstab und nicht der abgeleiteten Vertragsfreiheit des Prinzipals abhängig gemacht hätte.[748]

c) Systematik

Die systematische Einbettung des § 299 StGB in den 26. Abschnitt des Besonderen Teils des Strafgesetzbuches entspricht dem Rechtsgut des „lauteren Wettbewerbs in Ausprägung der Wahrung der abgeleiteten Vertragsfreiheit des Prinzipals". Zu weiteren systematischen Erwägungen siehe in Kapitel 2 § 4 I. 1. c).

d) Telos

Im Rahmen des Telos ist zu untersuchen, welche Konstellationen vom Tatbestand nach der Neuformulierung des Rechtsgutes weiterhin erfasst bzw. nicht mehr erfasst sind. Insoweit gilt es insbesondere die unsachlichen, den Wettbewerb beeinträchtigenden Beratungsleistungen zu identifizieren.

aa) Abgrenzung zum „Schutz des Prinzipals vor der abstrakten Gefahr sachwidriger Entscheidungen"

Das Rechtsgut des § 299 StGB stimmt nicht mit dem in der Literatur teilweise vertretenen Schutzaspekt des Geschäftsherrn des Bestochenen vor der abstrakten

---

747 Mit anderer Begründung: *Rengier*, FS Tiedemann, S. 837, 846 ff.; *Von Tippelskirch*, GA 2012, 574, 586.

748 Ein anderes Ergebnis hinsichtlich der rechtlichen Würdigung des Sachverhaltes hätte sich nur dann ergeben, wenn man entsprechend des *Beispiels 4* die Kunden, die überdies ein geschäftlicher Betrieb hätten sein müssen, als Prinzipal aufgrund der ausschließlichen Interessenvertretung durch ihre Beauftragten, im konkreten Fall die Kellner, verstanden hätte. Sodann wäre die Kenntnis des Restaurantbesitzers unerheblich gewesen und man wäre zu einer Strafbarkeit der Kellner und des Sektlieferanten nach § 299 StGB gekommen. In diesem Fall wäre die Pflichtwidrigkeit im Verhältnis „Angestellter-Anstellungsbetrieb" (Anstellungsbetrieb ist der Geschäftsinhaber des Weinrestaurants) tatsächlich irrelevant gewesen. Allein die richtige Adjustierung des Dreipersonenverhältnisses des § 299 StGB ist mithin strafbarkeitsentscheidend. Zur rechtlichen Beurteilung weiterer Beratungsfallkonstellationen siehe unten, in: Kapitel 2 § 4 IV. 3. d) bb).

Gefahr sachwidriger Entscheidungen überein.[749] Es existiert kein feststehender Katalog an Kriterien für die Sachgerechtigkeit der Entscheidung, da diese in der Privatwirtschaft in jedem Einzelfall neu definiert werden. Überdies fehlte es einem Rechtsgut des „Schutzes vor der abstrakten Gefahr sachwidriger Entscheidungen" an dem notwendigen Wettbewerbsbezug, der lediglich über das hier vertretene Rechtsgut hergestellt werden kann.

bb) Beratungsleistungen – Vorliegen mehrerer Betriebsinhaber

Der Gesetzgeber wollte durch die Einführung des Tatbestandes der Bestechlichkeit und Bestechung im geschäftlichen Verkehr den Wettbewerb umfassend schützen.[750] Es sollten daher auch Wettbewerbsbeeinträchtigungen erfasst werden, die unabhängig von einer Pflichtwidrigkeit innerhalb des Verhältnisses „Angestellter-Anstellungsbetrieb" existieren.[751] Der Gesetzgeber hatte hierbei vornehmlich Verletzungen, die durch unsachliche, den Wettbewerb beeinträchtigende Beratungsleistungen seitens des Betriebsinhabers hervorgerufen werden, wie sie sich beispielsweise in Sonderkonstellationen wie jenen der „entschleierten Schmiergelder"[752] wiederfinden, im Sinn. Die Lösung des Problems liegt in der richtigen Zuordnung des konkreten „Beauftragten-Prinzipal"-Verhältnisses i.S.d. Dreipersonenterminologie der Angriffsweise des § 299 StGB. In der Literatur werden diese Fälle zumeist im Rahmen des Diskurses, ob ein Betriebsinhaber gleichzeitig auch Beauftragter eines anderen Unternehmens sein kann, behandelt.

(1) Betriebsinhaber oder abhängig Beschäftigter als Beauftragter eines anderen Unternehmens i.S.d. Dreipersonenterminologie des § 299 StGB

Beauftragter i.S.d. § 299 Abs. 1 StGB ist zunächst, wer, befugtermaßen, ohne Angestellter oder Betriebsinhaber zu sein, für einen geschäftlichen Betrieb tätig wird.[753] Diese Definition ist insoweit irreführend, als sie implizieren könnte, dass Betriebsinhaber generell als Beauftragte eines anderen Unternehmens ausscheiden. Die Formulierung „ohne Betriebsinhaber zu sein" bringt hingegen lediglich zum Ausdruck, dass der Prinzipal nicht gleichzeitig Betriebsinhaber

749 Siehe oben: Kapitel 2 § 4 II. 4. a) dd) (2).

750 RT-Drs. 1909, XII. Legislaturperiode, XXIII. Band, Nr. 1390, S. 30.

751 RT-Drs. 1909, XII. Legislaturperiode, XXIII. Band, Nr. 1390, S. 34.

752 *Wassermann*, GRUR 1931, 549, 554.

753 BGHSt 2, 396, 401; BGH NStZ 2012, 37 f.; BeckOK-*Momsen*, § 299 Rn. 11; *Fischer*, § 299 Rn. 10; *Lackner/Kühl*, § 299 Rn. 2; LK-*Tiedemann*, § 299 Rn. 16; NK-*Dannecker*, § 299 Rn. 22; SK-*Rogall*, § 299 Rn. 26.

des geschäftlichen Betriebes i.S.d. § 299 StGB sein darf. Gleichwohl sind viele Stimmen in der Literatur der Ansicht, dass ein Betriebsinhaber generell kein Beauftragter eines anderen Betriebes i.S.d. § 299 StGB *de lege lata* sein dürfe.[754] Übergreifendes Argument der Kritiker ist, dass der Betriebsinhaber zugleich immer die Interessen seines eigenen Betriebes im Rahmen seiner privatwirtschaftlichen Entscheidungen beachtet und somit niemals ausschließlich für einen anderen Betrieb tätig sein könne.[755] Dies gilt einem *argumentum a fortiori* folgend auch für abhängig Beschäftigte. Die Rechtsprechung hat dahingegen in einer Reihe von Entscheidungen die Beauftragteneigenschaft des Geschäftsherrn eines anderen Betriebes nach § 299 StGB bejaht.[756] So entschied der Große Senat für Strafsachen des Bundesgerichtshofs unlängst, „dass der Umstand, dass ein Vertragsarzt einen freien Beruf ausübt und in diesem Zusammenhang regelmäßig Inhaber einer eigenen ärztlichen Praxis und damit eines Betriebes im Sinne von § 299 StGB ist, die Anwendbarkeit dieser Strafvorschrift nicht hindert."[757] Für einen Beauftragten, so der BGH weiter, sei „die fehlende Einordnung in den geschäftlichen Betrieb auf der Grundlage der Ausübung einer eigenen geschäftlichen oder freiberuflichen Tätigkeit sogar typisch."[758] Die Ansicht, dass ein Betriebsinhaber gleichzeitig Beauftragter eines anderen Betriebes im Sinne des § 299 StGB *de lege lata* sein kann, ist mithin vorzugswürdig. Die Einbeziehung dieser Konstellation in den Täterkreis des § 299 StGB ist überdies geradezu zwingend, da die Nichteinbeziehung eine immense Strafbarkeitslücke aufwürfe.[759] Zudem ist die Bezugnahme auf außenstehende Personen eine typische Konstellation für eine Beauftragung.[760] Eng verknüpft mit dieser Problematik ist die Folgefrage nach den rechtlichen Kriterien, die für eine „Prinzipal-Beauftragten"-Beziehung an Freiberufler oder abhängig Beschäftigte als Beauftragte i.S.d. § 299 StGB anzulegen sind.

---

754 *Bürger*, wistra 2003, 130, 131: Beispiel 1; *Krafczyk*, FS Mehle, S. 325, 336; *Ulsenheimer*, Arztstrafrecht, 13/41; *Brockhaus/Dann/Teubner/Tsambikakis*, wistra 2010, 418, 419; *Klötzer*, NStZ 2008, 12, 14; *Taschke*, StV 2005, 406, 410; a.A. Müller-Gugenberger/Bieneck-*Blessing*, § 53 Rn. 66; *Fischer*, § 299 Rn. 10a; *Reese*, PharmR 2006, 92, 97; LK-*Tiedemann*, § 299 Rn. 18 m.w.N.

755 So: NK-*Dannecker*, § 299 Rn. 27a; *Bürger*, wistra 2003, 130, 131; *Dannecker*, ZRP 2013, 37, 40.

756 BGH NStZ 2012, 35, 38; BGHSt 43, 96, 105; OLG Karlsruhe BB 2000, 635; BayObLG NJW 1996, 268, 270 f.

757 BGH NJW 2012, 2530, 2533.

758 BGH NJW 2012, 2530, 2533.

759 Ähnlich: BGH NStZ 2012, 35, 38 Rn. 64.

760 *Fischer*, § 299 Rn. 10a.

(2) *Kriterien für die Beauftragung eines Betriebsinhabers oder abhängig Beschäftigten*

Die Voraussetzungen für die Zuordnung des Beauftragten i.S.d. § 299 StGB ergeben sich aus einem Zusammenspiel von Kriterien der Rechtsprechung sowie dem in Kapitel 2 neu formulierten Rechtsgut der Norm. Die Rechtsprechung hat für die Annahme einer Beauftragung die Formel der ausschließlichen Bindung an die Interessen des einen Vertragsteils unter Hinderung der Annahme eines Entgelts auch von der anderen Vertragsseite aufgestellt.[761] Diese ausschließliche Bindung an die Ausgestaltung der Vertragsfreiheit einer Partei ist allerdings dogmatisch unterschiedlich begründbar: Sie könnte sich aus einem dahingehenden expliziten Vertrag zwischen Beauftragtem und Prinzipal, aus gesetzlichen Interessenvertretungsgeboten, aus allgemeinen Verbraucherschutzgedanken oder aber aus der Art der beworbenen Produkte bzw. der Person des Prinzipals ergeben.

Wie bereits in *Beispiel 5* geschildert, existieren nach Ansicht der Zivilrechtsprechung zu Umsatzprämien keine generellen Erwartungen der beratenen Kunden dahingehend, dass eine Beratungsleistung nicht von der Aussicht auf eine Umsatzprämie oder auf einen sonstigen geldwerten Vorteil abhängig gemacht wird.[762] Insbesondere müssen diese Anreizwirkungen für den Händler nicht mit der Preiswürdigkeit des Produktes für den Kunden korrelieren.[763] Der beratene Kunde muss vielmehr auch bei einer Beratung im Fachgeschäft damit rechnen, dass der beratende Angestellte ausschließlich den Interessen seines Anstellungsbetriebs unterworfen ist und unter Wahrung dessen Vertragsfreiheit geschäftlich agiert. Der allgemeine Verbraucherschutzgedanke taugt überdies mangels Verbrauchereigenschaft des zu Beratenden in der tatbestandlichen Formulierung des § 299 StGB nicht als Bindungskriterium des Verhältnisses „Prinzipal-Agent". Aus diesem Grunde müssen Konstellationen, wie Beratungen im Fachgeschäft oder der Kauf eines beratungsintensiven Produktes, im Hinblick auf Verbraucherschutzgesichtspunkte, der Art des beworbenen Produkts oder aber der Person des Prinzipals als Begründung einer ausschließlichen Interessenvertretung des Prinzipals durch seinen Beauftragten ausscheiden.

Etwas anderes ergibt sich jedoch unter Zugrundelegung des Rechtsguts des „lauteren Wettbewerbs in Ausprägung der Wahrung der abgeleiteten Vertragsfreiheit des Prinzipals" aus vertraglich vereinbarten oder gesetzlich angeordneten,

---

761 BGH NJW 1968, 1572, 1574.

762 BGH GRUR 2000, 619, 621: „[...] des durchschnittlich informierten und verständigen Durchschnittsverbrauchers"; BGH GRUR 2002, 976, 978.

763 *Erb*, FS Geppert, S. 97, 107.

einseitigen Interessenvertretungsgeboten im Rahmen von Beratungskonstellationen. Unter Beratungskonstellationen sind alle Situationen zu subsumieren, in denen der Unternehmer nicht in seiner Funktion als „Händler", sondern als „Berater" tätig wird.[764] Insbesondere bei bestimmten Berufsgruppen wie Rechtsanwälten, Anlage- oder Unternehmensberatern liegen vermehrt gesetzlich angeordnete, einseitige Interessenvertretungsgebote vor, aus denen sich ein Verbot der Vorteilsannahme unter dahingehender, nicht ausschließlich an den Interessen der zu beratenden Person ausgerichteter Beratung ergibt.[765] Nichts anderes kann für eine vertraglich explizit als Hauptpflicht ausgestaltete Interessenbindung der Parteien gelten.[766] Die zu beratende Partei kann sich in diesen beiden Konstellationen folglich darauf verlassen, dass ausschließlich ihre Interessen und mithin ihre Vertragsfreiheit gewahrt wird und avanciert, sofern es sich bei ihr um einen geschäftlichen Betrieb handelt, zum Prinzipal i.S.d. Dreipersonenterminologie des § 299 StGB. Aus gesetzlichen und vertraglichen Gründen lässt sich demnach ein ausschließliches Interessenvertretungsgebot im Rahmen der singulären Ausübung der Vertragsfreiheit begründen.

(3) Fazit

Die Novation der Behandlung von Beratungsleistungen liegt darin, dass diese bereits *de lege lata*, unter Annahme einer ausschließlichen Bindung an die Interessen lediglich einer Partei, unter die Angriffsweise des § 299 StGB subsumiert werden können. Soweit eine ausschließliche Interessenbindung – sei es aus gesetzlichen oder vertraglichen Gründen – an die Interessen einer Partei angenommen werden kann, avanciert diese Partei zum Prinzipal und die, die Beratung ausführende Person, zum Beauftragten i.S.d. Dreipersonenterminologie des § 299 StGB. Die zusätzliche Stellung des Beauftragten als möglichem Betriebsinhaber seines eigenen Unternehmens ist im Rahmen der Strafbarkeit nach § 299 Abs. 1 StGB daher nicht zu berücksichtigen. Einzig im Falle der Negation der ausschließlichen Interessensvertretung der externen Partei kommt, entsprechend der Argumentation der herrschenden Meinung, keine Strafbarkeit nach § 299 StGB in Betracht, da der Betriebsinhaber bzw. abhängig Beschäftigte in diesem Fall auch seine eigenen Interessen, entsprechend des Ausflusses seiner genuinen, unternehmerischen Vertragsfreiheit, vertritt. In Konstellationen, in denen der potentielle Prinzipal ein privater Endverbraucher ist, muss

---

764 Siehe: *Ottofülling*, DS 2009, 103 ff. m.w.N. zu Beratungskonstellationen.

765 Siehe beispielsweise: § 31 WpHG; § 43a BRAO; § 10 ApoG; *Schmidl*, wistra 2006, 286, 288.

766 OLG Karlsruhe BB 2000, 635 Rn. 33; *Von Tippelskirch*, GA 2012, 574, 585.

zudem eine Strafbarkeit nach § 299 StGB *de lege lata* mangels Vorliegens eines „geschäftlichen Betriebes“ ausscheiden.[767]

e) Rechtsgutsträger

Rechtsgutsträger des hier entwickelten Rechtsguts ist in Bezug auf das Universalrechtsgut des lauteren Wettbewerbs zuvorderst die Allgemeinheit. Überdies ist neben dem überindividuellen Schutzgedanken das Individualinteresse des Prinzipals des Bestochenen im Rahmen seiner verfassungsrechtlich verbürgten Vertragsfreiheit als Ausfluss der Privatautonomie nachgeordnet mitgeschützt.[768] Dieses Interesse erlangt aufgrund der Schwere der Beeinträchtigung eine, über einen reflexhaften Schutz hinausgehende Qualität. Die Aufrechterhaltung der Privatautonomie i.R.d. § 299 StGB dient letztlich sowohl überindividuellen als auch individuellen Schutzinteressen, da ein Interesse der Allgemeinheit an einer Form des Wettbewerbs besteht, der auf der verfassungsrechtlich garantierten Vertragsfreiheit fußt. Gleichwohl ändert dieses Ergebnis nichts an der Feststellung, dass die bisher in Literatur und Rechtsprechung vertretenen individuellen Schutzaspekte des Geschäftsherrn des Bestochenen, wie beispielsweise das Vermögen oder die abstrakte Gefahr sachwidriger Entscheidungen, auch weiterhin keine Rechtsgutsqualität aufweisen.

f) Konkretes Abwehrerfordernis

Den Verfechtern[769] einer Unverletzbarkeit des mediatisierten Zwischenrechtsgutes „Wettbewerb“ ist nunmehr entgegenzuhalten, dass die Vertragsfreiheit des Prinzipals bereits durch jede einzelne, tatbestandsmäßige Handlung gefährdet wird. Das Rechtsgut ist daher individualrechtlich fundiert. Die Verbindung zwischen der Pönalisierung des einzelnen Verstoßes und der Beeinträchtigung der Institution „Wettbewerb“ durch massenhafte Verstöße ist mithin hergestellt:[770] Die Vertragsfreiheit des Prinzipals dient als Bindeglied zwischen dem tatbestandlich umschriebenen Verhalten und der Institution „Wettbewerb“.

---

767 Siehe zur möglichen Einbeziehung dieser Konstellation *de lege ferenda*: Kapitel 4 § 5 II.

768 Entsprechend nachgeordnete Individualinteressenkonstruktion bei § 356 StGB: NK-*Kuhlen*, § 356 Rn. 8.

769 Siehe oben, in: Kapitel 2 § 4 I. 3.

770 So vormals die Kritik in: *Krüger*, Entmaterialisierungstendenz, S. 132 ff.

g) Verfassungsrechtliche Überprüfung

Im Hinblick auf die verfassungsrechtliche Überprüfung ergibt sich für den „lauteren Wettbewerb" als elementarem Wert der Rechtsgemeinschaft kein abweichendes Ergebnis im Vergleich zur Überprüfung in Kapitel 2 § 4 I. 4. Die Vertragsfreiheit als Ausfluss der Privatautonomie ist in der allgemeinen Handlungsfreiheit des Art. 2 Abs. 1 GG verfassungsrechtlich verbürgt.[771] Im Rahmen der Vertragsfreiheit sind der Abschluss des Vertrages, seine inhaltliche Ausgestaltung sowie die Beendigung „praktizierte Vertragsautonomie".[772] Insbesondere die Freiheit der unternehmerischen Einzelentscheidung im Markt darf im Rahmen eines marktwirtschaftlichen Wirtschaftssystems nicht angetastet werden. Die „Soziale Marktwirtschaft" gewährleistet mithin die Vertragsfreiheit des Geschäftsherrn des Bestochenen. Wie auch das BVerfG bereits mehrfach konstatierte, ist die „Selbstbestimmung des Einzelnen im Rechtsleben" Strukturelement jeder freiheitlichen Gesellschaftsordnung und deswegen durch Art. 2 Abs. 1 GG geschützt.[773] Es handelt sich mithin auch bei der Vertragsfreiheit als Ausfluss der Privatautonomie um einen elementaren Wert der Rechtsgemeinschaft. Die Lauterkeit im Rahmen des Rechtsgutes „lauterer Wettbewerb" bedeutet insoweit die von Vorteilen unabhängige, am Maßstab der abgeleiteten Vertragsfreiheit und somit der genuinen Bezugsentscheidung des Prinzipals ausgerichtete Wettbewerbsentscheidung des Angestellten bzw. Beauftragten.

aa) Vereinbarkeit mit dem Bestimmtheitsgebot nach Art. 103 Abs. 2 GG

Die tatbestandliche Fassung und Auslegung der Norm unter Zugrundelegung des erarbeiteten Rechtsguts muss überdies dem Bestimmtheitsgebot des Art. 103 Abs. 2 GG genügen. Dies könnte insofern problematisch sein, als lediglich der verfassungsmäßig berufene Gesetzgeber und nicht der Prinzipal zur Definition strafrechtlichen Verhaltens berufen sein darf.[774] Dahingehende Kritik wurde bereits im Hinblick auf die Einführung eines Geschäftsherrenmodells im Rahmen des Strafrechtsänderungsgesetzes aus dem Jahr 2007 laut. Das Geschäftsherrenmodell unterscheidet sich jedoch grundlegend von dem erarbeiteten Rechtsgut des geltenden § 299 StGB. Problematisiert wurde im Hinblick auf das verfassungsrechtliche

---

771 BVerfG, Urt. v. 04.06.1985, BVerfGE 70, 115, 123.

772 ErfK-*Schmidt*, GG, Art. 2 Rn. 2.

773 BVerfGE 89, 214, 231; BVerfG NJW 1996, 2021; ErfK-*Schmidt*, GG, Art. 2 Rn. 2.

774 Als Kritik im Rahmen eines Verstoßes gegen Art. 103 Abs. 2 GG am Geschäftsherrenmodell formuliert: *Zöller*, GA 2009, 137, 145; DAV Nr.66/2006, S. 11 f., abrufbar unter: http://anwaltverein.de/downloads/stellungnahmen/2-Korruptionsbekaempfungsgesetz.pdf [zuletzt abgerufen am 11.11.2014].

Bestimmtheitsgebot im Rahmen des Geschäftsherrenmodells bisher vornehmlich die Pönalisierung eines Verstoßes gegen arbeitsvertragliche Nebenpflichtverletzungen sowie das Fehlen des Erfordernisses eines Wettbewerbsverstoßes.[775] Beide Kritikpunkte haben für das erarbeitete Rechtsgut und die damit einhergehende Auslegung des Tatbestandes des § 299 StGB *de lege lata* keinen Bestand, da kein arbeitsvertragliches, sondern ein wettbewerbsrechtliches Modell dem Tatbestand des § 299 StGB zugrunde liegt, sodass das Erfordernis eines Wettbewerbsverstoßes Grundlage der Norm ist und arbeitsvertragliche Nebenpflichtverletzungen nie strafbarkeitsbegründend sind. Überdies sind dem Strafgesetzbuch Regelungen, die vertragliche Pflichtverletzungen unter Hinzutreten weiterer Tatbestandsvoraussetzungen pönalisieren, nicht gänzlich fremd, vgl. insoweit § 266 StGB.[776] Unter der Prämisse, dass zuvorderst der „lautere Wettbewerb" Schutzgut des § 299 StGB ist und die abgeleitete Vertragsfreiheit des Prinzipals lediglich eine Konkretisierung bzw. Konturierung dieses Schutzes darstellt, lassen sich für die Auslegung des Tatbestandes des § 299 StGB keine Bedenken hinsichtlich eines Verstoßes gegen Art. 103 Abs. 2 GG formulieren.

bb) Fazit

Das Rechtsgut des „lauteren Wettbewerbs in Ausprägung der abgeleiteten Vertragsfreiheit des Prinzipals" entspricht verfassungsrechtlichen Maßstäben.

4. Klassifizierung des § 299 StGB als abstraktes Gefährdungsdelikt

Die Überprüfung des § 299 StGB hat ergeben, dass der Norm ein überindividuelles Rechtsgut in Form des „lauteren Wettbewerbs in Ausprägung der Wahrung der abgeleiteten Vertragsfreiheit des Prinzipals" zu Grunde liegt, das aufgrund der Konkretisierung einen individuellen Schutzaspekt umfasst. Es ist an dieser Stelle anhand der ermittelten Ergebnisse zum Rechtsgut des § 299 StGB nunmehr abschließend zu untersuchen, ob sich der Tatbestand als *abstraktes Gefährdungsdelikt* oder aber als *Verletzungsdelikt* darstellt.[777] Auch unter Zugrundelegung eines rein überindividuellen Rechtsgutes „lauterer Wettbewerb" wurde die Einordnung als abstraktes Gefährdungsdelikt in der Literatur zum Teil bejaht.[778]

---

775 DAV Nr.66/2006, S. 11 f., abrufbar unter: http://anwaltverein.de/downloads/stellungnahmen/2-Korruptionsbekaempfungsgesetz.pdf [zuletzt abgerufen am 11.11.2014]; *Zöller*, GA 2009, 137, 144 f.

776 Zur Problematik der Einhaltung des Bestimmtheitsgebotes bei § 266 StGB siehe: BVerfG NStZ 2010, 626; Sch/Sch-*Perron*, § 266 Rn. 1 m.w.N.

777 Siehe oben, in: Kapitel 2 § 1 VI.

778 NK-*Dannecker*, § 299 Rn. 11, 48; *Fischer*, § 299 Rn. 2b.

Dies soll aus der Tatsache folgen, dass § 299 StGB Fälle erfasst, in denen der Täter zum Zeitpunkt der Tatbegehung lediglich davon ausgeht, dass er bei späterer Auftragsvergabe bevorzugt werden solle, obwohl zum Zeitpunkt der Tatbestandsverwirklichung noch keine Wettbewerber auf dem Markt sind. Es wird folglich die reine Exspektanz eines zukünftigen Wettbewerbs geschützt.[779] Sofern die Strafbarkeit nicht das tatbestandliche Vorliegen eines Wettbewerbsverhältnisses voraussetze, könne nach Ansicht der Vertreter dieser Auffassung § 299 StGB nicht als Verletzungsdelikt eingestuft werden.[780]

Die Einordung als abstraktes Gefährdungsdelikt ist unter Zugrundelegung des erarbeiteten Rechtsguts in der Konsequenz nunmehr sogar zwingend, da die Vertragsfreiheit des Prinzipals erst mit der durch die Schmiergeldzahlung motivierten Bevorzugung, die selbst keine Tatbestandsvoraussetzung ist, beeinträchtigt wird.[781] Durch die Tathandlungen des § 299 StGB tritt lediglich eine „generelle Gefährlichkeit"[782] für das Rechtsgut des „lauteren Wettbewerbs in Ausprägung der Wahrung der abgeleiteten Vertragsfreiheit des Prinzipals" ein, die in § 299 StGB bereits mit Vollendungsstrafe belegt ist. Erst durch die tatsächliche Bevorzugung des Vorteilsgebers schlägt diese Gefährdung der Schutzinteressen in eine Schädigung der Vertragsfreiheit des Prinzipals um.[783] § 299 StGB erfasst daher Gefährdungen im Vorfeld der Wettbewerbsbeeinträchtigung, wodurch (untaugliche) Versuchskonstellationen mit Vollendungsstrafe bedroht werden.[784] *De lege ferenda* sollte, um dahingehende Widersprüchlichkeiten zu vermeiden, die Aufnahme einer Rücktrittsmöglichkeit oder, bei Verhinderung der schmiergeldbedingten Bevorzugung durch den Täter, die Einführung einer Regelung zur „Tätigen Reue" überdacht werden.[785]

---

779 NK-*Dannecker*, § 299 Rn. 11; BeckOK-*Momsen*, § 299 Rn. 4; *Fischer*, § 299 Rn. 15.

780 NK-*Dannecker*, § 299 Rn. 11, 48 m.w.N.

781 *Krack*, NStZ 2001, 505, 507; Achenbach/Ransiek-*Rönnau*, Wirtschaftsstrafrecht, 3. Teil 2. Kapitel Rn. 7; im Ergebnis Einordung als abstraktes Gefährdungsdelikt mit differierender Argumentation: NK-*Dannecker*, § 299 Rn. 11, 48; *Fischer*, § 299 Rn. 2b; *Koepsel*, Bestechlichkeit und Bestechung, S. 109 f.; a.A. LK-*Tiedemann*, § 299 Rn. 6 f.; *Sprafke*, Korruption, S. 112 ff.

782 MK-*Radtke*, Vorbemerkungen zu §§ 306 ff. Rn. 5.

783 a.A. Momsen/Grützner-*Rotsch*, Wirtschaftsstrafrecht, 1. Kapitel, B Rn. 11: Verwirklichung des abstrakten Gefährdungsdeliktes kann zu keinerlei Beeinträchtigung des geschützten Rechtsgutes führen.

784 Insoweit zutreffend: *Koepsel*, Bestechlichkeit und Bestechung, S. 110.

785 Im Ergebnis für eine entsprechende Anwendung des § 298 Abs. 3 StGB: *Krack*, NStZ 2001, 505, 507; *Lampe*, Tagungsberichte, S. 41 f.; differenzierend: BeckOK-*Momsen*, § 299 Rn. 20.

5. *Ergebnis der Rechtsgutsanalyse*

Als Rechtsgut des geltenden § 299 StGB kommt allein der „lautere Wettbewerb in Ausprägung des Schutzes der abgeleiteten Vertragsfreiheit des Prinzipals" in Betracht. Nur auf diese Weise kann der notwendige, fundierte Bezug zwischen Pönalisierung der einzelnen Tathandlung und Beeinträchtigung des überindividuellen Schutzgutes hergestellt werden, die einer „Entmaterialisierung"[786] des Rechtsguts entgegenwirkt.

786 *Krüger*, Entmaterialisierungstendenz, S. 1 ff.

3. Kapitel: Anwendungsbereich des § 299 StGB de lege lata unter besonderer Berücksichtigung der Strafbarkeit des Pharma-Marketings

Es ist bereits eruiert worden, dass § 299 StGB *de lege lata* die Tätertauglichkeit des Geschäftsherrn des Bestochenen negiert. Im Rahmen des dritten Kapitels der Untersuchung gilt es nunmehr, gleich einem Positivkatalog, den tatsächlichen Täterkreis des § 299 StGB festzustellen und die sich hieraus ergebenden Friktionen mit der gesetzgeberischen Wertung, dergemäß der Geschäftsherr des Bestochenen nicht erfasst sein soll, insbesondere mittels eines Exkurses zur kontrovers diskutierten Strafbarkeit des Pharma-Marketings, zu untersuchen. Die Problematik der Tätertauglichkeit von Organen der Personen- und Kapitalgesellschaften wird im sich anschließenden vierten Kapitel behandelt. Abschließend erfolgt eine Übersicht über die weiteren Tatbestandsmerkmale des § 299 StGB.

§ 1 Täterkreis der Bestechlichkeit nach § 299 Abs. 1 StGB

§ 299 StGB unterteilt sich in die passive Bestechung (Bestechlichkeit) nach § 299 Abs. 1 StGB und die hierzu spiegelbildliche aktive Bestechung des § 299 Abs. 2 StGB. Täter des Sonderdeliktes nach § 299 Abs. 1 StGB können lediglich „Angestellte" oder „Beauftragte" eines „geschäftlichen Betriebes" sein. Für eine Täterschaft nach § 299 Abs. 2 StGB kommt hingegen jedermann infrage, der zu Zwecken des Wettbewerbs handelt.

I. Geschäftlicher Betrieb

Zuvorderst muss der Vorteilsnehmer gemäß § 299 Abs. 1 StGB „Angestellter" oder „Beauftragter" eines „geschäftlichen Betriebes" sein. Ein „geschäftlicher Betrieb" ist hierbei jedes Unternehmen, das auf Dauer angelegt ist, außerhalb des rein privaten Tätigkeitsbereichs operiert und durch Austausch von Leistung und Gegenleistung regelmäßig am Wirtschaftsverkehr teilnimmt.[787] Geschäftliche

787 BGHSt 2, 396 ff.; BeckOK-*Momsen*, § 299 Rn. 7; *Fischer*, § 299 Rn. 4; LK-*Tiedemann*, § 299 Rn. 23; MK-*Krick*, § 299 Rn. 16; NK-*Dannecker*, § 299 Rn. 24; Sch/Sch-*Heine/Eisele*, § 299 Rn. 6; SK-*Rogall*, § 299 Rn. 18 ff.

Betriebe umfassen sowohl freiberufliche Tätigkeiten wie jene von Ärzten, Steuer- und Wirtschaftsberatern sowie Rechtsanwälten und Architekten, als auch rein gemeinnützigen, sozialen und kulturellen Zwecken dienende Betriebe, soweit sie wirtschaftlich tätig sind.[788] Dies folgt aus der Tatsache, dass der Betrieb keine auf Gewinnerzielung ausgerichtete Tätigkeit ausüben muss und sich insofern von dem Terminus „Gewerbebetrieb" unterscheidet.[789] Der Begriff umfasst überdies öffentlich-rechtliche Organisationsformen, soweit diese privatwirtschaftlich tätig werden, wie dies beispielweise bei fiskalisch-erwerbswirtschaftlichem Handeln der Kommune der Fall ist.[790] Nicht erfasst sind neben den bereits genannten rein privaten, wirtschaftlichen Betätigungen einer Person, die sich außerhalb von Erwerb und Berufsausübung abspielen, jene Geschäftsbetriebe, die ein ausschließlich illegales Tätigkeitsfeld besitzen.[791] Die Auslegung der Tatbestandsmerkmale „geschäftlicher Betrieb" und „im geschäftlichen Verkehr" verfolgt insofern das gleiche Ziel, als „daß der Betrieb seine ihm wesensgemäßen Aufgaben im Wirtschaftsleben vollzieht".[792] Der unlautere Wettbewerb um den privaten Kunden ist hingegen vom Tatbestand ausgenommen.[793] Hieraus folgt, dass nicht die Bevorzugung von Endverbrauchern, sondern jene von Wettbewerbern inkriminiert werden soll.[794] Zur Begründung führt die Rechtsprechung an, dass der Wettbewerb um den privaten Kunden von solch untergeordneter, wirtschaftlicher Bedeutung sei, dass er keine Strafbarkeit rechtfertige.[795] Geschäftlich – so der BGH weiter – sei all jenes was nicht privat sei, sich folglich nicht als solche Betätigung des Individuums darstelle, die sich „außerhalb von Erwerb und Berufsausübung abspiele[...]".[796] Somit sind durch die Tatbestandsmerkmale des „geschäftlichen Betriebes" und „im geschäftlichen Verkehr" drei Fallkonstellationen vom Anwendungsbereich der Norm ausgenommen:[797] Die Bestechung eines Angestellten eines Privaten durch einen Privaten, die Bestechung eines Angestellten eines

788 RGSt 50, 118 f.; 55, 31 f.; 68, 70, 74; 68, 263, 268; MK-*Krick*, § 299 Rn. 16.

789 RGSt 50, 118 f.; 55, 31 f.; 68, 70, 74; 68, 263, 268; MK-*Krick*, § 299 Rn. 16.

790 RGSt 66, 380 ff.; BGHSt 2, 396, 403; NStZ 1994, 277; Achenbach/Ransiek-*Rönnau*, Wirtschaftsstrafrecht, 3. Teil 2. Kapitel Rn. 9; *Fischer*, § 299 Rn. 6; *Lackner/Kühl*, § 299 Rn. 2; NK-*Dannecker*, § 299 Rn. 25; SK-*Rogall*, § 299 Rn. 20 ff. m.w.N.

791 NK-*Dannecker*, § 299 Rn. 25 m.w.N.; *Fischer*, § 299 Rn. 5 m.w.N.

792 BGHSt 2, 396, 402.

793 RGSt 47, 183, 185; BGHSt 2, 396, 402; a.A. Einbeziehung *de lege ferenda*: *Pragal*, ZIS 2006, 63, 78; *Szebrowski*, Kick-Back, S. 181 ff.

794 LK-*Tiedemann*, § 299 Rn. 22.

795 BGHSt 2, 396, 402 f.

796 RGSt 66, 380, 384; BGHSt 2, 396, 403.

797 Beispiele entnommen aus: *Koepsel*, Bestechlichkeit und Bestechung, S. 195.

Privaten durch einen Unternehmer sowie die Bestechung eines Angestellten eines geschäftlichen Betriebes durch einen Privaten.

II. Strafbarkeit des Betriebsinhabers de lege lata

Der Betriebsinhaber ist nach herrschender Ansicht in Literatur und Rechtsprechung, auch im Hinblick auf Beratungsleistungen, kein tauglicher Täter des § 299 Abs. 1 StGB.[798] Innerhalb dieser grundsätzlich richtigen Feststellung muss zwischen zwei Konstellationen, die rechtlich divergierend zu würdigen sind, differenziert werden: Die Strafbarkeit des Betriebsinhabers nach § 299 StGB wird nämlich sowohl im Rahmen von Beratungsfällen bei Vorliegen mehrerer potentieller Prinzipale,[799] als auch im Rahmen von Austauschverträgen bei gezielt wettbewerbswidrigem Verhalten des Prinzipals diskutiert und als *de lege lata* straflos erachtet. Wie bereits festgestellt, ist der von der herrschenden Meinung bezeichnete „Betriebsinhaber" in Beratungsfällen nicht notwendigerweise personenidentisch mit dem „Prinzipal" i.S.d. Dreipersonenkonstellation des § 299 StGB und kann daher – unter bestimmten, bereits erörterten Voraussetzungen[800] – nach geltendem Recht gemäß § 299 Abs. 1 StGB als „Beauftragter" bestraft werden,[801] sodass der herrschenden Meinung im Hinblick auf die rechtliche Behandlung von Beratungsleistungen zu widersprechen ist. Die Strafbarkeit des Betriebsinhabers in der zweiten geschilderten Konstellation differiert von dieser rechtlichen Behandlung: In diesem zweiten Fall handelt es sich um Situationen, in denen der tatsächliche Prinzipal i.S.d. Dreipersonenkonstellation des § 299 StGB in Austauschverhältnissen wettbewerbswidrig i.S.d. UWG handeln möchte und dahingehendes Verhalten seiner Angestellten bzw. Beauftragten toleriert bzw. anleitet, vgl. die Problematik sog. *„entschleierter Schmiergelder"*.[802] Diese Situationen sind im Hinblick auf eine Strafbarkeit des Geschäftsherrn des

---

798 BeckOK-*Momsen*, § 299 Rn. 11.1; *Fischer*, § 299 Rn. 8a; *Lackner/Kühl*, § 299 Rn. 2; LK-*Tiedemann*, § 299 Rn. 10 m.w.N.; MK-*Krick*, § 299 Rn. 3; NK-*Dannecker*, § 299 Rn. 27 f.; SSW-*Rosenau*, § 299 Rn. 10; Sch/Sch-*Heine/Eisele*, § 299 Rn. 7a; *Bürger*, wistra 2003, 130, 135; Momsen/Grützner-*Grützner/Behr*, Wirtschaftsstrafrecht, 9. Kapitel, B Rn. 55 f.

799 Siehe oben, in: Kapitel 2 § 4 IV. 3. d) bb).

800 Siehe oben, in: Kapitel 2 § 4 IV. 3. d) bb) (2).

801 Siehe oben, in: Kapitel 2 § 4 IV. 3. d) bb); a.A. *Ulsenheimer*, Arztstrafrecht, 13/41; *Krafczyk*, FS Mehle, S. 325, 336; *Taschke*, StV 2005, 406, 410 f.

802 Siehe oben, in: Kapitel 2 § 4 IV. 3. b) bb).

Bestochenen vom geltenden § 299 StGB nach herrschender Ansicht nicht erfasst,[803] werden jedoch als *de lege ferenda* strafwürdig diskutiert.[804]

III. Angestellter

Angestellter i.S.d. § 299 StGB ist, wer in einem zumindest faktischen Dienst- oder anderweitigen Arbeitsverhältnis zu einem Geschäftsherrn steht und von diesem weisungsabhängig ist.[805] Die Weisungsgebundenheit ist das entscheidende Abgrenzungskriterium zum Begriff des Beauftragten.[806] Aufgrund der Tatsache, dass der Angestelltenbegriff weit auszulegen ist, folgt zum einen, dass die konkrete arbeitsrechtliche Stellung oder generelle Wirksamkeit des zivilrechtlichen Vertrages unerheblich ist und zum anderen, dass es auf eine bestimmte Dauer oder Entgeltlichkeit des Arbeitsverhältnisses nicht ankommt.[807] Maßgebend ist insofern lediglich, dass das zumindest faktische Arbeitsverhältnis im Zeitpunkt der Unrechtsvereinbarung bereits begründet war und noch nicht beendet ist.[808] Der Angestellte muss zudem ein gewisses Maß an Entscheidungskompetenz besitzen, weswegen untergeordnete Hilfstätigkeiten nicht erfasst sind.[809] Angestellter kann überdies der Beamte einer öffentlich-rechtlichen Körperschaft sein, die im Rahmen der Fiskalverwaltung privatwirtschaftlich tätig wird.[810]

IV. Beauftragter

Beauftragter i.S.d. § 299 StGB ist, wer befugtermaßen, ohne Angestellter oder Betriebsinhaber zu sein, kraft seiner Stellung im Betrieb berechtigt und verpflichtet ist, für diesen geschäftlich tätig zu werden bzw. unmittelbaren oder mittelbaren Einfluss auf die im Rahmen des Betriebes zu treffenden Entscheidungen auszuüben.[811] Der Begriff hat im Vergleich zum Terminus des „Angestellten“

---

803 Siehe oben, in: Kapitel 2 § 4 IV. 3.

804 Siehe unten, in: Kapitel 4 § 5 I.

805 BeckOK-*Momsen*, § 299 Rn. 10.1; *Fischer*, § 299 Rn. 9; *Lackner/Kühl*, § 299 Rn. 2; LK-*Tiedemann*, § 299 Rn. 11; MK-*Krick*, § 299 Rn. 4; NK-*Dannecker*, § 299 Rn. 19; Sch/Sch-*Heine/Eisele*, § 299 Rn. 7; SK-*Rogall*, § 299 Rn. 25.

806 NK-*Dannecker*, § 299 Rn. 19.

807 BayObLG NJW 1996, 268, 272; *Fischer*, § 299 Rn. 9; MK-*Krick*, § 299 Rn. 4; NK-*Dannecker*, § 299 Rn. 19; Sch/Sch-*Heine/Eisele*, § 299 Rn. 7.

808 BGHSt 49, 275, 291 f.; BGH wistra 2004, 302, 303; NK-*Dannecker*, § 299 Rn. 19.

809 BayObLG NJW 1996, 268, 270; RGSt 72, 132 f.; NK-*Dannecker*, § 299 Rn. 19.

810 MK-*Krick*, § 299 Rn. 4; NK-*Dannecker*, § 299 Rn. 21a m.w.N.

811 RGSt 68, 119 f.; BGHSt 2, 396, 401; BGH NStZ 2012, 37 f.; OLG Karlsruhe, BB 2000, 635; BeckOK-*Momsen*, § 299 Rn. 11; *Fischer*, § 299 Rn. 10; *Lackner/Kühl*, § 299

Auffangfunktion.[812] Der Beauftragte muss gleich dem Angestellten dazu in der Lage sein, auf betriebliche Entscheidungen kraft echter oder unechter Entscheidungsträgerschaft Einfluss zu nehmen.[813] Untergeordnete Hilfstätigkeiten scheiden daher auch im Rahmen der Beauftragteneigenschaft aus.[814] Ebenso wie beim Angestellten kommt es auf die zivilrechtliche Wirksamkeit des Beschäftigungsverhältnisses nicht an, da der Begriff extensiv auszulegen ist und sich nicht an § 665 BGB orientiert.[815] Ob neben der rechtsgeschäftlichen Beauftragung auch eine gesetzliche Beauftragung an rechtlicher Qualität ausreicht, wurde in der Literatur lange Zeit kontrovers diskutiert,[816] durch den Beschluss des BGH zur Strafbarkeit korrupter niedergelassener Vertragsärzte aus dem Jahr 2012 jedoch nunmehr abschließend bejaht.[817] Als Beauftragte kommen daher insbesondere externe Personen in Betracht, wenn und soweit sie dazu in der Lage sind, auf Entscheidungen innerhalb des Betriebs Einfluss zu nehmen.[818]

V. Exkurs: Pharma-Marketing – Der niedergelassene Vertragsarzt als tauglicher Täter des § 299 Abs. 1 StGB?

Ob der korrupte niedergelassene Vertragsarzt als Beauftragter des geschäftlichen Betriebes der gesetzlichen Krankenkassen nach § 299 Abs. 1 StGB im Rahmen des sog. *Pharma-Marketings* rezipiert werden kann, war lange Zeit Inhalt einer kontrovers geführten Diskussion in Rechtsprechung und Literatur.[819] Unter „Pharma-Marketing“ sind Vereinbarungen zwischen Ärzten und

---

Rn. 2; LK-*Tiedemann*, § 299 Rn. 16; NK-*Dannecker*, § 299 Rn. 22; SK-*Rogall*, § 299 Rn. 26.

812 *Fischer*, § 299 Rn. 10; LK-*Tiedemann*, § 299 Rn. 16 m.w.N.

813 Siehe oben, in: Kapitel 2 § 4 IV. 3 b) aa) (1).

814 BGHSt 2, 396, 401; *Fischer*, § 299 Rn. 10.

815 BGHSt 2, 396, 401; RGSt 68, 70, 74; 68, 119 f.; 68, 263, 270; 72, 62, 63 f.

816 Bejahend: RGSt 68, 70, 74 f.; Insolvenzverwalter: LG Magdeburg wistra 2002, 156, 157; *Krüger*, ZIS 2011, 692, 697 m.w.N.

817 BGH NJW 2012, 2530, 2533.

818 Siehe oben, in: Kapitel 2 § 4 IV. 3. d) bb).

819 Für eine Strafbarkeit: *Fischer* (59. Auflage), § 299 Rn. 10b; *Pragal*, NStZ 2005, 133, 134 f.; *Ders.*, Korruption, S. 165 ff.; OLG Braunschweig, Beschluss v. 23.02.2010 – Ws 17/10, mit Anmerkung *Schmidt*, NStZ 2010, 392, 393 ff.; gegen eine Strafbarkeit: *Brockhaus/Dann/Teubner/Tsambikakis*, wistra 2010, 418 ff.; OLG Braunschweig, Beschluss v. 23.02.2010 – Ws 17/10, mit Anmerkung *Dieners*, PharmR 2010, 230, 232 f.; *Ders.*, PharmR 2010, 613 ff.; *Geis*, wistra 2005, 369 ff.; *Ders.*, wistra 2007, 361 ff.; *Klötzer*, NStZ 2008, 12, 13 ff.; OLG Braunschweig, Beschluss v. 23.02.2010 – Ws 17/10, mit Anmerkung *Schneider*, StV 2010, 365, 366 ff.; *Taschke*, StV 2005,

Pharmazeutikavertretern zu verstehen, die zum Gegenstand haben, dass der Arzt das von einem bestimmten Hersteller stammende Pharmazeutikum vornehmlich verschreibt und hierfür ein Entgelt in Form von Rabatten, Rückzahlungen, Kick-backs oder sonstigen Vergünstigungen erhält.[820] Am 29.03.2012 negierte der Große Senat für Strafsachen des Bundesgerichtshofes die Frage nach der Strafbarkeit des Pharma-Marketings und setzte dem Streit damit ein vermeintliches Ende. Allerdings bereitet diese Entscheidung weiterhin allgemeines Unbehagen, das überdies vom Urheber der Entscheidung selbst erkannt und verbalisiert wurde.[821] Dieses Unbehagen resultiert aus der Tatsache, dass eine Strafbarkeit des bestechlichen niedergelassenen Vertragsarztes bei der Verordnung von Medikamenten weder als Beauftragter der gesetzlichen Krankenkasse nach § 299 Abs. 1 StGB noch als Amtsträger nach §§ 331 ff. StGB i.V.m. § 11 Abs. 1 Nr. 2 Buchst. c StGB zu konstruieren ist; indessen Amts- oder Klinikärzte in der gleichen tatsächlichen Situation über §§ 331 ff. StGB zu bestrafen sind. Der Große Senat für Strafsachen wies daher am Ende seines Beschlusses darauf hin, dass er die grundsätzliche Berechtigung des Anliegens, „Missstände" des Gesundheitssystems zu beheben, nicht verkenne, sich jedoch aufgrund der geltenden Gesetzeslage nicht dazu in der Lage sähe, diesen mit Mitteln des Strafrechts effektiv entgegenzutreten.[822]

1. Sachverhalt BGH, Beschluss v. 29.03.2012 – GSST 2/11

Eine Pharmareferentin praktizierte ein Prämiensystem für kassenärztliche Verordnungen von Medikamenten ihres Pharmaunternehmens dergestalt, dass der verschreibende Arzt 5% der Herstellerabgabepreise als Prämie, deklariert als Honorar für fiktive wissenschaftliche Vorträge, dafür erhalten solle, dass er vornehmlich die Produkte des Unternehmens der Pharmareferentin verordnet.[823] Die Pharmareferentin war in der Folge wegen 16 Fällen, in denen sie verschiedenen Vertragsärzten Schecks über einen Gesamtbetrag von etwa 18.000 Euro entsprechend diesem Prämiensystem überreichte, angeklagt.[824] Das Landgericht hatte das Verhalten der Pharmareferentin rechtlich als Bestechung i.S.v. § 299

406, 410 f.; *Schneider/Gottschaldt*, wistra 2009, 133, 136; *Sahan*, ZIS 2007, 69 ff.; *Sahan/Urban*, ZIS 2011, 23 ff.; *Schroth*, FS Imme Roxin, S. 327, 330.

820 *Litzka*, WiJ 2013, 80, 81.

821 BGH NJW 2012, 2530, 2535 a.E.; *Kölbel*, StV 2012, 592: Der eine Beauftragtenstellung des Vertragsarztes gegenüber der gesetzlichen Krankenkasse befürwortet.

822 BGH NJW 2012, 2530, 2535 a.E.

823 BGH NJW 2012, 2530.

824 BGH NJW 2012, 2530.

Abs. 2 StGB in 16 Fällen und das Verhalten des angeklagten Vertragsarztes als dasjenige eines Beauftragten der gesetzlichen Krankenkasse nach § 299 Abs. 1 StGB gewertet. Auf die Revision der Angeklagten hin legte der 5. Strafsenat des BGH dem Großen Senat für Strafsachen die Frage vor, ob eine Strafbarkeit des niedergelassenen Vertragsarztes nach § 299 StGB oder §§ 331 ff. StGB in Betracht gezogen werden könne. Da die Verschreibung der Medikamente medizinisch indiziert war, kam keine Vertragsarztuntreue bzw. Beihilfe hierzu durch die Pharmareferentin in Betracht.[825] Die Frage der korrupten Verordnung von Hilfsmitteln hat der BGH *expressis verbis* nicht beantwortet, sondern einstweilen zurückgestellt.[826]

2. Rechtliche Würdigung

Zunächst stellte der Große Senat für Strafsachen fest, dass der Vertragsarzt keine Aufgabe öffentlicher Verwaltung nach § 11 Abs. 1 Nr. 2 Buchst. c StGB wahrnehme.[827] Das Verhältnis zwischen Patient und Vertragsarzt sei derart ausgestaltet, dass sie sich auf einer Ebene der „Gleichordnung" gegenüberträten und kein Über-Unterordnungsverhältnis im Sinne eines hoheitlichen Eingriffs angenommen werden könne. Sodann negierte der Große Senat für Strafsachen die Fragestellung, ob der Vertragsarzt bei der Verordnung von Arzneimitteln als „Beauftragter" der gesetzlichen Krankenkasse i.S.d. § 299 Abs. 1 StGB agiere.[828] Ob es sich bei der gesetzlichen Krankenkasse um einen „geschäftlichen Betrieb" i.S.d. § 299 StGB handele, ließ er allerdings ausdrücklich offen. Er votierte, dass sich die Negation der Beauftragung nicht schon aus der Freiberuflichkeit des Vertragsarztes nach § 18 Abs. 1 Nr. 1 S. 2 EStG im Rahmen der Betriebsinhaberschaft seiner eigenen Praxis ergebe; allerdings bezweckten die §§ 72 ff. SGB V ein kooperatives Zusammenwirken aller an der ärztlichen Versorgung beteiligten Krankenkassen, Vertragsärzte und kassenärztlichen Vereinigungen. Dieses Zusammenwirken spiele sich zugleich, entsprechend der Argumentation zur Amtsträgereigenschaft, auf einer Ebene der Gleichordnung ab und widerspreche somit einer Beauftragung der Vertragsärzte durch einen der an der ärztlichen Versorgung beteiligten Anderen.[829] Ein weiteres Argument sei, dass die gesetzliche Krankenkasse keinen

825 *Kölbel*, NStZ 2011, 195, 196; Zur Vertragsarztuntreue siehe: BGHSt 49, 17.
826 BGH NJW 2012, 2530; Frage nach Verordnung von Hilfsmitteln ist nicht formell, jedoch faktisch beantwortet worden: *Geiger*, CCZ 2012, 172, 176.
827 BGH NJW 2012, 2530, 2532, Rn. 8 (juris).
828 BGH NJW 2012, 2530, 2533 ff., Rn. 25 ff. (juris).
829 BGH NJW 2012, 2530, 2533, Rn. 30 (juris); *Taschke*, StV 2005, 406, 409.

und der Vertragsarzt selbst nur einen geringen Einfluss auf das Zustandekommen eines Behandlungsverhältnisses mit dem Patienten habe.[830] Gemäß § 76 SGB V könne der Patient seinen Vertragsarzt frei auswählen, wodurch der Vertragsarzt „in erster Linie in dessen Interesse tätig“ werde.[831] Ein gleichfalls vorliegender Bezug zu den Interessen der gesetzlichen Krankenkasse bei der Verordnung von Medikamenten könne an diesem Ergebnis nichts ändern.[832] Auch in der Zusammenschau des öffentlich-rechtlichen Anspruches der Apotheken gegen die gesetzlichen Krankenkassen auf Vergütung handle der Vertragsarzt nicht (mehr) als Vertreter der gesetzlichen Krankenkasse.[833]

Eine Beauftragung, so der BGH weiter, sei auch nicht über die konkrete Verordnungstätigkeit des Vertragsarztes zu konstruieren. Die Kassenpatienten hätten zwar einen Anspruch auf Versorgung mit Arzneimitteln, welche von den gesetzlichen Krankenkassen nach § 2 Abs. 1 S. 1, Abs. 2 SGB V als Sachleistung zur Verfügung gestellt werden. Richtig sei auch, dass dieser Sachleistungsanspruch nur ergehen könne, wenn ein Vertragsarzt das Arzneimittel auf Kassenrezept verordnet. Allerdings sei diese „zu Lasten“ der gesetzlichen Krankenkasse gehende, mittels des Vertragsarztes im Hinblick auf den Anspruch der gesetzlich Versicherten konkretisierte Leistungspflicht im Ergebnis nur „eingeschränkt“ ausgestaltet. Der Vertragsarzt könne über sie mithin nicht „abschließend und alleinverantwortlich“ entscheiden;[834] denn nach § 92 SGB V beschließe der Gemeinsame Bundesausschuss zur Sicherung der ärztlichen Versorgung die erforderlichen Richtlinien im Hinblick auf die Verordnung von Medikamenten, die damit einen Katalog der für die Verordnung des Vertragsarztes in Betracht kommenden Medikamente festlegten.[835]

Überdies komme den Apothekern nach § 73 Abs. 5 SGB V eine *aut-idem-Substitution* zu, die diesen die Abgabe eines wirkstoffgleichen, jedoch preisgünstigeren Medikaments, als jenem welches durch den Vertragsarzt verordnet wurde, ermögliche.[836] Gleichermaßen sei die Vorschrift des § 129 Abs. 1 S. 1 Nr. 2 SGB V zu werten. Nichtsdestotrotz habe der Vertragsarzt gesetzliche Regelungen zu beachten, die sein Verschreibungsverhalten „zu Lasten“ der gesetzlichen Krankenkasse konkretisieren, wie beispielsweise das Wirtschaftlichkeitsgebot nach

830 BGH NJW 2012, 2530, 2533, Rn. 33 (juris).
831 BGH NJW 2012, 2530, 2533, Rn. 33 (juris).
832 BGH NJW 2012, 2530, 2533 f., Rn. 34 (juris).
833 BGH NJW 2012, 2530, 2534, Rn. 36 (juris); a.A. BGHSt 49, 17, 19.
834 BGH NJW 2012, 2530, 2534, Rn. 38 (juris).
835 BGH NJW 2012, 2530, 2534, Rn. 38 (juris).
836 BGH NJW 2012, 2530, 2534, Rn. 39 (juris).

§§ 70 Abs. 1 S. 2, 72 Abs. 2 SGB V sowie das Erforderlichkeits- und Zweckmäßigkeitsgebot des § 12 Abs. 1 SGB V, deren Einhaltung von der kassenärztlichen Vereinigung überprüft werde.[837] Diese gesetzlich normierte Wahrung der Interessen der gesetzlichen Krankenkasse führe nach Ansicht des BGH jedoch nicht dazu, dass der Vertragsarzt als „Beauftragter" der gesetzlichen Krankenkasse i.S.d. § 299 StGB auftrete.[838] Der Vertragsarzt handele vielmehr „in erster Linie im Interesse des Patienten und in seinem Auftrag".[839]

3. *Bewertung unter Zugrundelegung des Ergebnisses der Ermittlung des Rechtsguts aus dem zweiten Kapitel der Untersuchung*

Die Argumentation des Großen Senats für Strafsachen stützt vollumfänglich das erarbeitete Rechtsgut aus dem zweiten Kapitel der Untersuchung. Der BGH sah sich einer klassischen Vierpersonenkonstellation im Rahmen des § 299 StGB ausgesetzt, in der zwei potentielle Prinzipale – gesetzliche Krankenkasse und Patient – für den niedergelassenen Vertragsarzt auftraten. Entsprechend der Argumentation zu den Vierpersonenkonstellationen[840] beschrieb der BGH die unterschiedlichen Beziehungen und jeweilig in Betracht kommenden Ausgestaltungen der Interessensvertretungen des Vertragsarztes. Die Beschreibung der wechselseitigen Beziehungen ist hierbei nichts anderes als die Beschreibung der Ausprägungen der jeweils zu wahrenden Vertragsfreiheiten der beiden in Frage kommenden Prinzipale, die die gesetzlichen oder vertraglichen Maßstäbe für die Medikamentenverschreibung des Vertragsarztes diktieren. Seitens der gesetzlichen Krankenkasse ist die Vertragsfreiheit an gesetzliche Wirtschaftlichkeits-, Erforderlichkeits- und Zweckmäßigkeitsgebote gebunden; seitens des Patienten orientiert sie sich an seiner individuellen Gesundheit als höchstem Gut, wie sich bereits aus § 1 MBO-Ä und § 1 der Bundesärzteordnung ergibt. Im Rahmen dieser Untersuchung stellte der BGH im weiteren Verlauf richtigerweise fest, dass der Vertragsarzt nicht als Beauftragter der gesetzlichen Krankenkasse handele. Mehrmals argumentierte der BGH in dem streitgegenständlichen Beschluss, dass der Vertragsarzt zwar auch die Belange der gesetzlichen Krankenkasse zu achten habe, jedoch letztendlich und „in erster Linie im Interesse des Patienten und in seinem Auftrag" tätig werde.[841] Eine Interessenvertretung, welche

837 BGH NJW 2012, 2530, 2535, Rn. 42 (juris).
838 BGH NJW 2012, 2530, 2534 f., Rn. 41 (juris).
839 BGH NJW 2012, 2530, 2535, Rn. 43 (juris).
840 Siehe oben, in: Kapitel 2 § 4 IV. 3. d) bb).
841 BGH NJW 2012, 2530, 2533, 2534, Rn. 43 (juris).

ausschließlich die Vertragsfreiheit der gesetzlichen Krankenkasse wahrt, hätte daher auch unter dem hier erarbeiteten Verständnis des Rechtsguts der Norm nicht angenommen werden können. Aus diesem Grunde kam der BGH zu dem unter Zugrundelegung seiner Argumentation schlüssigen Ergebnis, dass der Vertragsarzt nicht als Beauftragter des Prinzipals der gesetzlichen Krankenkasse agiere.

Prinzipal des beauftragten Kassenarztes ist nach der Rezeption der Entscheidung des Großen Senats für Strafsachen in der Literatur vielmehr der Kassenpatient.[842] Dieses Ergebnis erscheint jedoch unter dem in Kapitel 2 § 4 IV. 3. d) bb) aufgestellten Ausschließlichkeitskriterium zur Strafbarkeit bei Vierpersonenkonstellationen fraglich, da auch im Verhältnis „Kassenpatient-Vertragsarzt" durch die seitens des Vertragsarztes gegenüber den gesetzlichen Krankenkassen zu wahrenden Wirtschaftlichkeits-, Erforderlichkeits- und Zweckmäßigkeitsgebote bei der Verschreibung von Arzneimitteln nicht zwingend auf eine Interessensvertretung, die ausschließlich die abgeleitete Vertragsfreiheit des Patienten wahrt, geschlossen werden kann. Das Ausschließlichkeitskriterium in Bezug auf die Zuordnung der Interessensvertretung des Prinzipals in Vierpersonenkonstellationen könnte daher im Ergebnis durch den Beschluss des Großen Senats für Strafsachen verwässert worden sein, sollte eine lediglich „überwiegende Interessenszuordnung" für eine Beauftragung nach § 299 StGB ausreichen. Die spezifische Wortwahl des Großen Senats für Strafsachen korreliert allerdings nicht zwangsläufig mit diesem Auslegungsergebnis. Der BGH votierte im Rahmen seines Beschlusses vielmehr, dass der Vertragsarzt „in erster Linie im Interesse des Patienten und in seinem Auftrag" tätig werde und „bei wertender Gesamtbetrachtung" die „Bindung an den Patienten im Vordergrund" stünde.[843] Diese Formulierungen können gleichsam als Beschreibung des unstreitig bestehenden, zivilrechtlichen Dienstvertrages zwischen Patient und Arzt gewertet werden. Eine Bezeichnung des Patienten als „Prinzipal" i.S.d. Dreipersonenterminologie des § 299 StGB nahm der BGH in strafrechtlicher Hinsicht gerade nicht vor, sodass es durchaus plausibel erscheint, dass in der vorliegenden Konstellation keine Prinzipalzuordnung i.S.d. § 299 StGB getroffen werden kann. Die Rechtsprechung des Großen Senats für Strafsachen stützt lediglich die Argumentation, dass eine anderweitige betriebliche Einbettung des potentiell Beauftragten kein ausschlaggebendes Argument gegen dessen Beauftragung sein kann.

Unabhängig von der rechtlichen Einordnung des Kassenpatienten in die Dreipersonenterminologie des § 299 StGB ist dieser nach geltender Gesetzeslage

842 *Wengenroth/Meyer*, JA 2012, 646, 650; *Sahan*, ZIS 2012, 386, 389.
843 BGH NJW 2012, 2530, 2535, Rn. 43 (juris).

nicht unter das Tatbestandsmerkmal des „geschäftlichen Betriebes" nach § 299 StGB zu subsumieren. Die Straflosigkeit der vorliegenden Konstellation wurde seitens des BGH – anders als noch in der *Korkengeldentscheidung* des Reichsgerichts[844] – folglich richtig erkannt und überdies dogmatisch unbedenklich gelöst. Die vielfach vertretene Annahme einer Beauftragung des Vertragsarztes durch die gesetzliche Krankenkasse als Prinzipal i.S.d. Dreipersonenterminologie des § 299 StGB ist hingegen als Lehrstück ergebnisorientierter Argumentation anzusehen und reiht sich in die Phalanx der Umgehungskonstruktionen zulässiger Auslegungen des Tatbestandes des § 299 StGB ein.[845] Die gesetzgeberische Entscheidung, den Beauftragten einer natürlichen Person nicht nach § 299 StGB strafrechtlich zu erfassen, muss respektiert werden.[846]

4. *Vorschläge zur Implementierung der Strafbarkeit des Pharma-Marketings*

Infolge des Beschlusses des Großen Senats für Strafsachen ist eine Vielzahl an Modellen zur strafrechtlichen Erfassung des Pharma-Marketings aus dem Boden geschossen. Sowohl der Gesetzgeber als auch die Literatur warten mit differenzierten Lösungsvorschlägen auf. Nicht außer Acht gelassen werden darf jedoch, insbesondere hinsichtlich einer möglichen strafrechtlichen Rezeption des Pharma-Marketings, dass Korruption im Gesundheitswesen bereits in der Vergangenheit berufs-, sozial- und standesrechtlich verboten war und ist. Die Vertragsärzte unterliegen bereits *de lege lata* berufs- und standesrechtlichen Neutralitätsgeboten, wie jenen des Verbots der unerlaubten Zuweisungen und Zuwendungen nach §§ 31, 32 der (Muster-) Berufsordnung für die in Deutschland tätigen Ärztinnen und Ärzte, sowie sozialrechtlichen Korruptionsverboten, wie beispielsweise § 128 SGB V im Sozialversicherungswesen und § 95 VI SGB V, der eine Entziehung der Approbation bei grober Verletzung vertragsärztlicher Pflichten vorsieht, sowie weiteren Korruptionsverboten in § 7 HWG, § 67 VI AMG, § 4 UWG und § 5 BÄO. Überdies ist zu bedenken, dass medizinisch nicht indiziertes Pharma-Marketing bereits *de lege lata* nach § 266 StGB strafrechtlich relevant ist.[847] Ob dies nach den neuesten Entscheidungen des BSG[848] und aufgrund restriktiverer verfassungsrechtlicher Vorgaben für die

844 RGSt 48, 291.

845 So auch: *Sahan*, ZIS 2012, 386, 389.

846 Siehe zu einer möglichen Änderung *de lege ferenda*, in: Kapitel 4 § 5 II.

847 Vertragsarztuntreue: BGHSt 49, 17.

848 BSGE 105, 157 ff.

Auslegung des § 266 StGB[849] zukünftig noch der Fall sein wird, bleibt jedoch abzuwarten.[850]

a) § 308 SGB V

Die SPD-Bundestagsfraktion brachte Ende des Jahres 2010 einen Antrag mit dem Titel „Korruption im Gesundheitswesen wirksam bekämpfen" in den Bundestag ein, in dem bereits erste Forderungen zur strafrechtlichen Erfassung des korrupten Verschreibungsverhaltens niedergelassener Vertragsärzte enthalten waren.[851] Der Antrag scheiterte allerdings Ende des Jahres 2012 im Gesundheitsausschuss. Im weiteren Verlauf der Debatte votierte der GKV-Spitzenverband für eine strafrechtliche Erfassung des Pharma-Marketings. Berufsrechtliche Sanktionen hätten sich nach einer aktuellen empirischen Studie der Martin-Luther Universität zu Halle-Wittenberg nicht als ausreichend erwiesen.[852] Der GKV-Spitzenverband schlug aus diesem Grunde eine Neuregelung in einem neu zu schaffenden § 308 SGB V vor, der sich inhaltlich an den Regelungen der §§ 299, 331 ff. StGB ausrichtet und wie folgt gefasst werden soll:[853]

> *§ 308 Bestechlichkeit und Bestechung im Gesundheitswesen*
> (1) *Wer als angestellter Arzt, Vertragsarzt oder Leistungserbringer im Gesundheitswesen einen Vorteil für sich oder einen Dritten als Gegenleistung dafür fordert, sich versprechen lässt oder annimmt, dass er bei der Wahrnehmung der ihm übertragenen gesetzlichen Aufgaben eine Handlung vorgenommen hat oder zukünftig vornehme und dadurch seine Pflichten verletzt hat oder verletzen würde, wird mit einer Freiheitsstrafe bis zu 3 Jahren oder mit Geldstrafe bestraft.*
> (2) *Ebenso wird bestraft, wer einen angestellten Arzt, Vertragsarzt oder Leistungserbringer im Gesundheitswesen einen Vorteil für diesen oder einen Dritten als Gegenleistung dafür anbietet, verspricht oder gewährt, dass er bei der Wahrnehmung der ihm übertragenen gesetzlichen Aufgaben eine Handlung vorgenommen hat oder künftig vornehme und dadurch seine Pflichten verletzt hat oder verletzen würde.*

---

849 BVerfG, Urt. v. 23.06.2010, BVerfGE 126, 170.

850 *Geiger*, CCZ 2012, 172, 176; *Litzka*, WiJ 2013, 80, 85; *Bülte*, NZWiSt 2013, 346 ff.

851 BT-Drs. 17/3685, S. 1 ff.

852 *Litzka*, WiJ 2013, 80, 83 Fn. 30: Presseerklärung des GKV-Spitzenverbandes zur Studie, abrufbar unter: http://www.gkv-spitzenverband.de/media/dokumente/presse/pressemitteilungen/2012/PM_2012-05-22_Studie_Zuweisungen_gegen_Entgelt.pdf [zuletzt abgerufen am 11.11.2014].

853 *Litzka*, WiJ 2013, 80, 84.

b) § 70 Abs. 3 S. 2 SGB V

Bundesgesundheitsminister Daniel Bahr positionierte sich Mitte des Jahres 2013 ebenfalls zugunsten dieses Vorschlages und kündigte an bis September 2013 eine entsprechende Regelung im SGB V einführen zu wollen. Am 27. Juni 2013 nahm der Bundestag einen entsprechenden Gesetzentwurf der CDU/CSU und FDP zur Förderung der Prävention, in der vom Gesundheitsausschuss geänderten Fassung, an. Nach § 70 Abs. 3 S. 2 SGB V sollte die Korruption im Gesundheitswesen wie folgt pönalisiert werden:[854]

> *§ 70 SGB V Qualität, Wirtschaftlichkeit und Zusammenarbeit*
>
> *(3) Die Leistungserbringer, die andere Leistungserbringer oder Dritte an der Versorgung beteiligen, haben eine am Vertrauen des Versicherten in die Unabhängigkeit medizinischer Entscheidungen und am Gebot der Wirtschaftlichkeit orientierte Zusammenarbeit unter Berücksichtigung der Anbietervielfalt zu gewährleisten. Leistungserbringer und ihre Angestellten oder Beauftragten dürfen keine Entgelte oder sonstigen wirtschaftlichen Vorteile für sich oder Dritte als Gegenleistung dafür fordern, sich versprechen lassen oder annehmen, dass sie andere Leistungserbringer, der Abgabe von Mitteln oder der sonstigen Veranlassung von Leistungen für die Untersuchung oder Behandlung von Versicherten nach diesem Buch begünstigen oder bevorzugen. Ebenfalls unzulässig ist es, Leistungserbringern, ihren Angestellten oder Beauftragten solche Vorteile für diese oder Dritte anzubieten, zu versprechen oder zu gewähren. Vorteile sind auch solche nach § 128 Abs. 2 S. 3.*

Der Gesetzentwurf wurde jedoch durch Anrufung des Vermittlungsausschusses im Bundesrat am 20. September 2013 verhindert, da gemäß des sog. *sachlichen Diskontinuitätsgrundsatzes*[855] ein tagen desselben vor Ablauf der Legislaturperiode zeitlich unmöglich war.

c) § 299a StGB – Gesetzentwurf des Bundesrates (BT-Drs. 17/14575)

Eine weitere Möglichkeit bestünde in der Implementierung eines neuen § 299a StGB, in dem die Problematik des Pharma-Marketings bei der Verschreibung von Arzneimitteln *expressis verbis* unter Strafe gestellt werden könnte. Diese Textierung hätte den Vorteil der Positionierung im Kernstrafrecht, womit ihr im Vergleich zur Positionierung im Nebenstrafrecht, wie beispielsweise in § 308 SGB V oder § 70 SGB V, forcierte Aufmerksamkeit zuteilwürde. Grundsätzlich ist die Dreipersonenterminologie des § 299 StGB, wie oben gesehen, auf Konstellationen des Pharma-Marketings – wie auf alle Vierpersonenkonstellationen – anwendbar. Der Bundesrat stellte demgemäß am 30. Mai 2013, initiiert durch die Länder

---

854 BT-Drs. 17/13080 sowie BT-Drs. 17/14184.

855 Allgemein zum Diskontinuitätsgrundsatz: Maunz/Dürig-*Kersten*, Art. 76 Rn. 116.

Hamburg und Mecklenburg-Vorpommern einen Gesetzesantrag zur strafrechtlichen Erfassung des Pharma-Marketings.[856] Hinter § 299 StGB soll ein neuer § 299a StGB treten, der das Pharma-Marketing wie folgt erfasst:

> *„§ 299a Bestechlichkeit und Bestechung im Gesundheitswesen*
> *(1) Wer als Angehöriger eines Heilberufs, der für die Berufsausübung oder die Führung der Berufsbezeichnung eine staatlich geregelte Ausbildung erfordert, im Zusammenhang mit der Ausübung dieses Berufs einen Vorteil für sich oder einen Dritten als Gegenleistung dafür fordert, sich versprechen lässt oder annimmt, dass er bei dem Bezug, der Verordnung oder der Abgabe von Arznei-, Heil- oder Hilfsmitteln oder Medizinprodukten oder bei der Zuweisung von Patienten oder Untersuchungsmaterial*
> *1. einen anderen im inländischen oder ausländischen Wettbewerb bevorzuge oder*
> *2. sich in sonstiger unlauterer Weise beeinflussen lasse, wird mit Freiheitsstrafe bis zu drei Jahren oder mit Geldstrafe bestraft.*
> *(2) Ebenso wird bestraft, wer einem Angehörigen eines Heilberufs im Sinne des Absatzes 1 im Zusammenhang mit dessen Berufsausübung einen Vorteil für diesen oder einen Dritten als Gegenleistung dafür anbietet, verspricht oder gewährt, dass er bei dem Bezug, der Verordnung oder der Abgabe von Arznei-, Heil- oder Hilfsmitteln oder Medizinprodukten oder bei der Zuweisung von Patienten oder Untersuchungsmaterial*
> *1. ihn oder einen anderen im inländischen oder ausländischen Wettbewerb bevorzuge oder*
> *2. sich in sonstiger unlauterer Weise beeinflussen lasse.“*

Der Gesetzesantrag wurde gemäß Art. 76 Abs. 3 S. 2 GG mit einer ablehnenden Stellungnahme der Bundesregierung an den Bundestag weitergeleitet, indem er allerdings nach §§ 125 S. 1, 75 GOBT gemäß des Grundsatzes der Diskontinuität als erledigt gilt. Der Grundsatz der Diskontinuität gilt zwar nicht für den Bundesrat, allerdings unterfallen ihm alle Gesetzesentwürfe, die im Bundestag noch nicht abschließend behandelt worden sind, unabhängig von der Tatsache, wer Initiator des Gesetzesantrages war.[857] Gleichwohl kann der Gesetzesantrag ohne erneuten Beschluss des Bundesrats beim neuen Bundestag eingebracht werden.[858]

d) Kritik an den Implementierungsvorschlägen a)–c)

Unter Zugrundelegung des Normtextes eines fiktiven § 308 SGB V – welcher bewusst der sprachlichen Fassung des § 299 StGB angenähert ist – zeichnet sich die Dreipersonenterminologie wie folgt ab: der Vertragsarzt agierte als Beauftragter, die Pharmareferentin als Vorteilsgeberin bzw. als Wettbewerberin und

856 BR-Drs. 451/13 und BT-Drs. 17/14575.

857 Maunz/Dürig-*Maunz/Klein*, Art. 39 Rn. 54; BeckOK-*Dietlein*, GG, Art. 76 Rn. 43 f.

858 BeckOK-*Brocker*, GG, Art. 39 Rn. 6.

als Prinzipal kämen erneut sowohl der Patient als auch die gesetzliche Krankenkasse in Betracht, da sich aus der gesetzlichen Formulierung des fiktiven § 308 SGB V „*bei der Wahrnehmung der ihm übertragenen gesetzlichen Aufgaben eine Handlung vorgenommen hat oder zukünftig vornehme und dadurch seine Pflichten verletzt hat oder verletzen würde*", aufgrund der für den Vertragsarzt gesetzlich normierten Pflichten sowohl im Hinblick auf die Krankenkasse als auch im Hinblick auf den Patienten, keine singuläre Prinzipalstellung der gesetzlichen Krankenkasse begründen lässt. Pflichtverletzungen sind folglich gegenüber beiden Protagonisten denkbar. Mithin läge erneut eine Vierpersonenkonstellation i.S.d. § 299 StGB vor, die nach den im zweiten Kapitel ausgearbeiteten Kriterien und der Argumentation des BGH[859] zum Pharma-Marketing keiner kohärenten Lösung im Sinne einer Strafbarkeit nach § 299 StGB zugeführt werden kann, da es an einer ausschließlich feststellbaren Interessenbindung im Hinblick auf die Wahrung der Vertragsfreiheit einer der beiden Protagonisten mangelt.

Hieran scheitert überdies der Vorschlag von CDU/CSU und FDP in Bezug auf eine mögliche Textierung des § 70 Abs. 3 S. 2 SGB V. § 70 Abs. 3 S. 1 SGB V schreibt ähnlich zum Vorschlag des GKV-Spitzenverbandes zu § 308 SGB V eine Orientierung sowohl am Gebot der Wirtschaftlichkeit und somit zugunsten der gesetzlichen Krankenkasse als auch eine Orientierung am Vertrauen des Patienten in die Unabhängigkeit der medizinischen Entscheidung vor. Eine singuläre Interessenbindung ist folglich auch nach diesem Vorschlag unmöglich. Dem Vorschlag des Bundesrates mangelt es ebenfalls an einer Formulierung der Interessenbindung des Täters des Sonderdeliktes von § 299a Abs. 1 StGB, sodass auch dieser Regelungsvorschlag nicht zu überzeugen vermag, wodurch sich die Textierung des Pharma-Marketings allgemein in einer Ergänzungsvorschrift zu § 299 StGB als verfehlt darstellt.

In Betracht käme lediglich eine Textierung, die einen der beiden Protagonisten explizit als „Prinzipal" beschriebe. Im Folgenden sind indes beide sprachlichen Möglichkeiten auf die Dreipersonenangriffsweise des § 299 StGB im Verhältnis „Patient-Vertragsarzt-Pharmareferent" und im Verhältnis „gesetzliche Krankenkasse-Vertragsarzt-Pharmareferent" anzuwenden. Bei der ersten Möglichkeit der Normierung eines „Patienten-Vertragsarzt-Pharmareferenten"-Verhältnisses ermangelt es jedoch eines den Verbraucher inbegriffenen, individuellen Schutzaspektes des Rechtsguts der Norm des § 299 StGB. Die Stellung des Verbrauchers als Prinzipal stellt zudem eine Umgehung der gesetzgeberischen Wertung dar, den Beauftragten einer natürlichen Person nicht strafrechtlich

859 BGH NJW 2012, 2530.

erfassen zu wollen (vgl. die Textierung in § 299 Abs. 1 und Abs. 2 StGB bezüglich „eines geschäftlichen Betriebes"). Bei der zweiten Möglichkeit der Normierung eines „gesetzliche Krankenkasse-Vertragsarzt-Pharmareferenten"- Verhältnisses ist fraglich, ob dieses Konstrukt Friktionen mit der geltenden Rechtslage tatsächlich besser vermiede als die vorangegangene Dreipersonenuntergliederung. Dieser Konstruktion fehlt es an Bezügen zur vom Gesetzgeber implementierten Angriffsweise des geltenden § 299 StGB, da der Vertragsarzt gerade kein Beauftragter der gesetzlichen Krankenkasse ist,[860] die Angriffsweise der Dreipersonenterminologie demnach keine Anwendung findet und dies letztlich wiederum ein Umgehungskonstrukt zugunsten einer Strafbarkeit des Beauftragten einer Privatperson darstellte.[861] Zur Implementierung der Strafbarkeit des Pharma-Marketings ist mithin keine gesetzliche Formulierung eines fiktiven § 299 Abs. 4 StGB, § 299a StGB oder einer sonstigen, an der Dreipersonenterminologie des § 299 StGB orientierten Vorschrift denkbar, die dem Rechtsgut der Norm sowie der Angriffsweise des geltenden Tatbestandes genügte.

e) § 356a StGB – Amtsdelikte im weiteren Sinne

Ein weiterer Vorschlag aus der Literatur lautet, das Pharma-Marketing in den §§ 331 ff. StGB strafrechtlich zu erfassen.[862] Die sachlich differenzierte Behandlung des korrupten Klinikarztes nach §§ 331 ff. StGB rührt allerdings von einer gänzlich unterschiedlichen Fassung der tatsächlichen Verhältnisse her, weswegen der Vorschlag der Einbettung in §§ 331 ff. StGB auf den ersten Blick nicht verfängt. Während der niedergelassene Vertragsarzt als Freiberufler agiert und sich das Arzt-Patienten-Verhältnis als zivilrechtliche Dienstleistung gestaltet, fehlt es beim Klinikarzt im Rahmen seines Arzt-Patienten-Verhältnisses an diesen Merkmalen.[863] Weder das Kriterium des individuell begründeten Vertrauens, jenes der Gleichordnung, noch das der Gestaltungsfreiheit liegen in der Person des Klinikarztes vor.[864] Diese strukturellen Unterschiede rechtfertigen daher eine unterschiedliche Schutzzweckorientierung in Differenzierung zu §§ 299 ff. StGB. *Dannecker* will dennoch den Schutz des besonderen Arzt-Patienten-Vertrauensverhältnisses durch einen Straftatbestand im Rahmen der „Straftaten im Amt" erfassen und beschreibt hierzu einen Vorschlag, der gesonderte

860 BGH NJW 2012, 2530 ff.
861 Siehe oben, in: Kapitel 3 § 1 V. 3.
862 *Dannecker*, ZRP 2013, 37, 41.
863 *Litzka*, WiJ 2013, 80, 86.
864 BGH NJW 2012, 2530.

Betrachtung verdient.[865] Das besondere Arzt-Patienten-Vertrauensverhältnis, das einer expliziten strafrechtlichen Normierung bedürfe, ergebe sich seiner Ansicht nach aus der außerordentlichen Machtstellung des Arztes innerhalb dieses Verhältnisses.[866] Rechtsgut der neu zu fassenden Norm solle deshalb, in Anlehnung an das Rechtsgut des § 356 StGB, „die Lauterkeit der medizinischen Versorgung und das Vertrauen der Allgemeinheit in die Lauterkeit der ärztlichen Tätigkeit" sein.[867] Das Gesundheitssystem und die damit einhergehende Versorgung durch freiberuflich tätige Ärzte sei dem Bereich der Daseinsvorsorge zuzuordnen, wodurch eine strafrechtlich relevante Verschreibungs- bzw. Verordnungspraxis infolge des Pharma-Marketings entsprechend des Straftatbestandes zum Parteiverrat nach § 356 StGB bei den „Amtsdelikten im weiteren Sinne" einzuordnen wäre.[868]

f) Abschließende Bewertung der Implementierungsvorschläge

Die Vorschläge des GKV-Spitzenverbandes, der CDU/CSU und FDP sowie des Bundesrates, die sich allesamt sprachlich an § 299 StGB orientieren, sind aus den aufgezeigten Gründen abzulehnen, da sie aus einem falschen Verständnis des Rechtsguts der Norm des § 299 StGB herrühren. Eine Ergänzung des § 299 StGB um einen neuen Absatz 4 führt ebenfalls zu weitreichenden Friktionen mit der geltenden Fassung, weswegen eine Strafbarkeit im Rahmen oder in Anlehnung an § 299 StGB generell nicht zu befürworten ist. Folglich können einzig gänzlich neue Vorschläge, wie jener eines Straftatbestandes, der sich adäquat zu § 356 StGB gestaltet oder losgelöst von § 299 StGB in das SGB V eingebettet wird, reüssieren. Durch die Implementierung der Strafbarkeit des Pharma-Marketings in einen fiktiven § 356a StGB wäre sowohl dem Ziel der Abgrenzung zum Schutzzweck der §§ 331 ff. StGB – der Amtsdelikte im engeren Sinne – gedient, als auch die von der höchstrichterlichen Rechtsprechung als eklatant empfundene Strafbarkeitslücke geschlossen. Bei der Implementierung des Pharma-Marketings ist allerdings der Degenerierung zum „symbolischen Strafrecht",[869] der Tendenz Gesetze mit moralischem Appellcharakter zu verabschieden,[870] entgegenzuwirken. Andernfalls können leicht Friktionen mit der *ultima ratio*-Funktion des

865 *Dannecker*, ZRP 2013, 37, 39.

866 *Dannecker*, ZRP 2013, 37, 40; *Lachmann/Meuter*, Medizinische Gerechtigkeit, S. 92 f.

867 *Dannecker*, ZRP 2013, 37, 41.

868 *Dannecker*, ZRP 2013, 37, 41.

869 Momsen/Grützner-*Krüger*, Wirtschaftsstrafrecht, 9. Kapitel, C Rn. 21.

870 *Hassemer*, NStZ 1989, 553, 554.

Strafrechts entstehen.[871] Überdies darf keine Umgehung bestehender Straftatbestände wie beispielsweise jenem des § 266 StGB in Kauf genommen werden.[872] Als Alternative zur Implementierung eines § 356a StGB käme daher überdies ein Ausbau bestehender berufs- und standesrechtlicher Sanktionen in Betracht, der nicht vorschnell durch die Option strafrechtlicher Textierung außer Acht gelassen werden sollte.[873]

§ 2 Überblick über die weiteren Tatbestandsmerkmale des § 299 StGB de lege lata

I. § 299 Abs. 1 StGB

1. Im geschäftlichen Verkehr

Der Terminus „im geschäftlichen Verkehr" entspricht weitestgehend dem des „geschäftlichen Betriebes" in § 299 StGB, ist im Ergebnis jedoch extensiver und umfasst daher alle Maßnahmen, die der Förderung eines beliebigen Geschäftszwecks dienen und geschäftliche Beziehungen zu einem Betrieb darstellen.[874] Er dient hierbei gleichsam der Abgrenzung zu rein privaten und rein hoheitlichen Tätigkeiten.[875] Da diese beiden Tätigkeiten aus dem Anwendungsbereich der Norm ausgenommen sind, lassen sich hieraus zwei Abgrenzungskriterien gewinnen: Zunächst kommen als Geschäftszwecke nur *wirtschaftliche Zwecke* in Frage, wodurch beispielsweise karitatives Handeln aus dem Anwendungsbereich der Norm ausscheiden muss, soweit es nicht in einem spezifischen Tätigkeitsbereich Erwerbszwecke entfaltet.[876] Des Weiteren ist der *private Endverbraucher* aus dem Tatbestand ausgenommen, auch wenn dieser beispielsweise Waren zum eigenen Bedarf bei einem Händler kauft, sie benutzt und nach der Benutzung weiterverkaufen sollte.[877]

---

871 Momsen/Grützner-*Krüger*, Wirtschaftsstrafrecht, 9. Kapitel, C Rn. 22.

872 So auch: *Geiger*, CCZ 2012, 172, 179; *Litzka*, WiJ 2013, 80, 87.

873 *Litzka*, WiJ 2013, 80, 87 f. m.w.N.; a.A. *Kraatz*, NZWiSt 2012, 268, 277 f.

874 BeckOK-*Momsen*, § 299 Rn. 12; MK-*Krick*, § 299 Rn. 17; NK-*Dannecker*, § 299 Rn. 28; *Pfeiffer*, FS v. Gamm, S. 129, 131.

875 BGHSt 2, 396, 403; 10, 358, 366; Sch/Sch-*Heine/Eisele*, § 299 Rn. 9; LK-*Tiedemann*, § 299 Rn. 22.

876 BVerfGE 24, 236 ff.; LK-*Tiedemann*, § 299 Rn. 22.

877 *Pfeiffer*, FS v. Gamm, S. 129, 132 m.w.N.; LK-*Tiedemann*, § 299 Rn. 22.

2. *Tathandlung*

Tathandlungen des § 299 Abs. 1 StGB sind das „Fordern, Sich-Versprechen-Lassen oder Annehmen" eines Vorteils für sich oder einen Dritten. Die zweite und dritte Tatvariante setzen im Gegensatz zur ersten Variante ein konspiratives Zusammenwirken zwischen Nehmer und Geber voraus.[878] Die erste Tatvariante des „Forderns" setzt als einseitige Maßnahme lediglich voraus, dass der Vorteilsnehmer seine Forderung gegenüber dem Vorteilsgeber kenntlich macht und diese ihm zugeht.[879] Die Strafbarkeit des Vorteilsnehmers wird hierdurch weit in den Vorfeldbereich ausgedehnt, indem bereits - auch untaugliches - Anbahnungsbemühen unter Vollendungsstrafe gestellt wird.[880] Ob der Vorteilsgeber die Bedeutung der „Forderung" versteht oder sie umgehend zurückweist, ist für die Strafbarkeit des Vorteilsnehmers nach § 299 Abs. 1 StGB folglich irrelevant,[881] während es für den Vorteilsgeber die Strafbarkeit nach § 299 Abs. 2 StGB entfallen lässt.

3. *Eigen - bzw. Drittvorteil*

Der „Vorteil" ist begrifflich identisch zu demjenigen in § 331 StGB und setzt eine objektive Besserstellung der wirtschaftlichen, rechtlichen oder persönlichen Lage des Vorteilsempfängers voraus, auf die dieser keinen Anspruch hat.[882] Erfasst sind sowohl materielle als auch immaterielle Vorteile.[883] Die Möglichkeit des „Drittvorteils" ist im Tatbestand des § 299 StGB explizit aufgeführt. Drittvorteile, die dem Prinzipal zufallen sollen, sind jedoch - wie bereits in Kapitel 2 § 4 IV. 3. b) aa) ausgeführt - entgegen der herrschenden Meinung[884] aus dem

---

878 *Fischer*, § 299 Rn. 17; NK-*Dannecker*, § 299 Rn. 31 ff. m.w.N.

879 NK-*Dannecker*, § 299 Rn. 32; *Fischer*, § 299 Rn. 17.

880 BeckOK-*Momsen*, § 299 Rn. 18; *Fischer*, § 299 Rn. 17; LK-*Tiedemann*, § 299 Rn. 48; NK-*Dannecker*, § 299 Rn. 32.

881 RGSt 39, 193, 198; *Fischer*, § 299 Rn. 17; LK-*Tiedemann*, § 299 Rn. 48; MK-*Krick*, § 299 Rn. 20; NK-*Dannecker*, § 299 Rn. 32.

882 Zu § 331 StGB: BGHSt 31, 264, 279; zu § 332 StGB: BGH NJW 2001, 2558, 2559; BGH NJW 2003, 2996, 2997 f.; *Fischer*, § 299 Rn. 7; *Lackner/Kühl*, § 299 Rn. 4; LK-*Tiedemann*, § 299 Rn. 25; MK-*Krick*, § 299 Rn. 18; NK-*Dannecker*, § 299 Rn. 35; *Pfeiffer*, FS v. Gamm, S. 129, 134.

883 RGSt 64, 291; 77, 75, 77 f; BGHSt 31, 264, 279; zu § 108b StGB: BGHSt 33, 336, 339; zu § 332 StGB: BGHSt 35, 128, 133 f; *Fischer*, § 299 Rn. 7; LK-*Tiedemann*, § 299 Rn. 25 ff. m.w.N.; MK-*Krick*, § 299 Rn. 18 m.w.N.; a.A. *Bauchrowitz*, Vorteilsbegriff, S. 77 ff.; *Geerds*, Unrechtsgehalt, S. 65 ff.; *Schmidt*, Bestechungstatbestände, S. 3 ff.

884 LK-*Tiedemann*, § 299 Rn. 26 m.w.N.; NK-*Dannecker*, § 299 Rn. 41 m.w.N.

Tatbestand im Wege einer teleologischen Reduktion aufgrund des neu gewonnenen Rechtsguts der Norm auszuklammern.

a) Problem der „sozialadäquaten" Zuwendung

Aus der Tatsache, dass sowohl immaterielle als auch materielle Zuwendungen dem Tatbestandsmerkmal des „Vorteils" unterfallen, ergibt sich die Folgeproblematik der Abgrenzung von lediglich der Klimapflege dienenden, § 299 StGB tatbestandlich nicht unterfallenden Zuwendungen zu jenen, die strafrechtliche Relevanz besitzen. Hierbei ist der anzulegende Maßstab nicht mit demjenigen des § 331 StGB identisch, da dieser im öffentlichen Sektor denknotwendig restriktiver ausgestaltet sein muss.[885] Konsens herrscht hinsichtlich der Annahme, dass nicht jedwede, der Klimapflege dienende Zuwendung unter Geschäftspartnern vom Tatbestand des § 299 StGB erfasst sein kann.[886] So sollen insbesondere das Gewähren von Trinkgeldern und kleineren Aufmerksamkeiten oder Gefälligkeiten, wie beispielsweise die Einladung zu einem Geschäftsessen, vom Tatbestand ausgenommen sein.[887] Der Maßstab der Abgrenzung variiert in den Begründungen von Rechtsprechung und Literatur. Zum einen wird die Abgrenzung zu lediglich der Klimapflege dienenden Zuwendungen am Merkmal der „Sozialadäquanz"[888] vollzogen, andere befürworten hingegen die Orientierung an „Wertobergrenzen"[889] und wieder andere bemühen den Terminus der „Unlauterkeit"[890]. Grundsätzlich entspricht die Extraktion der der Klimapflege dienenden Zuwendungen aus dem Tatbestand des § 299 StGB dem Ergebnis der

---

885 Müller-Gugenberger/Bieneck-*Blessing*, § 53 Rn. 43; *Fischer*, § 299 Rn. 16a, § 331 Rn. 25 ff.; LK-*Tiedemann*, § 299 Rn. 28.

886 Achenbach/Ransiek-*Rönnau*, Wirtschaftsstrafrecht, 3. Teil 2. Kapitel Rn. 23; BeckOK-*Momsen*, § 299 Rn. 9.1; LK-*Tiedemann*, § 299 Rn. 28; MK-*Krick*, § 299 Rn. 29; Sch/Sch-*Heine/Eisele*, § 299 Rn. 20; SK-*Rogall*, § 299 Rn. 44 f.

887 BGHSt 15, 239, 252; 39, 45, 47 f.; MK-*Krick*, § 299 Rn. 29; NK-*Dannecker*, § 299 Rn. 39; weitere Beispiele bei: SK-*Rogall*, § 299 Rn. 45.

888 BGHSt 33, 336, 339; BGHSt 31, 264, 279; *Sprafke*, Korruption, S. 141 f.; NK-*Dannecker*, § 299 Rn. 40.

889 *Mehle*, FS Gauweiler, S. 395, 408: 35 Euro pro Person und pro Wirtschaftsjahr; *Tron*, Kassenärzte, S. 137: 35 Euro entsprechend § 4 Abs. 5 S. 1 Nr. 1 EStG (2004); *Koepsel*, Bestechlichkeit und Bestechung, S. 131: 100 Euro pro Geschäftsjahr; *Pfuhl*, Korruption, S. 146 f.: 5–15 Euro; *Kahmann*, Bestechlichkeit und Bestechung, S. 231 ff., 239 ff.: Etablierung von bestimmten Wertgrenzen im Rahmen der Sozialadäquanz mit möglicher Einzelfallbetrachtung.

890 LK-*Tiedemann*, § 299 Rn. 28: Die Sozialüblichkeit ist auch am Maßstab der Unlauterkeit zu messen; *Merges*, Bestechungsdelikte, S. 179.

Rechtsgutsanalyse aus dem zweiten Kapitel der Untersuchung. Lediglich in der dogmatischen Begründung ist sie von jenen der Literatur und Rechtsprechung zu unterscheiden: Zuwendungen an Angestellte bzw. Beauftragte stellen solange keine Beeinträchtigung des Rechtsguts des „lauteren Wettbewerbs in Ausprägung der Wahrung der abgeleiteten Vertragsfreiheit des Prinzipals" dar, solange sie der Entscheidung des Prinzipals in Ausprägung seiner genuinen Vertragsfreiheit in einem fiktiven Zweipersonenverhältnis nicht widersprechen. Eine feststehende Wertgrenze ist, da sie lediglich indiziell wirkt, als Abgrenzungsmaßstab untauglich.[891] Es kommt im Rahmen der Entscheidung, ob eine strafrechtlich relevante Zuwendung vorliegt, vielmehr darauf an, ob mit der Zuwendung auf den Ausgang eines bestimmten Vertragsanbahnungsgeschehens Einfluss genommen werden soll. Für die Tatbestandsmäßigkeit reichen daher unter Umständen bereits wertmäßig geringe Zuwendungen aus. Die strafrechtliche Relevanz der Zuwendung muss in jedem Einzelfall neu bestimmt werden und die Lebensumstände, den Geschäftsbereich und die Stellung der Beteiligten berücksichtigen. Allgemeingültige Aussagen lassen sich nicht formulieren. Die Abgrenzung ist folglich im Wege einer rechtsgutsorientierten Auslegung zu vollziehen. Auf die Termini der „Sozialadäquanz", der „Unlauterkeit" oder der „Wertobergrenze" ist nicht zu rekurrieren.

b) Fazit

Im Ergebnis folgen die beiden kontrovers diskutierten Konstellationen der dem Prinzipal zufließenden Drittvorteile und der aufgrund ihres Ausmaßes strafrechtlich irrelevanten Zuwendungen der rechtsgutsorientierten Auslegung des Tatbestandes, aus der eine teleologische Reduktion desselben für beide Konstellationen folgt.

4. Unrechtsvereinbarung

Ausdruck des nach dem Gesetz vorausgesetzten Gegenleistungsverhältnisses zwischen Vorteilsnehmer und Vorteilsgeber ist die „Unrechtsvereinbarung". Diese muss sich nach der Vorstellung der Beteiligten auf eine zukünftige, unlautere Bevorzugung im Wettbewerb beziehen, vgl. „daß er [...] bevorzuge".[892] Vornehmlich die zeitliche Komponente spielt daher im Rahmen der Unrechtsvereinbarung

---

891 So auch: *Höltkemeier*, Sponsoring, S. 129, 177 f.; Achenbach/Ransiek-*Rönnau*, Wirtschaftsstrafrecht, 3. Teil 2. Kapitel Rn. 23.

892 Achenbach/Ransiek-*Rönnau*, Wirtschaftsstrafrecht, 3. Teil 2. Kapitel Rn. 56; *Fischer*, § 299 Rn. 13; LK-*Tiedemann*, § 299 Rn. 29.

eine entscheidende Rolle. Zuwendungen aus Anlass einer in der Vergangenheit erfolgten Bevorzugung sind nicht vom Tatbestand erfasst, sofern sie nicht ihrerseits Gegenstand einer Unrechtsvereinbarung waren.[893] Bezieht sich der Vorteil daher auf eine in der Vergangenheit erfolgte Bevorzugung, ist diese vom Tatrichter konkret festzustellen, um dennoch zu einer Strafbarkeit nach § 299 StGB zu gelangen.[894] Die Abgrenzung ist insbesondere im Rahmen ständiger Geschäftsbeziehungen schwierig, da die Grenzen fließend verlaufen. Beim Schenken im Rahmen dauerhafter Geschäftsbeziehungen ist regelmäßig eine Unrechtsvereinbarung indiziert, sofern die zukünftige Bevorzugung für beide Teile hinreichend konkretisiert ist.[895] Zu einer Strafbarkeit beider Täter gelangt man überdies bei zukünftigen Bevorzugungen lediglich, soweit ihre Eckdaten im Zeitpunkt der Zuwendung für beide Täter ausreichend verständlich konkretisiert sind. Obgleich ein konkretes, synallagmatisches Leistungs-Gegenleistungsverhältnis keine Voraussetzung i.S.d. § 299 StGB ist, müssen „Zeit, Ort und Begehungsweise der Bevorzugung" zumindest „in groben Umrissen erkennbar und festgelegt" sein.[896] Von einer Lockerung dieses Konkretisierungserfordernisses der Unrechtsvereinbarung entsprechend den Regelungen zu §§ 331 ff. StGB zur Erfassung von Zuwendungen zur Herbeiführung allgemeinen „Wohlwollens" hat der Gesetzgeber bei § 299 StGB abgesehen, da es bei der Korruption im privaten Bereich nicht um „die Beeinträchtigung des Staatsinteresses an dem Erscheinungsbild eines rechtsstaatlichen Verwaltungsapparats" gehe.[897] Das Rechtsgut des § 299 StGB sei bei einer „bloßen Erschütterung des Vertrauens in die Sachgerechtigkeit der Marktentscheidung" noch nicht gefährdet, im Gegensatz zum Rechtsgut der §§ 331 ff. StGB – „dem Vertrauen der Allgemeinheit in die Lauterkeit des öffentlichen Dienstes" –, das bereits durch unspezifische Zuwendungen Schaden erleide.[898] Dies gilt unter Zugrundelegung des erarbeiteten Rechtsguts des „lauteren Wettbewerbs in Ausprägung der Wahrung der abgeleiteten Vertragsfreiheit des Prinzipals" umso mehr, als die Vertragsfreiheit des Prinzipals durch die Tathandlungen des § 299 Abs. 1, Abs. 2 StGB lediglich gefährdet wird, die Beeinträchtigung des

---

893 BGH GRUR 1968, 587, 588; *Wittig*, wistra 1998, 7 f.; *Fischer*, § 299 Rn. 13.

894 BGH NStZ-RR 2010, 376; *Fischer*, § 299 Rn. 13.

895 NK-*Dannecker*, § 299 Rn. 47; LK-*Tiedemann*, § 299 Rn. 29.

896 Zu § 332 Abs. 2 StGB: BGHSt 32, 290, 291; Achenbach/Ransiek-*Rönnau*, Wirtschaftsstrafrecht, 3. Teil 2. Kapitel Rn. 56.

897 Sch/Sch-*Heine/Eisele*, § 331 Rn. 35 ff.; Sch/Sch-*Heine/Eisele*, § 299 Rn. 16; NK-*Dannecker*, § 299 Rn. 44.

898 NK-*Dannecker*, § 299 Rn. 44; *Fischer*, § 331 Rn. 24.

Rechtsguts jedoch nur durch die tatsächliche Bevorzugung eintritt.[899] Gleichwohl ist entsprechend der Argumentation zum Problem der „sozialadäquaten Zuwendungen" auch hier, insbesondere im Rahmen ständiger Geschäftsbeziehungen, darauf abzustellen, ob mit der Zuwendung auf den Ausgang eines zukünftigen Vertragsanbahnungsgeschehens Einfluss genommen werden soll. Sollte dies der Fall sein, unterfällt die Situation unproblematisch bereits *de lege lata* der Strafbarkeit des § 299 StGB.

5. *Bevorzugung im Wettbewerb*

Eine „Bevorzugung im Wettbewerb" setzt ein wirtschaftliches Konkurrenzverhältnis zwischen dem Vorteilsgeber und zumindest einem weiteren Wettbewerber voraus.[900] „Bevorzugung" bedeutet hierbei jede subjektiv anvisierte Besserstellung des Vorteilsgebers oder eines von ihm begünstigten Dritten unter Benachteiligung eines Konkurrenten.[901] Der Vorsatz des Vorteilsgebers muss sich auf das Bestehen einer Wettbewerbslage zum Zeitpunkt der Bevorzugung richten.[902] Auf die Konkretisierung des Mitbewerbers zum Tatzeitpunkt kommt es deshalb nicht an. Die unlautere Bevorzugung im Wettbewerb ist sowohl in § 299 Abs. 1 StGB als auch in § 299 Abs. 2 StGB „subjektiviert", weswegen es ausreicht, dass nach der Vorstellung des Täters bei Vornahme der Tathandlung eine Wettbewerbslage zu dem zukünftigen Zeitpunkt des Bezuges von Waren oder gewerblichen Leistungen gegeben sein wird, deren objektiver Eintritt mangels Taterfolgsstrafbarkeit jedoch tatsächlich nicht erfolgen muss.[903] Ausgeschlossen ist eine Bevorzugung im Wettbewerb lediglich dann, wenn der Wettbewerb tatsächlich oder rechtlich unmöglich ist, wie dies beispielsweise bei einem Bezug zu gleichen Konditionen oder dem Bestehen eines Monopols der Fall ist.[904]

---

899 Siehe oben, in: Kapitel 2 § 4 IV. 4.

900 BGHSt 49, 214, 228; BGHSt 10, 358, 367 f.; BGH NJW 2006, 3290, 3298; Sch/Sch-*Heine/Eisele*, § 299 Rn. 23; *Fischer*, § 299 Rn. 15; *Lackner/Kühl*, § 299 Rn. 5; LK-*Tiedemann*, § 299 Rn. 33.

901 BGH NJW 2006, 3290, 3298; NK-*Dannecker*, § 299 Rn. 43 m.w.N.

902 *Fischer*, § 299 Rn. 15 m.w.N.

903 BGH NJW 2003, 2996, 2997; BGH NStZ 2004, 677, 678; Sch/Sch-*Heine/Eisele*, § 299 Rn. 23; *Fischer*, § 299 Rn. 15, 21.

904 *Fischer*, § 299 Rn. 15, 15a; BeckOK-*Momsen*, § 299 Rn. 15; LK-*Tiedemann*, § 299 Rn. 34; Sch/Sch-*Heine/Eisele*, § 299 Rn. 23; *Gercke/Wollschläger*, wistra 2008, 5 ff.: keine Unterscheidung zwischen Vollmonopolen nach § 19 Abs. 2 Nr. 1 Var. 1 GWB und sog. „De-facto-Monopolen" (darunter sollen auch solche Konstellationen der Vorentscheidung des Auftraggebers fallen, die die Konkurrenzsituation entfallen

6. *In unlauterer Weise*

Der Terminus „in unlauterer Weise“ ist weder mit dem Begriff der „guten Sitten“ des § 138 Abs. 1 BGB[905] noch mit dem der „Sittenwidrigkeit“ des § 1 UWG a.F.[906] oder dem der „Pflichtwidrigkeit“[907] des Angestellten gegenüber dem Anstellungsbetrieb gleichzusetzen. Ebenso hat die kartellrechtliche Einschätzung als vertikales Rabattkartell nach § 1 GWB und Art. 101 AEUV keine indizielle Bedeutung für die Unlauterkeit des § 299 StGB.[908] Die herrschende Meinung verortet die Unlauterkeit der Bevorzugung vielmehr zu Recht darin, dass diese nicht ausschließlich auf „sachlichen“ Erwägungen, sondern zumindest auch auf der Vorteilsgewährung, als sachwidrigem Motiv, beruht.[909] Der Terminus der „sachlichen“ Erwägung ist allerdings unter Zugrundelegung des Rechtsguts aus dem zweiten Kapitel der Untersuchung so zu verstehen, dass sich die Entscheidung nicht ausschließlich an der Vertragsfreiheit des Prinzipals orientiert, sondern am Vorteil des Vorteilsgebers. Einige Stimmen in der Literatur sind hingegen der Auffassung, dass die Unlauterkeit neben dem Erfordernis der „Unrechtsvereinbarung“ eigenständiger Bedeutung beraubt sei.[910] Diametral hierzu wird vertreten, dass in diesem Tatbestandsmerkmal die Abgrenzung von strafrechtlich relevanten und lediglich der Klimapflege dienenden Zuwendungen zu verorten ist,[911] die jedoch bereits im Rahmen des Tatbestandsmerkmals des „Vorteils“ zu diskutieren ist. In letzter Zeit mehren sich hingegen Auffassungen in der

---

lassen), die durch teleologische Reduktion ausgeklammert werden sollen, um dem strafrechtlichen Schuldprinzip zu genügen.

905 RGSt 48, 291, 295; *Pfeiffer*, FS v. Gamm, S. 129, 138; *Tiedemann*, Wirtschaftsstrafrecht BT, § 5 Rn. 207.

906 Achenbach/Ransiek-*Rönnau*, Wirtschaftsstrafrecht, 3. Teil 2. Kapitel Rn. 38, Fn. 272: „Der Begriff der „Sittenwidrigkeit“ wird seit der Neufassung des UWG 2004 (BGBl. I, 1414) nicht mehr verwendet, sondern dort versucht, die Unlauterkeit des Wettbewerbsverhaltens [...] [in Beispieltatbestände zu fassen].“

907 *Von Tippelskirch*, GA 2012, 574, 581 f.; NK-*Dannecker*, § 299 Rn. 52 m.w.N.

908 *Tiedemann*, FS Rissing–van Saan, S. 685, 699: Konkretisierung der Unlauterkeit erfolgt durch §§ 1, 3, 4 UWG, deren zivilrechtlich-moralische Wertung aber nur bei hinreichender Anerkennung in das Strafrecht gemäß Art. 103 Abs. 2 GG übernommen werden kann.

909 BGHSt 2, 396, 401 m.w.N.; RGSt 66, 81, 83; BeckOK-*Momsen*, § 299 Rn. 16, 16.1; MK-*Krick*, § 299 Rn. 28 m.w.N.; NK-*Dannecker*, § 299 Rn. 53; Sch/Sch-*Heine/Eisele*, § 299 Rn. 19; *Koepsel*, Bestechlichkeit und Bestechung, S. 100 ff.

910 *Peinemann*, GmbH, S. 46 ff., 48; *Pfuhl*, Korruption, S. 140 f.

911 *Fischer*, § 299 Rn. 16; *Lackner/Kühl*, § 299 Rn. 5; Sch/Sch-*Heine/Eisele*, § 299 Rn. 19.

Literatur, die dem Tatbestandsmerkmal neues Leben einhauchen wollen.[912] Unter Zugrundelegung der Ergebnisse des zweiten Kapitels der Untersuchung könnte man in dem Tatbestandsmerkmal „in unlauterer Weise" die Problematik der sog. *„entschleierten Schmiergelder"*, also von Vorteilen, die der Geschäftsherr des Bestochenen billigt, ohne dass diese ihm selbst zugutekommen, lokalisieren.[913] Gleichwohl ist in dieser Konstellation die teleologische Reduktion des Tatbestandes an sich vorzuziehen und im Merkmal der „Unlauterkeit" die Abgrenzung von an der Vertragsfreiheit des Prinzipals orientierten Entscheidungen zu am Vorteil des Vorteilsgebers orientierten Entscheidungen zu verorten.

7. Bezug von Waren oder gewerblichen Leistungen

Die Bevorzugung muss sich auf den „Bezug von Waren oder gewerblichen Leistungen" beziehen. Beide Begrifflichkeiten sind wettbewerbsakzessorisch und nicht handelsrechtlich auszulegen, weswegen sie wirtschaftlich weit zu verstehen sind.[914] „Waren" sind hierbei alle Güter, die Gegenstand des Handels im Geschäftsverkehr sein können.[915] Erfasst sind sowohl bewegliche als auch unbewegliche Güter und darüber hinaus alle Wirtschaftsgüter, die auf einen anderen übertragen oder ihm zur Verfügung gestellt werden können, wie etwa Energie.[916] „Gewerbliche Leistungen" sind alle unkörperlichen, geldwerten Leistungen, die in der Regel gegen Entgelt erbracht werden.[917] Durch die UWG-Novelle aus dem Jahr 2004 wurde der Begriff der „gewerblichen Leistung", der noch aus dem Jahr 1909 stammt, durch den Terminus der „Dienstleistung" im UWG ersetzt, weswegen entsprechend der wettbewerbsakzessorischen Auslegung der Tatbestandsmerkmale des § 299 StGB diesem nunmehr *de lege lata* auch Leistungen der freien Berufe sowie geschäftliche Beratungstätigkeiten unterfallen.[918] Dies

912 *Altenburg*, Unlauterkeit, S. 161: Verortung des Wettbewerbsverstoßes; *Park*, wistra 2010, 321, 325 ff.: Konkretisierung anhand steuerrechtlicher Fremdvergleichskriterien; SK-*Rogall*, § 299 Rn. 69 ff.; *Corsten*, Einwilligung, S. 351 f.: Vorteile zugunsten des Prinzipals und Vorteile, von denen der Prinzipal Kenntnis hat, sollen das Tatbestandsmerkmal des „unlauteren Vorteils" entfallen lassen.

913 Ebenso mit anderer Begründung: *Corsten*, Einwilligung, S. 351 f.

914 LK-*Tiedemann*, § 299 Rn. 30; NK-*Dannecker*, § 299 Rn. 54; SK-*Rogall*, § 299 Rn. 63.

915 Piper/Ohly/Sosnitza-*Sosnitza*, UWG, § 2 Rn. 47.

916 Köhler/Bornkamm-*Köhler*, UWG, § 2 Rn. 39.

917 LK-*Tiedemann*, § 299 Rn. 30.

918 *Fischer*, § 299 Rn. 14; LK-*Tiedemann*, § 299 Rn. 30; MK-*Krick*, § 299 Rn. 26; Sch/Sch-*Heine/Eisele*, § 299 Rn. 22; SK-*Rogall*, § 299 Rn. 63; a.A. LG Magdeburg wistra 2002, 156, 157; NK-*Dannecker*, § 299 Rn. 54.

ist trotz der Klarstellung im Rahmen des Strafrechtsänderungsgesetzes aus dem Jahr 2007 sowie dem Referentenentwurf aus dem Jahr 2014 umstritten geblieben, weswegen *de lege ferenda*, um Wertungswidersprüche zu vermeiden, der Begriff der „gewerblichen Leistung" durch jenen der „Dienstleistung" ersetzt werden sollte.[919] Der Terminus „Bezug" umfasst den gesamten wirtschaftlichen Vorgang des Erhalts, der Abwicklung, der Lieferung sowie des Verbrauchs.[920]

II. § 299 Abs. 2 StGB

§ 299 Abs. 2 StGB stellt die aktive Bestechung unter Strafe, die spiegelbildlich zur Bestechlichkeit des § 299 Abs. 1 StGB ausgestaltet ist. Übereinstimmende Tatbestandsmerkmale sind daher identisch auszulegen.[921] § 299 Abs. 2 StGB ist ein sog. *Jedermannsdelikt* mit der Einschränkung, dass der Täter „zu Zwecken des Wettbewerbs" handeln muss. Diese Einschränkung lässt lediglich solche Täter zu, die selbst eine Bevorzugung gegenüber Konkurrenten anstreben oder im Interesse eines Mitbewerbers dessen Bevorzugung erreichen wollen, wobei die Vorstellung des Täters von weiteren Mitbewerbern für die Tatbestandserfüllung grundsätzlich ausreicht.[922] Die Tathandlungen umfassen das „Anbieten, Versprechen und Gewähren" des Vorteils, wobei es ebenso wie beim Tatbestandsmerkmal des „Forderns" aus § 299 Abs. 1 StGB irrelevant ist, ob der Empfänger den Sinn der Erklärung versteht oder das Angebot abweist.[923] Das Angebot muss allerdings ernstlich gemeint sein, denn die Vorspiegelung falscher Vorteilsangebote unterfällt nicht § 299 StGB sondern dem Betrug gemäß § 263 StGB.[924]

III. Subjektiver Tatbestand

Grundsätzlich ist die Vorsatzvariante des *dolus eventualis* i.R.d. § 299 StGB ausreichend. Lediglich § 299 Abs. 2 StGB verlangt überdies eine Wettbewerbsabsicht im Sinne eines *dolus directus 1. Grades*.[925] Es muss dem Täter des § 299 Abs. 2 StGB folglich gerade darauf ankommen, sich oder einen Dritten zulasten

---

919 BT-Drs. 16/6558, S. 14.

920 BGHSt 10, 269 f.; NK-*Dannecker*, § 299 Rn. 55; *Fischer*, § 299 Rn. 14; a.A. RGSt 48, 151, 153; RGSt 58, 429, 431.

921 NK-*Dannecker*, § 299 Rn. 61.

922 *Fischer*, § 299 Rn. 19; Achenbach/Ransiek-*Rönnau*, Wirtschaftsstrafrecht, 3. Teil 2. Kapitel Rn. 46.

923 Achenbach/Ransiek-*Rönnau*, Wirtschaftsstrafrecht, 3. Teil 2. Kapitel Rn. 47.

924 *Fischer*, § 299 Rn. 20.

925 BGH NJW 1970, 378, 380; LK-*Tiedemann*, § 299 Rn. 53; SK-*Rogall*, § 299 Rn. 79.

eines in der Vorstellung des Täters existenten Mitbewerbers im Wettbewerb zu bevorzugen.[926] Insbesondere der Nachweis der subjektiven Tatseite des § 299 StGB gestaltet sich für die Ermittlungsbehörden oftmals kompliziert.[927]

IV. Rechtfertigung

Nach bisher herrschender Meinung kann die Einwilligung des Geschäftsherrn des Bestochenen die Tat nach § 299 StGB *de lege lata* nicht rechtfertigen, da der Geschäftsherr nicht Rechtsgutsträger des Kollektivrechtsguts des „lauteren Wettbewerbs" ist.[928] Unter Zugrundelegung des im zweiten Kapitel erarbeiteten Rechtsguts des „lauteren Wettbewerbs in Ausprägung der Wahrung der abgeleiteten Vertragsfreiheit des Prinzipals" sind Rechtsgutsträger der Norm sowohl die Allgemeinheit als auch der Prinzipal.[929] Das Rechtsgut ist allerdings primär überindividuell ausgestaltet und unterliegt daher keiner Einwilligungsoption eines Individualrechtsgutsträgers. Das ermittelte Ergebnis mangelnder Einwilligungsbefugnis des Geschäftsherrn entspricht folglich dem Ergebnis der herrschenden Meinung. Gleichwohl führt die Zustimmung des Prinzipals zu einer teleologischen Reduktion des Tatbestandes, wodurch die Straflosigkeit auf differierendem dogmatischem Weg erreicht wird. Das Vorliegen eines *rechtfertigenden Notstandes* aufgrund wirtschaftlicher Bedrängnis des Unternehmens nach § 34 StGB ist im Einzelfall zwar denkbar, wird jedoch mangels mildestem und überdies angemessenstem Mittel der Korruption zur Abwendung drohender Gefahren kaum zur Regel avancieren können.[930] Überdies stand längere Zeit eine Rechtfertigung im Wege der *rechtfertigenden Pflichtenkollision* für Zuwendungen an karitative oder kulturelle Organisationen im Raum.[931] Diese wird nunmehr zu

926 *Fischer*, § 299 Rn. 22; Momsen/Grützner-*Grützner/Behr*, Wirtschaftsstrafrecht, 9. Kapitel, B Rn. 86.

927 Momsen/Grützner-*Grützner/Behr*, Wirtschaftsstrafrecht, 9. Kapitel, B Rn. 87.

928 *Fischer*, § 299 Rn. 23; LK-*Tiedemann*, § 299 Rn. 55; NK-*Dannecker*, § 299 Rn. 80; Sch/Sch-*Heine/Eisele*, § 299 Rn. 30, 19a; SK-*Rogall*, § 299 Rn. 86; a.A. *Corsten*, Einwilligung, S. 336 ff., 343; *Noltensmeier*, Public Private Partnership, S. 251 ff.; Müller-Gugenberger/Bieneck-*Blessing*, Wirtschaftsstrafrecht, § 53 Rn. 81; *Rengier*, FS Tiedemann, S. 837, 846; *Winkelbauer*, FS Weber, S. 385, 392 f.

929 Siehe oben, in: Kapitel 2 § 4 IV. 3. e).

930 LK-*Tiedemann*, § 299 Rn. 56; NK-*Dannecker*, § 299 Rn. 81; Achenbach/Ransiek-*Rönnau*, Wirtschaftsstrafrecht, 3. Teil 2. Kapitel Rn. 60; a.A. *Dann*, wistra 2011, 127 ff. in Nötigungs- und Erpressungssituationen.

931 MK-*Krick*, § 299 Rn. 39 m.w.N.; LK-*Tiedemann*, § 299 Rn. 57 m.w.N.

Recht abgelehnt.[932] Unter Zugrundelegung des erarbeiteten Rechtsguts ist keine hypothetische, allgemeingültige Zustimmung aller Prinzipale zu altruistischen Zuwendungen ihrer Angestellten denkbar.

§ 3 Prozessuale Erwägungen

Sachlich und funktionell zuständig für Taten nach §§ 299 f. StGB ist gemäß § 74c Abs. 1 Nr. 5a GVG die Wirtschaftsstrafkammer des Landgerichts bei Anklage aufgrund besonderer Bedeutung des Falles nach § 24 Abs. 1 Nr. 3 GVG in erster Instanz, beziehungsweise im Falle der Berufung gegen Urteile des Schöffengerichts.[933]

§ 4 Besonders schwere Fälle gemäß § 300 StGB

§ 300 StGB normiert seit seiner Implementierung durch Art. 1 Nr. 3 des Korruptionsbekämpfungsgesetzes[934] vom 13.08.1997 nunmehr einen Regelbeispielkatalog besonders schwerer Fälle der Bestechlichkeit und Bestechung im geschäftlichen Verkehr, der demjenigen des § 335 Abs. 2 Nr. 1 und Nr. 3 StGB entspricht. Der Strafrahmen der Norm sieht Freiheitsstrafe bis zu fünf Jahren vor. § 300 S. 2 Nr. 1 StGB normiert den Fall des „Vorteils großen Ausmaßes"; Nr. 2 hingegen die „gewerbs- oder bandenmäßige Begehung". Weiterhin existiert die Möglichkeit des Vorliegens eines unbenannt schweren Falles.[935] Bemerkenswert ist, dass § 300 S. 2 Nr. 1 StGB lediglich auf die Höhe des Vorteils, der dem Angestellten bzw. Beauftragten zufließt, Bezug nimmt und nicht das dem Rechtsgut der Norm entsprechend ungleich wichtigere Ausmaß der erwarteten Entscheidung des Vorteilsnehmers in Augenschein nimmt.[936] Ein Vorteil großen Ausmaßes liegt dann vor, wenn der Wert des Vorteils den Durchschnittswert der erlangbaren Vorteile erheblich überschreitet.[937] In der Literatur werden überwiegend Wertgrenzen von ca. 25.000 Euro diskutiert.[938] Die Rechtsprechung verweist hingegen auf § 263 Abs. 3 S. 2 Nr. 2 StGB, bei dem ein Vorteil großen Ausmaßes

---

932 LK-*Tiedemann*, § 299 Rn. 57.

933 LK-*Tiedemann*, § 299 Rn. 71; NK-*Dannecker*, § 299 Rn. 97.

934 BGBl. 1997 I, S. 2038.

935 BeckOK-*Momsen*, § 300 Rn. 5.

936 So auch: BeckOK-*Momsen*, § 300 Rn. 3; *Fischer*, § 300 Rn. 3.

937 *Fischer*, § 300 Rn. 4.

938 NK-*Dannecker*, § 300 Rn. 5; MK-*Krick*, § 300 Rn. 2; SSW-*Rosenau*, § 300 Rn. 2; *Wessels/Hillenkamp*, Strafrecht BT 2, Rn. 594: 50.000 Euro; a.A. LK-*Tiedemann*, § 300 Rn. 4: 20.000 Euro.

nicht unter 50.000 Euro angenommen wird.[939] Feste Wertgrenzen sind indes nicht zielführend, da in jedem Einzelfall neu zu entscheiden ist, ob im Rahmen der konkreten Tatsituation insbesondere unter Berücksichtigung des Einkommens des Bestochenen ein Vorteil großen Ausmaßes vorliegt.[940]

§ 5 Strafantragserfordernis des § 301 StGB

Bei der Bestechlichkeit und Bestechung im geschäftlichen Verkehr handelt es sich seit Einführung des § 301 StGB n.F. durch Art. 1 Nr. 3 des Korruptionsbekämpfungsgesetzes[941] vom 13.08.1997 um ein *relatives Antragsdelikt*.[942] Die Regelung des § 12 UWG a.F. war ein absolutes Antragsdelikt, was als Grund für die mangelnde Rezeption der Norm in der Praxis angesehen wird.[943] § 301 Abs. 2, 1. Alt. StGB sieht vor, dass die Antragsbefugnis dem „Verletzten" zusteht. Wie bereits ausgeführt, ist der Verletzte gemäß der Auslegung zu § 77 Abs. 1 StGB mit dem Rechtsgutsträger der Norm des § 299 StGB gleichzusetzen.[944] Die herrschende Meinung subsumiert sowohl die „Mitbewerber"[945] als auch den „Geschäftsherrn des Bestochenen"[946] bei intern pflichtwidrigem Verhalten unter die Verletzteneigenschaft und versucht hierüber, wie bereits dargestellt, – dogmatisch unsauber – die Rechtsgutsträgerschaft der beiden Individuen für § 299 StGB aus ihrer Strafantragsberechtigung im Rahmen des § 301 StGB zu begründen. Nach dem im zweiten Kapitel der Untersuchung erarbeiteten Rechtsgut zu § 299 StGB kommt als „Verletzter" i.S.d. § 301 Abs. 2, 1. Alt. StGB allerdings allein der Prinzipal i.S.d. Dreipersonenterminologie des § 299 StGB in Betracht. Da dieser insbesondere im Hinblick auf Beratungsfälle variabel zugeordnet werden kann, ist der Antragsberechtigte nach § 301 Abs. 2, 1. Alt. StGB in jedem Einzelfall neu zu bestimmen. Eine Festlegung entsprechend der herrschenden Meinung auf „die Mitbewerber" oder „den Betriebsinhaber" ist daher rechtsirrig. Entgegen verschiedener Meinungen in der Literatur, die einzig das Kollektivrechtsgut

---

939 BGH NJW 2006, 3290, 3298 i.V.m. BGH NJW 2004, 169, 170.

940 So auch: MK-*Krick*, § 300 Rn. 2.

941 BGBl. 1997 I, S. 2038.

942 NK-*Dannecker*, § 391 Rn. 1; Sch/Sch-*Heine/Eisele*, § 301 Rn. 1.

943 *Fischer*, § 301 Rn. 2.

944 BGH NJW 1983, 1919, 1920.

945 NK-*Dannecker*, § 301 Rn. 4; *Fischer*, § 301 Rn. 4; BeckOK-*Momsen*, § 301 Rn. 1; *Lackner/Kühl*, § 301 Rn. 2; MK-*Krick*, § 301 Rn. 2; Sch/Sch-*Heine/Eisele*, § 301 Rn. 3; SK-*Rogall*, § 301 Rn. 9; LK-*Tiedemann*, § 301 Rn. 2.

946 BGHSt 31, 207, 209; *Fischer*, § 301 Rn. 4; NK-*Dannecker*, § 301 Rn. 6; BeckOK-*Momsen*, § 301 Rn. 1; *Lackner/Kühl*, § 301 Rn. 2; MK-*Krick*, § 301, Rn. 2.

des „lauteren Wettbewerbs“ als Rechtsgut des § 299 StGB begreifen und daher der Auffassung sind, dass § 301 Abs. 2 StGB entsprechend umformuliert werden müsse,[947] ist § 301 Abs. 2 StGB lediglich – nunmehr dogmatisch sauber – an die Auslegung des Rechtsguts des § 299 StGB anzupassen.

947 Achenbach/Ransiek-*Rönnau*, Wirtschaftsstrafrecht, 3. Teil 2. Kapitel Rn. 7; *Wollschläger*, Täterkreis, S. 114 f.

4. Kapitel: Strafbarkeit von Kapital- und Personengesellschaften im Lichte des § 299 StGB

Nachdem in den vorangegangenen Kapiteln der Täterkreis des Sonderdelikts § 299 Abs. 1 StGB größtenteils theoretisiert anhand des im zweiten Kapitel der Untersuchung erörterten Rechtsguts der Norm behandelt wurde, sind die Ergebnisse nunmehr auf die Organe von Kapital- und Personengesellschaften zu übertragen. Die klassische Situation des Einzelunternehmers in der Rolle des Prinzipals im Rahmen „normaler" Austauschverträge entspricht nämlich nicht der wirtschaftlichen Realität der gesellschaftsrechtlichen Ausgestaltung großer, deutscher Wirtschaftsunternehmen. Diese agieren vielmehr vorwiegend in Form von Kapital- oder Personengesellschaften. Wie die Dreipersonenterminologie des Verhältnisses „Entscheidungsträger - Prinzipal - Vorteilsgeber" gemäß § 299 StGB im Bereich gewöhnlicher Austauschverträge auf die Organe der Kapital- und Personengesellschaften Anwendung findet, wird allerdings äußerst kontrovers diskutiert.[948] Bemerkenswert ist in diesem Zusammenhang, dass trotz der Diskussion darüber, welches konkrete Organ nun als Angestellter oder Beauftragter in Betracht kommt, die Konturierung des Begriffes „Prinzipal" weitgehend ungeklärt ist.[949] Gleichwohl darf nicht außer Acht gelassen werden, dass für § 299 Abs. 2 StGB jede für die Gesellschaft tätige Person als Täter in Betracht kommt, die zu Zwecken des Wettbewerbs handelt. Das vierte Kapitel der Dissertation widmet sich daher der Konturierung des Terminus „Prinzipal" im Lichte der Kapital- und Personengesellschaften gemäß § 299 StGB.

§ 1 Konturierung des Terminus „Prinzipal" i.S.d. § 299 StGB

I. Allgemeine Begriffsbestimmung

§ 299 Abs. 1 StGB normiert als taugliche Täter die „Angestellten oder Beauftragten eines geschäftlichen Betriebes". Einem *argumentum e contrario* folgend, lässt sich aus dem Sonderdelikt ableiten, dass der „geschäftliche Betrieb" selbst kein

948 *Fischer*, § 299 Rn. 8a; SK-*Rogall*, § 299 Rn. 27 ff. jeweils m.w.N.

949 So auch: Momsen/Grützner-*Grützner/Behr*, Wirtschaftsstrafrecht, 9. Kapitel, B Rn. 181 f.; *Grützner/Momsen/Behr*, NZWist 2013, 88; *Walther*, Bestechlichkeit und Bestechung, S. 69; *Brand/Wostry*, WRP 2008, 637, 640.

tauglicher Täter der Bestechlichkeit und Bestechung im geschäftlichen Verkehr sein kann. Es drängt sich aus dieser Feststellung indes die Frage auf, wer oder was dem Begriff des „geschäftlichen Betriebes" in der praktischen Anwendung unterfällt und ob es sich entsprechend der Dreipersonenterminologie um eine natürliche Person handeln muss.

1. Akzessorietät des Terminus zum UWG

Der Terminus des „geschäftlichen Betriebes" entstammt ursprünglich dem UWG, weswegen sich die Auslegung der Tatbestandsmerkmale des § 299 StGB wettbewerbsakzessorisch verhält.[950] Der Gesetzgeber ersetzte den Begriff des „geschäftlichen Betriebes" im Rahmen der UWG-Reform vom 3. Juli 2004 durch den Begriff des „Unternehmens".[951] Korrespondierend hierzu sehen das Strafrechtsänderungsgesetz aus dem Jahr 2007 und der Referentenentwurf des BMJV aus dem Jahr 2014 die Ersetzung des Begriffes „geschäftlicher Betrieb" durch den Terminus „Unternehmen" vor.[952] Aufgrund der wettbewerbsakzessorischen Auslegung der Tatbestandsmerkmale des § 299 StGB gebietet sich daher das Begriffsverständnis, den „geschäftlichen Betrieb" und das „Unternehmen" als Synonyme aufzufassen.[953] Strafrechtsdogmatisch werden gleichwohl verschiedene Ansätze zur Unterscheidung eines „Betriebes" von einem „Unternehmen" vertreten, wobei die genauen Abgrenzungsmerkmale kontrovers diskutiert werden: Zunächst sei das Unternehmen mehr auf eine kaufmännische Betätigung ausgerichtet, der Betrieb suggeriere hingegen eine technische Tätigkeit.[954] Zudem sei der Betrieb eine technisch-organisatorische, das Unternehmen jedoch eine rechtlich-wirtschaftliche Einheit, womit der Begriff des Unternehmens vornehmlich die Rechtsform des Betriebes und der des Betriebes den Zweck der betrieblichen Betätigung als einen wirtschaftlichen kennzeichne.[955] Im Rahmen des § 299 StGB ist die definitorische Abgrenzung der beiden Begrifflichkeiten obsolet, soweit mit dem Terminus „Unternehmen" eine wirtschaftliche Betätigung verbunden wird, sodass in Korrelation zum wettbewerbsakzessorischen Verständnis der Norm

---

950 BT-Drs. 13/5584, S. 15.

951 BGBl. I (2004), S. 1414.

952 BT-Drs. 16/6558, S. 14; Referentenentwurf des BMJV vom 13.06.2014, S. 5, abrufbar unter: http://www.bmjv.de/SharedDocs/Downloads/DE/pdfs/Gesetze/RefE_KorrBekG.pdf?__blob=publicationFile [zuletzt abgerufen am 11.11.2014].

953 So auch: *Bürger*, DStR 2003, 1421, 1423.

954 MK-*Radtke*, § 14 Rn. 92; Sch/Sch-*Perron*, § 14 Rn. 28/29.

955 Sch/Sch-*Perron*, § 14 Rn. 28/29.

die Begrifflichkeiten „geschäftlicher Betrieb“ und „Unternehmen“ bereits *de lege lata* als Synonyme aufzufassen sind.[956]

2. *Bestimmung des Begriffes durch die strafrechtliche Literatur*

Die Kommentarliteratur zu § 299 StGB setzt den Begriff des „geschäftlichen Betriebes“ mit dem des „Betriebsinhabers“ als selbstständigem Unternehmer gleich,[957] ohne jedoch den Begriff des „Betriebsinhabers“ bzw. die Annahme der Gleichsetzung der Termini in der Folge näher zu erklären. Da die Kommentarliteratur folglich keine Anhaltspunkte zur Bestimmung des Terminus „Betriebsinhaber“ bietet, ist auf andere Normen des Strafgesetzbuches zu rekurrieren. Dieses wählt in § 14 Abs. 2 S. 1 StGB den Begriff des „Inhabers eines Betriebes“.[958] Inhaber eines Betriebes kann hiernach, unabhängig von der gesellschaftsrechtlichen Form des Betriebes, eine juristische Person, eine Personengesellschaft oder eine Einzelperson sein.[959] § 14 Abs. 2 S. 1 StGB untermauert daher keinen zwingenden Rekurs des Terminus „Betriebsinhaber“ auf natürliche Personen, wie vereinzelt im Rahmen des § 299 StGB angenommen wird, sondern stellt vielmehr fest, dass, abhängig von der Unternehmensstrukturierung, entweder eine natürliche Person, eine juristische Person oder eine rechtsfähige Personengesellschaft Betriebsinhaber des Unternehmens sein kann. Als Fazit für die Untersuchung ist somit zu konstatieren, dass die Begriffspaare des „geschäftlichen Betriebes“ und des „Betriebsinhabers“ beziehungsweise des „Unternehmens“ sowie des „Unternehmensinhabers“ im Rahmen des § 299 StGB Synonyme bilden.

3. *Kriterien des Einzelkaufmannes als anerkanntem Betriebsinhaber*

In der Literatur ist lediglich für den Einzelkaufmann die Betriebsinhaberschaft nach § 299 StGB unumstritten anerkannt, weswegen er nicht als Täter des § 299

---

956 So auch für § 14 StGB: NK-*Böse*, § 14 Rn. 37: „Mit der ausdrücklichen Einbeziehung v. Unternehmen wollte der Gesetzgeber lediglich klarstellen, dass es für die Anwendbarkeit v. § 14 Abs. 2 ohne Bedeutung ist, wenn in strafrechtlichen Vorschriften zwischen „Betrieb“ und „Unternehmen“ unterschieden wird.“

957 BeckOK-*Momsen*, § 299 Rn. 11.1; NK-*Dannecker*, § 299 Rn. 27, 27a; Achenbach/Ransiek-*Rönnau*, Wirtschaftsstrafrecht, 3. Teil 2. Kapitel Rn. 8; *Lackner/Kühl*, § 299 Rn. 2; MK-*Krick*, § 299 Rn. 3; Sch/Sch-*Heine/Eisele*, § 299 Rn. 7a; LK-*Tiedemann*, § 299 Rn. 10; *Fischer*, § 299 Rn. 8a.

958 So auch: Momsen/Grützner-*Grützner/Behr*, Wirtschaftsstrafrecht, 9. Kapitel, B Rn. 185.

959 Sch/Sch-*Perron*, § 14 Rn. 28.

Abs. 1 StGB in Frage kommt.[960] Diese Erkenntnis fußt auf mehreren Aspekten: Zum einen handelt der Einzelkaufmann bzw. Einzelunternehmer, in Abgrenzung zu Hilfskräften, selbstständig und weisungsunabhängig. Zum anderen resultiert aus seiner Kompetenz zur Festlegung der Geschäftspolitik, eine, seiner Vertragsfreiheit inhärente Entscheidungsbefugnis, über die er selbst eigenverantwortlich wacht.[961] Im Einzelunternehmer vereinigen sich mithin die Kriterien der *Handlungsleitungs-*, *Willensbildungs-* und *Aufsichtsfunktion*, was überdies seiner Eigenschaft als natürliche Person geschuldet ist. Gleichwohl kommen bei Kapitalgesellschaften, wie beispielsweise der Gesellschaft mit beschränkter Haftung, sowohl die Gesellschaft selbst als Trägerin von Rechten und Pflichten gemäß § 13 Abs. 1 und Abs. 2 GmbHG, als auch ihre Organe als potentielle Betriebsinhaber i.S.d. § 299 StGB in Betracht. Wäre die Gesellschaft als Betriebsinhaberin anzusehen, korrelierte hiermit die Tätertauglichkeit all ihrer Organe nach § 299 Abs. 1 StGB. Es stellt sich mithin die Frage, ob entsprechend des *zivilrechtsakzessorischen Verständnisses* auf die juristische Person oder entsprechend eines *strafrechtlich-faktischen Verständnisses* auf die dahinterstehenden natürlichen Personen als Betriebsinhaber zu rekurrieren ist.

II. Straffähigkeit juristischer Personen

Grundsätzlich kommt eine Strafbarkeit von juristischen Personen in der *lex lata* des deutschen Strafrechts nicht in Betracht, da dieses die Straffähigkeit an einem individuellen Schuldvorwurf festmacht, sodass vielmehr nur die hinter den juristischen Personen agierenden natürlichen Personen strafrechtlich verantwortlich gemacht werden können.[962] Dieses *factum brutum* wird allerdings gerade im Bereich der Umwelt- und Wirtschaftsdelikte kontrovers diskutiert und aktuell mit der Forderung nach einer genuinen Handlungs- und Schuldfähigkeit von Unternehmen verknüpft.[963] Gleichwohl könnte man hieraus den Umkehrschluss ziehen, dass der Betriebsinhaber einer juristischen Person immer mit der

---

960 *Bürger*, DStR 2003, 1421, 1423; *Walther*, Bestechlichkeit und Bestechung, S. 69.

961 *Brand/Wostry*, WRP 2008, 637, 642; *Bürger*, DStR 2003, 1421, 1423.

962 *Schmidt*, Gesellschaftsrecht, § 10 IV 5 a, S. 281 f.; Michalski-*Michalski/Funke*, GmbHG Band I, § 13 Rn. 113; MK-*Merkt*, GmbHG, § 13 Rn. 79; BeckOK-*Wilhelmi*, GmbHG, § 13 Rn. 38; *Grützner/Momsen/Behr*, NZWist 2013, 88, 90; *Noltensmeier*, Public Private Partnership, S. 251.

963 *Hoven/Wimmer/Schwarz/Schumann*, NZWiSt 2014, 161 ff., 201 ff., 241 ff.: kritische Anmerkungen zum nordrhein-westfälischen Entwurf eines Verbandsstrafgesetzes; *Kutschaty*, ZRP 2013, 74 ff.; Michalski-*Michalski/Funke*, GmbHG Band I, § 13 Rn. 113; *Schmidt*, Gesellschaftsrecht, § 10 IV 5 a, S. 281 f. m.w.N.

juristischen Person identisch sein muss, korrespondiert dieses Ergebnis doch mit der Feststellung, dass der Betriebsinhaber nach § 299 Abs. 1 StGB nicht strafbar ist. Dieser Rückschluss ist jedoch nicht zwingend, da die Beweggründe für die Ausklammerung des Betriebsinhabers aus dem Täterkreis des § 299 Abs. 1 StGB gänzlich andere als jene der Negation der Straffähigkeit juristischer Personen sind. Gleichwohl wird vertreten, dass die zivilrechtsakzessorische Betrachtung des sog. *Trennungsprinzips*[964] im Strafrecht mangels Strafbarkeit von juristischen Personen keine wirkliche Entsprechung fände.[965] Dennoch existieren auch andere Stimmen in Literatur und Rechtsprechung, die im Bereich der Untreue nach § 266 StGB eine Anlehnung an die zivilrechtsakzessorische Betrachtungsweise im Hinblick auf die formale Eigentumszuordnung bei Kapital- und Personengesellschaften diskutieren.[966] Der Diskurs folgt der Prämisse, wonach Kapitalgesellschaften trotz fehlender Straffähigkeit dennoch den Schutz der Strafrechtsordnung insbesondere im Bereich der Eigentums- und Vermögensdelikte genießen.[967] Der Rekurs von mangelnder Straffähigkeit juristischer Personen auf die Bestimmung der Betriebsinhaberschaft nach § 299 Abs. 1 StGB ist im Ergebnis folglich nicht zielführend.[968]

III. Untreuegrundsätze zur Vermögensinhaberschaft

Die Frage nach der Vermögensinhaberschaft von Kapitalgesellschaften entfachte bereits im Rahmen der Untreue nach § 266 StGB einen Streit innerhalb der Strafrechtsliteratur. Dieser Streit wird vorwiegend am Tatbestandsmerkmal der „Fremdheit" des Vermögens und der Möglichkeit der tatbestandsausschließenden Einwilligung[969] des Vermögensinhabers ausgetragen. Täter der Untreue nach § 266 StGB kann nur sein, wer ihm *fremdes Vermögen* angreift.[970] Umstritten ist, ob sich die Fremdheit des Vermögens von Kapital- und Personengesellschaften nach zivilrechtsakzessorischen Kriterien,[971] nach der wirtschaftlichen Zuordnung des

---

964 Trennungsprinzip bedeutet die vermögensrechtliche Trennung von Gesellschaft und Gesellschaftern; Allgemein zum Trennungsprinzip: Baumbach/Hueck-*Fastrich*, GmbHG, § 13 Rn. 5, Rn. 6.

965 *Noltensmeier*, Public Private Partnership, S. 251 f.

966 *Fischer*, § 266 Rn. 93 ff., 99 m.w.N.

967 Michalski-*Michalski/Funke*, GmbHG Band I, § 13 Rn. 114.

968 a.A. *Noltensmeier*, Public Private Partnership, S. 251 f.

969 Siehe zum Streit, ob eine tatbestandsausschließende Einwilligung oder ein Einverständnis für § 266 StGB vorliegt: *Corsten*, Einwilligung, S. 281, 29 ff.

970 BeckOK-*Wittig*, § 266 Rn. 10 m.w.N.

971 BGHSt 1, 186, 187; *Fischer*, § 266 Rn. 11.

Vermögensbestandes der Gesellschaft[972] oder der Zwecksetzungsbefugnis[973] über das Vermögen bestimmt.[974] Je nachdem, welcher Maßstab hierbei zugrunde zu legen ist, könnte man von der Bestimmung der Vermögensinhaberschaft bei Kapital- und Personengesellschaften im Rahmen des § 266 StGB systematische Rückschlüsse auf die Bestimmung der Betriebsinhaberschaft im Rahmen des § 299 StGB ziehen.

1. *Faktisch-strafrechtliche Betrachtungsweise vs. formal-zivilrechtsakzessorische Betrachtungsweise*

Ob die juristische Person selbst oder die dahinterstehenden natürlichen Personen Vermögensinhaber i.S.d. § 266 StGB sind, hängt maßgeblich davon ab, ob man der formal-zivilrechtsakzessorischen Auslegung oder aber der faktisch-strafrechtlichen Auslegung des Begriffes folgt. Fremd ist nach § 266 StGB solches Vermögen, das nicht im Alleineigentum des Täters steht, sondern zumindest auch im Eigentum einer anderen natürlichen oder juristischen Person, wie sich dies bei Mit- oder Bruchteilseigentum verhält.[975] Der Streit wird vornehmlich am Beispiel der GmbH, als *der* Modellkapitalgesellschaft[976] des deutschen Rechts virulent. Die Vertreter der formal-zivilrechtsakzessorischen Bestimmung des Terminus der Vermögensinhaberschaft argumentieren, dass auch im Strafrecht, entsprechend des zivilrechtlichen Trennungsprinzips gemäß § 13 Abs. 1 und Abs. 2 GmbHG, zwischen der juristischen Person und den dahinterstehenden natürlichen Personen streng differenziert werden müsse, sodass Gesellschaftsvermögen immer nur der Gesellschaft selbst und nie den dahinterstehenden natürlichen Personen zustünde, wodurch der Vermögensinhaber i.S.d. § 266 StGB immer die juristische Person selbst sei.[977] Die Vermögensinhaberschaft der Gesellschaft sei insbesondere bei der sog. *Einmann-GmbH* anzunehmen, wenn der Gesellschaft

---

972 *Labsch*, wistra 1985, 1, 7; *Labsch*, JuS 1985, 602, 604: „wirtschaftlich gesehen ist der Vermögensbestand der GmbH den Anteilseignern, d.h. dem Vermögen der Gesellschaftergesamtheit zuzurechnen"; a.A. BGH NStZ 1984, 118.

973 *Nelles*, Untreue, S. 513 ff.

974 Zur Fragestellung: BeckOK-*Wittig*, § 266 Rn. 10 m.w.N.

975 BeckOK-*Wittig*, § 266 Rn. 10.

976 Sudhoff-*Froning*, Unternehmensnachfolge, § 38 Einleitung Rn. 23.

977 BGHSt 34, 379, 385; BeckOK-*Wittig*, § 266 Rn. 11; NK-*Kindhäuser*, § 266 Rn. 30; SSW-*Saliger*, § 266 Rn. 19; *Gehrlein*, NJW 2000, 1089, 1090; *Peinemann*, GmbH, S. 85 ff.; *Corsten*, Einwilligung, S. 70 ff.

nur ein Gesellschafter gegenübersteht.[978] Die von der Rechtsordnung ermöglichte Trennung der Vermögensmasse dürfe nicht auf gesetzeswidrige Art und Weise durch Bildung eines originär strafrechtlichen Vermögensbegriffes unterlaufen werden.[979] Die Vertreter des formal-zivilrechtsakzessorischen Verständnisses der Fremdheit des Vermögens i.R.d. § 266 StGB argumentieren im weiteren Verlauf zugunsten der Möglichkeit einer tatbestandsausschließenden Einwilligung der Gesellschaftergesamtheit.[980] Während das Reichsgericht anfangs noch der Auffassung war, dass die Zustimmung der Gesellschafter die Pflichtwidrigkeit der Schädigung der GmbH nicht entfallen lasse, – sog. *strenge Körperschaftstheorie*[981] – entwickelte die Rechtsprechung in der Folge eine sog. *eingeschränkte Gesellschaftertheorie*,[982] dergemäß die Zustimmung der Gesellschafter den Tatbestand der Untreue lediglich dann nicht entfallen lasse, wenn unter Verstoß gegen § 30 GmbHG durch Beeinträchtigung des Stammkapitals die wirtschaftliche Existenz der Gesellschaft gefährdet werde, eine Überschuldungssituation herbeigeführt oder vertieft oder die Liquidität der Gesellschaft gefährdet werde.[983] Diese Auffassung ist in der Folge zur herrschenden Ansicht in Literatur und Rechtsprechung avanciert.[984] Andere Teile der Literatur vertreten hingegen die Auffassung, dass jedwede Zustimmung der Gesellschaftergesamtheit die Pflichtwidrigkeit der Schädigung der GmbH entfallen ließe, sog. *strenge Gesellschaftertheorie*.[985]

Die Vertreter der faktisch-strafrechtlichen Interpretation des Vermögensbegriffes sind indes der Ansicht, dass diejenige natürliche oder juristische Person „Vermögenssubjekt" sei, die die „Zwecksetzungsbefugnis" über das Vermögen innehabe,[986] oder der wirtschaftlich betrachtet der Vermögensbestand der GmbH zuzurechnen sei.[987] Zwecksetzungsbefugnis bedeutet hierbei „die Macht

978 BGH NJW 1988, 1397, 1398; zum Zivilrecht: Baumbach/Hueck-*Fastrich*, GmbHG, § 13 Rn. 5; BeckOK-*Wilhelmi*, GmbHG, § 13 Rn. 2.

979 BGH NJW 1988, 1397, 1398; NK-*Kindhäuser*, § 266 Rn. 30.

980 MK-*Dierlamm*, § 266 Rn. 133 ff. m.w.N.

981 RGSt 71, 353, 354 ff.

982 NK-*Kindhäuser*, § 266 Rn. 69 m.w.N.

983 BGH NStZ 1989, 23.

984 BGH NStZ 1989, 23; *Lackner/Kühl*, § 266 Rn. 20a; NK-*Kindhäuser*, § 266 Rn. 68 ff. m.w.N.

985 *Arloth*, NStZ 1990, 570, 574 f.; *Meilicke*, BB 1988, 1261; *Nelles*, Untreue, S. 483 ff., 523; Sch/Sch-*Perron*, § 266 Rn. 21 ff., 21b; zur Gesellschaftertheorie: NK-*Kindhäuser*, § 266 Rn. 70.

986 *Nelles*, Untreue, S. 488; *Wollschläger*, Täterkreis, S. 97 ff.; *Walther*, Bestechlichkeit und Bestechung, S. 69 f.

987 *Labsch*, JuS 1985, 602, 604.

und das Recht […] über die Zwecke des Vermögenseinsatzes im Verhältnis zu jedem Dritten verbindlich zu entscheiden".[988] Bei Personengesellschaften seien dies die Gesellschafter in ihrer Gesamtheit, da ihnen jederzeit ausdrücklich oder stillschweigend die Macht zustehe, den Gesellschaftszweck festzulegen.[989] Bei juristischen Personen fiele die Zwecksetzungsbefugnis auf die Gründer und Stifter der juristischen Person zurück, die im späteren Verlauf zugleich die „interne Handlungsorganisation" der juristischen Person übernehmen.[990] Für alle juristischen Personen sei ein Organ obligatorisch, das sich aus diesen „Initiatoren" zusammensetze und ihren bzw. den Einfluss ihrer Nachfolger sicherstelle, sodass ihre Willensbildung zugleich der Willensbildung der juristischen Person entspräche.[991] Für die juristischen Personen liege diese Zwecksetzungsbefugnis und mithin die Vermögensinhaberschaft in der „Gesamtheit der Mitglieder in ihrer organisationsrechtlichen, durch die Satzung definierten Verbundenheit".[992] Für die GmbH sei dies beispielhaft die Gesellschafterversammlung nach § 48 GmbHG.[993] *Nelles*, als Begründerin dieses Ansatzes, sieht ausschließlich bei der Rechtsform der Stiftung die juristische Person selbst als Vermögensinhaberin an, da nach einmal erfolgter Zwecksetzung zur Gründung der Stiftung lediglich ein primär durch diesen Zweck zusammengehaltener Bestand an Vermögensobjekten vorhanden sei.[994] Die Vermögensinhaberschaft bei juristischen Personen liegt nach Auffassung der Vertreter des faktisch-strafrechtlichen Verständnisses folglich bei jenem Willensbildungsorgan, das für die juristische Person agiert und ihre genuine Willensbildung vollzieht.[995] Dies hätte für § 266 StGB zur Folge, dass eine Vermögensbetreuungspflicht gegenüber der Gesellschafterversammlung und nicht gegenüber der Gesellschaft selbst bestünde.[996] Auch § 30 Abs. 1 GmbHG, der von den Kritikern dieser Ansicht vornehmlich ins Feld geführt wird, widerspreche dieser Auffassung nicht, da er bei Zuwiderhandlung lediglich die Rechtsfolge des § 31 GmbHG auslöse und somit keine Einschränkung

988 *Nelles*, Untreue, S. 515.
989 *Nelles*, Untreue, S. 490.
990 *Nelles*, Untreue, S. 491.
991 *Nelles*, Untreue, S. 491.
992 *Nelles*, Untreue, S. 492; a.A. *Fleck*, ZGR 1990, 31, 32; *Schäfer*, GmbHR 1992, 509, 511.
993 *Nelles*, Untreue, S. 491.
994 *Nelles*, Untreue, S. 492.
995 So auch: *Labsch*, JuS 1985, 602, 604 f. allerdings mit anderer Begründung: Gesellschaftergesamtheit ist wirtschaftlicher Eigentümer des GmbH-Vermögens.
996 *Corsten*, Einwilligung, S. 71.

der Dispositionsbefugnis bewirke und zudem eine ausschließlich zivilrechtliche Gläubigerschutzvorschrift sei, die im Strafrecht und insbesondere im Rahmen des § 266 StGB, der allein das Vermögen des Berechtigten, nicht aber das der Gläubiger schützen solle, keine Geltung beanspruche.[997]

Gleichwohl entschied der BGH jüngst, dass er an den Grundsätzen zur Unwirksamkeit des Einverständnisses der GmbH-Gesellschafter von Kapitalgesellschaften im Fall existenzgefährdender Eingriffe in das Gesellschaftsvermögen nach § 30 Abs. 1 GmbHG im Rahmen des § 266 StGB festhalte, obgleich er ausdrücklich die sog. *Interessentheorie*[998] im Rahmen des Bankrotts aufgab.[999] Mittelbar bestätigte der BGH damit erneut seine formal-zivilrechtsakzessorische Betrachtungsweise bezüglich der Vermögensinhaberschaft bei juristischen Personen. Argumentativ stützte er seine Entscheidung auf den primären Vermögensschutz des Treugebers im Rahmen der Untreue, der gemäß § 13 Abs. 1 und Abs. 2 GmbHG zugunsten der juristischen Person selbst wirke.[1000] Nach § 30 Abs. 1 GmbHG bestünden gesetzlich gewährleistete *Eigen*interessen der GmbH, die von den Interessen der Gesellschafter verschieden seien, wodurch sich eine gesonderte Betrachtung der juristischen Person gebiete.[1001] Insbesondere die Begründung der autonomen Bestandsinteressen der GmbH wird in der Literatur allerdings vehement bezweifelt.[1002] Tatsächlich soll sich aus § 30 Abs. 1 GmbHG kein autonomes Bestandsinteresse der GmbH ergeben, das dazu geeignet wäre, die Gesellschafter in ihrer Dispositionsbefugnis zu beeinträchtigen;[1003] denn die Gesellschafter könnten nach § 60 Abs. 1 Nr. 2 GmbHG vielmehr, ohne Rücksicht auf die Belange der GmbH selbst, diese mittels formlosen Gesellschafterbeschlusses auflösen und beenden.[1004] Die Liquidation der Gesellschaft verfolge im Anschluss lediglich das Ziel, die Gesellschaftsgläubiger zu befriedigen sowie das verbleibende Vermögen unter den Gesellschaftern zu verteilen.[1005] Diese Interessen wären jedoch ausreichend über §§ 283 ff. StGB sowie § 288 StGB

997 *Labsch*, JuS 1985, 602, 604 f.; *Nelles*, Untreue, S. 495.

998 BGH NJW 2009, 2225; BGH NJW 2012, 2366; *Leipold/Schaefer*, NZG 2009, 937, 938.

999 BGH NJW 2012, 2366.

1000 BGH NJW 2012, 2366, 2369.

1001 BGH NJW 2012, 2366, 2369.

1002 *Habetha*, NZG 2012, 1134 ff.; *Beulke*, FS Eisenberg, S. 245, 256 ff.; *Labsch*, JuS 1985, 602, 604 ff.

1003 *Habetha*, NZG 2012, 1134, 1138 f; *Nelles*, Untreue, S. 495.

1004 *Beulke*, FS Eisenberg, S. 245, 256 ff.; Baumbach/Hueck-*Haas*, GmbHG, § 60 Rn. 17 ff.

1005 Baumbach/Hueck-*Haas*, GmbHG, § 60 Rn. 2.

geschützt.[1006] § 30 Abs. 1 GmbHG als am satzungsmäßigen Stammkapital orientierte Kapitalbindungsvorschrift diene daher primär dem Gläubigerschutz und nur nachgelagert dem bestandsgeschützten Mindestbetriebsvermögen der GmbH, wobei Kritiker selbst diesen lediglich nachgelagerten Schutz in seiner Existenz bestreiten.[1007] Für die Frage der Übertragbarkeit dieser Ansätze auf § 299 StGB bleibt daher festzuhalten, dass sich der BGH argumentativ maßgeblich aufgrund des speziellen Rechtsgutes des § 266 StGB, das im Vermögensschutz des Treugebers verankert ist,[1008] zur Anwendung der formal-zivilrechtsakzessorischen Sichtweise veranlasst sah.

2. Übertragbarkeit der Untreuegrundsätze auf § 299 StGB

Es stellt sich mithin die für die weitere Untersuchung wichtige Frage, inwieweit der bei der Untreue ausgetragene Diskurs zur Ermittlung der Vermögensinhaberschaft von Kapitalgesellschaften auf die Ermittlung der Betriebsinhaberschaft bei § 299 StGB übertragen werden kann. Wichtigster Ausgangspunkt der Überlegung ist hierbei, dass § 266 StGB im Vergleich zu § 299 StGB, der den Schutz des lauteren Wettbewerbs in Ausprägung der Wahrung der abgeleiteten Vertragsfreiheit des Prinzipals intendiert, ein gänzlich verschiedenes Rechtsgut zu Grunde liegt. Gleichwohl wird bei der Bestimmung der Täterschaft des geschäftsführenden Alleingesellschafters nach § 299 Abs. 1 StGB vereinzelt auf die formal-zivilrechtsakzessorische Betrachtungsweise, die im Rahmen des § 266 StGB Anwendung findet, ohne nähere Begründung zu ihrer Übertragbarkeit Bezug genommen.[1009] Dieser Rekurs auf die Grundsätze zur Vermögensinhaberschaft des § 266 StGB ist jedoch nicht zielführend. Der BGH selbst deutete bereits im Rahmen der Übertragung der Untreuegrundsätze auf die Brandstiftungsdelikte nach §§ 306 ff. StGB an, dass die Eigentumsdelikte von den

---

1006 *Beulke*, FS Eisenberg, S. 245, 256 ff.

1007 BeckOK-*Heidinger*, GmbHG, § 30 Rn. 1 ff.; Roth/Altmeppen-*Altmeppen*, GmbHG, § 30 Rn. 1; Baumbach/Hueck-*Fastrich*, GmbHG, § 30 Rn. 1.

1008 BeckOK-*Wittig*, § 266 Rn. 2; MK-*Dierlamm*, § 266 Rn. 1; NK-*Kindhäuser*, § 266 Rn. 1.

1009 *Peinemann*, GmbH, S. 85 ff.; *Bürger*, wistra 2003, 130, 132; *Pragal*, Korruption, S. 162 ff.; *Szebrowski*, Kick-Back, S. 185 ff.; *Ulbricht*, § 299 StGB, S. 52; *Fischer*, § 299 Rn. 8a; a.A. *Corsten*, Einwilligung, S. 320 ff.; *Wollschläger*, Täterkreis, S. 105; NK-*Dannecker*, § 299 Rn. 21; MK-*Krick*, § 299 Rn. 4; *Hanft*, Einmann-GmbH, S. 164 ff.; Sch/Sch-*Heine/Eisele*, § 299 Rn. 7a; LK-*Tiedemann*, § 299 Rn. 14.

untreuespezifischen Vorgaben des § 30 GmbHG entkoppelt werden müssten.[1010] Dieser Entscheidung lag folgender Sachverhalt zugrunde: Im Jahr 2005 hatte ein geschäftsführender Alleingesellschafter das Betriebsgebäude der ihn beschäftigenden GmbH & Co. KG in Brand gesetzt.[1011] Zunächst verurteilte das zuständige Landgericht den Angeklagten wegen Brandstiftung. Der 1. Strafsenat des BGH stellte das Verfahren hinsichtlich des Vorwurfs der Brandstiftung auf die Revision des Angeklagten aus prozessökonomischen Gründen nach § 154 Abs. 2 StPO ein, da er eine erneute Verurteilung als „zweifelhaft" einstufte und verwies die Sache wegen einer möglichen Verurteilung gemäß § 266 Abs. 1 StGB an eine andere Strafkammer des Landgerichts zurück.[1012] Der Tatsache, dass durch die Brandlegung mittelbar Vermögensinteressen der GmbH verletzt wurden, kam, auch wenn Belange des § 30 GmbHG berührt waren, im Ergebnis kein eigener Unrechtsgehalt zu.[1013] Aus der Entscheidung des BGH lässt sich folglich ableiten, dass die Beeinträchtigung des Stammkapitals nach § 30 Abs. 1 GmbHG allein die Strafbarkeit nach § 266 StGB berührte, nicht jedoch die des Eigentumsdeliktes nach § 306 StGB.[1014] Der BGH verdeutlichte im Rahmen dieses zunächst unbedeutend anmutenden Einstellungsbeschlusses aus dem Jahr 2005 folglich, dass er an der untreuespezifischen Lesart der Vermögensinhaberschaft sowie der diesbezüglichen Dispositionsbefugnis ausschließlich im Rahmen des § 266 StGB festhalte, was mit seiner am Rechtsgut des § 266 StGB orientierten Argumentation konform geht. Die untreuespezifischen Grundsätze der Vermögensinhaberschaft sind mithin nicht ohne weiteres auf die Ermittlung der Betriebsinhaberschaft des § 299 StGB, dem explizit kein Vermögensschutzgedanke zugrunde liegt, übertragbar. Es gebietet sich vielmehr eine am Rechtsgut des § 299 StGB orientierte Determinierung des Begriffes des Prinzipals.

1010 BGH, Beschluss v. 24.11.2005–1 StR 169/05: „Ob die erneute Verurteilung des Angeklagten wegen Brandstiftung – er war inzwischen Alleingesellschafter und Alleingeschäftsführer der betroffenen GmbH & Co. KG bzw. der Komplementär-GmbH – hätte Bestand haben können erscheint zweifelhaft. Allerdings käme im Falle der Aufhebung und Zurückverweisung der Sache bei entsprechender Vermögenslage der GmbH & Co. KG bzw. der Komplementär-GmbH (Betroffenheit des Stammkapitals durch die Tat – Inbrandsetzung eines Firmengebäudes –) eine Verurteilung wegen Untreue gemäß § 266 Abs. 1 StGB in Betracht."

1011 BGH Beschluss v. 24.11.2005–1 StR 169/05.

1012 BGH Beschluss v. 24.11.2005–1 StR 169/05.

1013 *Piel*, NStZ 2006, 550, 555: mit Verweis auf den (noch) anders gelagerten Fall: BGH NJW 2003, 1824.

1014 *Piel*, NStZ 2006, 550, 555.

3. *Fazit*

Die kontrovers diskutierten Kriterien zur Eruierung der Vermögensinhaberschaft im Rahmen des § 266 StGB sind für die Bestimmung der Betriebsinhaberschaft des § 299 StGB nicht profan übertragbar, da sie explizit an das „Vermögen" als Schutzgut der Norm des § 266 StGB anknüpfen.

IV. Bestimmung des Prinzipals im Rahmen eines normalen Austauschverhältnisses anhand der Rechtsgutsanalyse des § 299 StGB

Die Frage, ob als Prinzipal i.S.d. § 299 StGB die juristische Person selbst oder aber die dahinterstehenden natürlichen Personen im Rahmen eines Austauschverhältnisses gemäß *Beispiel 2* anzusehen sind, kann lediglich mittels des Rechtsguts der Norm beantwortet werden. Da Rechtsgut des § 299 StGB „der lautere Wettbewerb in Ausprägung der Wahrung der abgeleiteten Vertragsfreiheit des Prinzipals" ist, muss die entscheidende Frage zur Bestimmung des Prinzipals danach beantwortet werden, wer in einer Kapital- und Personengesellschaft die Vertragsfreiheit im Hinblick auf die nach § 299 StGB relevanten Bezugsentscheidungen definiert, wem also die oberste, unabhängige Geschäftsführungsbefugnis hinsichtlich der gemäß § 299 StGB relevanten Bezugsentscheidungen obliegt.[1015] Wie bereits in I. 3. dieses Paragraphen festgestellt, kann die Betriebsinhaberschaft des Einzelkaufmanns auf drei Aspekte zurückgeführt werden: Die Vereinigung von *Handlungsleitungs-*, *Willensbildungs-* und *Aufsichtsfunktion* in einer Person. In Kapital- und Personengesellschaften sind diese Funktionen zumeist mehreren Organen überantwortet. Zuvorderst ist daher das maßgebliche Kriterium für die Bestimmung der Betriebsinhaberschaft aus diesen drei Kriterien herauszuarbeiten. Die Privatautonomie als „das Prinzip der Selbstgestaltung der Rechtsverhältnisse durch den einzelnen nach seinem Willen",[1016] konkretisiert sich in der Visualisierung und verbindlichen Festlegung der wirtschaftlichen Geschäftspolitik des Unternehmens, die die Auswahl der Vertragspartner sowie die

1015 *Windbichler*, Gesellschaftsrecht, § 7 Rn. 11: Bei der Geschäftsführung im Innenverhältnis „handelt es sich um die interne Willensbildung, Zuständigkeit und Verantwortlichkeit, um die Frage ob der Gesellschafter die Handlung vornehmen darf, ohne seine Pflicht den anderen Gesellschaftern gegenüber zu verletzen."

1016 *Flume*, AT, 2. Bd., Kapitel 1 § 1, S. 1.

Entscheidung über den Abschluss der Verträge umfasst. Diese Geschäftspolitik eines Unternehmens wird durch das innerhalb von Personen- und Kapitalgesellschaften zur inneren Willensbildung berufene Organ verbindlich festgelegt.[1017] In Abgrenzung zu den Begrifflichkeiten des „Angestellten" und „Beauftragten" nach § 299 StGB muss dieses Willensbildungsorgan weisungsunabhängig sein und damit eine exponierte Stellung innerhalb der Gesellschaft bekleiden. Das die Vertragsfreiheit definierende und damit maßgebliche Organ einer Kapital- und Personengesellschaft ist mithin das oberste Willensbildungsorgan der Gesellschaft, das über den Bezug von Waren oder gewerblichen Leistungen weisungsunabhängig entscheidet. Dieses Ergebnis ist von der Beachtung des gesellschaftsrechtlichen Trennungsprinzips unabhängig,[1018] wodurch sich das volle Potential des § 299 StGB mit seiner flexibel einsetzbaren Dreipersonenterminologie ungehindert entfalten kann, da selbst Befürworter der zivilrechtsakzessorischen Betrachtungsweise über das Konstrukt des „faktischen" Geschäftsinhabers im Rahmen des § 299 StGB letztlich auf natürliche Personen abstellen.[1019] Dieses Umgehungskonstrukt ist jedoch obsolet, sofern das Rechtsgut der Norm das Ergebnis diktiert.

V. Rechtsformabhängige Pönalisierung?

Ausgangspunkt der weiteren Untersuchung der Strafbarkeit von Kapital- und Personengesellschaften im Hinblick auf § 299 StGB ist die These *Bürgers*, wonach aus der mangelnden Strafbarkeit des Prinzipals i.R.d. § 299 Abs. 1 StGB eine sog. *„rechtsformabhängige Pönalisierung"*[1020] abzuleiten sei. Nach der von *Bürger* vertretenen Ansicht ist für die Begründung der Strafbarkeit nach § 299 Abs. 1 StGB allein die gesellschaftsrechtliche Ausgestaltung des Unternehmens und die damit einhergehende, tatsächliche Größe des Unternehmens strafbarkeitsentscheidend, was sich diametral zum eigentlichen Zweck der Vorschrift verhalte.[1021] Evident würde dies vor allem in folgenden Fallkonstellationen:

1017 MK-*Liebscher*, GmbHG, § 45, Rn. 81 f.; Müller/Winkeljohann-*Axhausen*, GmbH, § 5 Rn. 134.

1018 Ähnlich: *Koepsel*, Bestechlichkeit und Bestechung, S. 180 f.; *Wollschläger*, Täterkreis, S. 100 f.; *Walther*, Bestechlichkeit und Bestechung, S. 69 f.; a.A. *Brand/Wostry*, WRP 2008, 637, 642; *Corsten*, Einwilligung, S. 318 ff.; *Peinemann*, GmbH, S. 85 ff.

1019 *Corsten*, Einwilligung, S. 318 ff., 337.

1020 *Bürger*, wistra 2003, 130, 131.

1021 *Bürger*, wistra 2003, 130, 131 f.

1. *Beispiel 6 – „Rechtsformabhängige Pönalisierung“*[1022]

Um einen bestimmten Bauauftrag zu erhalten, macht W dem für die Bauauftragsvergabe zuständigen P ein Geldgeschenk von 2.000 Euro. Obwohl Ws Angebot für die Erstellung des Bauwerks über dem der Mitbewerber liegt, erhält er von P - nach Annahme des Geldgeschenkes - den Bauauftrag.
Bei P soll es sich in der Folge
(a) um einen Einzelkaufmann,
(b) um einen geschäftsführenden Alleingesellschafter einer Einmann-GmbH,
(c) um den geschäftsführenden Alleingesellschafter einer Einmann-GmbH als Komplementär einer GmbH & Co. KG handeln.

In *Variante (a)* ist P als Einzelkaufmann Prinzipal seines Unternehmens und somit nach § 299 Abs. 1 StGB unstrittig straflos, da er sich legal des Entscheidungsparameters „unlauterer Vorteil“ bedienen darf. In *Variante (b)* ist P geschäftsführender Alleingesellschafter einer Einmann-GmbH. Nach den Befürwortern einer „rechtsformabhängigen Pönalisierung“ ist er als „Angestellter“ bzw. „Beauftragter“ der Einmann-GmbH anzusehen und mithin nach § 299 Abs. 1 StGB zu bestrafen.[1023] Dies führt zu dem, für die Anhänger des Vorliegens einer „rechtsformabhängigen Pönalisierung“ untragbaren Ergebnis, dass sie einen Einzelkaufmann als Komplementär in seiner Funktion als persönlich haftendem Gesellschafter der KG als Geschäftsinhaber ansehen und straffrei stellen, wohingegen in *Fallvariante (c)* dieselbe Person aufgrund ihrer Stellung als „Angestellter“ bzw. „Beauftragter“ der Komplementär-Ein-Mann-GmbH strafbar wäre.[1024] Die unterschiedliche Behandlung dieser in tatsächlicher Hinsicht identischen Varianten sei nach ihrer Ansicht willkürlich auf die Organisationsstruktur des Unternehmens zurückzuführen und führe daher zu großer Rechtsunsicherheit.[1025]

2. *Fazit*

Die Hypothese der „rechtsformabhängigen Pönalisierung“ ist daraufhin zu überprüfen, ob die Ausklammerung des Prinzipals aus dem Täterkreis des § 299 Abs. 1 StGB und dem Kreis potentieller Zuwendungsempfänger des § 299 Abs. 2

1022 Angelehnt an Beispiele 2 und 3, in: *Bürger*, wistra 2003, 130, 132.
1023 BeckOK-*Momsen*, § 299 Rn. 11.1; *Peinemann*, GmbH, S. 69 ff.; *Fischer*, § 299 Rn. 8a; a.A. NK-*Dannecker*, § 299 Rn. 21; *Kienle/Kappel*, NJW 2007, 3530, 3531; Sch/Sch-*Heine/Eisele*, § 299 Rn. 7a; MK-*Krick*, § 299 Rn. 4.
1024 *Fischer*, § 299 Rn. 8a; siehe Beispielsfall 3, in: *Bürger*, wistra 2003, 130, 132.
1025 *Bürger*, wistra 2003, 130, 132.

StGB tatsächlich zu willkürlichen Ergebnissen führt. Hierbei ist insbesondere das Ergebnis der Rechtsgutsanalyse, die das oberste, unabhängige Willensbildungsorgan der Gesellschaft als maßgebliches, die Vertragsfreiheit definierendes Organ offenbart, zugrunde zu legen.

§ 2 Tätertauglichkeit von Kapitalgesellschaften nach § 299 Abs. 1 StGB de lege lata

Exemplarisch für alle Kapitalgesellschaften werden im Folgenden die Gesellschaft mit beschränkter Haftung (GmbH) und die Aktiengesellschaft (AG) selektiert und im Hinblick auf die rechtliche Einordnung ihrer Organe bezüglich der Termini „Prinzipal", „Beauftragter" und „Angestellter" unter Zugrundelegung eines Austauschverhältnisses entsprechend *Beispiel 2*[1026] untersucht.

I. Die Gesellschaft mit beschränkter Haftung (GmbH)

Die GmbH ist Kapital- und Handelsgesellschaft und nach § 13 Abs. 1 GmbHG eine juristische Person. Handlungsfähigkeit besitzt sie durch ihre Organe.[1027] Sowohl die Gesellschafterversammlung als Willensbildungsorgan nach §§ 45 ff. GmbHG als auch die Geschäftsführer als Handlungsorgan nach §§ 6, 35 ff. GmbHG sind obligatorische Organe der GmbH.[1028] Fakultativ hierzu tritt die Möglichkeit nach § 52 GmbHG einen Aufsichtsrat einzurichten, der ab einer bestimmten Anzahl von Arbeitnehmern, die die GmbH beschäftigt, ebenfalls obligatorisches Organ wird.[1029]

1. Die Gesellschafterversammlung

Nach § 48 GmbHG tritt die Gesellschafterversammlung zur Willensbildung der Gesellschaft zusammen, die bei ordnungsgemäßer Einberufung unabhängig von der Anzahl der erschienenen Gesellschafter beschlussfähig ist.[1030] Die Gesellschafterversammlung setzt sich folglich aus den tatsächlich erschienenen Gesellschaftern zusammen und ist damit nicht mit der Gesamtheit der

1026 Siehe oben, in: Kapitel 1 § 1 I.

1027 *Schäfer*, Gesellschaftsrecht, § 34 Rn. 1.

1028 *Windbichler*, Gesellschaftsrecht § 22 Rn. 1; *Schäfer*, Gesellschaftsrecht, § 34 Rn. 1; *Schmidt*, Gesellschaftsrecht, § 33 V 2 a, S. 994 f.

1029 BeckOK-*Jaeger*, GmbHG, § 52 Rn. 18 ff.

1030 OLG Köln NZG 2002, 381, 383; Baumbach/Hueck-*Zöllner*, GmbHG, § 48 Rn. 3.

Gesellschafter gleichzusetzen.[1031] Gleichwohl wird kontrovers darüber diskutiert, ob anstelle der Gesellschafterversammlung nicht die Gesellschafter in ihrer Gesamtheit das höchste Entscheidungs- und Willensbildungsorgan der Gesellschaft bilden.[1032] Obgleich der Gesetzeswortlaut des GmbHG die Gesellschafter als Träger von Verwaltungsrechten anführt, ist er insofern nicht eindeutig, als er die Ausübungskompetenz dieser Rechte nicht den Gesellschaftern zuweist.[1033] Während der Streit vornehmlich theoretisch-akademischer Natur ist, ist er im Rahmen von § 299 StGB zwingend zu entscheiden, da hiervon die rechtliche Einordnung des Prinzipals abhängt. Der BGH hat zu dieser Frage bislang keine Stellung bezogen.[1034] In der Literatur wird von der wohl herrschenden Meinung vertreten, dass die Gesellschafterversammlung lediglich ein Verfahren zur Beschlussfassung darstelle und die Gesellschafter ausschließlich in ihrer Gesamtheit Organqualität besäßen.[1035] Begründet wird dies zum einen mit der Systematik des Gesetzes, die über § 45 Abs. 2 GmbHG auf § 48 GmbHG als subsidiäres Instrument zur Willensbildung verweist und zum anderen mit dem systematischen Vergleich des Gesetzeswortlautes der §§ 45 Abs. 1, 46, 53 Abs. 1 GmbHG, die von den Kompetenzen der „Gesellschafter" sprechen, mit § 119 AktG, der ausdrücklich die Kompetenzen der „Hauptversammlung der Aktionäre" enumeriert.[1036] Die Kritiker dieser Auffassung argumentieren indessen, dass die Gesellschafter lediglich ein Recht zur Mitwirkung an der gesellschaftsrechtlichen Willensbildung besäßen, Träger der Kompetenz zur Willensbildung sei hingegen ausschließlich die Gesellschafterversammlung und nicht die Gesellschaftergesamtheit.[1037] Wie eingangs erwähnt, spricht gegen eine Organqualität der Gesellschaftergesamtheit primär die Tatsache, dass die Gesellschafterversammlung,

---

1031 Baumbach/Hueck-*Zöllner*, GmbHG, § 48 Rn. 2.

1032 Pro Gesellschafterversammlung: RGZ 169, 65, 80 f.; *Hüffer*, FS GmbHG, S. 521, 523 ff.; Baumbach/Hueck-*Zöllner*, GmbHG, § 45 Rn. 4; BeckOK-*Schindler*, GmbHG, § 45 Rn. 30 ff.; MK-*Liebscher*, GmbHG, § 45 Rn. 78 ff.; Pro Gesellschaftergesamtheit: Römermann-*Seibt*, MAH GmbH-Recht, Teil A § 2 Rn. 122; *Schmidt*, Gesellschaftsrecht, § 36 III 1, S. 1094; Roth/Altmeppen-*Roth*, GmbHG, § 45 Rn. 2; *Wicke*, GmbHG, § 45 Rn. 2; Michalski-*Römermann*, GmbHG Band II, § 45 Rn. 12.

1033 *Hüffer*, FS GmbHG, S. 521 f.

1034 BeckOK-*Schindler*, GmbHG, § 45 Rn. 30.

1035 Michalski-*Römermann*, GmbHG Band II, § 45 Rn. 12; Römermann-*Seibt*, MAH GmbH-Recht, Teil A § 2 Rn. 122; *Schmidt*, Gesellschaftsrecht, § 36 III 1, S. 1094; Roth/Altmeppen-*Roth*, GmbHG, § 45 Rn. 2; *Wicke*, GmbHG, § 45 Rn. 2.

1036 BeckOK-*Schindler*, GmbHG, § 45 Rn. 30 ff. m.w.N.; MK-*Liebscher*, GmbHG, § 45 Rn. 79 m.w.N.

1037 Baumbach/Hueck-*Zöllner*, GmbHG, § 45 Rn. 4.

sofern sie ordnungsgemäß einberufen wird, mit lediglich einem Gesellschafter beschlussfähig ist.[1038] Die Absenz der übrigen Gesellschafter ist demgemäß bedeutungslos. Dies wird überdies im Rahmen des § 47 GmbHG deutlich, der eine nach dem Mehrheitsprinzip erfolgende Willensbildung innerhalb der Beschlussfassung normiert, die keine Einstimmigkeit der Gesellschaftergesamtheit voraussetzt.[1039] Zudem begünstigt die historische Auslegung des GmbHG die Ansicht, die die Gesellschafterversammlung als oberstes Organ der GmbH begreift, da es in der amtlichen Begründung des GmbHG aus dem Jahr 1892 heißt, „Die Versammlung der Gesellschafter bildet das allgemein zuständige Organ für die Fassung der den Gesellschaftern vorbehaltenen Beschlüsse".[1040] Überdies ent- und nicht widerspricht die Möglichkeit der Umgehung einer Gesellschafterversammlung durch Beschlussfassung nach § 48 Abs. 2 GmbHG schlussendlich der Organqualität der Gesellschafterversammlung, da sie lediglich eine zweite Möglichkeit der Beschlussfassung eröffnet, ohne zugleich die Organqualität der Gesellschafterversammlung zu negieren.[1041] Formlose oder kombinierte Gesellschafterbeschlüsse außerhalb des § 48 GmbHG sind dementsprechend ohne Satzungsgrundlage unzulässig.[1042] Die Beschlussfindung im Rahmen des § 48 Abs. 2 GmbHG stellt lediglich eine zweite Möglichkeit des Abstimmungsverfahrens des Organs der Gesellschafterversammlung dar. Nach § 48 Abs. 2 Alt. 2 GmbHG ist auch hierzu nicht zwingend die Gesamtheit der Gesellschafter notwendig.[1043] Oberstes Willensbildungsorgan der Gesellschaft ist mithin nicht die Gesellschaftergesamtheit, sondern die Gesellschafter, wie sie in der Gesellschafterversammlung zusammentreten und damit die Gesellschafterversammlung selbst. Ausschließlich ihr unterliegt die uneingeschränkte Finanz- und Personalhoheit sowie die sog. „*Kompetenz-Kompetenz*", die Befugnis, alle Gesellschaftsangelegenheiten einschließlich etwaiger Zuständigkeitsfragen an sich zu ziehen und nach ihrem Belieben auszuführen.[1044] Die Gesellschafterversammlung ist insbesondere nach §§ 37 Abs. 1, 45, 46 Nr. 5 und Nr. 6 GmbHG gegenüber den Geschäftsführern

1038 OLG Köln NZG 2002, 381, 383.

1039 *Hüffer*, FS GmbHG, S. 521, 528; MK-*Liebscher*, GmbHG, § 45 Rn. 81.

1040 Reichstagsvorlage, 8. Legislaturperiode – I. Session, 1892, S. 77; *Hüffer*, FS GmbHG, S. 521, 526.

1041 MK-*Liebscher*, GmbHG, § 45 Rn. 80; Baumbach/Hueck-*Zöllner*, GmbHG, § 45 Rn. 4; BeckOK-*Schindler*, GmbHG, § 45 Rn. 33; *Hüffer*, FS GmbHG, S. 521, 536 f.

1042 *Hüffer*, FS GmbHG, S. 521, 533 ff.; Baumbach/Hueck-*Zöllner*, GmbHG, § 45 Rn. 41 ff. m.w.N.

1043 Henssler/Strohn-*Hillmann*, Gesellschaftsrecht, GmbHG, § 48 Rn. 24.

1044 MK-*Liebscher*, GmbHG, § 45 Rn. 37, 82.

umfassend weisungsbefugt[1045] und bestimmt die Grundlinien der Geschäftspolitik der GmbH.[1046] Die Gesellschafterversammlung ist folglich oberstes, unabhängiges Willensbildungsorgan der GmbH und im Rahmen von Austauschverhältnissen, entsprechend *Beispiel 2*, als Prinzipal i.S.d. § 299 StGB anzusehen.

2. *Der Gesellschafter*

Oberstes Willensbildungsorgan der GmbH ist, wie soeben erörtert, die Gesellschafterversammlung. Der einzelne Gesellschafter einer GmbH, die mehrere Gesellschafter besitzt, ist singulär gesehen folglich kein Prinzipal i.S.d. § 299 StGB, da er nicht die Willensbildung der gesamten Gesellschaft repräsentiert.[1047] Fraglich ist jedoch, ob er als „Beauftragter" oder „Angestellter" der Gesellschafterversammlung qualifiziert werden kann. Gesellschafter halten die Geschäftsanteile der GmbH und sind gegenüber ihren Mitgesellschaftern zur Treue verpflichtet, was sowohl Loyalitäts- als auch Förderpflichten umfasst.[1048] Diese Treuepflicht, die einer zivilrechtlichen Obliegenheit gleicht, ist nicht mit der für einen Angestellten geltenden Weisungsabhängigkeit oder einem faktischen Dienst- oder Arbeitsverhältnis gleichzusetzen. Der einzelne Gesellschafter ist folglich kein Angestellter der Gesellschafterversammlung. Er kann allerdings im Einzelfall als „Beauftragter" derselben nach § 299 Abs. 1 StGB agieren,[1049] wenn er beispielsweise dahingehend bestochen wird, im Rahmen der Gesellschafterversammlung auf eine Vertragsanbahnung mit dem Vorteilsgeber hinzuwirken. In diesem Fall übte er mittelbaren Einfluss auf die Bezugsentscheidung des Prinzipals aus, was für das Tatbestandsmerkmal der Beauftragung i.S.e. unechten Entscheidungsträgerschaft grundsätzlich ausreicht.[1050] Bei Kenntnis des Prinzipals von der Vorteilszuwendung an den Gesellschafter stellt sich überdies die Problematik der *„entschleierten Schmiergelder"*,[1051] die eine entsprechende teleologische Reduktion des Tatbestandes nach sich zöge.

1045 Wellhöfer/Peltzer/Müller-*Wellhöfer*, Haftung, Teil II § 8 Rn. 19 f.; *Schmidt*, Gesellschaftsrecht, § 36 I 2 a, S. 1068 f.; Müller/Winkeljohann-*Erle/Berberich*, GmbH, § 1 Rn. 26.

1046 Müller/Winkeljohann-*Axhausen*, GmbH, § 5 Rn. 135.

1047 Zum geschäftsführenden Alleingesellschafter siehe unten, in: Kapitel 4 § 2 I. 5. a).

1048 Baumbach/Hueck-*Fastrich*, GmbHG, § 13 Rn. 20 f.; zur Einklagbarkeit der Treuepflicht: Roth/Altmeppen-*Altmeppen*, GmbHG, § 13 Rn. 28 ff.

1049 So auch: *Wollschläger*, Täterkreis, S. 102.

1050 OLG Karlsruhe BB 2000, 635 ff.

1051 *Wassermann*, GRUR 1931, 549, 554.

3. *Der Geschäftsführer*

Gemäß § 35 Abs. 1 S. 1 GmbHG vertritt der Geschäftsführer die Gesellschaft gerichtlich und außergerichtlich. Der GmbH-Geschäftsführer ist aufgrund seiner Geschäftsführungsbefugnis oberstes Handlungsorgan der Gesellschaft.[1052] Als Geschäftsführer können nach § 6 Abs. 3 S. 1 GmbHG ein Gesellschafter – sog. *Gesellschafter-Geschäftsführer* – oder eine externe natürliche Person – sog. *Fremdgeschäftsführer* – bestellt werden. Der Spezialfall des geschäftsführenden Alleingesellschafters wird im Anschluss gesondert erörtert.[1053] Obgleich der Geschäftsführer der GmbH die erforderlichen Entscheidungen zur Verfolgung des Gesellschaftszwecks sowie den Einsatz und die Koordinierung der Unternehmensressourcen trifft und somit faktisch die Leitung des Unternehmens im Hinblick auf die laufende Geschäftsführung und insbesondere über den Bezug von Waren oder gewerblichen Leistungen im Innen- und Außenverhältnis ausübt bzw. delegiert,[1054] ist er nicht als Prinzipal i.S.d. § 299 StGB zu qualifizieren. Dies folgt aus der Erkenntnis seiner Weisungsabhängigkeit gegenüber den Beschlüssen der Gesellschafterversammlung, die Weisungen in erheblichem Umfang, vornehmlich im Hinblick auf die Durchführung von Geschäftsführungsmaßnahmen nach §§ 37 Abs. 1, 45, 46 Nr. 5 und Nr. 6 GmbHG, erteilen kann.[1055] Die Möglichkeit der Weisungserteilung der Gesellschafterversammlung ist für die Negation der Prinzipalstellung des Geschäftsführers i.S.d. § 299 StGB in jeder Konstellation ausreichend, da die Weisung sowohl „negativ-verbietend" als auch „positiv-gebietend" für einzelne, konkrete Geschäftsführungsentscheidungen ausfallen kann.[1056] Ein Kernbereich eigenverantwortlicher unternehmerischer Tätigkeit des Geschäftsführers, auf den die Gesellschafterversammlung keinen Einfluss nehmen kann, existiert nicht.[1057] In Rechtsprechung und Literatur wird daher kontrovers diskutiert, ob es sich bei dem Geschäftsführer einer GmbH um einen „Angestellten" oder einen „Beauftragten" i.S.d. § 299 Abs. 1 StGB handelt.[1058] Der

1052 *Windbichler*, Gesellschaftsrecht, § 22 Rn. 10.

1053 Siehe unten, in: Kapitel 4 § 2 I. 5. a).

1054 Baumbach/Hueck-*Zöllner/Noack*, GmbHG, § 35 Rn. 29; Müller/Winkeljohann-*Axhausen*, GmbH, § 5 Rn. 135.

1055 Wellhöfer/Peltzer/Müller-*Wellhöfer*, Haftung, Teil II § 11 Rn. 123.

1056 Baumbach/Hueck-*Zöllner/Noack*, GmbHG, § 37 Rn. 20.

1057 MK-*Stephan/Tieves*, GmbHG, § 37 Rn. 117.

1058 Angestellter: BeckOK-*Momsen*, § 299 Rn. 10.1; *Fischer*, § 299 Rn. 9; LK-*Tiedemann*, § 299 Rn. 14; SK-*Rogall*, § 299 Rn. 27; *Wollschläger*, Täterkreis, S. 103; NK-*Dannecker*, § 299 Rn. 21; *Lackner/Kühl*, § 299 Rn. 2; Sch/Sch-*Heine/Eisele*, § 299 Rn. 7; MK-*Krick*, § 299 Rn. 5; Beauftragter: BGH NJW 2006, 3290, 3298.

Streit entzündet sich ob der Einordnung des Verhältnisses zwischen Geschäftsführung und Gesellschafterversammlung. Fraglich ist, ob dieses vornehmlich durch einen entgeltlichen Anstellungsvertrag oder eine organschaftliche Bindung des Geschäftsführers an Weisungen der Gesellschafterversammlung geprägt ist.[1059] Im Ergebnis ist die Lösung dieses rein dogmatischen Streits jedoch obsolet, da nach beiden Termini eine Strafbarkeit nach § 299 Abs. 1 StGB bejaht werden kann. Gleichwohl sprechen die besseren Gründe für eine Einordnung als Angestellter der Gesellschafterversammlung, da allein die Weisungsabhängigkeit gegenüber dem Prinzipal i.S.d. § 299 StGB ausschlaggebend ist, hingegen nicht die zivilrechtliche Einordnung des Verhältnisses als Dienstvertrag oder die Stellung als Organ.[1060] Die Gesellschafterversammlung übt gemäß §§ 37 Abs. 1, 48 Abs. 1, 45, 46 Nr. 5 und Nr. 6 GmbHG ein unbeschränktes Weisungsrecht gegenüber den Geschäftsführern aus, was überdies einer der entscheidenden Unterschiede zur Aktiengesellschaft ist, bei der der Vorstand gemäß § 76 AktG keinen Weisungen der Aktionäre unterworfen ist, sondern die Gesellschaft in eigener Verantwortung leitet.[1061]

a) Der faktische Geschäftsführer

Bei dem faktischen Geschäftsführer handelt es sich um einen Geschäftsführer, der aufgrund eines ungültigen Organisationsaktes oder einer fehlenden Organstellung kein ordentlicher Geschäftsführer ist, gleichwohl jedoch die GmbH wie ein ordentlicher Geschäftsführer lenkt.[1062] Nach der höchstrichterlichen Rechtsprechung kommt es für die Einordnung als faktischer Geschäftsführer auf das Gesamterscheinungsbild des Auftretens der Person an. Hierbei ist es erforderlich, dass „der Betreffende die Geschicke der Gesellschaft durch eigenes Handeln im Außenverhältnis, [...] maßgeblich in die Hand genommen hat".[1063] Lediglich für den faktischen Geschäftsführer, der kraft fehlender Organstellung kein ordentlicher Geschäftsführer ist, wird eine Haftung nach § 84 GmbHG in

1059 Moll-*Reiserer*, MAH Arbeitsrecht, Teil B § 6 Rn. 58 ff. m.w.N.

1060 NK-*Dannecker*, § 299 Rn. 21.

1061 Michalski-*Michalski*, GmbHG Band I, Systematische Darstellung 1 Rn. 31; Wellhöfer/Peltzer/Müller-*Wellhöfer*, Haftung, Teil II § 8 Rn. 19 f.; *Schmidt*, Gesellschaftsrecht, § 36 I 2 a, S. 1068 f.

1062 Zur Definition des faktischen Geschäftsführers: BGH NZG 2005, 755; BGH NJW 2002, 1803, 1805; BGH NJW 1988, 1789 ff.; Roth/Altmeppen-*Altmeppen*, Vorbemerkung zu § 64 GmbHG Rn. 57.

1063 BGH NZG 2005, 755.

Rechtsprechung und Literatur diskutiert.[1064] Ein Großteil der Literatur lehnt eine solche Haftung vorwiegend wegen des strafrechtlichen Analogieverbotes nach Art. 103 Abs. 2 GG ab, da die Einbeziehung eines nicht einmal fehlerhaft bestellten Geschäftsführers die Grenze noch zulässiger Auslegung des Tatbestandsmerkmals „Geschäftsführer" überschreite.[1065] Inwieweit faktische Geschäftsführer unter den Täterkreis des § 299 Abs. 1 StGB zu subsumieren sind, wird daher ebenfalls kontrovers diskutiert.[1066] Ein Verstoß gegen das strafrechtliche Analogieverbot ist allerdings nicht zu befürchten, da § 299 Abs. 1 StGB lediglich die Tatbestandsmerkmale des „Angestellten" und „Beauftragten" vorsieht.[1067] Das Tatbestandsmerkmal des „Angestellten" sieht vor, dass derjenige Angestellter ist, der in einem zumindest faktischen Dienst- oder anderweitigen Arbeitsverhältnis zu einem Geschäftsherrn steht und von diesem weisungsabhängig ist.[1068] Faktische Geschäftsführer der GmbH sind sowohl in einem faktischen Arbeitsverhältnis beschäftigt als auch gegenüber der Gesellschafterversammlung, als ihrem Geschäftsherrn, weisungsabhängig, sodass eine Einordnung als „Angestellter" i.S.d. § 299 StGB zu befürworten ist.

b) Strohmann-Geschäftsführer

Bei einem Strohmann-Geschäftsführer handelt es sich um einen nominellen Geschäftsführer, der lediglich formal als solcher ins Handelsregister eingetragen ist, jedoch keine Geschäftsführertätigkeiten ausübt.[1069] Dieser ist weder unter den Angestellten- noch den Beauftragtenbegriff des § 299 StGB zu subsumieren, da er aufgrund seiner Stellung keinen befugten Einfluss auf betriebliche Entscheidungen nehmen kann.[1070]

1064 Roth/Altmeppen-*Altmeppen*, GmbHG, § 84 Rn. 8 ff. m.w.N.

1065 BeckOK-*Voßen*, GmbHG, § 84 Rn. 6; Roth/Altmeppen-*Altmeppen*, GmbHG, § 84 Rn. 8 ff.; *Wicke*, GmbHG, § 82 Rn. 4.

1066 Einordnung als Angestellte: *Corsten*, Einwilligung, S. 317; NK-*Dannecker*, § 299 Rn. 21; *Lackner/Kühl*, § 299 Rn. 2; *Wollschläger*, Täterkreis, S. 104; Einordnung als Beauftragte: Momsen/Grützner-*Grützner/Behr*, Wirtschaftsstrafrecht, 9. Kapitel, B Rn. 50; Sch/Sch-*Heine/Eisele*, § 299 Rn. 7; *Lesch*, AnwBl 2003, 261, 264.

1067 *Wollschläger*, Täterkreis, S. 104.

1068 BeckOK-*Momsen*, § 299 Rn. 10.1; *Fischer*, § 299 Rn. 9; *Lackner/Kühl*, § 299 Rn. 2; LK-*Tiedemann*, § 299 Rn. 11; MK-*Krick*, § 299 Rn. 4; NK-*Dannecker*, § 299 Rn. 19; Sch/Sch-*Heine/Eisele*, § 299 Rn. 7; SK-*Rogall*, § 299 Rn. 25.

1069 MK-*Wißmann*, GmbHG, § 82 Rn. 34.

1070 NK-*Dannecker*, § 299 Rn. 21.

4. *Der Aufsichtsrat*

Nach § 52 GmbHG kann fakultativ ein Aufsichtsrat bestellt werden, der ab einer bestimmten Anzahl von Arbeitnehmern, die die GmbH beschäftigt, obligatorisch wird.[1071] Die Bestellung der Aufsichtsratsmitglieder erfolgt gemäß § 52 Abs. 1 GmbHG i.V.m. § 101 Abs. 1 S. 1 AktG im Normalfall durch die Gesellschafterversammlung oder im Wege des schriftlichen Verfahrens nach § 48 Abs. 2 GmbHG, wobei die Satzung verschiedentliche Abweichungen hiervon, wie beispielsweise die Übertragung der Bestellung auf einen Beirat oder Gesellschafterausschuss oder die Zuwahl weiterer Mitglieder durch den Aufsichtsrat selbst im Wege der sog. *Kooptation*, vorsehen kann.[1072] Der Aufsichtsrat ist in der GmbH zur Kontrolle der Geschäftsführung nach § 52 Abs. 1 GmbHG i.V.m. § 111 Abs. 1 AktG berufen. Die Aufsichtsratsmitglieder sind hierbei gegenüber der Gesellschafterversammlung grundsätzlich nicht weisungsgebunden.[1073] Mangels Weisungsgebundenheit kommt keine Angestelltenstellung i.S.d. § 299 StGB in Betracht. Ob Aufsichtsratsmitglieder im Einzelfall als „Beauftragte" mit unechter Entscheidungsgewalt i.S.d. § 299 StGB anzusehen sind, wird kontrovers diskutiert.[1074] Da Aufsichtsratsmitgliedern bei der Entscheidung über den Bezug von Waren oder gewerblichen Leistungen grundsätzlich keine Kompetenz zukommt, ist selbst unter dem Aspekt der unechten Entscheidungsträgerschaft kaum eine Situation denkbar, in der diese „befugtermaßen" Einfluss auf eine Bezugsentscheidung des obersten, unabhängigen Willensbildungsorgans der GmbH – der Gesellschafterversammlung – ausüben könnten. Eine Ausnahme hierzu bildet jedoch die Einflussnahmemöglichkeit des Aufsichtsrates der GmbH auf eine Maßnahme der Geschäftsführung gemäß § 52 Abs. 1 GmbHG i.V.m. § 111 Abs. 4 S. 2 AktG, bei der der Aufsichtsrat bestimmen kann, dass bestimmte Geschäfte seiner Zustimmung bedürfen, wobei nach § 52 Abs. 1 GmbHG i.V.m. § 111 Abs. 4 S. 3 AktG auch insoweit die Letztentscheidungsbefugnis der Gesellschafterversammlung obliegt, die nicht an die Entscheidung des Aufsichtsrates

---

1071 BeckOK-*Jaeger*, GmbHG, § 52 Rn. 18 ff.

1072 Baumbach/Hueck-*Zöllner/Noack*, GmbHG § 52 Rn. 41; BeckOK-*Jaeger*, GmbHG, § 52 Rn. 12.

1073 Roth/Altmeppen-*Altmeppen*, GmbHG, § 52 Rn. 20; Baumbach/Hueck-*Zöllner/Noack*, GmbHG, § 52 Rn. 130.

1074 Beauftragte: NK-*Dannecker*, § 299 Rn. 23; für die Genossenschaft: RGSt 68, 119, 120; zweifelnd allgemein: *Fischer*, § 299 Rn. 8a; Momsen/Grützner-*Grützner/Behr*, Wirtschaftsstrafrecht, 9. Kapitel, B Rn. 193; befürwortend: *Wollschläger*, Täterkreis, S. 106 f. m.w.N.

gebunden ist.[1075] Über diese Normenkette ist eine Einflussnahme des Aufsichtsrates auf eine geschäftliche Bezugsentscheidung der Geschäftsführung und dadurch mittelbar auch auf jene der Gesellschafterversammlung im Rahmen einer unechten Entscheidungsträgerschaft i.S.d. § 299 StGB denkbar, sofern die Satzung der GmbH nicht etwas anderes vorsieht. Ob diese Einflussnahmemöglichkeit mangels Abhängigkeit der Gesellschafterversammlung von der Zustimmung des Aufsichtsrates für das Tatbestandsmerkmal der „befugten Beauftragung" i.S.d. § 299 StGB ausreichend ist, bleibt allerdings fraglich. Idealiter ist eine Täterschaft i.R.d. § 299 Abs. 1 StGB daher für Aufsichtsratsmitglieder der GmbH abzulehnen. In ihrer Eigenschaft als Überwachungsgarant bleibt einzig eine Teilnahmestrafbarkeit in Form der Beihilfe durch Unterlassen gewärtig.[1076]

5. *Sonderfälle*

a) Der geschäftsführende Alleingesellschafter – Einmann-GmbH

In Rechtsprechung und Literatur ist die strafrechtliche Behandlung des korrupten geschäftsführenden Alleingesellschafters der GmbH nach § 299 Abs. 1 StGB umstritten. Seine Sonderstellung resultiert aus der Tatsache, dass er alle Geschäftsanteile der Gesellschaft in seiner Hand hält und zugleich deren alleiniger Geschäftsführer ist, vgl. § 35 Abs. 3 S. 1 GmbHG. Zum Teil wird vertreten, dass er trotz formalen Anstellungsverhältnisses zur GmbH als faktischer Betriebsinhaber der GmbH nicht nach § 299 Abs. 1 StGB zu bestrafen sei.[1077] Dies resultiere aus seiner fehlenden Weisungsabhängigkeit.[1078] Darüber hinaus sei Telos des § 299 Abs. 1 StGB, dass Täter nur sein könne, wer auf eine geschäftliche Tätigkeit eines

---

1075 Im Kontext der Untreue: Thüringer OLG Beschluss v. 12.01.2011 – 1 Ws 352/10 Rn. 84: „Billigt die Gesellschafterversammlung bzw. der Alleingesellschafter eine für das Vermögen der GmbH wirtschaftlich nachteilige und kaufmännisch nicht mehr vertretbare oder vom Gesellschaftszweck nicht gedeckte Maßnahme des Geschäftsführers, liegt ein dessen Untreuestrafbarkeit ausschließendes Einverständnis des obersten Leitungsgremiums der Gesellschaft vor, das nicht deshalb wirkungslos bleibt, weil der fakultative Aufsichtsrat als das ihm nachgeordnete Gesellschaftsorgan der Maßnahme (noch) nicht oder nicht wirksam zugestimmt hat."; zur Letztentscheidungsbefugnis der Gesellschafterversammlung: Baumbach/Hueck-*Zöllner/Noack*, § 52 Rn. 123 ff. m.w.N.

1076 *Wollschläger*, Täterkreis, S. 107.

1077 NK-*Dannecker*, § 299 Rn. 21; MK-*Krick*, § 299 Rn. 4; *Hanft*, Einmann-GmbH, S. 164 ff.; *Lesch*, AnwBl 2003, 261, 264; Sch/Sch-*Heine/Eisele*, § 299 Rn. 7a; LK-*Tiedemann*, § 299 Rn. 10,14; SK-*Rogall*, § 299 Rn. 28; Achenbach/Ransiek-*Rönnau*, Wirtschaftsstrafrecht, 3. Teil 2. Kapitel Rn. 10.

1078 NK-*Dannecker*, § 299 Rn. 21.

anderen Einfluss nehmen könne.[1079] Ein solcher Dritter existiert in dieser Konstellation nicht, sodass kein dem Tatbestand inhärentes Dreipersonenverhältnis vorliegt. Dieser Argumentation entspricht überdies das Rechtsgutsverständnis aus dem zweiten Kapitel der Untersuchung. Die Gegenansicht stellt hingegen auf eine formal-juristische Trennung zwischen GmbH-Vermögen und Gesellschaftervermögen ab, wodurch der geschäftsführende Alleingesellschafter „Angestellter" bzw. „Beauftragter" der rechtlich verselbstständigten GmbH als Prinzipal sei, vgl. „rechtsformabhängige Pönalisierung".[1080] Richtig ist, dass der geschäftsführende Alleingesellschafter formal gesehen gegenüber der GmbH gesetzlichen Regelungen unterworfen ist, sei es in Form von Gläubigerschutzvorschriften nach § 30 GmbHG oder der Treuepflicht gegenüber der Gesellschaft nach § 43 GmbHG.[1081] Gleichwohl ist unter Zugrundelegung des Ergebnisses der Konturierung des Terminus „Prinzipal" aus § 1 dieses Kapitels und anhand der Orientierung am Rechtsgut des § 299 StGB aus dem zweiten Kapitel der Untersuchung einzig der geschäftsführende Alleingesellschafter als Prinzipal i.S.d. Dreipersonenterminologie des § 299 StGB einzuordnen und somit kein tauglicher Täter des § 299 Abs. 1 StGB. Da der lautere Wettbewerb in Ausprägung der Wahrung der abgeleiteten Vertragsfreiheit des Prinzipals Rechtsgut der Norm ist, ist das oberste, weisungsunabhängige Willensbildungsorgan innerhalb der Gesellschaft das maßgebliche, die Vertragsfreiheit definierende Organ und mithin strafloser Prinzipal i.S.d. § 299 StGB. In der Konstellation des geschäftsführenden Alleingesellschafters personalisiert dieser die Gesellschafterversammlung nach § 48 Abs. 3 GmbHG. Er ist somit oberstes, unabhängiges Willensbildungsorgan der Gesellschaft und kann jederzeit *ad hoc* Beschlüsse fassen, weil er stets die Vollversammlung bildet.[1082] Überdies sind Geschäftsführungsmaßnahmen, die der geschäftsführende Alleingesellschafter in seiner Funktion als Geschäftsführer vornimmt, stets als durch den Beschluss der Gesellschafterversammlung gedeckt anzusehen.[1083] Eine spätere Entlastung des geschäftsführenden Alleingesellschafters ist nicht erforderlich.[1084] Entsprechend des Rechtsgutes der Norm liegt in der Konstellation des geschäftsführenden Alleingesellschafters keine Dreipersonenkonstellation im Sinne eines „Entscheidungsträger-Prinzipal-Vorteilsgeber"-Verhältnisses

1079 MK-*Krick*, § 299 Rn. 4.

1080 *Peinemann*, GmbH, S. 150; *Fischer*, § 299 Rn. 8a; *Pragal*, Korruption, S. 162 ff.; *Szebrowski*, Kick-Back, S. 185 ff.; *Ulbricht*, § 299 StGB, S. 52; *Bürger*, wistra 2003, 130, 132 f.

1081 *Hanft*, Einmann-GmbH, S. 164 ff. m.w.N.

1082 Baumbach/Hueck-*Zöllner*, GmbHG, § 48 Rn. 46.

1083 Baumbach/Hueck-*Zöllner*, GmbHG, § 48 Rn. 50.

1084 Baumbach/Hueck-*Zöllner*, GmbHG, § 48 Rn. 50.

vor, sondern eine Zweipersonen-Wettbewerbsverquickung, die es den Handelnden erlaubt, von der Leistung unabhängige Vorteile für sich bzw. ihren Betrieb oder einen Dritten im Gegenzug für eine begünstigende Entscheidung zu fordern. In seiner Eigenschaft als Geschäftsführer ist der geschäftsführende Alleingesellschafter lediglich „gegenüber sich selbst“ weisungsabhängig und damit letztlich in seiner Entscheidung frei, da er mit Zustimmung des obersten Willensbildungsorgans agiert. Dogmatisch ist diese Konstellation, sofern der geschäftsführende Alleingesellschafter in seiner Funktion als Geschäftsführer handelt, mittels teleologischer Reduktion des Tatbestandes entsprechend der Problematik der „entschleierten Schmiergelder“[1085] zu lösen.[1086]

b) Vorgründungsgesellschaft

Die Vorgründungsgesellschaft ist nicht gesetzlich normiert. Sie ist ein rechtliches Konstrukt, das die Vorbereitung der künftigen Geschäftstätigkeit der GmbH bereits vor Beurkundung des GmbH-Gesellschaftsvertrages nach § 2 Abs. 1 GmbHG ermöglicht, wie beispielsweise den Abschluss von Miet- oder Arbeitsverträgen zu diesem Zwecke.[1087] Auf die Vorgründungsgesellschaft ist das Recht der BGB-Gesellschaft bzw. das der offenen Handelsgesellschaft, sofern bereits ein Handelsgewerbe nach § 105 HGB betrieben wird, anzuwenden, nicht jedoch das Recht der künftigen GmbH.[1088] Die späteren Gründungsgesellschafter der GmbH haften folglich für die Verbindlichkeiten der Vorgründungsgesellschaft persönlich und unbeschränkt.[1089] Die Bestimmung des obersten, unabhängigen Willensbildungsorgans richtet sich mithin nach der Bestimmung des obersten, unabhängigen Willensbildungsorgans für Personengesellschaften und wird folglich in § 3 dieses Kapitels erörtert.

c) Vor-GmbH

Von der Vorgründungsgesellschaft ist die Vor-GmbH zu unterscheiden, die mit Beurkundung des Gesellschaftsvertrages nach § 2 Abs. 1 GmbHG entsteht und ihrerseits mit Eintragung ins Handelsregister zur endgültigen GmbH wird.[1090] Die Vor-GmbH ist als Personenvereinigung *sui generis* einzustufen, auf die die

---

1085 *Wassermann*, GRUR 1931, 549, 554.

1086 Siehe oben, in: Kapitel 2 § 4 IV. 3. b) bb).

1087 BeckOK-*Jaeger*, GmbHG, § 2 Rn. 35 ff.; MK-*Merkt*, GmbHG, § 11 Rn. 220.

1088 Breithaupt/Ottersbach-*Schneider*, Gesellschaftsrecht, Teil 2 E § 2 Rn. 201 ff.; Michalski-*Michalski*, GmbHG Band I, § 2 Rn. 80.

1089 BGHZ 91, 148, 151; BeckOK-*Jaeger*, GmbHG, § 2 Rn. 35 ff.

1090 Römermann-*Strehle*, MAH GmbH-Recht, Teil A § 3 Rn. 75.

GmbH-Vorschriften anzuwenden sind, sofern diese nicht die Eintragung ins Handelsregister zwingend erfordern.[1091] Da die Vor-GmbH noch keine juristische Person im engeren Sinne ist, nimmt die überwiegende Auffassung in Rechtsprechung und Literatur an, dass es sich um eine Gesamthandsgemeinschaft handelt und die Gesellschaftergesamtheit somit Vermögensträger ist.[1092] Gleichwohl bekleidet die Gesellschafterversammlung in der Vor-GmbH bereits das oberste, unabhängige Willensbildungsorgan, da sie lediglich eines formgerechten Vertragsabschluss nach § 2 Abs. 1 GmbHG bedarf, jedoch nicht die Eintragung ins Handelsregister voraussetzt.[1093] Zu den Ausführungen in § 2 I dieses Kapitels ergeben sich daher keine Abweichungen.

II. Die Aktiengesellschaft (AG)

Die Aktiengesellschaft ist Kapital- und Handelsgesellschaft sowie juristische Person nach § 1 Abs. 1 S. 1 AktG mit einem in Aktien zerlegten Grundkapital, § 1 Abs. 2 AktG.[1094] Die Aktiengesellschaft agiert mittels dreier Organe: dem Vorstand, der Hauptversammlung und dem Aufsichtsrat. Allen dreien kommen jeweils autonome Zuständigkeitsbereiche zu. Die Aktiengesellschaft basiert im Vergleich zur GmbH auf keiner hierarchischen Organisationsverfassung, die Organe agieren vielmehr unabhängig voneinander.[1095]

1. Der Vorstand

Dem Vorstand obliegt die organschaftliche Leitung, Führung und Vertretung der Aktiengesellschaft nach §§ 76 Abs. 1, 77, 78 Abs. 1 AktG. Die Leitung der Aktiengesellschaft umfasst jedwede tatsächliche oder rechtsgeschäftliche Tätigkeit.[1096] Der Vorstand kann sich nach § 76 Abs. 2 S. 1 AktG grundsätzlich aus einer oder mehreren Personen zusammensetzen. Bei Gesellschaften mit einem Grundkapital von mehr als drei Millionen Euro hat er gemäß § 76 Abs. 2 S. 2 AktG aus mindestens zwei Personen zu bestehen, sofern die Satzung nichts Abweichendes vorsieht. Vom deutschen Corporate Governance Kodex werden ein mehrköpfiger Vorstand sowie die Bestellung eines Vorstandsvorsitzenden

---

1091 Römermann-*Strehle*, MAH GmbH-Recht, Teil A § 3 Rn. 76.

1092 BGH NJW 1981, 1373, 1374; *Windbichler*, Gesellschaftsrecht, § 21 Rn. 18 m.w.N.

1093 Baumbach/Hueck-*Zöllner*, GmbHG, § 48 Rn. 5.

1094 *Windbichler*, Gesellschaftsrecht, § 25 Rn. 1; *Schäfer*, Gesellschaftsrecht, § 38 Rn. 2.

1095 MK-*Kubis*, AktG, § 118 Rn. 10; Ringleb-*Kremer*, Corporate Governance Kodex, 2. Teil, Rn. 222; *Schäfer*, Gesellschaftsrecht, § 41 Rn. 1; *Schmidt*, Gesellschaftsrecht, § 28 IV 1 a, S. 837 f.

1096 Hüffer-*Koch*, AktG, § 76 Rn. 10.

anempfohlen.[1097] Wichtigstes Unterscheidungskriterium im Vergleich zum Geschäftsführer der GmbH ist hierbei die fehlende Abhängigkeit des Vorstandes der AG von Weisungen anderer Gesellschaftsorgane oder (Groß-)Aktionäre.[1098] Nach § 119 Abs. 2 AktG obliegt der Hauptversammlung der Aktionäre keine eigene Kompetenz zur Geschäftsführung der AG. Lediglich im Rahmen der Anrufung der Hauptversammlung nach § 119 Abs. 2 AktG durch den Vorstand selbst, kommt dieser die Möglichkeit der Entscheidung in Geschäftsführungsfragen zu.[1099] Dem Aufsichtsrat können nach § 111 Abs. 4 S. 1 AktG ebenfalls keine Maßnahmen der Geschäftsführung übertragen werden. Diesem vermittelt § 111 Abs. 4 S. 2 AktG lediglich ein Vetorecht, das indes kein Weisungsrecht beinhaltet, mittels dessen er bestimmte Arten von Geschäften des Vorstandes verhindern kann. Die Bestellung des Vorstandes der AG erfolgt gemäß § 84 Abs. 1 S. 1 AktG zwingend durch den Aufsichtsrat, der hierdurch seine Personalkompetenz ausübt. Von der organschaftlichen Stellung ist der schuldrechtliche Anstellungsvertrag des Vorstands zu unterscheiden, der regelmäßig als Dienstvertrag nach § 611 BGB oder bei Unentgeltlichkeit als Auftrag nach § 662 BGB ausgestaltet ist, vgl. § 84 Abs. 1 S. 5 AktG. Der schuldrechtliche Vertrag wird vom Aufsichtsrat der AG ausgestellt.[1100] Gleichwohl besteht kein auftragsähnliches Verhältnis zwischen Vorstand und Aktionären oder Vorstand und Hauptversammlung.[1101] In Bezug auf die strafrechtliche Erfassung des Vorstandes der Aktiengesellschaft nach § 299 Abs. 1 StGB erfolgt von Rechtsprechung und Literatur vornehmlich eine Einordung als „Angestellter“ oder „Beauftragter“ i.S.d. Vorschrift.[1102] Lediglich vereinzelt ist *de lege lata et ferenda* eine Gleichstellung mit dem Betriebsinhaber und eine damit einhergehende Straflosigkeit des Vorstandes diskutiert worden.[1103] Mangels Weisungsabhängigkeit des Vorstandes der AG muss

---

1097 *Windbichler*, Gesellschaftsrecht, § 27 Rn. 3.

1098 MK-*Liebscher*, GmbHG, § 45 Rn. 81; Hüffer-*Koch*, AktG § 76 Rn. 25.

1099 Hölters-*Drinhausen*, AktG, § 119 Rn. 11; *Schmidt*, Gesellschaftsrecht, § 28 V 2 a, S. 869 f.

1100 Henssler/Strohn-*Dauner-Lieb*, Gesellschaftsrecht, AktG, § 84 Rn. 17.

1101 Hüffer-*Koch*, AktG, § 76 Rn. 25.

1102 Angestellter: BGHSt 20, 210; NK-*Dannecker*, § 299 Rn. 21; *Lackner/Kühl*, § 299 Rn. 2; *Tiedemann*, Wirtschaftsstrafrecht BT, § 5 Rn. 201; *Lesch*, AnwBl 2003, 261, 264; Beauftragter: Sch/Sch-*Heine/Eisele*, § 299 Rn. 8; *Fischer*, § 299 Rn. 8a, 10a; MK-*Krick*, § 299 Rn. 8; entweder Angestellter oder Beauftragter: Momsen/Grützner-*Grützner/Behr*, Wirtschaftsstrafrecht, 9. Kapitel, B Rn. 193.

1103 *Brand/Wostry*, WRP 2008, 637 ff.; statt aller: BeckOK-*Momsen*, § 299 Rn. 11, der allerdings eine Gleichstellung lediglich *de lege ferenda* erwägt; *Sommer*, Korruptionsstrafrecht, Rn. 248: weisungsunabhängige Organstellung führt zum Täterausschluss.

jedoch zwingend eine Angestelltenstellung i.S.d. § 299 StGB ausscheiden.[1104] Das schuldrechtliche Anstellungsverhältnis des Vorstandes der AG ist insoweit in Korrelation zur rechtlichen Einordnung des Geschäftsführers der GmbH nicht entscheidend, da allein die Weisungsabhängigkeit für die Einordnung als „Angestellter" oder „Beauftragter" i.S.d. § 299 StGB maßgeblich ist. Hieraus lässt sich im Umkehrschluss nicht folgern, dass der Vorstand damit „Beauftragter" sein muss. Aufgrund seiner Stellung als unabhängiges Willensbildungs- und Handlungsorgan im Hinblick auf alle Geschäftsführungsmaßnahmen der AG kommt vielmehr lediglich eine Prinzipalstellung i.S.d. § 299 StGB in Betracht.[1105] Diese Stellung wird dem Vorstand insbesondere nicht durch die Hauptversammlung der Aktionäre nach § 119 AktG streitig gemacht. Obgleich ein Teil der Literatur die Hauptversammlung der Aktionäre als das „oberste Organ"[1106] der Gesellschaft bezeichnet, entspricht dies nicht der Realität der Organisationsverfassung der Aktiengesellschaft.[1107] Der Hauptversammlung der Aktionäre kommt keine dominante Stellung gegenüber dem Vorstand der AG zu, da sie weder über ein Weisungsrecht noch über eine Letztentscheidungskompetenz in Geschäftsführungsfragen verfügt.[1108] Dogmatisch richtig besitzt die Aktiengesellschaft daher zwei oberste Willensbildungsorgane, die in ihrem jeweiligen Zuständigkeitsbereich weisungsunabhängig agieren.[1109] Hierbei kommt allein dem Vorstand der AG die oberste Willensbildungsfunktion im Bereich der Bestimmung der Geschäftsführungspolitik und somit für den nach § 299 StGB relevanten Bereich des Bezuges von Waren und gewerblichen Leistungen zu. Die Festlegung der Vertragsfreiheit der Aktiengesellschaft erfolgt in dem maßgeblichen Bereich der Festlegung der Geschäftspolitik im Hinblick auf den Bezug von Waren und gewerblichen Leistungen ausschließlich im Organ des Vorstandes der AG. Dieser ist im Rahmen normaler Austauschverhältnisse entsprechend *Beispiel 2* entgegen der herrschenden Meinung folglich als Prinzipal i.S.d. § 299 StGB zu klassifizieren.[1110]

1104 a.A. *Bernsmann/Gatzweiler*, Verteidigung, Rn. 565.

1105 Im Ergebnis richtig: *Brand/Wostry*, WRP 2008, 637 ff.

1106 *Messer*, FS Kellermann, S. 299; a.A. Ringleb-*Kremer*, Corporate Governance Kodex, 2. Teil, Rn. 222 m.w.N.; MK-*Kubis*, AktG, § 118 Rn. 9 f.

1107 Henssler/Strohn-*Liebscher*, Gesellschaftsrecht, AktG, § 118 Rn. 2; Ringleb-*Kremer*, Corporate Governance Kodex, 2. Teil, Rn. 222 m.w.N.; MK-*Kubis*, AktG, § 118 Rn. 9 f.; *Windbichler*, Gesellschaftsrecht, § 25 Rn. 10.

1108 MK-*Kubis*, AktG, § 118 Rn. 10.

1109 *Brand/Wostry*, WRP 2008, 637, 639.

1110 So auch mit anderer Begründung: *Brand/Wostry*, WRP 2008, 637 ff.; BeckOK-*Momsen*, § 299 Rn. 11, der allerdings lediglich eine Gleichstellung mit dem

2. Die Hauptversammlung

Die Hauptversammlung der Aktionäre ist nach § 119 AktG ebenfalls Willensbildungsorgan der Aktiengesellschaft. Ihr obliegt die Beschlussfassung in wesentlichen Gesellschaftsangelegenheiten, was zum einen die Kontrolle der Verwaltungsorgane und zum anderen Grundlagenentscheidungen im Hinblick auf die strukturelle Veränderung der Gesellschaft anbegeht.[1111] Anders als bei der Gesellschafterversammlung der GmbH ist die Organqualität der Hauptversammlung der AG unbestritten.[1112] In der strafrechtlichen Literatur wird die Hauptversammlung der AG daher oftmals als Prinzipal i.S.d. § 299 StGB bezeichnet, da sie eigentlicher „Vermögensträger" der AG sei.[1113] Wie bereits ausgeführt, ist die Vermögensträgerschaft innerhalb der juristischen Person jedoch nicht das maßgebliche Kriterium für die Bestimmung des Prinzipals i.S.d. § 299 StGB. Entscheidendes Kriterium ist vielmehr die Stellung als oberstes, unabhängiges Willensbildungsorgan der Gesellschaft, das zur Definition der Vertragsfreiheit im Hinblick auf den Bezug von Waren oder gewerblichen Leistungen berufen ist.[1114] Abgesehen von der Konstellation der Anrufung der Hauptversammlung durch den Vorstand nach § 119 Abs. 2 AktG, auf die im Anschluss gesondert einzugehen ist, ist keine Situation denkbar, in der der Hauptversammlung der Aktionäre die Willensbildungskompetenz für den Bezug von Waren oder gewerblichen Leistungen zukäme, sodass sowohl die Prinzipalstellung als auch die Täterschaft i.R.d. § 299 Abs. 1 StGB regelmäßig ausscheidet.

Lediglich die Sonderkonstellation des § 119 Abs. 2 AktG, in der auf Verlangen des Vorstandes der AG und damit quasi per Delegation der Willensbildungskompetenz die Hauptversammlung zur Beschlussfassung in einer konkreten Geschäftsführungsmaßnahme berufen wird, bildet eine Ausnahme. Hat die Hauptversammlung in einer solchen Situation per Beschluss entschieden, ist der Vorstand verpflichtet, diese Entscheidung gemäß § 83 Abs. 2 AktG zu

---

Betriebsinhaber *de lege ferenda* erwägt; a.A. BGHSt 20, 210; RGSt 66, 81; NK-*Dannecker*, § 299 Rn. 21; *Lackner/Kühl*, § 299 Rn. 2; *Tiedemann*, Wirtschaftsstrafrecht BT, § 5 Rn. 201; *Lesch*, AnwBl 2003, 261, 264; Sch/Sch-*Heine/Eisele*, § 299 Rn. 8; *Fischer*, § 299 Rn. 8a, 10a; MK-*Krick*, § 299 Rn. 8; *Wollschläger*, Täterkreis, S. 107 f.; *Walther*, Bestechlichkeit und Bestechung, S. 69 f.; *Noltensmeier*, Public Private Partnership, S. 251 f.

1111 Ringleb-*Kremer*, Corporate Governance Kodex, 2. Teil Rn. 220.

1112 Hölters-*Drinhausen*, AktG, § 118 Rn. 5; MK-*Kubis*, AktG, § 118 Rn. 8.

1113 *Erb*, FS Geppert, S. 97, 105; *Wollschläger*, Täterkreis, S. 107 f.

1114 Siehe oben, in: Kapitel 4 § 1 III.

befolgen.[1115] Äußerst kontrovers diskutiert wird die Problematik der Verpflichtung des Vorstandes zur Anrufung der Hauptversammlung nach § 119 Abs. 2 AktG im Sinne einer sog. *ungeschriebenen Hauptversammlungskompetenz*.[1116] Die Rechtsprechung hat eine solche Durchbrechung der zwingenden Kompetenzverteilung der AG allerdings nur in Fällen der schwerwiegenden Verletzung der Rechte und Interessen der Aktionäre angenommen.[1117] Für die im Rahmen der Untersuchung entscheidenden Konstellationen nach § 299 StGB entfaltet die ungeschriebene Hauptversammlungskompetenz daher keine Wirkung. Sofern sich die Anrufung nach § 119 Abs. 2 AktG ausnahmsweise auf eine konkrete, nach § 299 StGB relevante Frage betreffend die Bezugsentscheidung von Waren oder gewerblichen Leistungen bezieht, fungiert die Hauptversammlung als Prinzipal i.S.d. § 299 StGB. Dieses Ergebnis resultiert aus der Tatsache, dass der Beschluss der Hauptversammlung gemäß § 119 Abs. 2 AktG für den Vorstand der AG Bindungswirkung entfaltet.[1118] Diese Bindung hat Weisungscharakter, sodass der Vorstand der AG in dieser speziellen Konstellation als „Angestellter" der Hauptversammlung i.S.d. § 299 StGB fungiert.

3. Der Aktionär

Der einzelne Aktionär, der nicht zugleich als Einmann-Vorstand der AG agiert, ist kein Prinzipal i.S.d. § 299 StGB, da lediglich der Vorstand der AG in seiner Gesamtheit als Prinzipal i.S.d. § 299 StGB zu klassifizieren ist. Fraglich ist jedoch, ob er als „Beauftragter" oder „Angestellter" des Vorstandes der AG i.S.d. § 299 StGB qualifiziert werden kann, sofern er im Rahmen einer unechten Entscheidungsträgerschaft auf die Bezugsentscheidung des Vorstandes der AG maßgeblichen Einfluss nimmt. Um den einzelnen Aktionär als Angestellten des Vorstandes der AG zu klassifizieren, müsste dieser gegenüber dem Vorstand der AG weisungsabhängig sein. Ob dem Aktionär neben der Hauptpflicht zur Leistung der Einlage noch andere Pflichten, wie beispielsweise eine Treuepflicht gegenüber der Gesellschaft bzw. dem Vorstand obliegen, war lange Zeit umstritten.[1119] Heute ist eine entsprechend differenzierte Treuepflicht anerkannt, die allerdings zurückhaltend

---

1115 *Schmidt*, Gesellschaftsrecht, § 28 V 2 a, S. 869 f.; *Windbichler*, Gesellschaftsrecht, § 27 Rn. 26.

1116 BGH NJW 2004, 1860, 1863 f.: Zuständigkeit als Ergebnis einer offenen Rechtsfortbildung; BGH NJW 1982, 1703; *Schmidt*, Gesellschaftsrecht, § 28 V 2 b, S. 870 ff. m.w.N.; MK-*Kubis*, AktG, § 119 Rn. 37 ff. m.w.N.

1117 *Windbichler*, Gesellschaftsrecht, § 29 Rn. 4 f.

1118 Hüffer-*Koch*, AktG, § 119 Rn. 15.

1119 *Windbichler*, Gesellschaftsrecht, § 30 Rn. 33 ff.

formuliert wird, da die strenge kompetenzrechtliche Organisationsverfassung der AG nicht unterlaufen werden darf.[1120] Eine Weisungsabhängigkeit gegenüber dem Vorstand kann hieraus nicht begründet werden. Für den einzelnen Aktionär kommt vielmehr lediglich die Beauftragtenstellung nach § 299 StGB in Betracht. Insofern gilt es zwischen Aktionären, die gleichzeitig im Vorstand der AG tätig sind und solchen, die keine Vorstandstätigkeit entfalten, zu unterscheiden, vgl. § 76 Abs. 3 AktG. Der einzelne Aktionär, der zugleich Mitglied eines mehrköpfigen Vorstandes einer AG ist, kann befugtermaßen auf die Bezugsentscheidungen i.S.d. § 299 StGB Einfluss nehmen und ist als „Beauftragter" i.S.d. § 299 StGB anzusehen. In dieser Konstellation fallen sein Interesse und das Interesse des Vorstandes als Prinzipal der AG, der nach § 77 Abs. 1 AktG mit Gesamtgeschäftsführungsbefugnis ausgestattet ist, auseinander, weswegen er nicht als Prinzipal i.S.d. § 299 StGB einzuordnen ist.[1121] Nichts anderes gilt für den Vorstandsvorsitzenden eines mehrköpfigen AG-Vorstandes, da in dieser Konstellation ebenfalls das Prinzip der Gesamtvertretung gilt.[1122] Der Aktionär, der kein Vorstandsmitglied ist, besitzt lediglich mittels seiner Tätigkeiten im Rahmen anderer Organe der AG – Hauptversammlung oder Aufsichtsrat – Einflussmöglichkeiten auf die Bezugsentscheidung des Prinzipals und ist entsprechend jener Grundsätze zu bestrafen. Im Übrigen ist er kein tauglicher Täter i.S.d. § 299 Abs. 1 StGB, da ihm keine tatsächliche Einflussnahme als Angestellter des Vorstandes oder befugte Einflussnahmemöglichkeit als Beauftragter des Vorstandes auf nach § 299 StGB relevante Bezugsentscheidungen möglich ist. Jene kann lediglich seitens des Prokuristen und des Handlungsbevollmächtigten der AG erfolgen.

4. Der Aufsichtsrat

Der Aufsichtsrat der AG bestellt und überwacht den Vorstand der AG nach §§ 84, 111 AktG. Er besteht gemäß § 95 S. 1 AktG aus mindestens drei Mitgliedern, die nach § 100 Abs. 1 S. 1 AktG natürliche, unbeschränkt geschäftsfähige Personen sein müssen. Gemäß § 105 AktG ist es einem Aufsichtsratsmitglied untersagt, zugleich Vorstandsmitglied zu sein. Die Einflussnahme des Aufsichtsrats auf Geschäftsführungsmaßnahmen ist streng beschränkt, da er selbst weder Geschäftsführungskompetenzen nach § 111 Abs. 4 S. 1 AktG begründen kann, noch über ein Weisungsrecht gegenüber dem Vorstand verfügt.[1123] Gleichwohl

1120 *Windbichler*, Gesellschaftsrecht, § 30 Rn. 33.

1121 So zum einzelnen Gesellschafter einer GmbH: Achenbach/Ransiek-*Rönnau*, Wirtschaftsstrafrecht, 3. Teil 2. Kapitel Rn. 10.

1122 *Windbichler*, Gesellschaftsrecht, § 27 Rn. 31 a.E.

1123 *Windbichler*, Gesellschaftsrecht, § 25 Rn. 12; Hüffer-*Koch*, AktG § 76 Rn. 5.

betrachtet ihn die wohl überwiegende Auffassung in Rechtsprechung und Literatur als „Beauftragten" i.S.d. § 299 StGB.[1124] Die Beauftragung i.S.d. § 299 StGB lässt sich indes lediglich über § 111 Abs. 4 S. 2 AktG, der den Grundsatz des Verbots von Geschäftsführungsmaßnahmen des Aufsichtsrats relativiert, begründen.[1125] Das hierin verankerte Vetorecht gegenüber Maßnahmen des Vorstandes der AG vermittelt dem Aufsichtsrat eine aktive Einflussmöglichkeit auf dessen Geschäftsführung, die allerdings weder ein Weisungs- noch ein Initiativrecht des Aufsichtsrates beinhaltet.[1126] Eine inhaltliche Vorgabe für die Ausübung des Vetorechts nach § 111 Abs. 4 S. 2 AktG existiert nicht,[1127] sodass grundsätzlich auch für nach § 299 StGB relevante Bezugsentscheidungen vom Vetorecht Gebrauch gemacht werden kann. Strafbare Sonderkonstellationen für den Aufsichtsrat einer AG können sich insbesondere im Wertpapiererwerbs- und Übernahmegesetz im Zusammenhang mit § 33 d WPüG und § 27 Abs. 1 WPüG ergeben, soweit dem Aufsichtsrat spezielle Sonderrechte bezüglich des Angebotsverfahrens eingeräumt werden.[1128] In einer solchen Konstellation handelt der Aufsichtsrat mithin als „Beauftragter" i.S.d. § 299 StGB. Abgesehen von Konstellationen nach § 111 Abs. 4 S. 2 AktG und speziellen Sonderrechten des Aufsichtsrates muss eine Täterschaft des Aufsichtsratsmitglieds nach § 299 Abs. 1 StGB jedoch negiert werden. Entsprechend den Ausführungen zum Aufsichtsratsmitglied der GmbH bleibt die Möglichkeit einer Teilnahmestrafbarkeit wegen Beihilfe durch Unterlassen aufgrund der Überwachungsgarantenstellung eröffnet.[1129]

5. *Sonderfälle*

a) Einpersonen-AG

In Korrelation zur Einmann-GmbH existiert im Rahmen der Aktiengesellschaft nach §§ 2, 42 AktG die Möglichkeit der Gründung einer sog. *Einpersonen-AG.*

1124 RGSt 68, 119, 120: für Aufsichtsratsmitglied einer Genossenschaft; *Moosmayer*, wistra 2004, 401, 407; Sch/Sch-*Heine/Eisele*, § 299 Rn. 8; NK-*Dannecker*, § 299 Rn. 23; MK-*Krick*, § 299 Rn. 8; BeckOK-*Momsen*, § 299 Rn. 11; *Sprafke*, Korruption, S. 121; *Wollschläger*, Täterkreis, S. 108; *Corsten*, Einwilligung, S. 325 f.; zweifelnd: *Fischer*, § 299 Rn. 8a; a.A. *Sommer*, Korruptionsstrafrecht, Rn. 248; kritisch auch: *Bernsmann/Gatzweiler*, Verteidigung, Rn. 569: zweifelhaft im Hinblick auf das Bestimmtheitsgebot nach Art. 103 Abs. 2 GG.

1125 Hüffer-*Koch*, AktG, § 111 Rn. 16.

1126 MK-*Habersack*, AktG, § 111 Rn. 96 f.

1127 Hüffer-*Koch*, AktG, § 111 Rn. 35 ff.

1128 *Moosmayer*, wistra 2004, 401, 407.

1129 So auch: *Wollschläger*, Täterkreis, S. 107, 108.

Handelt es sich bei dem maßgeblichen Alleinaktionär um eine natürliche Person, kann er sich neben der Verkörperung der Hauptversammlung zugleich selbst zum Vorstandsmitglied oder alternativ gemäß § 105 AktG zum Aufsichtsratmitglied bestellen lassen, da auch für die Einpersonen-AG die zwingende Organisationsstruktur der Aktiengesellschaft Geltung beansprucht.[1130] Dies bedeutet in erster Linie, dass die Einpersonen-AG alle gesetzlich vorgeschriebenen Organe der AG, wie jenes des Vorstandes, des Aufsichtsrates und der Hauptversammlung führen muss.[1131] Sofern bei der Einpersonen-AG Vorstand und Aktionär personenidentisch sind, gelten die zum geschäftsführenden Alleingesellschafter im Rahmen der Einmann-GmbH getätigten Ausführungen *mutatis mutandis* unter der Maßgabe, dass der Alleinaktionär zugleich die Position des obersten, unabhängigen Willensbildungsorgans der AG – des Vorstandes – bekleidet. Rechtsdogmatisch muss die Straflosigkeit des Alleinaktionärs, der zugleich alleiniger Vorstand der AG ist, daher nicht über eine teleologische Reduktion konstruiert werden, sondern ergibt sich vielmehr direkt aus seiner Stellung als Prinzipal i.S.d. § 299 StGB, da er stets in seiner Stellung als Vorstand und niemals in seiner Stellung als Alleinaktionär die nach § 299 StGB relevanten Bezugsentscheidungen treffen wird.

b) Vorgründungsgesellschaft

Entsprechend den Ausführungen zur Vorgründungsgesellschaft der GmbH entsteht auch bei Aufnahme einer Tätigkeit, die auf die Gründung einer Aktiengesellschaft abzielt, unabhängig vom Abschluss des formgültigen Vorvertrages eine sog. *Vorgründungsgesellschaft*.[1132] Auf sie ist ebenfalls kein Aktienrecht, sondern vielmehr das Recht der Personengesellschaften anzuwenden, wie jenes der Gesellschaft bürgerlichen Rechts bzw. der offenen Handelsgesellschaft.[1133] Der Prinzipal einer Personengesellschaft wird im sich anschließenden § 3 dieses Kapitels behandelt.

c) Vor-AG

Obgleich nach § 41 Abs. 1 S. 1 AktG im Gründungsstadium vor Eintragung ins Handelsregister keine Aktiengesellschaft besteht, bedeutet dies nicht, dass die sog. *Vor-AG* nicht selbst eine „werdende juristische Person" ist, und wie die

1130 *Bachmann*, NZG 2001, 961, 965 m.w.N.
1131 *Windbichler*, Gesellschaftsrecht, § 25 Rn. 23.
1132 *Corsten*, Einwilligung, S. 184.
1133 Siehe oben, in: Kapitel 4 § 2 I. 5. b).

Vor-GmbH als Personenvereinigung *sui generis* einzustufen ist.[1134] Die Vor-AG unterliegt bereits dem Aktienrecht, soweit dieses keine Eintragung ins Handelsregister voraussetzt und entsteht mit ihrer Errichtung als noch nicht eingetragene Aktiengesellschaft.[1135] Dies bedeutet, dass der Vorstand der Vor-AG bereits das oberste, unabhängige Willensbildungs- und Handlungsorgan in Bezug auf die nach § 299 StGB relevanten Bezugsentscheidungen bekleidet.

III. Sonstige juristische Personen im Überblick

1. Societas Europaea (SE)

Bei der Societas Europaea (SE) handelt es sich um eine europäische Aktiengesellschaft, die beispielsweise durch die Verschmelzung von Aktiengesellschaften mit Sitz in verschiedenen Mitgliedstaaten der EU (Art. 2 Abs. 1 SE-VO) oder durch Gründung einer Holding-SE durch AGs oder GmbHs mit Sitz in verschiedenen Mitgliedstaaten der EU (Art. 2 Abs. 2 SE-VO) gegründet werden kann.[1136] Die SE-Verordnung trifft lediglich eine gemeinsame europäische Rahmenregelung für die SE, die durch Verweise auf mitgliedstaatliches, nationales Recht ausgefüllt wird.[1137] Hierdurch sollen insbesondere grenzüberschreitende Unternehmensverschmelzungen sowie grenzüberschreitende Sitzverlegungen vereinfacht werden.[1138] Die Organisationsverfassung der SE stellt zwei verschiedene Modelle zur Etablierung einer SE zur Verfügung: das *dualistische Modell* (Art. 39–42 SE-VO) und das *monistische Modell* (Art. 43–45 SE-VO). Das dualistische Modell ist dem deutschen Aktienrecht angenähert, da es sowohl das deutsche als auch das französische Aktienrecht zum Vorbild hatte.[1139] Folglich sind drei Organe zwingend vorgesehen: das *Leitungsorgan*, das *Aufsichtsorgan* und die *Hauptversammlung*. Nach Art. 39 Abs. 1 S. 1 SE-VO führt das Leitungsorgan die Geschäfte der SE in eigener Verantwortung und ist damit dem Vorstand der AG nachgebildet. Das Aufsichtsorgan überwacht das Leitungsorgan, ohne jedoch zur Führung der Geschäfte der SE berechtigt zu sein, Art. 40 Abs. 1 SE-VO, womit eine einheitliche Regelung zu jener des deutschen Aufsichtsrats

---

1134 *Schmidt*, Gesellschaftsrecht, § 27 II 3 a, S. 788 f.

1135 *Schmidt*, Gesellschaftsrecht, § 27 II 3 a, S. 788 f.

1136 Zu den übrigen Gründungsmodellen siehe: Art. 2 Abs. 3 und 4 sowie Art. 3 Abs. 2 der SE-VO Nr. 2157/2001 des Rates vom 08.10.2001 über das Statut der Europäischen Gesellschaft (SE), ABl. L 294 v. 10.11.2001, S. 1 ff.

1137 Müller/Rödder-*Müller*, AG, § 1 Rn. 49.

1138 Müller/Rödder-*Müller*, AG, § 1 Rn. 49.

1139 Müller/Rödder-*Müller*, AG, § 1 Rn. 53.

der AG besteht. Nach Art. 52 SE-VO ist der Zuständigkeitsbereich der Hauptversammlung entsprechend der mitgliedstaatlichen Regelungen zu bestimmen und betrifft vorwiegend Angelegenheiten der Sitzverlegung, Bestellung und Abberufung von Mitgliedern des Aufsichtsorgans. Bei der Societas Europaea mit dualistischer Organisationsverfassung ergeben sich bei der strafrechtlichen Bewertung ihrer Organe i.S.d. § 299 Abs. 1 StGB im Vergleich zur deutschen Aktiengesellschaft keine Abweichungen. Nichts anderes gilt für die monistische Organisationsverfassung der SE, die sich am britischen und französischen Aktienrecht als Vorbilder orientierte.[1140] Beim monistischen Modell existieren lediglich zwei Organe: die *Hauptversammlung* und das *Verwaltungsorgan*. Während sich bei der Hauptversammlung keine Abweichungen zum dualistischen Modell ergeben, besteht das Verwaltungsorgan sowohl aus Mitgliedern, die zur Leitung der Gesellschaft berufen sind, als auch aus Mitgliedern, die Kontrollaufgaben wahrnehmen. Nach Art. 43 Abs. 1 S. 2 SE-VO ist allerdings auch beim monistischen Modell die Leitung der Geschäfte in eigener Verantwortung den geschäftsführenden Mitgliedern überantwortet, sodass diese, ebenso wie beim dualistischen Modell, als Prinzipal der SE i.S.d. § 299 StGB agieren. Die rechtliche Erfassung der Organe der Societas Europaea gestaltet sich entsprechend der Einordnung der Organe der deutschen Aktiengesellschaft mithin unabhängig von der Organisationsverfassung der Gesellschaft.

2. *Rechtsfähiger Verein*

Bei dem Verein handelt es sich um „einen auf Dauer angelegten, körperschaftlich organisierten Zusammenschluss von Personen mit einem gemeinsamen Zweck."[1141] Der rechtsfähige Verein ist Körperschaft und juristische Person zugleich.[1142] Der nicht-rechtsfähige Verein nach § 54 BGB wird im Bereich der Personengesellschaften gesondert erörtert.[1143] Beim rechtsfähigen Verein nach §§ 21 ff. BGB ist zwischen dem wirtschaftlichen und dem nicht-wirtschaftlichen Verein zu unterscheiden. Nach § 21 BGB erlangen nicht-wirtschaftliche Vereine durch Eintragung ins Vereinsregister Rechtsfähigkeit, während wirtschaftliche Vereine nach § 22 BGB lediglich durch Verleihung rechtsfähig werden. Vor der Eintragung ins Vereinsregister existiert durch Satzungserrichtung ein sog. *Vor-Verein*,

1140 Müller/Rödder-*Müller*, AG, § 1 Rn. 54.

1141 BeckOK-*Schöpflin*, BGB, § 21 Rn. 25; *Schmidt*, Gesellschaftsrecht, § 23 I 1 a, S. 659; RGZ 143, 212, 213: zum nichtrechtsfähigen Verein.

1142 *Schmidt*, Gesellschaftsrecht, § 23 I 1 b, S. 660.

1143 Siehe unten, in: Kapitel 4 § 3 IV. 2.

auf den die Regelungen des Vereinsrechts bereits anzuwenden sind, sofern sie nicht die Eintragung ins Vereinsregister explizit voraussetzen.[1144] In Korrelation zu den Ausführungen bei der GmbH und der AG existiert die Möglichkeit der Errichtung einer Vorgründungsgesellschaft, die bereits vor Satzungserrichtung des Vereins entsteht und auf die das Recht der Gesellschaft bürgerlichen Rechts Anwendung findet.[1145] Die Organisationsverfassung des Vereins sieht grundsätzlich zwei Organe vor: den Vorstand (§ 26 BGB) und die Mitgliederversammlung (§ 32 BGB). Der Vorstand agiert als Leitungsorgan des Vereins und übernimmt Geschäftsführungs- und Vertretungsaufgaben. Er ist weisungsabhängig gegenüber Beschlüssen der Mitgliederversammlung gemäß §§ 27 Abs. 3, 665 BGB, die auch nach § 299 StGB relevante Fallkonstellationen umfassen können. Durch die Weisungsbefugnis der Mitgliederversammlung ist diese als oberstes, unabhängiges Willensbildungsorgan des Vereins anzusehen.[1146] Für die tatbestandliche Einordnung der Organe des rechtsfähigen Vereins gilt mithin, dass die Geschäftsführungsorgane aufgrund ihrer Weisungsabhängigkeit als „Angestellte" i.S.d. § 299 StGB zu klassifizieren sind und die Mitgliederversammlung aufgrund ihrer Stellung als oberstes, weisungsunabhängiges Willensbildungsorgan im Bereich der von § 299 StGB erfassten Bezugsentscheidungen Prinzipal i.S.d. § 299 StGB ist.[1147] Das einzelne Vereinsmitglied agiert mangels Anstellungsverhältnisses in Beziehung zur Mitgliederversammlung als „Beauftragter" i.S.d. § 299 StGB, da lediglich wechselseitige Treuepflichten neben der durch die Mitgliedschaft entstehenden Beitragspflicht begründet werden.[1148]

3. *Eingetragene Genossenschaft (eG)*

Nach § 1 GenG ist die eingetragene Genossenschaft als eine Gesellschaft von nicht geschlossener Mitgliederzahl, deren Zweck darauf gerichtet ist, den Erwerb oder die Wirtschaft ihrer Mitglieder oder deren soziale oder kulturelle Belange durch gemeinschaftlichen Geschäftsbetrieb zu fördern, legaldefiniert. Es handelt

---

1144 *Schmidt*, Gesellschaftsrecht, § 24 II 3 a, S. 682; MK-*Reuter*, BGB, § 22 Rn. 80.

1145 MK-*Reuter*, BGB, § 22 Rn. 79.

1146 BeckOK-*Schöpflin*, BGB, § 32 Rn. 3 ff.; *Schmidt*, Gesellschaftsrecht, § 24 III 3 a, S. 693.

1147 So auch: *Corsten*, Einwilligung, S. 318 ff.; a.A. Beauftragte: RGSt 68, 263, 270: allerdings nur bezüglich Vorsitzenden eines nicht-eingetragenen Konsumvereins; RGSt 72, 62, 64: allerdings nur bezüglich Gründer eines Vereins, auf den das Recht der GbR Anwendung findet; RGSt 68, 70, 74; *Fischer*, § 299 StGB Rn. 10a; SK-*Rogall*, § 299 Rn. 28; LK-*Tiedemann*, § 299 Rn. 16; NK-*Dannecker*, § 299 Rn. 23; MK-*Krick*, § 299 Rn. 8.

1148 Zur Treuepflicht: BeckOK-*Schöpflin*, BGB, § 38 Rn. 27.

sich um eine juristische Person, die mit Unterzeichnung der Satzung durch mindestens drei Gründungsmitglieder entsteht, aber erst durch Eintragung ins Genossenschaftsregister Rechtsfähigkeit gemäß §§ 13, 17 Abs. 1 GenG erlangt und eine Sonderform des wirtschaftlichen Vereins darstellt.[1149] Anders als die AG oder die GmbH kann die eG nicht für jeden beliebigen Zweck, sondern nur für spezifisch genossenschaftliche Zwecke errichtet werden.[1150] Die eG agiert mittels dreier, zwingend vorgesehener Organe: Vorstand (§§ 24–35 GenG), Aufsichtsrat (§§ 36–41 GenG) und Generalversammlung (§§ 43–51 GenG). Der Vorstand setzt sich in der Regel aus mindestens zwei natürlichen Personen nach § 24 Abs. 2 GenG zusammen und wird von der Generalversammlung bestellt, sofern die Satzung keine anderweitige Bestimmung trifft. Ihm obliegt gemäß § 27 Abs. 1 S. 1 GenG die Geschäftsführung und Leitung der eG unter eigener Verantwortung. Der Aufsichtsrat als Überwachungsorgan besteht gemäß § 36 Abs. 1 S. 1 GenG aus mindestens drei natürlichen Personen. Die Generalversammlung ist oberstes Willensbildungsorgan der Mitglieder, wobei ihr jedoch keine Kompetenzen im Bereich der Geschäftsführung zukommen.[1151] Beschlüsse der Generalversammlung, die dem Vorstand Weisungen im Rahmen seiner ihm obliegenden Leitungsverantwortung erteilen, sind überdies nichtig.[1152] Die Generalversammlung besitzt folglich keine „Allzuständigkeit“, ihr kommt lediglich, sofern die Satzung dies vorsieht, die Möglichkeit zu, bestimmte Maßnahmen der Geschäftsführung von ihrem Zustimmungsvorbehalt abhängig zu machen; eigenständige, inhaltliche Vorgaben sind ihr allerdings nicht erlaubt.[1153] Der Zustimmungsvorbehalt ist somit weder als Weisungs- noch als Initiativrecht ausgestaltet. Mangels weisungsunabhängiger Kompetenz im Bereich der relevanten Bezugsentscheidungen nach § 299 StGB ist die Generalversammlung der eG somit kein Prinzipal i.S.d. § 299 StGB im Bereich von Austauschverhältnissen entsprechend *Beispiel 2*.[1154] Nach § 27 Abs. 1 S. 1 GenG ist im Rahmen der Definition der Vertragsfreiheit für Bezugsentscheidungen nach § 299 StGB vielmehr allein der Vorstand der eG als weisungsunabhängiges, oberstes

---

1149 Pöhlmann/Fandrich/Bloehs-*Fandrich*, GenG, § 1 Rn. 1; *Schmidt*, Gesellschaftsrecht, § 41 I 1 a, S. 1263.

1150 *Schmidt*, Gesellschaftsrecht, § 41 I 1 a, S. 1264.

1151 Pöhlmann/Fandrich/Bloehs-*Fandrich*, GenG, § 43 Rn. 3.

1152 Pöhlmann/Fandrich/Bloehs-*Fandrich*, GenG, § 43 Rn. 3.

1153 Pöhlmann/Fandrich/Bloehs-*Fandrich*, GenG, § 43 Rn. 4.

1154 a.A. *Corsten*, Einwilligung, S. 314 ff.

Willensbildungsorgan berufen.[1155] Dem Aufsichtsrat der eG ist es, über die Vorgaben der Satzung hinaus, anders als jenem der AG nach § 111 Abs. 4 S. 2 AktG nicht erlaubt, einen Zustimmungsvorbehalt für bestimmte Geschäfte zu beschließen.[1156] Er macht sich sogar nach §§ 41, 34 GenG schadensersatzpflichtig, sollte er unzulässig in die Leitungskompetenz des Vorstandes der eG eingreifen. Gleichwohl wird vertreten, dass er über § 40 GenG Vorstandsmitglieder vorläufig ihres Amtes entheben kann und somit mittelbar Einfluss auf Geschäftsführungsmaßnahmen nehme.[1157] Ob diese mittelbare Einflussnahme für die Einordnung des Aufsichtsrats der eG als „Beauftragter" des Vorstandes i.S.d. § 299 StGB ausreichend ist, erscheint allerdings äußerst zweifelhaft.[1158] Idealiter ist eine Täterschaft im Rahmen des § 299 Abs. 1 StGB für den Aufsichtsrat der eG abzulehnen.

IV. Zwischenergebnis zur Bestimmung des Prinzipals im Rahmen von Kapitalgesellschaften nach § 299 StGB de lege lata

Entgegen der überwiegenden Auffassung in Rechtsprechung und Literatur führt die Bestimmung des Prinzipals im Rahmen von Kapitalgesellschaften im Bereich von Austauschverhältnissen entsprechend *Beispiel 2* zu divergierenden Ergebnissen: Im Bereich der GmbH ist allein die Gesellschafterversammlung als Prinzipal i.S.d. § 299 StGB berufen, wohingegen im Bereich der Aktiengesellschaft grundsätzlich der Vorstand, im Fall des § 119 Abs. 2 AktG die Hauptversammlung als Prinzipale agieren. Sowohl der geschäftsführende Alleingesellschafter der Einmann-GmbH, als auch der Alleinaktionärsvorstand der Einpersonen-AG sind Prinzipale i.S.d. § 299 StGB. Auf die europäische Aktiengesellschaft „Societas Europaea" sind die Grundsätze der deutschen Aktiengesellschaft übertragbar. Im Bereich des rechtsfähigen Vereins agiert die Mitgliederversammlung als Prinzipal, wohingegen im Bereich der eingetragenen Genossenschaft der Vorstand der eG als Prinzipal anzusehen ist.

1155 a.A. *Fischer*, § 299 StGB Rn. 10a; *Corsten*, Einwilligung, S. 314 ff.; SK-*Rogall*, § 299 Rn. 28; BeckOK-*Momsen*, § 299 Rn. 11; Momsen/Grützner-*Grützner/Behr*, Wirtschaftsstrafrecht, 9. Kapitel, B Rn. 53.

1156 Pöhlmann/Fandrich/Bloehs-*Fandrich*, GenG, § 27 Rn. 1.

1157 *Corsten*, Einwilligung, S. 326.

1158 Dafür: RGSt 68, 119, 120; MK-*Krick*, § 299 Rn. 8; Sch/Sch-*Heine/Eisele*, § 299 Rn. 8; BeckOK-*Momsen*, § 299 Rn. 11.

§ 3 Tätertauglichkeit von Personengesellschaften nach § 299 Abs. 1 StGB de lege lata

Im Bereich der Personengesellschaften werden im Folgenden die Gesellschaft bürgerlichen Rechts (GbR), die Offene Handelsgesellschaft (OHG) und die Kommanditgesellschaft (KG) behandelt und im Hinblick auf die mögliche Subsumtion ihrer Mitglieder unter die Termini „Prinzipal", „Angestellter" und „Beauftragter" unter Zugrundelegung eines Austauschverhältnisses entsprechend *Beispiel 2*[1159] untersucht. Die Personengesellschaften bauen generell auf den Persönlichkeiten der einzelnen Gesellschafter auf, die selbst Träger von Rechten und Pflichten sind, sodass keine Verselbständigung der Gesellschaft wie im Falle der Kapitalgesellschaften vorliegt.[1160] Entscheidendes Unterscheidungskriterium der Personen- zu den Kapitalgesellschaften ist insbesondere die sog. *Selbstorganschaft*[1161] ihrer Gesellschafter.

I. Die Gesellschaft bürgerlichen Rechts (GbR)

Die Gesellschaft bürgerlichen Rechts (GbR) ist Grundtyp aller Personengesellschaften.[1162] Obgleich sie keine juristische Person ist, ist die Rechts- und Parteifähigkeit der Außen-GbR seit dem Jahr 2001 anerkannt.[1163] Die GbR ist Gesamthandsgemeinschaft, was bedeutet, dass das Vermögen nicht der Gesellschaft selbst, sondern den Gesellschaftern zur gesamten Hand zugeordnet ist, vgl. §§ 718, 719 BGB. Die Erkenntnisse, die für die GbR gewonnen werden, können überdies auch für die Vorgründungsgesellschaften der GmbH und der AG fruchtbar gemacht werden.

1. Gesamtgeschäftsführungsbefugnis

Die Organisationsverfassung der GbR sieht nach § 709 Abs. 1 BGB entsprechend des Grundsatzes der Selbstorganschaft vor, dass die Führung der Geschäfte der Gesellschaft den Gesellschaftern gemeinschaftlich zusteht und für jedes Geschäft die Zustimmung aller Gesellschafter erforderlich ist, sofern der Gesellschaftsvertrag keine anderweitigen Regelungen trifft. § 709 Abs. 1 BGB beschreibt den sog. *Einstimmigkeitsgrundsatz*, demgemäß alle Gesellschafter bei jeder einzelnen

---

1159 Siehe oben, in: Kapitel 1 § 1 I.

1160 *Windbichler*, Gesellschaftsrecht, § 2 Rn. 17.

1161 *Schäfer*, Gesellschaftsrecht, § 7 Rn. 1.

1162 *Schäfer*, Gesellschaftsrecht, § 3 Rn. 5.

1163 BGHZ 146, 341 ff.

Geschäftsführungsmaßnahme gemeinsam handeln müssen.[1164] Der gesetzliche Grundfall der Gesamtgeschäftsführungsbefugnis i.S.e. gemeinsamen Handelns aller Gesellschafter führt nach § 299 StGB folglich dazu, dass die gemeinschaftlich handelnden Gesellschafter der GbR im Rahmen ihrer Gesamtgeschäftsführung als Prinzipal anzusehen sind, da sie oberstes, unabhängiges, zur Ausübung der Vertragsfreiheit berufenes Willensbildungsorgan der GbR sind.[1165]

2. *Einzelgeschäftsführungsbefugnis*

Etwas anderes gilt jedoch für jene Konstellation, in der ein oder mehrere Gesellschafter, abweichend von der gesetzlichen Vorgabe des § 709 Abs. 1 BGB, zur Geschäftsführung berufen sind. Diese Abweichungsmöglichkeit ist durch die Disponibilität der §§ 709 ff. BGB eröffnet.[1166] Die geschäftsführenden Gesellschafter sind in der Ausgestaltung ihrer Geschäftsführungsbefugnis grundsätzlich frei; Grenzen werden lediglich durch den Grundsatz der Selbstorganschaft, die Treuepflicht der Gesellschafter und sonstiges zwingendes Recht, wie beispielsweise § 138 BGB, gesetzt.[1167] Hieraus und aus der Weisungsunabhängigkeit der geschäftsführenden Gesellschafter folgt, dass sie nicht als Angestellte i.S.d. § 299 StGB zu qualifizieren sind. Es bleibt hingegen offen, ob sie als Prinzipal oder als Beauftragte i.S.d. § 299 StGB agieren. Die Strafrechtsliteratur ordnet sie, ohne sich fundiert mit dieser Frage auseinanderzusetzen, als Beauftragte i.S.d. § 299 StGB ein und bezeichnet die Gesamtheit der Gesellschafter als Prinzipal.[1168] Sie rekurriert zur Begründung dieser Subsumtion vornehmlich auf eine Entscheidung des Reichsgerichts aus dem Jahr 1934 und eine Entscheidung des OLG Karlsruhe aus dem Jahr 1999. Die Entscheidung des OLG Karlsruhe ist jedoch insoweit irreführend, als es sich um die Beratung einer Firma durch einen firmenfremden Geschäftsführer handelte, in der dieser, resultierend aus der Beratungssituation, als externer Beauftragter der Firma i.S.d. § 299 StGB

1164 MK-*Schäfer*, BGB, § 709 Rn. 13; BeckOK-*Schöne*, BGB, § 709 Rn. 20.

1165 So auch: RGSt 68, 263, 270 f.: für die Gesamtheit der Mitglieder des nichtrechtsfähigen Vereins; Achenbach/Ransiek-*Rönnau*, Wirtschaftsstrafrecht, 3. Teil 2. Kapitel Rn. 10; *Winkelbauer*, FS Weber, S. 385, 389; *Fischer*, § 299 Rn. 8a; *Wollschläger*, Täterkreis, S. 108; NK-*Dannecker*, § 299 Rn. 23.

1166 BeckOK-*Schöne*, BGB, § 709 Rn. 22.

1167 BeckOK-*Schöne*, BGB, § 709 Rn. 23.

1168 *Winkelbauer*, FS Weber, S. 385, 389; Achenbach/Ransiek-*Rönnau*, Wirtschaftsstrafrecht, 3. Teil 2. Kapitel Rn. 10; *Wollschläger*, Täterkreis, S. 108; *Fischer*, § 299 Rn. 8a; SK-*Rogall*, § 299 Rn. 28; NK-*Dannecker*, § 299 Rn. 23; LK-*Tiedemann*, § 299 Rn. 16.

agierte.[1169] Mit der vorliegend fraglichen Konstellation eines Austauschverhältnisses entsprechend *Beispiel 2* hat diese Einordnung nichts zu tun und kann deswegen auch nicht zur Begründung einer Beauftragtenstellung der geschäftsführenden Gesellschafter der GbR herangezogen werden.

Die Entscheidung des Reichsgerichts aus dem Jahr 1934 befasst sich mit einer weiteren Sonderkonstellation, da die Strafbarkeit eines geschäftsführenden Vorsitzenden eines nicht-eingetragenen Vereins streitgegenständlich war. Da weder eine Eintragung noch eine Verleihung vorlag, handelte es sich um einen Verein i.S.d. § 54 BGB, der entsprechend der Personengesellschaften als Gesamthandsgemeinschaft einzuordnen war. Nach § 54 BGB sind auf den nicht-rechtsfähigen Idealverein nach heute überwiegender Auffassung allerdings die Regelungen des rechtsfähigen Vereins entsprechend anzuwenden, mit Ausnahme der Vorschriften, die die Rechtsfähigkeit voraussetzen.[1170] Nach diesen Grundsätzen ist der geschäftsführende Vorstand richtigerweise als Beauftragter, beziehungsweise nach hier vertretener Auffassung, als Angestellter der Mitgliederversammlung einzuordnen, sodass sich aus dieser Entscheidung keine Abweichung von der Regel begründen lässt.[1171] Gleichwohl ist zu berücksichtigen, dass zum Zeitpunkt der Entscheidung der Verweis des § 54 S. 1 BGB auf das Recht der GbR noch Gültigkeit besaß, sodass der geschäftsführende Vorstand wie ein einzelgeschäftsführungsbefugter Gesellschafter zu behandeln war. Ungeachtet der Gültigkeit des Verweises stufte das Reichsgericht den geschäftsführenden Vorsitzenden als Beauftragten i.S.d. § 299 StGB ein. Das Reichsgericht stellte jedoch im Urteil mehrfach fest, dass das Landgericht Berlin keine ausreichenden Feststellungen zur Organisationsverfassung des Vereins und dem Verhältnis der Mitglieder zueinander sowie zum Verein getroffen hätte.[1172] Eine fundierte Auseinandersetzung mit der Frage, ob der geschäftsführende Vorsitzende als Prinzipal oder als Beauftragter gemäß § 299 Abs. 1 StGB zu qualifizieren war, war somit unmöglich. Insbesondere fehlen jedwede Feststellungen zur in Frage stehenden Weisungsabhängigkeit des Vorstandes. Die Urteilsgründe rekurrieren vielmehr lediglich auf bekannte Argumentationsmuster zur Vermögensinhaberschaft bei der Untreue nach § 266 StGB, die, wie bereits in § 1 dieses Kapitels festgestellt, für § 299 StGB keine Geltung beanspruchen. Das Urteil ist somit vornehmlich unter der Prämisse der Sonderkonstellation, die nach heutigem Verständnis rechtlich

---

1169 Siehe oben, in: Kapitel 2 § 4 IV. 3. d) bb).

1170 BGH NJW 1968, 1830; OLG Frankfurt ZIP 1985, 213, 215; Palandt-*Ellenberger*, § 54 Rn. 1; BeckOK-*Schöpflin*, BGB, § 54 Rn. 15.

1171 Siehe oben, in: Kapitel 4 § 2 III. 2.

1172 RGSt 68, 263, 268, 271.

gänzlich unterschiedlich zu behandeln wäre, zu würdigen und lässt sich nicht auf die Grundkonstellation der Strafbarkeit von Personengesellschaften übertragen.

Die geschäftsführenden Gesellschafter sind vielmehr im Rahmen von Austauschverhältnissen entsprechend *Beispiel 2* als Prinzipal i.S.d. § 299 StGB anzusehen, da sie weisungsunabhängig die nach § 299 StGB relevanten Bezugsentscheidungen für die Gesellschaft treffen und somit die Vertragsfreiheit abschließend definieren. Etwas anderes könnte sich lediglich aus dem Zustimmungserfordernis der Gesellschaftergesamtheit zur Geschäftsführungsmaßnahme ergeben. Das Zustimmungserfordernis nach § 709 Abs. 1 BGB enthält allerdings kein Weisungs-, sondern lediglich ein Vetorecht,[1173] da der Verweis des § 713 BGB auf das Auftragsrecht der §§ 662 ff. BGB § 665 BGB nicht umfasst, aus dem sich ein Weisungsrecht der Mitgesellschafter oder der Gesellschafterversammlung gegenüber dem oder den geschäftsführenden Gesellschaftern ergeben könnte.[1174] Ein solches Weisungsrecht widerspräche zudem in eklatanter Art und Weise dem Grundsatz der Selbstorganschaft, mit dem ihm inhärenten Gedanken der Eigenverantwortlichkeit des organschaftlichen Handelns des geschäftsführenden Gesellschafters. In einer Einzelgeschäftsführung von einem oder mehreren Gesellschaftern sind daher allein die geschäftsführenden Gesellschafter der GbR als Prinzipal i.S.d. § 299 StGB anzusehen. Den übrigen, nicht geschäftsführenden Gesellschaftern kommt lediglich über die Ausübung des Vetorechts eine Einflussnahmemöglichkeit zu, die, sollte sie sich auf nach § 299 StGB relevante Bezugsentscheidungen beziehen, wie im Falle des Aufsichtsrats der AG, zu einer Beauftragtenstellung der Gesellschafter führte.

II. Die Offene Handelsgesellschaft (OHG)

Die Strafrechtsliteratur folgt bei der Offenen Handelsgesellschaft den gleichen Grundsätzen wie bei der Gesellschaft bürgerlichen Rechts: ein einzelner geschäftsführender Gesellschafter soll Beauftragter i.S.d. § 299 StGB sein, während alle Gesellschafter gemeinsam als Betriebsinhaber anzusehen seien.[1175] Dies ist insofern nicht überraschend, als die OHG ein Spezialfall der GbR ist, auf die

1173 MK-*Ulmer/Schäfer*, BGB, § 709 Rn. 28; BeckOK-*Schöne*, BGB, § 709 Rn. 24.

1174 MK-*Ulmer/Schäfer*, BGB, § 713 Rn. 7.

1175 Achenbach/Ransiek-*Rönnau*, Wirtschaftsstrafrecht, 3. Teil 2. Kapitel Rn. 10; *Fischer*, § 299 Rn. 8a; *Winkelbauer*, FS Weber, S. 384, 389; *Wollschläger*, Täterkreis, S. 108; *Corsten*, Einwilligung, S. 327 ff.; LK-*Tiedemann*, § 299 Rn. 16; NK-*Dannecker*, § 299 Rn. 23; *Koepsel*, Bestechlichkeit und Bestechung, S. 180 ff.; *Walther*, Bestechlichkeit und Bestechung, S. 69 f.; Momsen/Grützner-*Grützner/Behr*, Wirtschaftsstrafrecht, 9. Kapitel, B Rn. 195; *Grützner/Momsen/Behr*, NZWiSt 2013, 88, 90.

gemäß § 105 Abs. 3 HGB das Recht der GbR subsidiäre Anwendung findet.[1176] Sofern die GbR ein Handelsgewerbe i.S.d. §§ 105 Abs. 1, 1 Abs. 2 HGB betreibt, bzw. kleingewerblich oder vermögensverwaltend tätig ist und dabei ins Handelsregister eingetragen ist, ist sie nach § 105 HGB als Offene Handelsgesellschaft zu deklarieren. Die OHG ist rechtsfähige Gesamthandsgesellschaft und nach § 124 Abs. 1 HGB eigenes Rechtssubjekt, ohne juristische Person zu sein.[1177] Wie bei allen Personengesellschaften gilt auch bei ihr das Prinzip der Selbstorganschaft.[1178] Hiernach sind gemäß § 114 Abs. 1 HGB grundsätzlich alle Gesellschafter zur Geschäftsführung berechtigt und verpflichtet. Im Gesellschaftsvertrag können jedoch gemäß § 114 Abs. 2 HGB einzelne Gesellschafter von der Geschäftsführungsbefugnis ausgeschlossen werden.

1. Einzelgeschäftsführungsbefugnis

Abweichend vom Recht der GbR sieht die OHG im Grundsatz eine Einzelgeschäftsführungsbefugnis gemäß § 115 Abs. 1 HGB vor, während die Gesamtgeschäftsführungsbefugnis aller geschäftsführenden Gesellschafter nach § 115 Abs. 2 HGB die Ausnahme bildet. Die Einzelgeschäftsführungsbefugnis berechtigt jeden geschäftsführenden Gesellschafter allein zu handeln, sofern nicht ein anderer geschäftsführender Gesellschafter widerspricht.[1179] Der einzelgeschäftsführende Gesellschafter bedarf nicht der Zustimmung oder Mitwirkung der übrigen Gesellschafter und ist überdies nicht weisungsgebunden.[1180] Die Weisungsbefugnis nach § 665 BGB findet in Korrespondenz zur Rechtslage bei der GbR keine Anwendung.[1181] Eine Einschränkung gilt lediglich im Bereich des wechselseitigen Widerspruchsrechts der geschäftsführenden Gesellschafter nach § 115 Abs. 1, 2. HS HGB sowie bei der Vornahme außergewöhnlicher Handlungen im Bereich der Legitimation durch Gesellschafterbeschluss nach § 116 Abs. 2 HGB. Das Widerspruchsrecht ist jedoch kein Weisungs-, sondern lediglich ein Vetorecht. Geschäftsführende Gesellschafter sind daher mangels Weisungsabhängigkeit keine Angestellten i.S.d. § 299 StGB. Entsprechend den Ausführungen zur GbR handelt es sich bei dem einzelgeschäftsführungsbefugten Gesellschafter, der nach § 299 StGB relevante Bezugsentscheidungen trifft,

---

1176 *Schäfer*, Gesellschaftsrecht, § 5 Rn. 1.
1177 Oetker-*Weitemeyer*, HGB, § 105 Rn. 7.
1178 *Schäfer*, Gesellschaftsrecht, § 7 Rn. 1.
1179 MK-*Rawert*, HGB, § 114 Rn. 18.
1180 BGH NJW 1980, 1463, 1464; MK-*Rawert*, HGB, § 115 Rn. 5.
1181 MK-*Rawert*, HGB, § 114 Rn. 38.

um den Prinzipal i.S.d. § 299 StGB. Dies folgt aus der Prämisse des weisungsunabhängigen Bezuges von Waren oder gewerblichen Leistungen i.S.d. § 299 StGB, die von dem einzelgeschäftsführungsbefugten Gesellschafter als oberstem Willensbildungsorgan im Innenverhältnis der OHG beschlossen wird. Die das Widerspruchsrecht nach § 115 Abs. 1, 2. HS HGB ausübenden, geschäftsführenden Gesellschafter sind in dieser Konstellation als Beauftragte i.S.d. § 299 StGB einzuordnen, da sie befugtermaßen Einfluss auf die Bezugsentscheidung des Prinzipals nehmen.

2. *Zustimmungsbeschluss nach § 116 Abs. 2 HGB*

Nach § 116 Abs. 2 HGB ist bei der Vornahme außerordentlicher Geschäfte ein zusätzlicher Beschluss sämtlicher Gesellschafter erforderlich. Außerordentliche Geschäfte sind Geschäfte, die mit dem Gesellschaftszweck oder dem Unternehmensgegenstand unverträglich sind, oder die außerhalb des gewöhnlichen Rahmens liegen.[1182] Die nach § 299 StGB relevanten An- und Verkaufsgeschäfte sind jedoch grundsätzlich als gewöhnliche Geschäfte i.S.d. § 116 Abs. 1 HGB zu deklarieren.[1183] Etwas anderes gilt lediglich für Geschäfte, die aufgrund ihres Volumens zu einer erheblichen Risikosteigerung für die Gesellschaft führen.[1184] Bezugsentscheidungen nach § 299 StGB können folglich im Einzelfall ein außerordentliches Geschäft i.S.d. § 116 Abs. 2 HGB begründen. In diesem Fall muss der Zustimmungsbeschluss von allen Gesellschaftern, auch von den von der Geschäftsführung ausgeschlossenen Gesellschaftern,[1185] einstimmig gefasst werden und hat Weisungscharakter.[1186] Sollte mithin ein Geschäft i.S.d. § 116 Abs. 2 HGB vorliegen, ist die Gesellschaftergesamtheit als Prinzipal i.S.d. § 299 StGB anzusehen, da sie sodann als oberstes, weisungsbefugtes und unabhängiges Willensbildungsorgan der Gesellschaft agiert. Aufgrund des Weisungscharakters des Beschlusses ist es vertretbar, die den Beschluss ausführenden, geschäftsführenden Gesellschafter als Angestellte der Gesellschaftergesamtheit zu betrachten.

1182 *Schmidt*, Gesellschaftsrecht, § 47 V 1 c, S. 1392.
1183 MK-*Jickeli*, HGB, § 116 Rn. 23 f.
1184 MK-*Jickeli*, HGB, § 116 Rn. 24.
1185 Oetker-*Weitemeyer*, HGB, § 116 Rn. 12.
1186 Henssler/Strohn-*Finckh*, Gesellschaftsrecht, HGB, § 116 Rn. 22, 25; MK-*Jickeli*, HGB, § 116 Rn. 36, 43.

3. *Gesamtgeschäftsführungsbefugnis*

Im Falle der Gesamtgeschäftsführungsbefugnis nach § 115 Abs. 2 HGB ist für jedes Geschäft die Zustimmung aller geschäftsführenden Gesellschafter notwendig, da ihnen die Geschäftsführungsbefugnis lediglich zusammen zusteht. Das Zustimmungsrecht ist das positive Pendant zum negativen Widerspruchsrecht des § 115 Abs. 1, 2. HS HGB.[1187] Ihm kommt darüber hinaus ein zusätzlicher, initiativrechtlicher Aspekt zu, da die Zustimmung notwendige Voraussetzung dafür ist, dass der einzelne Gesamtgeschäftsführer überhaupt handeln darf.[1188] Für den initiativrechtlichen Aspekt spricht zudem, dass die Zustimmung für konkrete Einzelmaßnahmen erteilt werden muss und eine vorab erteilte Zustimmung für künftige Geschäftsführungsmaßnahmen nicht möglich ist.[1189] Hieraus ergibt sich, dass alle geschäftsführenden Gesellschafter als Prinzipal i.S.d. § 299 StGB anzusehen sind, da sie lediglich als Einheit das oberste, unabhängige, zur Definition der Vertragsfreiheit berufene Willensbildungsorgan der OHG bilden. Der einzelne, korrupte geschäftsführende Gesellschafter ist sodann als Beauftragter i.S.d. § 299 StGB zu deklarieren, soweit er Einfluss auf die Gemeinschaft der geschäftsführenden Gesellschafter nehmen will.

4. *Geschäftsführungsbefugnis eines Nicht-Gesellschafters*

Im Rahmen der letztmöglichen Konstellation, in der alle Gesellschafter von der Geschäftsführung ausgeschlossen sind und diese einem Prokuristen oder Generalbevollmächtigten übertragen wurde, gilt, dass jene „Nicht-Gesellschafter" gemäß des Grundsatzes der Selbstorganschaft den Weisungen der Gesellschafterbeschlüsse unterworfen sind.[1190] Aufgrund der Weisungsabhängigkeit des zur Geschäftsführung berufenen Nicht-Gesellschafters ist dieser als Angestellter und die Gesamtheit der Gesellschafter als Prinzipal i.S.d. § 299 StGB zu deklarieren.

III. Die Kommanditgesellschaft (KG)

Die Kommanditgesellschaft ist eine modifizierte Offene Handelsgesellschaft, auf die gemäß § 161 Abs. 2 HGB die Vorschriften über die OHG subsidiäre Anwendung finden, soweit die Regelungen zur KG keine abweichenden Bestimmungen

---

1187 MK-*Rawert*, HGB, § 115 Rn. 47.

1188 Koller/Roth/Morck-*Koller*, HGB, § 115 Rn. 5.

1189 Henssler/Strohn-*Finckh*, Gesellschaftsrecht, HGB, § 115 Rn. 33.

1190 *Schmidt*, Gesellschaftsrecht, § 47 V 1 a, S. 1390; *Schäfer*, Gesellschaftsrecht, § 7 Rn. 1.

enthalten.[1191] In der KG sind gemäß § 161 Abs. 1 HGB zwei Arten von Gesellschaftern zu unterscheiden: *Komplementäre* als persönlich haftende Gesellschafter sowie *Kommanditisten* als in der Haftung auf den Betrag ihrer Vermögenseinlage beschränkte Gesellschafter. Nach § 163 HGB gelten für das Rechtsverhältnis der Gesellschafter untereinander die §§ 164–169 HGB. Nach § 164 HGB sind die Kommanditisten von der Führung der Geschäfte der Gesellschaft ausgeschlossen. Besondere Rechte werden ihnen lediglich bei außergewöhnlichen Geschäften zuerkannt. Ein Geschäft ist dann als außergewöhnlich zu bezeichnen, wenn es entsprechend der Ausführungen zu § 116 Abs. 2 HGB nach Gegenstand, Umfang oder dem mit ihm verbundenen Risiko das übersteigt, was im Betrieb aufgrund Häufigkeit oder engen Bezuges zum Gesellschaftszweck als gewöhnlich anzusehen ist.[1192] Die Geschäftsführung der KG ist somit einem *argumentum e contrario* des § 164 S. 1 HGB folgend Aufgabe der Komplementäre, auf die über § 161 Abs. 2 HGB die §§ 114 bis 117 HGB anzuwenden sind, sodass die Rechtsstellung der Komplementäre jener der geschäftsführenden Gesellschafter der OHG entspricht.[1193] § 164 HGB ist allerdings dispositiv, sodass gesellschaftsvertragliche Gestaltungen, die beispielsweise die Zuerkennung eines Weisungsrechts für Kommanditisten in Bezug auf Geschäftsführungsmaßnahmen oder ein Zustimmungserfordernis der Gesellschafterversammlung für Maßnahmen der Geschäftsführung enthalten, grundsätzlich zulässig sind.[1194] Die Rechtslage muss daher in Bezug auf ihre strafrechtliche Dimension vornehmlich einzelfallbezogen anhand der Ausgestaltung der Geschäftsführungsbefugnis innerhalb des konkreten Gesellschaftsvertrages untersucht werden.

1. *Der Komplementär*

Ausgehend von der gesetzlich vorgesehenen Geschäftsführungsbefugnis der Komplementäre wird in der Strafrechtsliteratur kontrovers über ihre Tätertauglichkeit nach § 299 Abs. 1 StGB diskutiert.[1195] Zum einen werden sie aufgrund

1191 *Schäfer*, Gesellschaftsrecht, § 11 Rn. 1.

1192 Oetker-*Oetker*, HGB, § 164 Rn. 11.

1193 Oetker-*Oetker*, HGB, § 164 Rn. 5.

1194 MK-*Grunewald*, HGB, § 164 Rn. 22 ff.; Oetker-*Oetker*, HGB, § 164 Rn. 5.

1195 Straflos: NK-*Dannecker*, § 299 Rn. 21; Sch/Sch-*Heine/Eisele*, § 299 Rn. 7a; *Bürger*, wistra 2003, 130, 132; *Bürger*, DStR 2003, 1421, 1425; Achenbach/Ransiek-*Rönnau*, Wirtschaftsstrafrecht, 3. Teil 2. Kapitel Rn. 10; LK-*Tiedemann*, § 299 Rn. 10; SK-*Rogall*, § 299 Rn. 28; *Fischer*, § 299 Rn. 8a; als Beauftragte strafbar: *Ulbricht*, § 299 StGB, S. 53 f.; *Wollschläger*, Täterkreis, S. 108; *Sprafke*, Korruption, S. 120; *Corsten*, Einwilligung, S. 328 f.

ihrer persönlichen Haftung als faktische Betriebsinhaber der KG angesehen und deswegen als nach § 299 Abs. 1 StGB straflos erachtet,[1196] zum anderen werden sie als Beauftragte der übrigen Gesellschafter,[1197] oder der Gesellschaft in ihrer Gesamtheit[1198] klassifiziert und seien daher gemäß § 299 Abs. 1 StGB zu bestrafen. Bei der KG handelt es sich um eine Gesamthandsgesellschaft, die als solche Trägerin von Rechten und Pflichten sowie partei- und insolvenzfähig nach §§ 161 Abs. 2, 124 HGB, 11 Abs. 2 Nr. 1 InsO ist.[1199] Sie ist folglich keine juristische Person, weswegen die Argumentation, Komplementäre seien Beauftragte der verselbstständigten KG, unabhängig von ihrer lediglich in Bezug auf § 266 StGB vertretbaren Annahme, im Zusammenhang mit § 299 StGB nicht verfängt.[1200] Überdies ist auch die Argumentation jener Stimmen in der Literatur, die die Gesellschafter unabhängig von ihrer Einordnung als Komplementäre oder Kommanditisten in ihrer Gesamtheit als Prinzipal i.S.d. § 299 StGB begreifen, nicht zielführend;[1201] denn die Befürworter dieser Ansicht argumentieren mit der bereits in § 1 dieses Kapitels abgelehnten Zuhilfenahme der Untreuegrundsätze zur Vermögensinhaberschaft bei Gesellschaften, die auf § 299 StGB nicht anwendbar ist. Die strafrechtliche Subsumtion der Gesellschafter der KG ist vielmehr je nach ihrer im Einzelfall bestehenden, konkreten Geschäftsführungsbefugnis sehr viel differenzierter auszudrücken. Insofern kann *mutatis mutandis* auf die Ausführungen zur Einzel- und Gesamtgeschäftsführungsbefugnis der OHG-Gesellschafter gemäß §§ 161 Abs. 2, 114 bis 117 HGB verwiesen werden, sodass im Ergebnis der einzelgeschäftsführungsbefugte Komplementär, der nach § 299 StGB relevante Bezugsentscheidungen trifft, als Prinzipal i.S.d. § 299 StGB agiert und im Falle der Gesamtgeschäftsführungsbefugnis alle geschäftsführenden Komplementäre als Prinzipal i.S.d. § 299 StGB anzusehen sind.[1202] Dies folgt jedoch nicht aus dem *factum brutum* der persönlichen Haftung der Komplementäre, wie die Befürworter einer Straflosigkeit für Komplementäre seitens der

1196 NK-*Dannecker*, § 299 Rn. 21 m.w.N.

1197 *Wollschläger*, Täterkreis, S. 108; *Corsten*, Einwilligung, S. 328 f.; Momsen/Grützner-*Grützner/Behr*, Wirtschaftsstrafrecht, 9. Kapitel, B Rn. 195; *Grützner/Momsen/Behr*, NZWiSt 2013, 88, 90.

1198 *Sprafke*, Korruption, S. 120; *Ulbricht*, § 299 StGB, S. 53 f.

1199 *Schmidt*, Gesellschaftsrecht, § 53 I 2 b, S. 1532.

1200 a.A. *Sprafke*, Korruption, S. 120; *Ulbricht*, § 299 StGB, S. 53 f.

1201 So aber: *Wollschläger*, Täterkreis, S. 108; *Corsten*, Einwilligung, S. 328 f.; Momsen/Grützner-*Grützner/Behr*, Wirtschaftsstrafrecht, 9. Kapitel, B Rn. 195; *Grützner/Momsen/Behr*, NZWiSt 2013, 88, 90.

1202 Siehe oben, in: Kapitel 4 § 3 II.

Literatur argumentieren,[1203] sondern vielmehr aus der fehlenden Weisungsbefugnis sowohl der Gesellschafterversammlung der KG als auch der Kommanditisten gegenüber den Komplementären.[1204] § 164 S. 1, 2. HS HGB stellt insofern sogar fest, dass den Kommanditisten im Rahmen gewöhnlicher Geschäfte überhaupt kein Widerspruchsrecht entsprechend § 115 Abs. 1 HGB zukommt. Zum anderen folgt dieses Ergebnis aus der Erkenntnis, dass die geschäftsführenden Komplementäre der KG im Rahmen der nach § 299 StGB zu treffenden Bezugsentscheidungen das oberste, unabhängige und zur Definition der Vertragsfreiheit berufene Willensbildungsorgan der KG darstellen.

Etwas anderes gilt lediglich im Rahmen der über den gewöhnlichen Betrieb der Gesellschaft hinausgehenden Handlungen nach § 164 S. 1, 2. HS HGB. Entgegen des Wortlauts des § 164 S. 1, 2. HS HGB steht der Gesamtheit der Gesellschafter der KG, insbesondere auch den Kommanditisten, nach überwiegender Auffassung entsprechend der §§ 161 Abs. 2, 116 Abs. 2 HGB ein initiales Zustimmungsrecht zu.[1205] Sollte mithin ausnahmsweise ein Geschäft i.S.d. §§ 164 S. 1, 2. HS, 116 Abs. 2 HGB vorliegen, das eine Bezugsentscheidung i.S.d. § 299 StGB berührt, ist die Gesellschaftergesamtheit in dieser Konstellation als Prinzipal i.S.d. § 299 StGB anzusehen, da sie dann als oberstes, weisungsbefugtes und unabhängiges Willensbildungsorgan der KG agiert.[1206] Aufgrund des Weisungscharakters des Beschlusses der Gesellschaftergesamtheit ist es auch hier vertretbar, die den Beschluss ausführenden, geschäftsführenden Komplementäre als Angestellte der Gesellschaftergesamtheit nach § 299 StGB zu qualifizieren.

2. *Der Kommanditist*

Kommanditisten sind nach § 164 S. 1, 1. HS HGB grundsätzlich von der Geschäftsführung der KG ausgenommen und somit mangels echter bzw. unechter Entscheidungsträgerschaft keine tauglichen Täter i.S.d. § 299 Abs. 1 StGB.[1207] Es ist allerdings für die strafrechtliche Bewertung zwischen gewöhnlichen und

---

1203 NK-*Dannecker*, § 299 Rn. 21; *Bürger*, wistra 2003, 130, 132; Sch/Sch-*Heine/Eisele*, § 299 Rn. 7a; Achenbach/Ransiek-*Rönnau*, Wirtschaftsstrafrecht, 3. Teil 2. Kapitel Rn. 10; LK-*Tiedemann*, § 299 Rn. 10; SK-*Rogall*, § 299 Rn. 28; *Fischer*, § 299 Rn. 8a.

1204 OLG Stuttgart DB 2009, 1977, 1979.

1205 RGZ 158, 302, 305 ff., 307; Oetker-*Oetker*, HGB, § 164 Rn. 10, 12; MK-*Grunewald*, HGB, § 164 Rn. 9 f.; *Schmidt*, Gesellschaftsrecht, § 53 III 2 b, S. 1538 f.

1206 Siehe oben, in: Kapitel 4 § 3 II. 2.

1207 So mit anderer Begründung: *Corsten*, Einwilligung, S. 329; a.A. strafbar als Beauftragte: *Bürger*, DStR 2003, 1421, 1425.

außergewöhnlichen Geschäften zu differenzieren.[1208] Im Rahmen gewöhnlicher Geschäfte kommt den Kommanditisten mangels Widerspruchsrechts, entsprechend § 115 Abs. 1 HGB, keinerlei Einflussmöglichkeit auf Geschäftsführungsmaßnahmen zu.[1209] Sie sind folglich weder als Beauftragte noch als Angestellte i.S.d. § 299 StGB zu deklarieren. Sofern ein außergewöhnliches Geschäft nach § 164 S. 1, 2. HS HGB gegeben ist, das ausnahmsweise eine Bezugsentscheidung nach § 299 StGB berührt, obliegt den Kommanditisten, wie soeben erörtert, ein initiales Zustimmungsrecht.[1210] In dieser Konstellation agieren die Kommanditisten zusammen mit den übrigen Komplementär-Gesellschaftern der KG als Prinzipal i.S.d. § 299 StGB und erfüllen somit wiederum nicht die Tatbestandsvoraussetzungen des Sonderdelikts des § 299 Abs. 1 StGB.

3. *Sonderfall GmbH & Co. KG*

Ungleich komplizierter gestaltet sich die Rechtslage in Gesellschaften, denen eine „Grundtypvermischung"[1211] innewohnt. Als Grundtypvermischung werden mitgliedschaftliche Verbindungen zwischen Personen- und Kapitalgesellschaften bezeichnet, wie sie beispielsweise bei einer sog. *Kapitalgesellschaft & Co. KG*, das heißt einer Personengesellschaft, die eine Kapitalgesellschaft als geschäftsleitende Gesellschafterin enthält, auftreten.[1212] Die in der Praxis am häufigsten verbreitete Typenverbindung stellt hierbei die sog. *GmbH & Co. KG* dar;[1213] die GmbH & Co. KG ist eine Kommanditgesellschaft, deren einziger Komplementär eine GmbH ist. Die strafrechtlich relevante Frage nach der Geschäftsführungsbefugnis variiert in dieser Typenvermischung je nach den Beteiligungsverhältnissen in KG und GmbH. Für den weiteren Verlauf der Untersuchung sind drei Beteiligungsverhältnisse zu unterscheiden: die personengleiche GmbH & Co. KG, die personenverschiedene GmbH & Co. KG und die Einmann-GmbH & Co. KG.[1214]

1208 Oetker-*Oetker*, HGB, § 164 Rn. 6.

1209 Koller/Roth/Morck-*Koller*, HGB, § 164 Rn. 3; Oetker-*Oetker*, HGB, § 164 Rn. 7.

1210 Siehe oben, in: Kapitel 4 § 3 III. 1.

1211 *Zielinski*, Grundtypvermischungen, S. 1 ff.

1212 *Schmidt*, Gesellschaftsrecht, § 56 I 1 a, S. 1621.

1213 *Windbichler*, Gesellschaftsrecht, § 37 Rn. 1, 6; *Schmidt*, Gesellschaftsrecht, § 56 I 1 b, S. 1622.

1214 Aufzählung ist nicht abschließend, vgl. *Windbichler*, Gesellschaftsrecht, § 37 Rn. 10 f.

a) Personengleiche GmbH & Co. KG

In der personengleichen GmbH & Co. KG sind die Kommanditisten der KG mit den Gesellschaftern der Komplementär-GmbH personenidentisch.[1215] Diese gesellschaftsrechtliche Ausgestaltung ist vornehmlich bei Gesellschaften mit einer eher geringen Mitgliederzahl typisch.[1216] In der KG ist, wie bereits erörtert,[1217] lediglich der Komplementär geschäftsführungsbefugt, im Fall der GmbH & Co. KG mithin die Komplementär-GmbH, vgl. §§ 164, 161 Abs. 2, 116 HGB. Der Regelfall der GmbH & Co. KG sieht die Komplementär-GmbH als einzige Komplementärin der KG vor, sodass Einzelgeschäftsführungsbefugnis besteht.[1218] Die Geschäftsführungsbefugnis innerhalb der Komplementär-GmbH regelt wiederum unmittelbar das GmbH-Recht.[1219] Da die Komplementärin selbst eine juristische Person ist, stellt sich erneut die Frage, ob die juristische Person oder aber die dahinterstehenden Organe als Komplementär der GmbH & Co. KG anzusehen sind. Im Rahmen des § 299 StGB kommt es allerdings auch in dieser Konstellation maßgeblich auf die dahinterstehenden Organe an,[1220] sodass als oberstes, unabhängiges und zur Definition der Vertragsfreiheit i.S.d. § 299 StGB berufenes Willensbildungsorgan innerhalb der GmbH die Gesellschafterversammlung und nicht der Geschäftsführer agiert, der vielmehr von dieser nach §§ 37 Abs. 1, 46 Nr. 6 GmbHG weisungsabhängig und somit als Angestellter i.S.d. § 299 StGB zu qualifizieren ist. Die Gesellschafterversammlung der GmbH ist *mutatis mutandis* als oberstes, unabhängiges Willensbildungsorgan der GmbH & Co. KG anzusehen. Im Fall der personengleichen GmbH & Co. KG sind folglich die Kommanditisten in ihrer Eigenschaft als Gesellschafter der Gesellschafterversammlung der Komplementär-GmbH weisungsbefugter Prinzipal der GmbH & Co. KG nach § 299 StGB. Der die Geschäftsführungsmaßnahme der GmbH & Co. KG ausführende GmbH-Geschäftsführer ist aufgrund seiner Weisungsabhängigkeit in Bezug auf die Gesellschafterversammlung der Komplementär-GmbH als Angestellter der Gesellschafterversammlung der Komplementär-GmbH sowie als Angestellter der GmbH & Co. KG i.S.d. § 299 StGB zu qualifizieren.[1221]

1215 *Schäfer*, Gesellschaftsrecht, § 48 Rn. 3.

1216 *Windbichler*, Gesellschaftsrecht, § 37 Rn. 10.

1217 Siehe oben, in: Kapitel 4 § 3 III. 1.

1218 Sudhoff-*Breitfeld*, GmbH & Co. KG, § 15 Rn. 11.

1219 Oetker-*Oetker*, HGB, § 164 Rn. 51.

1220 So auch mit anderer Begründung: *Wollschläger*, Täterkreis, S. 108.

1221 Siehe oben, in: Kapitel 4 § 2 I. 3.; a.A. *Corsten*, Einwilligung, S. 330 f.; *Wollschläger*, Täterkreis, S. 108 f.; *Bürger*, wistra 2003, 130, 132; *Fischer*, § 299 Rn. 8a.

b) Personenverschiedene GmbH & Co. KG

Die personenverschiedene GmbH & Co. KG setzt sich aus unterschiedlichen Gesellschaftern in GmbH und KG zusammen.[1222] Beispielhaft für dieses Modell ist die sog. *Publikums-KG,* bei der eine kleine Anzahl von Personen ein Geschäftsmodell entwickelt, an dem sich eine Vielzahl an Investoren beteiligen soll.[1223] Sie statuiert ein zulässiges Modell der sog. *Fremdorganschaft* im Rahmen von Personengesellschaftstypvermischungen.[1224] Die Gesellschafterversammlung der Komplementär-GmbH ist wiederum als Prinzipal der GmbH & Co. KG und der Geschäftsführer der Komplementär-GmbH als Angestellter i.S.d. § 299 StGB zu qualifizieren. Fraglich ist, inwieweit die Kommanditisten taugliche Täter des § 299 Abs. 1 StGB sein können. Mangels Weisungsabhängigkeit der Kommanditisten von der Gesellschafterversammlung der Komplementär-GmbH sind diese nicht als Angestellte i.S.d. § 299 StGB zu qualifizieren. Die Beauftragtenstellung des § 299 StGB setzt eine befugte Einflussnahme auf die hiernach relevanten Bezugsentscheidungen voraus.[1225] Im Rahmen gewöhnlicher Geschäfte kommen den Kommanditisten jedoch weder Eingriffs- noch Weisungsrechte gegenüber der Komplementär-GmbH zu, sodass sie nicht nach § 299 Abs. 1 StGB zu bestrafen sind.[1226] Etwas anderes ergibt sich lediglich bei außergewöhnlichen Geschäften nach § 164 S. 1, 2. HS HGB. Sollte ein solches ausnahmsweise eine Bezugsentscheidung nach § 299 StGB berühren, obliegt den Kommanditisten ein initiales Zustimmungsrecht, wonach sie in dieser Konstellation zusammen mit der Gesellschafterversammlung der Komplementär-GmbH als Prinzipal i.S.d. § 299 StGB agieren.

c) Einmann-GmbH & Co. KG

Eine Einmann-GmbH & Co. KG liegt vor, wenn die Komplementär-GmbH aus einer Einmann-GmbH besteht, in der der GmbH-Alleingesellschafter zusätzlich als Alleingeschäftsführer der Komplementär-GmbH fungiert. In der Strafrechtsliteratur wird die Strafbarkeit des geschäftsführenden Alleingesellschafters einer

---

1222 *Windbichler*, Gesellschaftsrecht, § 37 Rn. 10.

1223 *Schäfer*, Gesellschaftsrecht, § 48 Rn. 7.

1224 Müller/Winkeljohann-*Erle/Berberich*, GmbH, § 1 Rn. 24; Breithaupt/Ottersbach-*Schneider*, Gesellschaftsrecht, Teil 1 B Rn. 120.

1225 RGSt 68, 119 f.; BGHSt 2, 396, 401; BGH NStZ 2012, 37 f.; OLG Karlsruhe BB 2000, 635; BeckOK-*Momsen*, § 299 Rn. 11; *Fischer*, § 299 Rn. 10; *Lackner/Kühl*, § 299 Rn. 2; LK-*Tiedemann*, § 299 Rn. 16; NK-*Dannecker*, § 299 Rn. 22; SK-*Rogall*, § 299 Rn. 26.

1226 Siehe oben, in: Kapitel 4 § 3 III. 2.

Einmann-GmbH als Komplementär einer GmbH & Co. KG nach § 299 Abs. 1 StGB kontrovers diskutiert. Zum einen käme er aufgrund seiner faktischen Geschäftsinhaberstellung in Bezug auf die GmbH & Co. KG nicht als tauglicher Täter des § 299 Abs. 1 StGB in Betracht,[1227] zum anderen wird vertreten, dass er als Komplementär der GmbH & Co. KG straffrei sei, jedoch in seiner Funktion als Geschäftsführer der Komplementär-Einmann-GmbH als Beauftragter bzw. als Angestellter der GmbH zu qualifizieren sei und somit nach § 299 Abs. 1 StGB zu bestrafen wäre.[1228] Der geschäftsführende Alleingesellschafter der Einmann-Komplementär-GmbH ist jedoch vielmehr zuvorderst – dogmatisch korrekt – in seiner Eigenschaft als die Geschäftsführungsmaßnahme ausführender, vertretungsberechtigter Geschäftsführer der Einmann-GmbH als Angestellter i.S.d. § 299 Abs. 1 StGB der Gesellschafterversammlung der Komplementär-GmbH zu deklarieren. Dies führt bei der Ausführung gewöhnlicher Geschäfte nach § 164 S. 1 HGB zu keiner Strafbarkeit nach § 299 Abs. 1 StGB, da der geschäftsführende Alleingesellschafter als Komplementär der GmbH & Co. KG immer mit Zustimmung des durch ihn personifizierten Prinzipals – der Gesellschafterversammlung der Einmann-GmbH – handelt, sodass der Tatbestand teleologisch zu reduzieren ist.[1229] Er ist folglich sowohl im Rahmen seiner Tätigkeit als Geschäftsführer der Einmann-GmbH als auch im Rahmen seiner Tätigkeit als Komplementär straflos nach § 299 Abs. 1 StGB.[1230]

Etwas anderes ergibt sich bei außergewöhnlichen Geschäften nach §§ 164 S. 1, 2. HS, 161 Abs. 2, 116 Abs. 2 HGB, sollten diese ausnahmsweise eine Bezugsentscheidung i.S.d. § 299 StGB berühren. In dieser Konstellation besitzen auch die grundsätzlich nicht zur Geschäftsführung berufenen Kommanditisten in Bezug auf Geschäftsführungsmaßnahmen ein initiales Zustimmungsrecht, sodass sie zusammen mit dem geschäftsführenden Alleingesellschafter der Einmann-Komplementär-GmbH als Prinzipal i.S.d. § 299 StGB anzusehen sind.[1231] In der Person des geschäftsführenden Alleingesellschafters der Einmann-Komplementär-GmbH lebt die Stellung als Angestellter der Gesamtheit der

1227 NK-*Dannecker*, § 299 Rn. 21.

1228 *Bürger*, wistra 2003, 130, 132; *Fischer*, § 299 Rn. 8a; *Wollschläger*, Täterkreis, S. 108: als geschäftsführender Alleingesellschafter der GmbH kein tauglicher Täter, als Komplementär jedoch Beauftragter i.S.d. § 299 Abs. 1 StGB; *Corsten*, Einwilligung, S. 330 f.: Hinsichtlich GmbH kein tauglicher Täter, hinsichtlich KG als Komplementär Beauftragter i.S.d. § 299 Abs. 1 StGB.

1229 Siehe oben, in: Kapitel 4 § 2 I. 5. a).

1230 a.A. *Bürger*, wistra 2003, 130, 132; *Fischer*, § 299 Rn. 8a.

1231 Siehe oben, in: Kapitel 4 § 3 III. 2.

Gesellschafter der KG nach § 299 StGB erneut auf, da der Gesellschafterbeschluss Weisungscharakter entfaltet.[1232] Sollte somit seine nach § 299 StGB relevante Handlung seitens des Prinzipals der GmbH & Co. KG keine Zustimmung erfahren, kommt keine teleologische Reduktion des Tatbestandes in Betracht und er bleibt tauglicher Täter des § 299 Abs. 1 StGB.

IV. Sonstige Personengesellschaften im Überblick

1. Partnerschaftsgesellschaft

Die Partnerschaftsgesellschaft ist nach § 1 Abs. 1 S. 1 PartGG eine Personengesellschaft, in der sich Freiberufler zur Ausübung ihrer Berufe zusammenschließen.[1233] Bei der Partnerschaft handelt es sich um eine Sonderform der GbR, die rechtlich weitestgehend den Regelungen zur OHG angenähert ist.[1234] Die Partnerschaftsgesellschaft entsteht daher, entsprechend der Regelungen zur OHG und KG, mit Abschluss des Partnerschaftsvertrages sowie im Außenverhältnis mit Eintragung in das Partnerschaftsregister, § 7 Abs. 1 PartGG. Das Rechtsverhältnis der Partner untereinander regelt § 6 PartGG. Hiernach sind gemäß § 6 Abs. 3 S. 2 PartGG die Regelungen der Geschäftsführungsbefugnis der OHG nach §§ 114 bis 116 Abs. 2 HGB entsprechend anzuwenden, sofern der Partnerschaftsvertrag keine anderweitigen Bestimmungen trifft. In Übereinstimmung mit dem gesetzlichen Verweis auf die Vorschriften der OHG ist für gewöhnliche Geschäfte somit jeder Partner allein zur Geschäftsführung berechtigt. Die Mitgesellschafter haben jedoch ein Widerspruchsrecht nach § 6 Abs. 3 S. 2 PartGG i.V.m. § 115 Abs. 1 HGB. Für außergewöhnliche Geschäfte gilt Gesamtgeschäftsführungsbefugnis aller Partner.[1235] Ebenso findet die Sonderregelung des § 116 Abs. 2 HGB über den Verweis des § 6 Abs. 3 S. 2 PartGG Anwendung. Die Prinzipalstellung innerhalb der Partnerschaftsgesellschaft obliegt folglich, entsprechend den Ausführungen zur OHG,[1236] dem oder den jeweiligen Partnern, denen die Geschäftsführungsbefugnis im Innenverhältnis der Partnerschaftsgesellschaft zukommt, da sie als das oberste, weisungsunabhängige Willensbildungsorgan innerhalb der Partnerschaftsgesellschaft agieren.[1237]

1232 Siehe oben. in: Kapitel 4 § 3 II. 2.

1233 MK-*Ulmer*, PartGG, § 1 Rn. 1.

1234 MK-*Ulmer*, PartGG, § 1 Rn. 7, Rn. 8.

1235 Henssler/Strohn-*Hirtz*, Gesellschaftsrecht, PartGG, § 6 Rn. 5.

1236 Siehe oben, in: Kapitel 4 § 3 II.

1237 a.A. *Corsten*, Einwilligung, S. 329.

2. *Nicht-rechtsfähiger Idealverein*

Der nicht-rechtsfähige Idealverein ist in § 54 BGB geregelt. Da Gewinnerzielung im Rahmen des § 299 StGB keine Voraussetzung ist,[1238] kann auch der nicht-rechtsfähige Idealverein einschlägiger geschäftlicher Betrieb sein. Entgegen § 54 S. 1 BGB haften die Mitglieder des nicht-rechtsfähigen Idealvereins allerdings nicht persönlich mit ihrem Privatvermögen.[1239] Der Verweis des § 54 S. 1 BGB auf das Gesellschaftsrecht gilt *contra legem* lediglich für den wirtschaftlichen, nicht-rechtsfähigen Verein, der jedoch selbst oftmals als GbR oder OHG firmiert,[1240] und aus diesem Grund keiner gesonderten Erörterung bedarf. Nach dem Grundsatz „*cessante ratione legis cessat lex ipsa*“[1241] ist auf den nicht-rechtsfähigen Idealverein das Recht des rechtsfähigen Vereins anzuwenden, sofern dieses nicht die Eintragung ins Vereinsregister voraussetzt.[1242] Die Organisationsverfassung sieht vornehmlich die Regelungen der §§ 26 ff. BGB und nicht jene der §§ 709 ff. BGB vor.[1243] Hieraus folgt, dass der nicht-rechtsfähige Idealverein einen weisungsabhängigen Vorstand entsprechend §§ 27 Abs. 3, 665 BGB und eine Mitgliederversammlung als notwendige Organe führen muss.[1244] Die Mitgliederversammlung ist gemäß der Ergebnisse zum rechtsfähigen Verein als oberstes, unabhängiges Willensbildungsorgan des nicht-rechtsfähigen Vereins anzusehen und stellt damit den Prinzipal nach § 299 StGB dar.[1245]

V. Zwischenergebnis zur Tätertauglichkeit von Personengesellschaften nach § 299 Abs. 1 StGB de lege lata

Entgegen der überwiegenden Auffassung in Rechtsprechung und Literatur ist bei Personengesellschaften die Gesamtheit aller Gesellschafter nicht denknotwendig als Prinzipal i.S.d. § 299 StGB anzusehen, da die Vermögensinhaberschaft

---

1238 LK-*Tiedemann*, § 299 Rn. 19 m.w.N.

1239 BGH NJW-RR 2003, 1265; BeckOK-*Schöpflin*, BGB, § 54 Rn. 32; MK-*Reuter*, BGB, § 54 Rn. 33.

1240 BeckOK-*Schöpflin*, BGB, § 54 Rn. 35 f.

1241 MK-*Reuter*, BGB, § 54 Rn. 4.

1242 *Schmidt*, Gesellschaftsrecht, § 25 II 2, S. 740 ff.

1243 MK-*Reuter*, BGB, § 54 Rn. 33 ff.; *Schmidt*, Gesellschaftsrecht, § 25 II 2, S. 740 ff.

1244 MK-*Reuter*, BGB, § 54 Rn. 34 f.

1245 Zur Einordnung der Organe und Mitglieder des nicht-rechtsfähigen Idealvereins siehe oben, in: Kapitel 4 § 2 III. 2.

nicht das maßgebliche Bezugskriterium bildet.[1246] Die Zuordnung des Prinzipals erfolgt vielmehr sehr viel differenzierter anhand der konkreten Organisationsverfassung der jeweiligen Personengesellschaft. Nur dasjenige Willensbildungsorgan, das abschließend und weisungsunabhängig über die nach § 299 StGB zu treffenden Bezugsentscheidungen entschließt bzw. die diesbezüglich festzulegende Vertragsfreiheit definiert, ist als Prinzipal i.S.d. § 299 StGB zu qualifizieren. Dieses Organ variiert je nach gesellschaftsrechtlicher Ausgestaltung und Art der Personengesellschaft.

§ 4 Ergebnis zur „rechtsformabhängigen Pönalisierung"

Abschließend ist die These *Bürgers* zur „rechtsformabhängigen Pönalisierung"[1247] an den soeben getroffenen Ergebnissen zur Tätertauglichkeit von Organen, Gesellschaftern und Mitgliedern von Kapital- und Personengesellschaften nach § 299 Abs. 1 StGB zu verifizieren. Hierfür gilt es nochmals *Beispiel 6* ins Gedächtnis zu rufen, bei dem *Bürger* die unterschiedliche strafrechtliche Behandlung eines geschäftsführenden Alleingesellschafters einer Einmann-GmbH sowie eines geschäftsführenden Alleingesellschafters einer Einmann-GmbH als Komplementär einer GmbH & Co. KG zur strafrechtlichen Erfassung des Einzelkaufmanns nach § 299 Abs. 1 StGB rügte. Nach den Ergebnissen der Untersuchung aus § 2 und § 3 dieses Kapitels gestaltet sich die Lösung des *Beispiels 6* allerdings divergierend: Der Einzelkaufmann ist zwar richtigerweise als Prinzipal i.S.d. § 299 Abs. 1 StGB straflos; nichts anderes gilt jedoch für den geschäftsführenden Alleingesellschafter einer Einmann-GmbH, der nach teleologischer Reduktion des Tatbestandes durch § 299 Abs. 1 StGB ebenfalls nicht erfasst ist.[1248] Bei der Ausführung der im Regelfall vorliegenden gewöhnlichen Geschäfte nach § 164 S. 1 HGB ist der geschäftsführende Alleingesellschafter einer Einmann-GmbH als Komplementär einer GmbH & Co. KG in *Fallvariante (c)* des *Beispiels 6* ebenfalls aufgrund teleologischer Reduktion des Tatbestandes des § 299 Abs. 1 StGB straflos. Im Gegensatz zur Lösung *Bürgers* kommen mithin alle drei Fallvarianten zum gleichen Ergebnis, namentlich der Straflosigkeit der handelnden Protagonisten nach § 299 Abs. 1 StGB. Die Nichterfassung des Prinzipals im Täterkreis des § 299 Abs. 1 StGB führt bei der Behandlung von Kapital- und

1246 So aber: RGSt 68, 263, 271; *Winkelbauer*, FS Weber, S. 385, 389; *Fischer*, § 299 Rn. 8a; *Corsten*, Einwilligung, S. 332; *Wollschläger*, Täterkreis, S. 108; SK-*Rogall*, § 299 Rn. 28; *Walther*, Bestechlichkeit und Bestechung, S. 69.

1247 *Bürger*, wistra 2003, 130, 132.

1248 Siehe oben, in: Kapitel 4 § 2 I. 5. a).

Personengesellschaften im Vergleich zu der strafrechtlichen Behandlung eines Einzelkaufmannes folglich zu keinen widersprüchlichen Ergebnissen. Allerdings darf diese Erkenntnis nicht zu der Schlussfolgerung verleiten, dass eine „rechtsformabhängige Pönalisierung" überhaupt nicht existiere.[1249] Die Ergebnisse der Untersuchungen in § 2 und § 3 dieses Kapitels haben vielmehr gezeigt, dass eine „rechtsformabhängige Pönalisierung" in einem gänzlich anderen Umfang sehr wohl existiert. Je nach gesellschaftsrechtlicher Ausgestaltung der Organisationsverfassung der Gesellschaft kommt eine unterschiedliche Tätertauglichkeit der Organe, Gesellschafter und Mitglieder nach § 299 Abs. 1 StGB in Betracht. Diese unterschiedliche strafrechtliche Behandlung ist nicht als „willkürlich" oder als „nicht überzeugend" zu bezeichnen.[1250] Die durch die unterschiedliche gesellschaftsrechtliche Ausgestaltung bedingten Divergenzen in der Strafbarkeit nach § 299 Abs. 1 StGB sind vielmehr der dem Gesellschaftsrecht wesensimmanenten Differenzierung innerhalb der Organisationsstrukturen geschuldet und daher im Ergebnis sogar wünschenswert.[1251] Als Korrelat zur differierenden, rechtsformabhängigen, zivilrechtlichen Haftung im Gesellschaftsrecht, ist es konsequent, dass § 299 Abs. 1 StGB ebenfalls eine rechtsformabhängige Strafbarkeit textiert. Um der gleichwohl gesteigerten Rechtsunsicherheit bei der Rechtsanwendung des § 299 Abs. 1 StGB entgegenzuwirken, ist es daher für größere Unternehmen opportun, Compliancebeauftragte einzustellen, die die gesellschaftsrechtlichen Organisationsstrukturen der Gesellschaft auf die Tätertauglichkeit ihrer Organe, Gesellschafter oder Mitglieder nach § 299 Abs. 1 StGB durchleuchten, um so Strafbarkeitsrisiken zu minimieren.

§ 5 Änderungsbedarf im Hinblick auf eine potentielle Strafbarkeit des Prinzipals sowie eine Strafbarkeit von durch Korruption verfälschten Beratungsleistungen de lege ferenda

I. Tätertauglichkeit des Prinzipals nach § 299 Abs. 1 StGB de lege ferenda

Die Strafrechtsliteratur fordert *de lege ferenda* verbreitet eine Einbeziehung des Prinzipals in den Täterkreis des § 299 Abs. 1 StGB sowie den Kreis möglicher

1249 a.A. *Wollschläger*, Täterkreis, S. 109; *Corsten*, Einwilligung, S. 352 f.

1250 So aber: *Bürger*, wistra 2003, 130, 131 f.; *Fischer*, § 299 Rn. 8a.

1251 So auch: *Brand/Wostry*, WRP 2008, 637, 638, 644; *Vormbaum*, FS Schroeder, S. 649, 653 Fn. 9.

Vorteilsempfänger des § 299 Abs. 2 StGB.[1252] Hierbei rekurrieren die Anhänger dieser Auffassung zur Stützung ihrer Forderung auf unterschiedliche Argumente: Zuvorderst führe die Nichterfassung des Betriebsinhabers im Täterkreise des § 299 Abs. 1 StGB zu widersprüchlichen Ergebnissen im Zusammenhang mit der Problematik der „entschleierten Schmiergelder", was, wie bereits erörtert, Vorteile betreffe, die der Prinzipal billigt oder von denen er Kenntnis erlangt. Gleichermaßen sollen sich Konstellationen, in denen der Prinzipal als Drittvorteilsempfänger agiert, nicht in die Systematik des Tatbestandes einfügen, da insbesondere eine Teilnahmestrafbarkeit des Prinzipals in diesen Fällen lediglich aufgrund der „verfehlten Täterbeschreibung des Sonderdeliktes"[1253] ausscheide. Ein weiteres Argument für eine Erfassung des Prinzipals im Täterkreis des § 299 Abs. 1 StGB *de lege ferenda* sei die willkürliche, im Ergebnis nicht überzeugende „rechtsformabhängige Pönalisierung" im Rahmen von Austauschverträgen, die die „Korruptionsstrafbarkeit von Zufälligkeiten der Rechtsformwahl" abhängig mache.[1254] Überdies forderten internationale Abkommen eine Einbeziehung des Prinzipals und eine damit korrelierende, umfassende Pönalisierung leitender Unternehmensangehöriger.[1255] Endlich lieferten Vierpersonenkonstellationen im Rahmen von durch Korruption verfälschten Beratungsleistungen keine sachgerechten Ergebnisse nach § 299 Abs. 1 StGB, da der Betriebsinhaber in diesen Fällen, entsprechend einem Angestellten oder Beauftragten, wettbewerbswidrig handele. Die Argumente sind in der Folge auf ihre Stichhaltigkeit hin einzeln zu überprüfen.

1252 Momsen/Grützner-*Grützner/Behr*, Wirtschaftsstrafrecht, 9. Kapitel, B Rn. 56 f.: Nichteinbeziehung sei „rechtspolitisch zweifelhaft"; *Wolf*, ZRP 2007, 44, 45 f.; *Tiedemann*, Wirtschaftsstrafrecht BT, § 5 Rn. 214; *Bürger*, wistra 2003, 130, 134 f.; *Höltkemeier*, Sponsoring, S. 169 ff., 173 f.; *Zöller*, GA 2009, 137, 148; *Lampe*, Tagungsberichte, S. 15 ff.; *Vogel*, FS Weber, S. 395, 405; LK-*Tiedemann*, § 299 Rn. 73; *Fischer*, § 299 Rn. 8a: Nichterfassung des Betriebsinhabers nach § 299 Abs. 1 StGB sei „rechtspolitisch zweifelhaft"; *Volk*, GS Zipf, S. 419, 427; *Ulbricht*, § 299 StGB, S. 54 ff.; *Pragal*, Korruption, S. 117 ff., 217 ff.; a.A. *Lampe*, FS Stree/Wessels, S. 449, 465: „das Strafrecht [soll] im Wirtschaftsleben nur so sparsam wie möglich eingesetzt und stattdessen die zivil- und verwaltungsrechtlichen Möglichkeiten des Wettbewerbsschutzes genutzt werden […], um ‚ungesunde' Praktiken zu bekämpfen."; *Vormbaum*, FS Schroeder, S. 649, 652 f.; *Altenburg*, Unlauterkeit, S. 56 ff.; *Sprafke*, Korruption, S. 122 f.; *Peinemann*, GmbH, S. 135 ff.; *Walther*, Bestechlichkeit und Bestechung, S. 69 ff.

1253 *Winkelbauer*, FS Weber, S. 385, 390.

1254 *Zöller*, GA 2009, 137, 148; *Bürger*, wistra 2003, 130, 132.

1255 *Walther*, Bestechlichkeit und Bestechung, S. 72 ff. m.w.N.

1. *„Entschleierte Schmiergelder" und Prinzipal als Drittvorteilsempfänger*

Unter singulärer Zugrundelegung des Universalrechtsguts des „lauteren Wettbewerbs" ist den Kritikern innerhalb der Literatur zuzugeben, dass sich eine Ausklammerung des Betriebsinhabers aus dem Kreis tauglicher Täter des § 299 Abs. 1 StGB sowie dem Kreis möglicher Vorteilsempfänger des § 299 Abs. 2 StGB nicht *prima facie* erklärt.[1256] Allerdings liegt § 299 StGB gemäß den Ergebnissen des zweiten Kapitels der Untersuchung nicht nur der lautere Wettbewerb, sondern darüber hinaus auch die Vertragsfreiheit des Prinzipals als zweistufiges Schutzgut zugrunde. Unter dieser Prämisse ist die Ausklammerung des Prinzipals aus dem Täterkreis des § 299 Abs. 1 StGB, sowie die Ausklammerung aus dem Kreis potentieller Zuwendungsempfänger des § 299 Abs. 2 StGB zwingend. Das zweistufige Rechtsgut zeichnet daher maßgeblich für die Lösung der Problemkreise der „entschleierten Schmiergelder" und des Prinzipals als potentiellem Drittvorteilsempfänger verantwortlich. Entgegen der herrschenden Meinung ist der Tatbestand des § 299 StGB in beiden Konstellationen teleologisch zu reduzieren,[1257] sodass Vorteile, die dem Angestellten zufließen und von denen der Prinzipal Kenntnis erlangt, sowie Vorteile, die der Angestellte für seinen Prinzipal aushandelt, nicht der einschränkenden Auslegung der Norm unterfallen. Friktionen innerhalb der Norm können durch das Rechtsgut daher im Ergebnis in Bezug auf „entschleierte Schmiergelder" und den Kreis der Drittvorteilsempfänger vermieden werden, sodass kein Reformbedarf im Hinblick auf diese beiden Problemkreise besteht.[1258]

2. *Rechtsformabhängige Pönalisierung bei Austauschverträgen*

Einer der größten Kritikpunkte an der Auslassung des Prinzipals aus dem Täterkreis des § 299 Abs. 1 StGB sowie dem Kreis potentieller Zuwendungsempfänger des § 299 Abs. 2 StGB ist jener der hieraus resultierenden „rechtsformabhängigen Pönalisierung".[1259] Die „rechtsformabhängige Pönalisierung" ist bereits ausführlich in §§ 2–4 dieses Kapitels erörtert worden, sodass auf jene Ausführungen Bezug genommen wird. Eine „rechtsformabhängige Pönalisierung" existiert zwar grundsätzlich, allerdings nicht in dem von *Bürger* und den sich anschließenden Kritikern beschriebenen Umfang. Eine Ungleichbehandlung zwischen einer

---

1256 So auch: *Ulbricht*, § 299 StGB, S. 55; Achenbach/Ransiek-*Rönnau*, Wirtschaftsstrafrecht, 3. Teil 2. Kapitel Rn. 82; *Vogel*, FS Weber, S. 395, 405.

1257 Siehe oben, in: Kapitel 2 § 4 IV. 3. b) aa) und Kapitel 2 § 4 IV. 3. b) bb).

1258 So – mit anderer Begründung – auch: *Wollschläger*, Täterkreis, S. 120 f.; *Rönnau*, StV 2009, 302, 304 f.; *Rengier*, FS Tiedemann, S. 837, 848 f.

1259 *Bürger*, wistra 2003, 130, 132 ff.

natürlichen Person als Einzelkaufmann und mithin straflosem Prinzipal nach § 299 StGB und einer natürlichen Person als Geschäftsführer eines Einmann-Unternehmens, entsprechend der von *Bürger* in *Beispiel 2* geschilderten Konstellation, liegt nicht vor.[1260] Wie bereits dargelegt, ist der Geschäftsführer eines Einmann-Unternehmens ebenfalls als strafloser Prinzipal i.S.d. § 299 Abs. 1 StGB einzuordnen,[1261] sodass auch kein Unterschied in der strafrechtlichen Behandlung nach § 299 StGB zwischen einer natürlichen Person als Komplementär einer KG und einer Einmann-GmbH in der Position der Komplementärin einer GmbH & Co. KG existiert.[1262] Die gemäß *Bürger* der „rechtsformabhängigen Pönalisierung" unterfallenden, in ihrer unterschiedlichen Behandlung sich mutmaßlich widersprechenden Beispiele vermögen daher nicht zu überzeugen.[1263]

3. *Grenzen der Vertragsfreiheit – unsachgemäßes Handeln des Prinzipals bei Austauschverträgen*

In der Literatur wird darüber hinaus diskutiert, ob eine Einbeziehung des Prinzipals in den Täterkreis des § 299 Abs. 1 StGB sowie den Kreis potentieller Zuwendungsempfänger des § 299 Abs. 2 StGB für alle strafrechtlich relevanten Konstellationen – inklusive Austauschverträgen – zu befürworten sei oder lediglich für Beratungen seitens des Prinzipals gelten solle.[1264] Diejenigen Stimmen, die eine Strafbarkeit des Prinzipals auch im Rahmen von Austauschverträgen fordern, legen ihrer Argumentation folgende Motive zugrunde: auch der Geschäftsinhaber könne, insbesondere im Rahmen größerer Unternehmen, unsachgemäße Entscheidungen treffen, sollte er nicht ausschließlich das Wohl des Unternehmens in seiner Bezugsentscheidung berücksichtigen.[1265] Überdies habe der ursprüngliche Gesetzgeber des § 12 UWG a.F. aus dem Jahr 1909 eine umfassende Pönalisierung des sog. *Schmiergeldunwesens* im Sinn gehabt, was

---

1260 Beispiel 2 in: *Bürger*, wistra 2003, 130, 132.

1261 Siehe oben, in: Kapitel 4 § 2 I. 5. a).

1262 a.A. *Fischer*, § 299 Rn. 8a; *Zöller*, GA 2009, 137, 148; Beispiel 3 in: *Bürger*, wistra 2003, 130, 132.

1263 *Bürger*, wistra 2003, 130, 132.

1264 Strafbarkeit *de lege ferenda* auch im Rahmen von Austauschverträgen fordernd: *Kahmann*, Bestechlichkeit und Bestechung, S. 218 ff.; *Pragal*, Korruption, S. 217 ff.; *Satzger*, ZStW 115 (2003), 469, 488; *Höltkemeier*, Sponsoring, S. 169 ff., 173 f.; *Bürger*, wistra 2003, 130, 135; *Zöller*, GA 2009, 137, 148; Strafbarkeit nur im Rahmen von Beratungsfällen fordernd: *Volk*, GS Zipf, S. 419, 427; Achenbach/Ransiek-*Rönnau*, Wirtschaftsstrafrecht, 3. Teil 2. Kapitel Rn. 82.

1265 *Bürger*, wistra 2003, 130, 135.

der Auslassung des Betriebsinhabers aus dem Täterkreis des § 299 Abs. 1 StGB und des Kreises der potentiellen Zuwendungsempfänger des § 299 Abs. 2 StGB eklatant widerspreche.[1266] Die Vertreter dieser Ansicht gehen jedoch in ihrer Annahme fehl, der Geschäftsinhaber bzw. Prinzipal könne im strafrechtlichen Sinne „korrupt" handeln. Wie bereits ausgeführt, ist strafrechtliche Wirtschaftskorruption einzig im Rahmen von Dreipersonenverhältnissen denkbar.[1267] Nur durch das Hinzukommen eines außerhalb des Wettbewerbs stehenden Dritten wird die strafrechtlich zulässige Zweipersonen-Wettbewerbsverquickung mit der Forderung unsachgemäßer Vorteile illegal. Fordert hingegen der Prinzipal selbst zusätzlich zur Leistung einen Vorteil, ist dies eine genuine Ausprägung seiner verfassungsrechtlich garantierten Vertragsfreiheit und somit strafrechtlich irrelevant. Der Prinzipal darf – straffrei – für ihn günstige Vorteile fordern, die nicht seinem Unternehmen zugutekommen. So sind übertriebene Formen des Anlockens, wie sog. *Vorspannangebote*[1268] oder sonstige Sonderleistungen,[1269] wie beispielsweise „Wellnessaufenthalte in Luxushotels",[1270] die zur eigentlichen Leistung hinzutreten zwar unter Umständen nach §§ 3, 4 Nr. 1 UWG wettbewerbswidrig und damit zivilrechtlich unzulässig, jedoch nicht wettbewerbsstrafrechtswidrig nach § 299 StGB.[1271] § 299 StGB schützt nämlich ausschließlich den „lauteren Wettbewerb in Ausprägung der Wahrung der abgeleiteten Vertragsfreiheit des Prinzipals" und mithin die genuine Bezugsentscheidung des Prinzipals, die auch neben der Leistung geforderte Vorteile enthalten kann. Im Rahmen von § 299 StGB ist die Freiheit des Prinzipals somit grenzenlos.[1272] Zivil- oder verwaltungsrechtliche Sanktionen bleiben bei dieser Betrachtung außer Acht.[1273] Dem widerspricht auch nicht die Tatsache, dass es laut *Lampe* für den Schaden des Wettbewerbers unerheblich sei, ob ein Angestellter oder ein Betriebsinhaber

---

1266 *Lampe*, Tagungsberichte, S. 15.

1267 Siehe oben, in: Kapitel 2 § 4 IV. 3.

1268 *Bürger*, wistra 2003, 130, 135; *Koepsel*, Bestechlichkeit und Bestechung, S. 188 ff. m.w.N.

1269 Beispiele aufgeführt in: *Lampe*, Tagungsberichte, S. 18 f.

1270 Achenbach/Ransiek-*Rönnau*, Wirtschaftsstrafrecht, 3. Teil 2. Kapitel Rn. 82.

1271 Allerdings muss auch im Bereich der wettbewerbsrechtlichen Beurteilung der Tatsache Rechnung getragen werden, dass mit der Abschaffung der Zugabeverordnung und des Rabattgesetzes im Jahr 2004 weitreichende Liberalisierungstendenzen verknüpft waren, sodass nicht jede Form der Zuwendung als wettbewerbswidrig zu klassifizieren ist.

1272 a.A. *Kahmann*, Bestechlichkeit und Bestechung, S. 220 f.

1273 So – mit anderer Begründung – auch: *Sprafke*, Korruption, S. 122 f.; *Szebrowski*, Kick-Back, S. 184; *Lampe*, FS Stree/Wessels, S. 449, 465.

korrupt gehandelt habe.[1274] Der monetäre Schaden des Wettbewerbers gehört nämlich, wie bereits erörtert, nicht zum Schutzinteresse des Rechtsgutes des § 299 StGB und kann somit nicht zur Begründung der Forderung der Einbeziehung des Prinzipals in den Täterkreis des Sonderdeliktes herangezogen werden. Wettbewerbswidriges Verhalten des Prinzipals ist bereits *de lege lata* ausreichend über die Instrumente des Zivil- und Wettbewerbsrechts erfasst.[1275] Eine Erweiterung des Täterkreises des § 299 StGB auf den Prinzipal in Korrelation zu dem von *Vogel*[1276] vorgeschlagenen, rein wettbewerbsstrafrechtlichen Modell widerspräche der verfassungsrechtlich verankerten Vertragsfreiheit der Unternehmer und wäre durch die damit einhergehende Erschütterung der Grundfesten der Privatautonomie inkonsistent. Weder in der geltenden Fassung des § 299 StGB, noch in einer möglichen zukünftigen Fassung eines rein wettbewerbsrechtlichen Korruptionsmodells ist somit eine Einbeziehung des Betriebsinhabers in den Täterkreis der Norm geboten. Korruptes Handeln des Prinzipals ist im Rahmen von Austauschverträgen nach § 299 StGB unmöglich und daher konsequenterweise auch nicht zu bestrafen.

4. *Exkurs: Strafrechtsänderungsgesetz 2007 und Referentenentwurf 2014 – Umsetzungsmaßnahmen BRD*

Das Strafrechtsänderungsgesetz aus dem Jahr 2007 und der Referentenentwurf aus dem Jahr 2014 untermauern dieses Ergebnis insofern, als sie ebenfalls keine Einbeziehung des Prinzipals in den Täterkreis des § 299 StGB vorsehen und sich vielmehr für das arbeitsstrafrechtliche Geschäftsherrenmodell mit der inhärenten Abkehr vom existierenden Wettbewerbsmodell entscheiden.[1277] Die deutsche Textierung soll mit dieser Änderung insbesondere an Art. 7 und Art. 8 des EuR-Übk sowie an Art. 2 des EU-Rahmenbeschlusses 2003/568/JI und Art. 21 der UNCAC angepasst werden.[1278] Gleichwohl ist in der Literatur vehement kritisiert worden, dass das Strafrechtsänderungsgesetz keine Pönalisierung von Betriebsinhabern vorsah, obgleich alle drei internationalen Regelungswerke zur strafrechtlichen Erfassung der Korruption im privaten Sektor eine Erfassung

1274 *Lampe*, Tagungsberichte, S. 20.

1275 So auch: *Sprafke*, Korruption, S. 122 f.

1276 *Vogel*, FS Weber, S. 395, 404 f.

1277 BT-Drs. 16/6558, S. 5 f; Referentenentwurf des BMJV vom 13.06.2014, abrufbar unter: http://www.bmjv.de/SharedDocs/Downloads/DE/pdfs/Gesetze/RefE_KorrBekG.pdf?__blob=publicationFile [zuletzt abgerufen am 11.11.2014].

1278 BT-Drs. 16/6558, S. 9; NK-*Dannecker*, § 299 Rn. 107.

„leitender Personen" im Unternehmen fordern.[1279] Art. 2 Abs. 1 EU-Rahmenbeschluss 2003/568/JI enthält die Forderung „Person[en], die für ein Unternehmen im privaten Sektor in leitender oder sonstiger Stellung tätig sind", zu erfassen; Art. 7 und Art. 8 EuR-Übk wollen die „Person, die ein Unternehmen im privaten Sektor leitet oder für ein solches tätig ist" pönalisiert wissen und Art. 21 UNCAC enthält die Forderung, „any person who directs or works, in any capacity, for a private sector entity", zu bestrafen. Umso mehr verwundert die Annahme des Gesetzgebers, dass die internationalen Vorgaben bereits im geltenden § 299 StGB „im Wesentlichen" umgesetzt seien.[1280] Da die Einbeziehung des Prinzipals in den Täterkreis des § 299 Abs. 1 StGB bereits seit langer Zeit diskutiert wird – erste Forderungen wurden bereits im Jahr 1976 bei der Tagung der Sachverständigenkommission zur Bekämpfung der Wirtschaftskriminalität laut[1281] und bestätigten sich im eindeutigen Votum für die Strafbarkeit des Prinzipals im Rahmen des 61. DJT[1282] – wirkt die Tatsache, dass sich der Gesetzgeber erneut im Rahmen des Strafrechtsänderungsgesetzes sowie des aktuellen Referentenentwurfs gegen eine Einbeziehung des Prinzipals aussprach, zumindest indiziell.[1283]

5. *Internationale Vorgaben zur strafrechtlichen Erfassung des Prinzipals*

Es stellt sich mithin die Frage, inwieweit Art. 2 Abs. 1 EU-Rahmenbeschluss 2003/568/JI, Art. 7 und Art. 8 EuR-ÜbK und Art. 21 UNCAC die Einbeziehung von Betriebsinhabern in den Täterkreis des § 299 Abs. 1 StGB tatsächlich fordern. Diesbezüglich kam die EU-Kommission in ihrem Prüfbericht an den Rat zur Umsetzung der internationalen Vorgaben nach Art. 9 Abs. 2 EU-Rahmenbeschluss 2003/568/JI zu dem Ergebnis, dass Deutschland dem Erfordernis der Pönalisierung von Personen „in leitender Stellung" nicht in ausreichendem Umfang nachgekommen sei.[1284] Dieser Einschätzung ist jedoch aufgrund der in diesem Kapitel erarbeiteten Ergebnisse zu Kapital- und Personengesellschaften zu

1279 *Zöller*, GA 2009, 137, 148.
1280 BT-Drs. 16/6558, S. 9.
1281 *Lampe*, Tagungsberichte, S. 15 ff., 92.
1282 Verhandlungen des 61. DJT, Beschlüsse, S. L 60: Der 61. DJT stimmte mit 71:44:4 Stimmen dafür, den Geschäftsinhaber in die Strafbarkeit nach § 299 StGB einzubeziehen.
1283 So auch: *Altenburg*, Unlauterkeit, S. 56.
1284 KOM (2007) 328 endg., S. 6, abrufbar unter: http://eur-lex.europa.eu/LexUriServ/LexUriServ.do?uri=COM:2007:0328:FIN:DE:PDF [zuletzt abgerufen am 11.11.2014].

widersprechen. Es wurde vielmehr bereits dargelegt, dass, je nach gesellschaftsrechtlicher Ausgestaltung des Gesellschaftsvertrages, dasjenige Willensbildungsorgan der Gesellschaft als strafloser Prinzipal i.S.d. § 299 StGB anzusehen ist, dem die nach § 299 StGB relevanten Bezugsentscheidungen als oberste Instanz innerhalb der Gesellschaft weisungsunabhängig obliegen.[1285] Hieraus folgt jedoch nicht, dass, den internationalen Vorgaben diametral widersprechend, die Unternehmensleitung der Gesellschaft in jeder Fallkonstellation als strafloser Prinzipal anzusehen ist. Das Willensbildungsorgan besteht bei größeren Unternehmen bzw. Unternehmen mit voluminösem Grundkapital vielmehr regelmäßig aus mehreren Personen, wie dies beispielsweise nach § 76 Abs. 2 S. 2 AktG für den Vorstand der Aktiengesellschaft gesetzlich vorgeschrieben ist. Prinzipal ist in diesem Fall nicht jedes einzelne Vorstandsmitglied der AG, sondern vielmehr der Vorstand der AG in seiner Gesamtheit. Sollte ein einzelnes Vorstandsmitglied nach § 299 Abs. 1 StGB bestochen werden, um auf den Prinzipal hinsichtlich einer nach § 299 StGB relevanten Bezugsentscheidung im Rahmen eines Austauschverhältnisses einzuwirken, wie dies in der Praxis regelmäßig der Fall sein wird, ist dieses Vorstandsmitglied als Beauftragter des gesamten Vorstandes nach § 299 Abs. 1 StGB strafbar. Nichts anderes gilt für Organe der anderen Kapitalgesellschaften und für das Willensbildungsorgan innerhalb der Personengesellschaften. Für leitende Unternehmensangehörige bestehen folglich bereits *de lege lata* umfassende Strafbarkeitsmöglichkeiten nach § 299 StGB. Da die Unternehmensleitung mithin strafrechtlich verantwortlich gemacht werden kann, sind die internationalen Vorgaben hinsichtlich ihrer Zielverpflichtung bereits zum jetzigen Zeitpunkt als ausreichend umgesetzt anzusehen.[1286] Etwas anderes gilt lediglich für Führungspersonen kleiner Einmann-Unternehmen, die entsprechend der strafrechtlichen Erfassung natürlicher Personen, wie jener des Einzelkaufmannes, als straflose Prinzipale nach § 299 StGB einzuordnen sind. Diese Interpretation führt jedoch zur größtmöglichen Kohärenz der Vorschrift und ist daher als Argument für und nicht gegen die Auslassung des Prinzipals aus dem Täterkreis des § 299 Abs. 1 StGB und dem Kreis potentieller Zuwendungsempfänger des § 299 Abs. 2 StGB anzusehen.

6. *Beratungsleistungen – Vorliegen mehrerer Betriebsinhaber*

Wie bereits im Rahmen von Austauschverträgen angedeutet wurde, fordert die Literatur vorwiegend im Bereich von Beratungsleistungen seitens eines

1285 Siehe oben, in: Kapitel 4 § 1 III.

1286 So auch: *Walther*, Bestechlichkeit und Bestechung, S. 72 f.

Betriebsinhabers eine Einbeziehung desselben in den Täterkreis des § 299 Abs. 1 StGB bzw. den Kreis der nach § 299 Abs. 2 StGB tauglichen, potentiellen Zuwendungsempfänger, da bei Beratungsfällen das korrupte Verhalten eines Betriebsinhabers das gleiche Niveau an Strafwürdigkeit und Strafbedürftigkeit im Vergleich zu korruptem Verhalten von Angestellten oder Beauftragten erlange.[1287] Diese Forderung beruht jedoch auf einem rechtlichen Missverständnis, da die im Falle von Austausch- und Beratungskonstellationen differierenden Dreipersonenterminologien des § 299 StGB miteinander vermengt werden. Wie bereits im zweiten Kapitel der Untersuchung ausgeführt, ist Prinzipal im Falle von Beratungsleistungen der die Beratung nachfragende geschäftliche Betrieb, wohingegen der die Beratung ausführende Betriebsinhaber als externer Beauftragter dieses geschäftlichen Betriebes zu qualifizieren ist.[1288] Der Begriff „Prinzipal" wird seitens verschiedener Stimmen in der Literatur in Bezug auf die falsche Person – nämlich den eigentlich Beauftragten – verwandt.[1289] Die logische Konsequenz hieraus ist, dass bereits *de lege lata* viele Beratungsleistungen unter den Anwendungsbereich des § 299 StGB fallen,[1290] weswegen Beratungsfälle generell nicht als ein Argument für die Erfassung von Prinzipalen in den Täterkreis des § 299 Abs. 1 StGB *de lege ferenda* taugen.[1291] Im Zusammenhang mit Beratungsleistungen ergibt sich vielmehr ein gänzlich anderes Problem, das gesonderter Erörterung bedarf: Durch die tatbestandliche Beschränkung des § 299 StGB auf „geschäftliche Betriebe" als mögliche Prinzipale besteht *de lege lata* eine Ausklammerung von Privatpersonen aus dem Bereich potentieller Prinzipale,[1292] was insbesondere im Rahmen von Beratungsleistungen zu unbilligen Ergebnissen führen kann.

1287 *Lampe*, FS Tiedemann, S. 759, 762 ff.; *Volk*, GS Zipf, S. 419, 427; Achenbach/Ransiek-*Rönnau*, Wirtschaftsstrafrecht, 3. Teil 2. Kapitel Rn. 82; *Ulbricht*, § 299 StGB, S. 54 ff.: Einbeziehung lediglich *de lege ferenda* möglich; NK-*Dannecker*, § 299 Rn. 27a; LK-*Tiedemann*, § 299 Rn. 10; *Zöller*, GA 2009, 137, 148.

1288 Freiberufler sind bereits *de lege lata* im Tatbestandsmerkmal „gewerbliche Leistungen" erfasst, siehe oben, in: Kapitel 3 § 2 I. 7.

1289 Beispielhaft für viele: NK-*Dannecker*, § 299 Rn. 117.

1290 Achenbach/Ransiek-*Rönnau*, Wirtschaftsstrafrecht, 3. Teil 2. Kapitel Rn. 82; *Pragal*, Korruption, S. 197; *Wollschläger*, Täterkreis, S. 91 ff.; *Peinemann*, GmbH, S. 137 f.; a.A. *Ulbricht*, § 299 StGB, S. 54 ff.; NK-*Dannecker*, § 299 Rn. 27a; LK-*Tiedemann*, § 299 Rn. 10; *Tiedemann*, FS Lampe, S. 759, 763.

1291 So auch: *Pragal*, Korruption, S. 197; *Peinemann*, GmbH, S. 137 f.; a.A.: *Lampe*, FS Tiedemann, S. 759, 762 ff.; *Bürger*, wistra 2003, 130, 134 f.

1292 So erstmals richtig erkannt in: *Pragal*, Korruption, S. 197.

II. Strafbarkeit von durch Korruption verfälschten Beratungsleistungen nach § 299 Abs. 1 StGB de lege ferenda – Privatperson als Prinzipal

Es stellt sich im Zusammenhang mit Beratungsleistungen die Frage, ob das Tatbestandsmerkmal „geschäftlicher Betrieb" durch den Passus „Angestellter oder Beauftragter eines Anderen"[1293] ausgetauscht werden sollte, sodass *de lege ferenda* Privatpersonen als Prinzipale i.S.d. § 299 StGB erfasst werden könnten.[1294] Sollte in § 299 StGB die Textierung „Angestellter oder Beauftragter eines Anderen" implementiert werden, hätte sie nicht nur Auswirkungen auf Beratungsleistungen sondern auch auf „normale" Austauschverträge, weswegen der Effekt einer solchen Implementierung auf beide Arten von Verträgen zu überprüfen ist.

1. Austauschverträge – Privatperson als Prinzipal

Von einer solchen Textierung wären mithin Konstellationen erfasst, wie beispielsweise das vielzitierte „Dienstmädchen, das sich vom Kolonialwarenhändler bestechen läßt", und nach der von *Wassermann* vertretenen Ansicht auf der Passivseite eine genauso strafwürdige Situation der Privatwirtschaft, wie jene des Angestellten eines geschäftlichen Betriebes, darstelle.[1295] Dieser Einschätzung ist zu widersprechen, da Gründe existieren, die für eine unterschiedliche strafrechtliche Bewertung der Situationen streiten.[1296] Die Strafrechtsliteratur führt Argumente, wie die Ermangelung kriminalpolitischen Bedürfnisses für die Einbeziehung von Privaten als potentiellen Prinzipalen an,[1297] sowie das Argument, dass Verbraucher bereits ausreichend über §§ 263, 266 StGB geschützt seien.[1298] Diese eher als schwach zu bewertenden Argumente verschleiern jedoch den Blick auf die tatsächliche Begründung der fehlenden Strafbedürftigkeit von Privatpersonen als Prinzipalen im Rahmen normaler Austauschverträge. Hierzu bedarf es eines Rekurses auf den Ursprung der Vorschrift. Da § 299 StGB ursprünglich eine Wettbewerbsschutznorm des UWG war und zur

1293 *Pragal*, Korruption, S. 196; *Erb*, FS Geppert, S. 97, 111.

1294 Für eine Erfassung von Privatpersonen: *Baumbach/Hefermehl*, UWG, Vor § 12 Rn. 1; *Wassermann*, GRUR 1931, 549, 552; *Lampe*, Tagungsbericht, S. 77 ff., 106; *Tiedemann*, FS Lampe, S. 759, 762 ff.: Nichteinbeziehung ist „rechtspolitisch zweifelhaft"; *Ulbricht*, § 299 StGB, S. 59 f.; *Szebrowski*, Kick-Back, S. 182 f.

1295 *Wassermann*, GRUR 1931, 549, 552; so auch: *Ulbricht*, § 299 StGB, S. 59 f.

1296 So richtig: *Lampe*, Tagungsberichte, S. 24.

1297 Achenbach/Ransiek-*Rönnau*, Wirtschaftsstrafrecht, 3. Teil 2. Kapitel Rn. 83; *Lampe*, Tagungsberichte, S. 29; *Walther*, Bestechlichkeit und Bestechung, S. 75.

1298 *Sprafke*, Korruption, S. 127.

Auslegung des Tatbestandes noch immer dessen Regelungen herangezogen werden, ist es auch weiterhin nach § 2 Abs. 1 Nr. 1 UWG für alle Normen des Lauterkeitsrechts, wie auch für § 299 StGB erforderlich, dass ein „Handeln im geschäftlichen Verkehr“[1299] erfolgt. An einem solchen fehlt es, wenn eine natürliche Person nicht als Unternehmer, sondern als Verbraucher aus privatem Eigeninteresse agiert.[1300] Das Lauterkeitsrecht und der damit einhergehende Wettbewerbsschutz finden folglich keine Anwendung auf Konstellationen, die sich außerhalb „geschäftlicher Handlungen“ bewegen.[1301] Hierfür spricht auch, dass es dem Dienstmädchen in dem oben erwähnten Beispiel an einer Wettbewerbsabsicht fehlt.[1302] Die Einbeziehung Privater in den Kreis potentieller Prinzipale widerspricht daher dem Schutzzweck der Vorschrift des § 299 StGB; denn § 299 StGB schützt den lauteren Wettbewerb sowie die damit einhergehende unternehmerische Vertragsfreiheit als Ausfluss der Privatautonomie des Prinzipals, die explizit keinen Schutz zugunsten des rein privaten Verhaltens von Verbrauchern entfaltet.

Überdies führte die Pönalisierung von „Beauftragten von Privatpersonen“ zu Friktionen mit den verfassungsrechtlich verankerten Unternehmerrechten, da die Möglichkeit des Betriebsinhabers, eigene Interessen im Rahmen einer Beauftragung zu verfolgen, vollumfänglich unterbunden würde.[1303] Die der Selbstständigkeit inhärente eigene Interessensverfolgung wäre folglich nach § 299 StGB im Falle der Beauftragung eines Betriebsinhabers immer zu bestrafen. Dies entspricht nicht dem Verständnis der Norm, welche die Freiheitssphären der Beteiligten maximieren und nicht minimieren will. Der Unternehmer soll als Ausfluss der in Art. 2 Abs. 1 GG verankerten Privatautonomie folglich die Möglichkeit haben, eigene Interessen im Rahmen eines Austauschvertrages zu verfolgen, sofern keine gesetzlichen oder vertraglichen Vorschriften existieren, die eine solche Interessenswahrnehmung explizit verbieten. Die Erweiterung des Kreises potentieller Prinzipale auf Privatpersonen führte letztlich auch zu Widersprüchen mit der zuvor geschilderten Argumentation im Problemkreis der seitens der Literatur geforderten Strafbarkeit des Prinzipals nach § 299 Abs. 1 StGB *de lege ferenda*. Die Ausnahme des Prinzipals aus dem Täterkreis ist auf

---

1299 Zur geschäftlichen Handlung: Köhler/Bornkamm-*Köhler*, UWG, § 2 Rn. 3; Piper/Ohly/Sosnitza-*Sosnitza*, UWG, § 2 Rn. 7.

1300 Köhler/Bornkamm-*Köhler*, UWG, § 2 Rn. 18.

1301 Harte-Bavendamm/Henning-Bodewig-*Keller*, UWG, § 2 Rn. 48.

1302 Zur Wettbewerbsabsicht: Piper/Ohly/Sosnitza-*Sosnitza*, UWG, § 2 Rn. 26; So auch: *Wollschläger*, Täterkreis, S. 121; *Lampe*, Tagungsberichte, S. 24.

1303 So – mit anderer Begründung – auch: *Wollschläger*, Täterkreis, S. 122.

die Schutzbedürftigkeit der unternehmerischen Vertragsfreiheit zurückzuführen, die bei Erweiterung des Beauftragtenkreises für sämtliche für eine Privatperson tätigen Betriebsinhaber eklatant beschnitten wäre. Die Implementierung des Terminus „Angestellter oder Beauftragter eines Anderen“[1304] ist mithin aufgrund der damit einhergehenden Erfassung normaler Austauschverträge und den hierdurch entstehenden Friktionen mit dem Rechtsgut der Norm sowie grundgesetzlich verankerten Unternehmerrechten im Ergebnis nicht zu befürworten.

2. Beratungsverträge – Privatperson als Prinzipal

Gleichwohl bleibt die strafrechtliche Erfassung von Konstellationen, in denen der korrumpierte Betriebsinhaber beratend für eine Privatperson tätig wird, erwägenswert.[1305] Ohne auf die Formulierung „Angestellter oder Beauftragter eines Anderen“ zu rekurrieren, wäre dies tatbestandlich allgemein durch die Einführung beispielsweise eines neuen Tatbestandes „§ 299a StGB“ möglich, der sich mit der Bestechlichkeit und Bestechung von Beratungsbetrieben befasste.[1306] In dieser Situation ist, wie bereits erörtert, der Betriebsinhaber als Beauftragter i.S.d. § 299 StGB tätig. Sollte die zu beratende Person ein geschäftlicher Betrieb sein, sind diese Fälle – unter Vorliegen bestimmter, weiterer Voraussetzungen[1307] – bereits *de lege lata* unter § 299 StGB zu subsumieren. Etwas anderes ergibt sich in Konstellationen, in denen der Prinzipal eine Privatperson ist. In der strafrechtlichen Literatur sind mehrere Sonderstraftatbestandsmodelle zur Erfassung dieser Sachverhalte vorgeschlagen worden.[1308] Überdies sah auch der Alternativ-Entwurf des StGB aus dem Jahr 1977 zu den Straftaten gegen die Wirtschaft in § 176 Abs. 1 Nr. 1 AE-StGB vor, dass der Inhaber eines geschäftlichen Betriebes strafbar sei, „dessen Aufgabe nach der Verkehrsanschauung in der Erteilung von Auskunft, Rat oder Empfehlung [gegenüber seinen Kunden]

1304 *Pragal*, Korruption, S. 196; *Erb*, FS Geppert, S. 97, 111.

1305 So auch: Achenbach/Ransiek-*Rönnau*, Wirtschaftsstrafrecht, 3. Teil 2. Kapitel Rn. 83; *Erb*, FS Geppert, S. 97, 108 ff.; *Wollschläger*, Täterkreis, S. 125 ff.; *Lampe*, Tagungsberichte, S. 76 ff.; *Pragal*, Korruption, S. 195 ff.

1306 Siehe zu einem solchen Tatbestand den Vorschlag in: *Lampe*, Tagungsberichte, S. 106.

1307 Siehe oben, in: Kapitel 2 § 4 IV. 3. d) bb).

1308 *Lampe*, Tagungsberichte, S. 106: Bestechung von Beratungsbetrieben; sich dem Vorschlag anschließend: *Tiedemann*, FS Lampe, S. 759, 763; *Pragal*, Korruption, S. 194 ff.

besteht".[1309] Den Vorschlägen zu Sonderstraftatbeständen ist allerdings insgesamt gemein, dass sie auf Beratungs- bzw. Aufklärungskonstellationen abstellen, ohne diese in Bezug auf die Art der Beratung näher zu spezifizieren, sodass jede Beratung im Fachgeschäft, bei der der Berater heimlich Provisionen vom vermittelten Produzenten bezöge, grundsätzlich als tatbestandsmäßig einzustufen wäre. Wie bereits im zweiten Kapitel der Untersuchung beschrieben, existieren jedoch keine generellen Erwartungen der zu beratenden Kunden dahingehend, dass eine Beratungsleistung nicht von der Aussicht auf eine Umsatzprämie oder einen sonstigen geldwerten Vorteil abhängig gemacht wird.[1310] Diese Feststellung korrespondiert mit der Erkenntnis, dass es andernfalls zu nicht hinnehmbaren Einschränkungen der unternehmerischen Vertragsfreiheit käme, sollte der Betriebsinhaber seine Beratungsleistungen – in gleich welcher Beratungssituation – nicht an entsprechenden Rückvergütungen oder sonstigen Provisionen der zur Beratung stehenden Produkte der Produzenten ausrichten können.[1311] Lediglich im Falle der vertraglich als Hauptpflicht ausgestalteten Interessenbindung zugunsten des zu Beratenden oder eines gesetzlich angeordneten, einseitigen Interessenvertretungsgebots zugunsten des zu Beratenden, ist es, wie bereits im zweiten Kapitel der Untersuchung geschildert, vertretbar, dass die Beratung ausschließlich am Interesse des Kunden auszurichten ist.[1312] Diese Einschränkung müsste sich folglich auch im Rahmen eines Sonderstraftatbestandes „Bestechung von Beratungsbetrieben" wiederfinden, um zu grundsätzlich kohärenten Lösungen mit der *lex lata* des zivil- und strafrechtlichen Wettbewerbsrechts zu gelangen. Gleichwohl wird auch diese Lösung als nicht in Einklang mit dem verfassungsrechtlichen Bestimmtheitsgebot des Art. 103 Abs. 2 GG angesehen.[1313] Die Vertreter dieser Ansicht argumentieren, dass es auch im Bereich der Beratungsleistungen aufgrund der „nahezu unendlichen Möglichkeiten" der Ausgestaltung von Rückvergütungen seitens des Produzenten nicht möglich sei, noch tolerierbares Verhalten von sozialschädlichem Verhalten abzugrenzen.[1314] Insoweit ist jedoch *Höltkemeier* zuzugeben, dass dieses Argument in der Gesamtschau nicht zu überzeugen vermag, da eine Komplexität in der Abgrenzung

---

1309 *Lampe/Lenckner/Stree/Tiedemann/Weber*, AE, § 176 S. 34.

1310 Siehe oben, in: Kapitel 2 § 4 IV. 3. d) bb) (2).

1311 So auch: *Wollschläger*, Täterkreis, S. 128.

1312 *Lampe/Lenckner/Stree/Tiedemann/Weber*, AE, § 176 S. 37: spricht von Beratung als „Hauptleistung" des Wirtschaftsbetriebes.

1313 *Erb*, FS Geppert, S. 97, 107; NK-*Dannecker*, § 299 Rn. 27a; *Heine*, ZBJV 138 (2002), 533, 543; *Pragal*, Korruption, S. 143 f.

1314 *Erb*, FS Geppert, S. 97, 107; NK-*Dannecker*, § 299 Rn. 27a.

von Verhaltensweisen kein Argument gegen eine Pönalisierung grundsätzlich strafwürdiger Verhaltensweisen sein könne.[1315] Sehr viel stichhaltiger gegen eine allgemeine Pönalisierung von korrupten Beratungsleistungen gegenüber einer Privatperson ist hingegen die Überlegung, dass § 299 StGB keinen Individualschutzgedanken, abweichend von der unternehmerischen Vertragsfreiheit des Prinzipals als Ausprägung des lauteren Wettbewerbs, enthält.[1316] Diese Erkenntnis ist auch insoweit für eine Fassung der Norm *de lege ferenda* zwingend, als andernfalls die individualschützenden, in ihrer tatbestandlichen Voraussetzung restriktiveren §§ 263, 266 StGB unterlaufen würden. Bei Beratungen seitens eines Betriebsinhabers zugunsten einer Privatperson ist der Betriebsinhaber oftmals bereits nach § 263 StGB oder § 266 StGB zu bestrafen, sodass kein kriminalpolitisches Bedürfnis für eine Erweiterung des § 299 StGB auf Privatpersonen als potentielle Prinzipale besteht.[1317]

Etwas anderes gilt in den wenigen bislang straflosen Spezialkonstellationen, wie beispielsweise jener des Pharma-Marketings, bei denen *de lege lata* eine Strafbarkeitslücke vorliegt.[1318] Wie im dritten Kapitel der Untersuchung eruiert, handelt es sich beim Pharma-Marketing um eine klassische Vierpersonenkonstellation, in der durch Korruption verfälschte Beratungsleistungen eines Arztes gegenüber einer Privatperson erfolgen. Während der Amts- oder Klinikarzt in diesen Konstellationen bereits *de lege lata* nach §§ 331 ff. StGB strafbar ist, bleibt der niedergelassene Vertragsarzt insbesondere nach § 299 StGB straflos. Anknüpfungspunkt für die Strafbarkeit ist in beiden Fällen jedoch ein jeweils anderer, was letztlich eine unterschiedliche strafrechtliche Bewertung rechtfertigt. Während bei §§ 331 ff. StGB bereits jedwede, wenn auch noch so geringe einseitige Zuwendung strafbarkeitsbegründend ist, erlaubt § 299 StGB grundsätzlich kleinere Gelegenheitsgeschenke ohne Gegenleistungscharakter. Der Anknüpfungspunkt für den Schuldvorwurf gegenüber dem Arzt liegt zeitlich später, in der sich anschließenden, durch Korruption verfälschten Beratungsleistung des Vertragsarztes gegenüber seinem Patienten. Diese ist jedoch, wie bereits ausgeführt, nicht durch § 299 StGB gedeckt, da der Verbraucher kein Schutzobjekt der Vorschrift ist. Sollte man den Patienten als Prinzipal begreifen, wäre überdies kein Bezug zum Wettbewerb gegeben, da die Bevorzugung des Vorteilsgebers und die Beratungsleistung gegenüber dem Patienten zwei unterschiedliche Anknüpfungspunkte für den Schuldvorwurf darstellen. Soweit die

---

1315 *Höltkemeier*, Sponsoring, S. 170.

1316 Siehe oben, in: Kapitel 2 § 4 II.

1317 *Erb*, FS Geppert, S. 97, 109; *Wollschläger*, Täterkreis, S. 130.

1318 Siehe oben, in: Kapitel 3 § 1 V. 3. und 4.

Verschreibung medizinisch indiziert ist, liegt der Schuldvorwurf nicht in der Annahme des Vorteils durch einen Pharmareferenten und es liegt auch keine Beeinträchtigung des Schutzgutes durch die Bevorzugung des speziellen Pharmazeutikums vor, die in Bezug zur Vertragsfreiheit des Patienten stünde. Der Schuldvorwurf im Hinblick auf den Patienten liegt vielmehr allein in der durch Korruption bedingten Beratungsleistung des Vertragsarztes. Jener liegt ein gänzlich anderes Schutzgut – „die Lauterkeit der medizinischen Versorgung und das Vertrauen der Allgemeinheit in die Lauterkeit der ärztlichen Tätigkeit“[1319] – als den §§ 299 ff. StGB zugrunde.

Zur Erfassung dieser strafwürdigen,[1320] bislang straflosen Spezialkonstellationen eignet sich auch kein allgemeiner Straftatbestand zur Erfassung korrumpierter Beratungsleistungen zulasten von Privatpersonen als Prinzipalen, da ansonsten die im Übrigen einschlägigen §§ 263, 266 StGB unterlaufen würden. Es ist vielmehr entsprechend des von *Wollschläger* formulierten Vorschlages ein sog. *„sektorales Modell“*[1321] für besonders strafwürdige Beratungskonstellationen vorzuziehen, denen wie im Bereich des Pharma-Marketings nicht der „lautere Wettbewerb“ als schützenswertes Rechtsgut, sondern beispielsweise „die Lauterkeit der medizinischen Versorgung und das Vertrauen der Allgemeinheit in die Lauterkeit der ärztlichen Tätigkeit“[1322] zugrunde liegen. Richtigerweise muss die Lösung besonders schutzwürdiger Beratungskonstellationen daher keine strafrechtliche sein, sondern kann sich beispielsweise im Ordnungswidrigkeitenrecht oder in zivil- oder verwaltungsrechtlichen Vorschriften wiederfinden. Einzig dieses Ergebnis ist überdies als mit der *ultima ratio*-Funktion des Strafrechts vereinbar anzusehen.[1323]

III. Ergebnis zur Forderung der Einführung einer Strafbarkeit von Prinzipalen und der Erfassung von durch Korruption verfälschten Beratungsleistungen de lege ferenda

Die Einbeziehung des Prinzipals in den Täter- und potentiellen Zuwendungsempfängerkreis des § 299 StGB ist weder in der geltenden Fassung des § 299 StGB noch in einer zukünftigen Fassung der Norm tatsächlich geboten, da

---

1319 *Dannecker*, ZRP 2013, 37, 41.

1320 Zur Strafwürdigkeit des Pharma-Marketings: BGH NJW 2012, 2530, 2535 a.E.

1321 *Wollschläger*, Täterkreis, S. 128 ff.

1322 *Dannecker*, ZRP 2013, 37, 41.

1323 *Lampe*, FS Stree/Wessels, S. 449, 465; *Wollschläger*, Täterkreis, S. 132: Beispiel § 7 Abs. 1 HWG.

korruptes Handeln des Prinzipals im Rahmen normaler Austauschverträge nicht möglich ist. Die Implementierung des Terminus „Angestellter oder Beauftragter eines Anderen“ ist aufgrund der Erstreckung auf normale Austauschverträge prinzipiell abzulehnen. Die Einführung eines allgemeinen Tatbestandes im Rahmen der §§ 299 ff. StGB zur Erfassung korrumpierter Beratungsleistungen zulasten von Privatpersonen als Prinzipalen widerspricht der wettbewerbsrechtlichen Schutzrichtung der §§ 299 ff. StGB und unterliefe die restriktiveren Voraussetzungen der §§ 263, 266 StGB. Beratungskonstellationen sind daher im Falle ihrer Strafwürdig- und Strafbedürftigkeit einzig in Sondertatbeständen, die sich speziell mit der Beratungskonstellation und ihrem jeweiligen Strafbedürfnis auseinandersetzen, entsprechend der Ergebnisse zum Pharma-Marketing aus dem dritten Kapitel der Untersuchung, zu erfassen. Es besteht daher im Ergebnis in Bezug auf § 299 StGB im Hinblick auf beide angesprochenen Problemkreise im Dunstkreis des Terminus „Prinzipal“ kein Reformbedarf.

5. Kapitel: Zusammenfassung der Ergebnisse und Regelungsvorschlag

Das Wesensmerkmal der strafrechtlichen Wirtschaftskorruption ist die durch Zuwendung eines Vorteils begründete Exspektanz einer begünstigenden Entscheidung eines Entscheidungsträgers unter Begehung eines Regelverstoßes im Rahmen einer Dreipersonenkonstellation. Die Dreipersonenkonstellation ist definitorisch nicht auf den Anstellungsbetrieb festgelegt, sondern vielmehr flexibel auf alle internen oder externen Personen, die nicht privat, sondern wirtschaftlich agieren, anwendbar. In abstrakten Termini ausgedrückt, müssen ein Vorteilsgeber, ein Entscheidungsträger und ein Prinzipal existieren, um die tatbestandlichen Voraussetzungen des § 299 StGB zu erfüllen. Diese Erkenntnis resultiert aus dem zweistufigen Rechtsgut der Norm, das sich im „lauteren Wettbewerb in Ausprägung der Wahrung der abgeleiteten Vertragsfreiheit des Prinzipals" manifestiert. Dieses mehrstufige Rechtsgut ist vornehmlich überindividuell mit einer individuellen Schutzkomponente in Form der Vertragsfreiheit des Prinzipals ausgestaltet. Bereits eine singuläre Verwirklichung des Tatbestandes führt zur Gefährdung der genuin zu wahrenden Vertragsfreiheit des Prinzipals und stellt somit das notwendige Bindeglied zur Gefährdung der Institution „Wettbewerb" dar. Das Rechtsgut erwächst aus der Tatsache, dass § 299 StGB wettbewerbsrechtlich korrupte Dreipersonenverhältnisse gemäß der Termini „Prinzipal-Entscheidungsträger-Vorteilsgeber" pönalisiert. Im Rahmen einer legalen Zweipersonen-Wettbewerbsverquickung „Prinzipal-Vorteilsgeber" ist es dem Prinzipal gestattet, seine Bezugsentscheidung an Vorteilen auszurichten, da die Freiheit der unternehmerischen Einzelentscheidung im Markt im Rahmen eines marktwirtschaftlichen Wirtschaftssystems nicht angetastet werden darf. Dem Angestellten oder Beauftragten ist dies im Gegensatz zum Prinzipal jedoch verwehrt, was aus seiner Stellung als neuem, dritten Entscheidungsträger innerhalb der grundsätzlich legalen Zweipersonen-Wettbewerbsverquickung resultiert. Sofern sich der Angestellte außerhalb der vom Prinzipal vorgegebenen Vertragsfreiheit, die insbesondere die Wahl des Vertragspartners sowie den Abschluss und die Gestaltung des Vertrages umfasst, aufgrund der Vorteilszuwendung eines Wettbewerbers bewegt, handelt er mithin korrupt. § 301 Abs. 2, 1. Alt. StGB ist in Korrelation zum neuen Rechtsgut des § 299 StGB daher so auszulegen, dass lediglich der Prinzipal als „Verletzter" in Betracht kommt.

Aus der Neuformulierung des Rechtsgutes für § 299 StGB ergeben sich vornehmlich im Bereich der Drittvorteilskonstellationen neue Lösungswege: Der

Prinzipal scheidet als Drittvorteilsempfänger i.R.d. § 299 StGB aufgrund einer teleologischen Reduktion des Tatbestandsmerkmals „Dritter“ gemäß des neuen Rechtsguts der Wahrung der Vertragsfreiheit des Prinzipals aus. Für Sonderkonstellationen, wie jene der Drittvorteile, die dem Prinzipal zwar nicht selbst zugutekommen, von diesem jedoch gebilligt sind, ergibt sich eine ähnliche Entschärfung der Problematik: Die mit Zustimmung des Prinzipals erfolgenden Vorteile an Dritte können nicht vom Tatbestand des § 299 StGB erfasst sein, da sich sowohl in dieser Variante als auch in der Variante des Prinzipals als Drittvorteilsempfänger die verfassungsrechtlich geschützte Vertragsfreiheit des Prinzipals erneut Bahn bricht. Dieses Ergebnis ist weder über eine Einwilligung noch über ein Einverständnis zu konstruieren, sondern folgt aus der teleologischen Reduktion des Tatbestandes.

Innovationen erbrachte überdies die Betrachtung sog. *Vierpersonenkonstellationen*, dem Vorliegen mehrerer zur Verfügung stehender Betriebsinhaber insbesondere im Rahmen von Beratungsleistungen. Sowohl der Betriebsinhaber als auch der abhängig Beschäftigte können für einen externen geschäftlichen Betrieb als Beauftragte i.S.d. § 299 StGB agieren. Die Kriterien, die für die Annahme einer solchen Beauftragung erfüllt sein müssen, sind die ausschließliche Bindung an die Interessen lediglich eines Prinzipals, die sich allein aus hauptvertraglich vereinbarten oder gesetzlich angeordneten, einseitigen Interessensvertretungsgeboten ergeben können. Eine derartige Vierpersonenkonstellation lag der Entscheidung des Großen Senats für Strafsachen aus dem Jahr 2012 zugrunde, die sich mit der Strafbarkeit des korrupten niedergelassenen Vertragsarztes als Beauftragtem der gesetzlichen Krankenkasse nach § 299 Abs. 1 StGB beschäftigte. Der niedergelassene Vertragsarzt agiert allerdings weder im ausschließlichen Interesse der gesetzlichen Krankenkasse, noch im ausschließlichen Interesse des Patienten, sodass der BGH – mit differierender rechtlicher Begründung – zum richtigen Ergebnis des Nichtvorliegens einer Strafbarkeit gemäß § 299 Abs. 1 StGB kam. Sämtliche von der Politik und der Ärzteschaft empfohlenen Neuimplementierungsvorschläge in Bezug auf eine Strafbarkeit des Pharma-Marketings orientieren sich gleichwohl fälschlicherweise an der Textierung des § 299 StGB, die jedoch aufgrund des wettbewerbsrechtlichen Charakters der Norm sowie ihres lediglich auf den unternehmerischen Prinzipal beschränkten Individualschutzcharakters nicht auf das Pharma-Marketing anwendbar ist. Erfolg verspricht daher entweder eine von § 299 StGB losgelöste Normierung in einem möglichen „§ 356a StGB“ oder eine der *ultima-ratio* Funktion des Strafrechts am ehesten entsprechende Lösung des Ausbaus bestehender berufs- und standesrechtlicher Sanktionen.

Eine weitere Problematik liegt in der praktischen Zuordnung der Tatbestandsmerkmale des „Angestellten“ und „Beauftragten“ eines „geschäftlichen

Betriebes“ auf Kapital- und Personengesellschaften begründet. Während Rechtsprechung und Literatur diese Zuordnung vornehmlich über die Bestimmung des Entscheidungsträgers treffen und den Prinzipal nicht benennen, ist dogmatischen Grundsätzen folgend zuvorderst der Prinzipal zu bestimmen, an dem sich der Entscheidungsträger orientieren muss. Die klassische Situation des Einzelunternehmers in der Rolle des Prinzipals im Rahmen „normaler“ Austauschverhältnisse entspricht nicht der wirtschaftlichen Realität der gesellschaftsrechtlichen Ausgestaltung von Unternehmen. Der Prinzipal ist bei Kapitalgesellschaften nicht mit der juristischen Person gleichzusetzen. Die zur Vermögensinhaberschaft im Rahmen des § 266 StGB formulierten Grundsätze der Rechtsprechung können aufgrund des unterschiedlichen Rechtsgutes der Norm nicht auf § 299 StGB übertragen werden, weswegen eine primär zivilrechtsakzessorische Bestimmung nicht zielführend ist. Prinzipal i.S.d. § 299 StGB ist vielmehr das Organ des Unternehmens, das innerhalb eines geschäftlichen Betriebes oder Unternehmens weisungsunabhängig das oberste Willensbildungsorgan darstellt. Hierdurch kommt es zu divergierenden Ergebnissen im Bereich der Anwendung dieser Definition auf Organe der Kapital- und Personengesellschaften: Für normale Austauschverhältnisse im Bereich der Kapitalgesellschaften gilt, dass bei der GmbH die Gesellschafterversammlung als Prinzipal agiert, wohingegen bei der Aktiengesellschaft grundsätzlich der Vorstand, im Fall des § 119 Abs. 2 AktG die Hauptversammlung als Prinzipal i.S.d. § 299 StGB anzusehen ist. Überdies sind sowohl der geschäftsführende Alleingesellschafter der Einmann-GmbH, als auch der Alleinaktionärsvorstand der Einpersonen-AG als straflose Prinzipale i.S.d. § 299 StGB zu qualifizieren.[1324] Im Bereich der Personengesellschaften erfolgt die Zuordnung des Begriffs „Prinzipal“ anhand der konkreten Organisationsverfassung der jeweiligen Personengesellschaft, sodass dasjenige Willensbildungsorgan, das abschließend und weisungsunabhängig über die nach § 299 StGB zu treffenden Bezugsentscheidungen entschließt, als Prinzipal i.S.d. § 299 StGB zu qualifizieren ist.[1325] Im Ergebnis variiert die Tätertauglichkeit von Organen, Gesellschaftern und Mitgliedern der Kapital- und Personengesellschaften nach § 299 Abs. 1 StGB je nach gesellschaftsrechtlicher Ausgestaltung und Organisationsverfassung der Gesellschaft und daraus folgender Zuordnung des Prinzipals. Dies führt jedoch zu keinen willkürlichen Ergebnissen innerhalb der Strafbarkeit, sondern spiegelt die dem

1324 Zu den Ergebnissen in Bezug auf andere Kapitalgesellschaften siehe, in: Kapitel 4 § 2.

1325 Zur Einordnung der Organe von verschiedenen Personengesellschaften siehe, in: Kapitel 4 § 3.

Gesellschaftsrecht immanente Vielfalt der Organisationsstruktur im Strafrecht wider.

Was den Ausblick auf die künftige Gestaltung der strafrechtlichen Wirtschaftskorruption betrifft, ist im Ergebnis weder eine mögliche Erfassung des Prinzipals im Täterkreis des § 299 Abs. 1 StGB oder im Kreis potentieller Zuwendungsempfänger des § 299 Abs. 2 StGB *de lege ferenda* geboten, noch sind Beratungsleistungen zugunsten von Privatpersonen i.R.d. §§ 299 ff. StGB strafrechtlich zu erfassen.

Aus den Ausführungen ergeben sich folgende Änderungen in Bezug auf die Textierung der §§ 299, 11 StGB:

§ 299 StGB Bestechlichkeit und Bestechung im geschäftlichen Verkehr

(1) Wer als Angestellter oder Beauftragter eines ***Prinzipals*** *im geschäftlichen Verkehr* ***gegen den Willen des Prinzipals*** *einen Vorteil für sich oder einen Dritten als Gegenleistung dafür fordert, sich versprechen läßt oder annimmt, daß er einen anderen bei dem Bezug von Waren oder* ***Dienstleistungen*** *im Wettbewerb in unlauterer Weise bevorzuge, wird mit Freiheitsstrafe bis zu drei Jahren oder mit Geldstrafe bestraft.*

(2) Ebenso wird bestraft, wer im geschäftlichen Verkehr zu Zwecken des Wettbewerbs einem Angestellten oder Beauftragten eines ***Prinzipals gegen den Willen des Prinzipals*** *einen Vorteil für* ***den Angestellten oder Beauftragten*** *oder einen Dritten als Gegenleistung dafür anbietet, verspricht oder gewährt, daß er ihn oder einen anderen bei dem Bezug von Waren oder* ***Dienstleistungen*** *in unlauterer Weise bevorzuge.*

(3) Die Absätze 1 und 2 gelten auch für Handlungen im ausländischen Wettbewerb.

§ 11 Personen- und Sachbegriffe

(1) Im Sinne dieses Gesetzes ist:

10. Prinzipal:

wer innerhalb eines geschäftlichen Betriebes oder Unternehmens das weisungsunabhängige, oberste Willensbildungsorgan bekleidet.

Literaturverzeichnis

ACHENBACH, Matthias: Strafrechtlicher Schutz des Wettbewerbs: Ein Nachweis normativer Fehlregulierung des Marktes, in: KritV 2009, S. 296 ff. [zitiert: *Achenbach*, KritV 2009].

ACHENBACH, Hans/RANSIEK, Andreas: Handbuch Wirtschaftsstrafrecht, 3. Auflage, München 2012 [zitiert: Achenbach/Ransiek-*Bearbeiter*, Wirtschaftsstrafrecht].

ALTENBURG, Johannes: Die Unlauterkeit in § 299 StGB. Ein Beitrag zur Harmonisierung von Strafrecht und Wettbewerbsrecht, Hamburg, Bucerius Law School, Diss., Frankfurt am Main 2012 [zitiert: *Altenburg*, Unlauterkeit].

AMELUNG, Knut: Rechtsgüterschutz und Schutz der Gesellschaft, Göttingen, Univ., Diss., Frankfurt am Main 1972 [zitiert: *Amelung*, Rechtsgüterschutz].

ANDROULAKIS, Ioannis N.: Die Globalisierung der Korruptionsbekämpfung. Eine Untersuchung zur Entstehung, zum Inhalt und zu den Auswirkungen des internationalen Korruptionsstrafrechts unter Berücksichtigung der sozialökonomischen Hintergründe, 1. Auflage, Baden-Baden 2007 [zitiert: *Androulakis*, Globalisierung der Korruptionsbekämpfung].

ANDROULAKIS, Nikolaos K.: Abschied vom Rechtsgut – Einzug der Moralität? Das „Entrüstungsprinzip" (zu der Entscheidung BVerfGE 120, 224), in: Herzog, Felix u.a. (Hrsg.), Festschrift für Winfried Hassemer zum 70. Geburtstag am 17. Februar 2010, Heidelberg, München 2010, S. 271 ff. [zitiert: *Androulakis*, FS Hassemer].

ARLOTH, Frank: Zur Abgrenzung von Untreue und Bankrott bei der GmbH, in: NStZ 1990, S. 570 ff. [zitiert: *Arloth*, NStZ 1990].

ARZT, Gunther: Filz statt Kriminalität, in: Albrecht, Hans-Jörg u.a. (Hrsg.), Internationale Perspektiven in Kriminologie und Strafrecht. Festschrift für Günther Kaiser zum 70. Geburtstag, Erster Halbband, Berlin 1998, S. 495 ff. [zitiert: *Arzt*, FS Kaiser].

–,/ WEBER, Ulrich/HEINRICH, Bernd/HILGENDORF, Eric: Strafrecht Besonderer Teil. Lehrbuch, 2. Auflage, Bielefeld 2009 [zitiert: Arzt/Weber-*Bearbeiter*, BT].

BACHMANN, Gregor: Die Einmann-AG, in: NZG 2001, S. 961 ff. [zitiert: *Bachmann*, NZG 2001].

BANNENBERG, Britta: Korruption in Deutschland und ihre strafrechtliche Kontrolle: eine kriminologisch-strafrechtliche Analyse, Neuwied, Kriftel 2002 [zitiert: *Bannenberg*, Korruption].

–,/ Schaupensteiner, Wolfgang: Korruption in Deutschland. Portrait einer Wachstumsbranche, 3. Auflage, München 2007 [zitiert: *Bannenberg/Schaupensteiner*, Korruption].

Bauchrowitz, Wolfgang: Der immaterielle Vorteilsbegriff der Bestechungsdelikte im StGB, Kiel, Univ., Diss., Frankfurt am Main 1988 [zitiert: *Bauchrowitz*, Vorteilsbegriff].

Baumann, Jürgen/Brauneck, Anne-Eva/Kaufmann, Arthur u.a.: Alternativ-Entwurf eines Strafgesetzbuches. Allgemeiner Teil, 2. Auflage, Tübingen 1966 [zitiert: *Baumann/Brauneck/Kaufmann*, AE].

Baumbach, Adolf/Hefermehl, Wolfgang: Wettbewerbsrecht. Gesetz gegen den unlauteren Wettbewerb, Zugabeverordnung, Rabattgesetz und Nebengesetz, 19. Auflage, München 1996 [zitiert: *Baumbach/Hefermehl*, UWG].

–,/ Hueck, Alfred: GmbHG. Gesetz betreffend die Gesellschaften mit beschränkter Haftung, 20. Auflage, München 2013 [zitiert: Baumbach/Hueck-*Bearbeiter*, GmbHG].

Beck, Lotte/Nagel, Volker: Korruption aus ökonomischer Perspektive, in: Graeff, Peter/Grieger, Jürgen (Hrsg.), Was ist Korruption? Begriffe, Grundlagen und Perspektiven gesellschaftswissenschaftlicher Korruptionsforschung, 1. Auflage, Baden-Baden 2012, S. 31 ff. [zitiert: *Beck/Nagel*, Ökonomische Perspektive].

Beck'scher Online-Kommentar BGB: Bamberger, Heinz Georg/Roth, Herbert (Hrsg.), Stand: 01.08.2014, Edition: 32, München 2014 [zitiert: BeckOK-*Bearbeiter*, BGB].

Beck'scher Online-Kommentar GG: Epping, Volker/Hillgruber, Christian (Hrsg.), Stand: 01.09.2014, Edition: 22, München 2014 [zitiert: BeckOK-*Bearbeiter*, GG].

Beck'scher Online-Kommentar GmbHG: Ziemons, Hildegard/Jaeger, Carsten (Hrsg.), Stand: 01.06.2014, Edition: 19, München 2014 [zitiert: BeckOK-*Bearbeiter*, GmbHG].

Beck'scher Online-Kommentar StGB: von Heintschel-Heinegg, Bernd (Hrsg.), Stand: 01.07.2014, Edition: 24, München 2014 [zitiert: BeckOK-*Bearbeiter*].

Berg, Cai: Wirtschaftskorruption. Phänomen und zivilrechtliche Rechtsfolgen, Mannheim 2003, Univ., Diss., Frankfurt am Main 2004 [zitiert: *Berg*, Wirtschaftskorruption].

Bernsmann, Klaus/Gatzweiler, Norbert: Verteidigung bei Korruptionsfällen, 2. Auflage, Heidelberg 2014 [zitiert: *Bernsmann/Gatzweiler*, Verteidigung].

Beulke, Werner: Wirtschaftslenkung im Zeichen des Untreuetatbestandes, in: Müller, Henning Ernst/Sander, Günther M./Válková, Helena (Hrsg.), Festschrift für Ulrich Eisenberg zum 70. Geburtstag, München 2009, S. 245 ff. [zitiert: *Beulke*, FS Eisenberg].

Birnbaum, Johann Michael Franz: Ueber das Erfordernis einer Rechtsverletzung zum Begriffe des Verbrechens, mit besonderer Rücksicht auf den Begriff der Ehrenkränkung, in: Archiv des Criminalrechts, 1834, S. 149 ff. [zitiert: *Birnbaum*, Archiv des Criminalrechts].

Brand, Christian/Wostry, Thomas: Die Strafbarkeit des Vorstandsmitglieds einer AG gemäß § 299 Abs. 1 StGB, in: WRP 2008, S. 637 ff. [zitiert: *Brand/Wostry*, WRP 2008].

Breithaupt, Joachim/Ottersbach, Jörg H.: Kompendium Gesellschaftsrecht. Formwahl – Gestaltung – Muster für die Praxis, 1. Auflage, München 2010 [zitiert: Breithaupt/Ottersbach-*Bearbeiter*, Gesellschaftsrecht].

Brockhaus, Matthias/Dann, Matthias/Teubner, Patrick/Tsambikakis, Michael: Im Auftrag der Krankenkasse – Der Vertragsarzt im Wettbewerb? Zugleich eine Anmerkung zu OLG Braunschweig, wistra 2010, 234, in: wistra 2010, S. 418 ff. [zitiert: *Brockhaus/Dann/Teubner/Tsambikakis*, wistra 2010].

Bülte, Jens: Der Vertragsarzt-Beschluss des Großen Senats und die Vertragsarztuntreue – zugleich eine Besprechung von OLG Stuttgart, Urt. v. 18.12.2012 – 1 Ss 559/12, in: NZWiSt 2013, S. 346 ff. [zitiert: *Bülte*, NZWiSt 2013].

Bürger, Sebastian: Bestechungsgelder im privaten Wirtschaftsverkehr – doch noch steuerlich abzugsfähig?, in: DStR 2003, S. 1421 ff. [zitiert: *Bürger*, DStR 2003].

–,: § 299 StGB – eine Straftat gegen den Wettbewerb?, in: wistra 2003, S. 130 ff. [zitiert: *Bürger*, wistra 2003].

Bundeskriminalamt: Bundeslagebild Korruption 2007–2013, Wiesbaden 2008–2013, abrufbar unter: http://www.bka.de/nn_193360/DE/Publikationen/Jahresberichte UndLagebilder/Korruption/korruption__node.html?__nnn=true (zuletzt abgerufen am 11.11.2014) [zitiert: *BKA*, Bundeslagebild Korruption].

Bundesministerium des Innern (Hrsg.): Polizeiliche Kriminalstatistik Bundesrepublik Deutschland, Berichtsjahre 2000, 2008–2013, abrufbar unter: http://www.bka.de/DE/Publikationen/PolizeilicheKriminalstatistik/pks__node.html (zuletzt abgerufen am 11.11.2014) [zitiert: *BMI*, Polizeiliche Kriminalstatistik].

Bundesministerium des Innern/Bundesministerium der Justiz (Hrsg.): Zweiter Periodischer Sicherheitsbericht, Langfassung, 1. Auflage November 2006, abrufbar unter: www.bmj.bund.de, www.bka.de (zuletzt abgerufen am 11.11.2014) [zitiert: *BMI/BMJ*, 2. PSB].

Bussmann, Kai/Nestler, Claudia/Salvenmoser, Steffen: Methodisches Vorgehen, Risiken, in: PricewaterhouseCoopers AG/Martin-Luther-Universität Halle-Wittenberg (Hrsg.), Wirtschaftskriminalität 2011, 2. Auflage, Bielefeld 2011 [zitiert: *Bussmann/Nestler/Salvenmoser*, Wirtschaftskriminalität 2011].

Caiden, Gerald E./Caiden, Naomi, J.: Administrative Corruption, in: Public Administration Review 37, 1977, S. 301 ff. [zitiert: *Caiden/Caiden*, Public Administration Review].

Cherkeh, Rainer/Momsen, Carsten: Doping als Wettbewerbsverzerrung? – Möglichkeiten der strafrechtlichen Erfassung des Dopings unter besonderer Berücksichtigung der Schädigung von Mitbewerbern, in: NJW 2001, S. 1745 ff. [zitiert: *Cherkeh/Momsen*, NJW 2001].

Corsten, Johannes: Einwilligung in die Untreue sowie in die Bestechlichkeit und Bestechung, Bonn 2010, Univ., Diss., 1. Auflage, Baden-Baden 2011 [zitiert: *Corsten*, Einwilligung].

Daniel, Chris/Rubner, Daniel: UK Bribery Act und amtliche Auslegungshilfe, in: NJW Spezial 2011, S. 335 f. [zitiert: *Daniel/Rubner*, NJW Spezial 2011].

Dann, Matthias: Die neue Kronzeugenregelung: ein Störfaktor aus Compliance-Sicht?, in CCZ 2010, S. 30 ff. [zitiert: *Dann*, CCZ 2010].

–,: Korruption im Notstand – Zur Rechtfertigung von Schmiergeld- und Bestechungszahlungen, in: wistra 2011, S. 127 ff. [zitiert: *Dann*, wistra 2011].

Dannecker, Gerhard: Der strafrechtliche Schutz des Wettbewerbs: Notwendigkeit und Grenzen einer Kriminalisierung von Kartellrechtsverstößen, in: Sieber, Ulrich/Dannecker, Gerhard/Kindhäuser, Urs u.a. (Hrsg.), Strafrecht und Wirtschaftsstrafrecht – Dogmatik, Rechtsvergleich, Rechtstatsachen – Festschrift für Klaus Tiedemann zum 70. Geburtstag, Köln 2008, S. 789 ff. [zitiert: *Dannecker*, FS Tiedemann].

–,: Die Straflosigkeit der Korruption niedergelassener Vertragsärzte als Herausforderung für den Gesetzgeber, in: ZRP 2013, S. 37 ff. [zitiert: *Dannecker*, ZRP 2013].

Deister, Jochen/Geier, Anton: Der UK Bribery Act 2010 und seine Auswirkungen auf deutsche Unternehmen, in: CCZ 2011, S. 12 ff. [zitiert: *Deister/Geier*, CCZ 2011].

–,/ –,/Rew, Paul: Business as usual? Die Leitlinien zum UK Bribery Act 2010 sind veröffentlicht, in: CCZ 2011, S. 81 ff. [zitiert: *Deister/Geier/Rew*, CCZ 2011].

Dieners, Peter: Anmerkung zu OLG Braunschweig, Beschluss v. 23.02.2010 – Ws 17/10, in: PharmR 2010, S. 230 ff. [zitiert: *Dieners*, PharmR 2010].

–,: Niedergelassene Vertragsärzte als „Beauftragte der Krankenkasse"? – von der Überdehnung eines Straftatbestandes, in: PharmR 2010, S. 613 ff. [zitiert: *Dieners*, PharmR 2010].

Dölling, Dieter: Empfehlen sich Änderungen des Straf- und Strafprozeßrechts, um der Gefahr von Korruption in Staat, Wirtschaft und Gesellschaft wirksam zu begegnen?, in: Verhandlungen des Einundsechzigsten deutschen Juristentages, Band I (Gutachten), München 1996, S. C 1 ff. [zitiert: *Dölling*, Gutachten C].

–,: Die Neuregelung der Strafvorschriften gegen Korruption, in: ZStW 112 (2000), S. 334 ff. [zitiert: *Dölling*, ZStW 112 (2000)].

–,: Handbuch der Korruptionsprävention für Wirtschaftsunternehmen und öffentliche Verwaltung, München 2007 [zitiert: Dölling-*Bearbeiter*, Korruptionsprävention].

Erb, Volker: Ungereimtheiten bei der Anwendung von § 299 StGB, in: Geisler, Claudius u.a. (Hrsg.), Festschrift für Klaus Geppert zum 70. Geburtstag am 10. März 2011, Berlin 2011, S. 97 ff. [zitiert: *Erb*, FS Geppert].

Erfurter Kommentar zum Arbeitsrecht: Dieterich, Thomas/Hanau, Peter/Schaub, Günter (Hrsg.), 15. Auflage, München 2015 [zitiert: ErfK-*Bearbeiter*, GG].

Fifka, Matthias: Einleitung: Korruption – ein internationales Phänomen, in: Ders./Falke, Andreas (Hrsg.), Korruption als internationales Phänomen. Ursachen, Auswirkungen und Bekämpfung eines weltweiten Problems, Berlin 2012, S. 9 ff. [zitiert: *Fifka*, Korruption].

Fischer, Thomas: Strafgesetzbuch und Nebengesetze, 61. Auflage, München 2014 [zitiert: *Fischer*].

Fleck, Hans-Joachim: Mißbrauch der Vertretungsmacht oder Treuhand des mit Einverständnis aller Gesellschafter handelnden GmbH-Geschäftsführers aus zivilrechtlicher Sicht, in: ZGR 1990, S. 31 ff. [zitiert: *Fleck*, ZGR 1990].

Flume, Werner: Allgemeiner Teil des Bürgerlichen Rechts. Zweiter Band. Das Rechtsgeschäft, 4. Auflage, Berlin, Heidelberg 1992 [zitiert: *Flume*, AT, 2. Bd.].

Francuski, Ramona: Der Geschäftsherr als Drittvorteilsempfänger im Rahmen des § 299 StGB, in: Bucerius Law Journal 2009, S. 3 ff. [zitiert: *Francuski*, BLJ 2009].

Frank, Christoph/Titz, Andrea: Die Kronzeugenregelung zwischen Legalitätsprinzip und Rechtsstaatlichkeit, in: ZRP 2009, S. 137 ff. [zitiert: *Frank/Titz*, ZRP 2009].

Gaede, Karsten: Die Zukunft der europäisierten Wirtschaftskorruption gemäß § 299 StGB. Eine Evaluation des Referentenentwurfs des BMJV vom 13.6.2014, in: NZWiSt 2014, S. 281 ff. [zitiert: *Gaede*, NZWiSt 2014].

Geerds, Friedrich: Über den Unrechtsgehalt der Bestechungsdelikte und seine Konsequenzen für Rechtsprechung und Gesetzgebung. Eine strafrechtliche und kriminologische Studie, Tübingen 1961 [zitiert: *Geerds*, Unrechtsgehalt].

Gehrlein, Markus: Einverständliche verdeckte Gewinnentnahmen der Gesellschafter als Untreue (§ 266 StGB) zu Lasten der GmbH, in: NJW 2000, S. 1089 f. [zitiert: *Gehrlein*, NJW 2000].

Geiger, Daniel: High Noon im Gesundheitswesen: Niedergelassene Vertragsärzte sind keine tauglichen Täter der Korruptionsdelikte. Besprechung des Beschlusses des Großen Senats für Strafsachen am BGH vom 29.3.2012 – BGH Aktenzeichen GSST211 GSSt 2/11, in: CCZ 2012, S. 172 ff. [zitiert: *Geiger*, CCZ 2012].

Geis, Mark: Tatbestandsüberdehnungen im Arztstrafrecht am Beispiel der „Beauftragtenbestechung“ des Kassenarztes nach § 299 StGB, in: wistra 2005, S. 369 ff. [zitiert: *Geis*, wistra 2005].

–,: Ist jeder Kassenarzt ein Amtsarzt? – Zu „Vorschlägen“ neuer Strafbarkeiten nach § 299 und den §§ 331 ff. StGB, in: wistra 2007, S. 361 ff. [zitiert: *Geis*, wistra 2007].

Gercke, Björn /Wollschläger, Sebastian: Das Wettbewerbserfordernis i.S.d. § 299 StGB – zugleich Besprechung der „Allianz-Arena-Entscheidung“ des BGH vom 9.8.2006 (1 StR 50/06) –, in: wistra 2008, S. 5 ff. [zitiert: *Gercke/Wollschläger*, wistra 2008].

Graeff, Peter/Schröder, Karenina/Wolf, Sebastian: Der Korruptionsfall Siemens. Analysen und praxisnahe Folgerungen des wissenschaftlichen Arbeitskreises von Transparency International Deutschland, 1. Auflage, Baden-Baden 2009 [zitiert: *Graeff/Schröder/Wolf*, Korruptionsfall Siemens].

Greco, Luís: Gibt es Kriterien zur Postulierung eines kollektiven Rechtsguts?, in: Heinrich, Manfred u.a. (Hrsg.), Strafrecht als Scientia Universalis.

Festschrift für Claus Roxin zum 80. Geburtstag am 15. Mai 2011, Band 1, Berlin 2011, S. 199 ff. [zitiert: *Greco*, FS Roxin].

Greeve, Gina: Ausgewählte Fragen zu § 298 StGB seit Einführung durch das Gesetz zur Bekämpfung der Korruption vom 13.8.1997, in: NStZ 2002, S. 505 ff. [zitiert: *Greeve*, NStZ 2002].

–,: Korruptionsdelikte in der Praxis, München 2005 [zitiert: *Greeve*, Korruptionsdelikte].

Grosskommentar zum UWG: Jacobs, Rainer/Lindacher, Walter F./Teplitzky, Otto (Hrsg.), Erster Band, Einleitung, 9. Lieferung (Stand: März 1994), §§ 1–12, 4. Lieferung (Stand § 12 UWG: Februar 1992), 1. Auflage, Berlin 2006 [zitiert: GK-*Bearbeiter*].

Grünhut, Max: Methodische Grundlagen der heutigen Strafrechtswissenschaft, in: o.V. (Hrsg.), Festgabe für Reinhard von Frank zum 70. Geburtstag 16. August 1930, Band I, Tübingen 1930, S. 1 ff. [zitiert: *Grünhut*, FG v. Frank].

Grützner, Thomas/Momsen, Carsten/Behr, Nicolai: § 299 StGB – Straflosigkeit des Betriebsinhabers und Strafbarkeit von Drittvorteilen?, in: NZWiSt 2013, S. 88 ff. [zitiert: *Grützner/Momsen/Behr*, NZWiSt 2013].

Habetha, Jörg: Bankrott und Untreue in der Unternehmenskrise. Konsequenzen der Aufgabe der „Interessentheorie" durch den BGH, in: NZG 2012, S. 1134 ff. [zitiert: *Habetha*, NZG 2012].

Hanft, Christian: Strafrechtliche Probleme im Zusammenhang mit der Einmann-GmbH. Für und Wider eines Schutzes zivilrechtlich formalisierter Rechtspositionen durch das Strafrecht, Augsburg 2005, Univ., Diss., 1. Auflage, Baden-Baden 2006 [zitiert: *Hanft*, Einmann-GmbH].

Von Harder, Hermann L.: Verkäuferprämien, in: GRUR 1967, S. 182 ff. [zitiert: *Von Harder*, GRUR 1967].

Harte-Bavendamm, Henning/Henning-Bodewig, Frauke: Gesetz gegen den unlauteren Wettbewerb (UWG). Mit Preisangabenverordnung, Kommentar, 3. Auflage, München 2013 [zitiert: Harte-Bavendamm/Henning-Bodewig-*Bearbeiter*, UWG].

Hassemer, Winfried: Theorie und Soziologie des Verbrechens. Ansätze zu einer praxisorientierten Rechtsgutslehre, Frankfurt am Main 1973 [zitiert: *Hassemer*, Rechtsgutslehre].

–,: Symbolisches Strafrecht und Rechtsgüterschutz, in: NStZ 1989, S. 553 ff. [zitiert: *Hassemer*, NStZ 1989].

HAUCK, Pierre: Über Sinn und Widersinn der von GRECO unterbreiteten Vorschläge zur Änderung der Korruptionstatbestände in §§ 108e, 299 und 331 ff. StGB, in: wistra 2010, S. 255 ff. [zitiert: *Hauck*, wistra 2010].

HAUSCHKA, Christoph E.: Corporate Compliance. Handbuch der Haftungsvermeidung im Unternehmen, 2. Auflage, München 2010 [zitiert: Hauschka-*Bearbeiter*, Corporate Compliance].

–,/ GREEVE, Gina: Compliance in der Korruptionsprävention – was müssen, was sollen, was können die Unternehmen tun?, in: BB 2007, S. 165 ff. [zitiert: *Hauschka/Greeve*, BB 2007].

HEFENDEHL, Roland: Kollektive Rechtsgüter im Strafrecht, München 1998/99, Univ., Habil.-Schr., Köln u.a. 2002 [zitiert: *Hefendehl*, Kollektive Rechtsgüter].

–,: Das Rechtsgut als materialer Angelpunkt einer Strafnorm, in: Hefendehl, Roland/Hirsch, Andrew von/Wohlers, Wolfgang (Hrsg.), Die Rechtsgutstheorie, Legitimationsbasis des Strafrechts oder dogmatisches Glasperlenspiel?, 1. Auflage, Baden-Baden 2003, S. 119 ff. [zitiert: *Hefendehl*, Rechtsgutstheorie].

–,: Mit langem Atem: Der Begriff des Rechtsguts Oder: Was seit dem Erscheinen des Sammelbandes über die Rechtsgutstheorie geschah, in: GA 2007, S. 1 ff. [zitiert: *Hefendehl*, GA 2007].

–,: Der fragmentarische Charakter des Strafrechts, in: JA 2011, S. 401 ff. [zitiert: *Hefendehl*, JA 2011].

HEINE, Günter: Korruptionsbekämpfung im Geschäftsverkehr durch Strafrecht? Internationale Entwicklungen und rechtsvergleichende Befunde, in: ZBJV 138 (2002), S. 533 ff. [zitiert: *Heine*, ZBJV 138 (2002)].

HEINRICH, Bernd: Der Amtsträgerbegriff im Strafrecht. Auslegungsrichtlinien unter besonderer Berücksichtigung des Rechtsguts der Amtsdelikte, Tübingen 1999, Univ., Habil.-Schr., Berlin 2001 [zitiert: *Heinrich*, Amtsträgerbegriff].

HEINRICH, Manfred: Strafrecht als Rechtsgüterschutz – ein Auslaufmodell? Zur Unverbrüchlichkeit des Rechtsgutsdogmas, in: Ders. u.a. (Hrsg.), Strafrecht als Scientia Universalis. Festschrift für Claus Roxin zum 80. Geburtstag am 15. Mai 2011, Band 1, Berlin 2011, S. 131 ff. [zitiert: *Heinrich*, FS Roxin].

HENSSLER, Martin/STROHN, Lutz: Gesellschaftsrecht, 2. Auflage, München 2014 [zitiert: Henssler/Strohn-*Bearbeiter*, Gesellschaftsrecht].

HETTINGER, Michael: Das Strafrecht als Büttel? Fragmentarische Bemerkungen zum Entwurf eines Korruptionsbekämpfungsgesetzes des Bundesrates vom 3.11.1995, in: NJW 1996, S. 2263 ff. [zitiert: *Hettinger*, NJW 1996].

Hiersemann, Walter: Verkäuferprämien, in: WRP 1964, S. 222 ff. [zitiert: *Hiersemann*, WRP 1964].

Höffling, Christian: Korruption als soziale Beziehung, Bremen, Univ., Diss., Opladen 2002 [zitiert: *Höffling*, Korruption].

Hölters, Wolfgang: Aktiengesetz. Kommentar, 2. Auflage, München 2014 [zitiert: Hölters-*Bearbeiter*, AktG].

Höltkemeier, Kai: Sponsoring als Straftat. Die Bestechungsdelikte auf dem Prüfstand, Augsburg 2004, Univ., Diss., Berlin 2005 [zitiert: *Höltkemeier*, Sponsoring].

Hollinde, Edmund: Angestelltenbestechung. § 12 des Gesetzes gegen den unlauteren Wettbewerb, Erlangen, Univ., Diss., Borna-Leipzig 1914 [zitiert: *Hollinde*, § 12 UWG].

Honig, Richard: Die Einwilligung des Verletzten. Teil I. Die Geschichte des Einwilligungsproblems und die Methodenfrage, Mannheim, Berlin, Leipzig 1919 [zitiert: *Honig*, Einwilligung].

Hoven, Elisa/Wimmer, Renate/Schwarz, Thomas/Schumann, Stefan: Der nordrhein-westfälische Entwurf eines Verbandstrafgesetzes – Kritische Anmerkungen aus Wissenschaft und Praxis, Teil 1–3, in: NZWiSt 2014, S. 161 ff., 201 ff., 241 ff. [zitiert: *Hoven/Wimmer/Schwarz/Schumann*, NZWiSt 2014].

Hueck, Götz: Der Grundsatz der gleichmäßigen Behandlung im Privatrecht, Münster, Univ., Habil.-Schr., München, Berlin 1958 [zitiert: *Hueck*, Grundsatz der gleichmäßigen Behandlung].

Hüffer, Uwe: Die Gesellschafterversammlung – Organ der GmbH oder bloßes Beschlußverfahren?, in: Lutter, Marcus/Ulmer, Peter/Zöllner, Wolfgang (Hrsg.), Festschrift 100 Jahre GmbH-Gesetz, Köln 1992, S. 521 ff. [zitiert: *Hüffer*, FS GmbHG].

–,: Aktiengesetz, 11. Auflage, München 2014 [zitiert: Hüffer-*Bearbeiter*, AktG].

Hugger, Heiner/Röhrich, Raimund: Der neue UK Bribery Act und seine Geltung für deutsche Unternehmen, in: BB 2010, S. 2643 ff. [zitiert: *Hugger/Röhrich*, BB 2010].

Immenga, Ulrich/Mestmäcker, Ernst-Joachim: Wettbewerbsrecht. Band 2 GWB, Kommentar zum Deutschen Kartellrecht, 5. Auflage, München 2014 [zitiert: Immenga/Mestmäcker-*Bearbeiter*, GWB].

Jaques, Henning: Die Bestechungstatbestände unter besonderer Berücksichtigung des Verhältnisses der §§ 331 ff. StGB zu § 12 UWG, Kiel, Univ., Diss., Frankfurt am Main u.a. 1996 [zitiert: *Jaques*, Bestechungstatbestände].

Jescheck, Hans-Heinrich/Weigend, Thomas: Lehrbuch des Strafrechts. Allgemeiner Teil, 5. Auflage, Berlin 1996 [zitiert: *Jescheck/Weigend*, Strafrecht AT].

Jülich, Johann Maria: Bestechung und Bestechlichkeit von Angestellten – § 12 Unl. Wettbew. Ges. –, Köln, Univ., Diss., Köln 1931 [zitiert: *Jülich*, § 12 UWG].

Kahmann, Martina: Die Bestechlichkeit und Bestechung im geschäftlichen Verkehr. Eine kriminologische, rechtssystematische und ökonomische Betrachtung des Principal-Agent-Ansatzes, Bayreuth 2008, Univ., Diss., Hamburg 2009 [zitiert: *Kahmann*, Bestechlichkeit und Bestechung].

Kargl, Walter: Friedenssicherung durch Strafrecht. Teleologische Strafrechtfertigung am Beispiel der Tötungsdelikte, in: ARSP 82 (1996), S. 485 ff. [zitiert: *Kargl*, ARSP 82].

Kaspar, Johannes /Wengenroth, Lenard: Die neue »Kronzeugenregelung« in § 46 b StGB: Voraussetzungen, Kritikpunkte und straftheoretische Bedeutung, in: GA 2010, S. 453 ff. [zitiert: *Kaspar/Wengenroth*, GA 2010].

Kienle, Florian /Kappel, Jan: Korruption am Bau – ein Schlaglicht auf Bestechlichkeit und Bestechung im geschäftlichen Verkehr, in: NJW 2007, S. 3530 ff. [zitiert: *Kienle/Kappel*, NJW 2007].

Kindhäuser, Urs: Zur Legitimität der abstrakten Gefährdungsdelikte im Wirtschaftsstrafrecht, in: Bausteine des europäischen Wirtschaftsstrafrechts, Köln 1994, S. 125 ff. [zitiert: *Kindhäuser*, Abstrakte Gefährdungsdelikte].

–,: Rechtsgüterschutz durch Gefährdungsdelikte, in: Amelung, Knut/Günther, Hans-Ludwig/Kühne, Hans-Heiner (Hrsg.), Festschrift für Volker Krey. Zum 70. Geburtstag am 9. Juli 2010, Stuttgart 2010, S. 249 ff. [zitiert: *Kindhäuser*, FS Krey].

–,: Voraussetzungen strafbarer Korruption in Staat, Wirtschaft und Gesellschaft, in: ZIS 2011, S. 461 ff. [zitiert: *Kindhäuser*, ZIS 2011].

Kirchner, Hildebert: Abkürzungsverzeichnis der Rechtssprache, 7. Auflage, Berlin 2013 [zitiert: *Kirchner*, Abkürzungsverzeichnis].

Klötzer, Antje: Ist der niedergelassene Vertragsarzt tatsächlich tauglicher Täter der §§ 299, 331 StGB?, in: NStZ 2008, S. 12 ff. [zitiert: *Klötzer*, NStZ 2008].

Koepsel, Anne K.: Bestechlichkeit und Bestechung im geschäftlichen Verkehr (§ 299 StGB), Osnabrück, Univ., Diss., Göttingen 2006 [zitiert: *Koepsel*, Bestechlichkeit und Bestechung].

Köhler, Helmut/Bornkamm, Joachim: Gesetz gegen den unlauteren Wettbewerb. Preisangabeverordnung · Unterlassungsklagengesetz · Dienstleistungs-Informationspflichten-Verordnung, 32. Auflage, München 2014 [zitiert: Köhler/Bornkamm-*Bearbeiter*, UWG].

Kölbel, Ralf: Strafbarkeitsnahe vertragsärztliche Kooperationsformen, in: NStZ 2011, S. 195 ff. [zitiert: *Kölbel*, NStZ 2011].

–,: Strafrechtliche Stellung von Vertragsärzten, Anmerkung zu BGH, Beschl. v. 29.03. 2012 - GSSt 2/11 (LG Hamburg), in; StV 2012, S. 592 ff. [zitiert: *Kölbel*, StV 2012].

König, Stefan: Wieder da: Die „große" Kronzeugenregelung, in: NJW 2009, S. 2481 ff. [zitiert: *König*, NJW 2009].

Körner, Harald Hans/Patzak, Jörn/Volkmer, Mathias: Betäubungsmittelgesetz Arzneimittelgesetz Grundstoffüberwachungsgesetz, 7. Auflage, München 2012 [zitiert: Körner/Patzak/Volkmer-*Bearbeiter*].

Koller, Ingo/Roth, Wulf-Henning/Morck, Winfried: Handelsgesetzbuch Kommentar, 7. Auflage, München 2011 [zitiert: Koller/Roth/Morck-*Bearbeiter*, HGB].

Korte, Matthias: Kampfansage an die Korruption, in: NJW 1997, S. 2556 ff. [zitiert: *Korte*, NJW 1997].

Kraatz, Erik: Anmerkung zu BGH, Urt. v. 29. 3. 2012 - GSSt 2/11, in: NZWiSt 2012, S. 268 ff. [zitiert: *Kraatz*, NZWiSt 2012].

Krack, Ralf: Die Tätige Reue im Wirtschaftsstrafrecht, in: NStZ 2001, S. 505 ff. [zitiert: *Krack*, NStZ 2001].

Krafczyk, Wolfgang: Kick-Backs an Ärzte im Strafraum – Berufs- und strafrechtliche Aspekte der Zuweisung gegen Entgelt –, in: Hiebl, Stefan/ Kassebohm, Nils/Lilie, Hans (Hrsg.), Festschrift für Volkmar Mehle zum 65. Geburtstag am 11.11.2009, 1. Auflage, Baden-Baden 2009, S. 325 ff. [zitiert: *Krafczyk*, FS Mehle].

Krüger, Matthias: Die Entmaterialisierungstendenz beim Rechtsgutsbegriff, Halle, Univ., Diss., Berlin 1999/2000 [zitiert: *Krüger*, Entmaterialisierungstendenz].

–,: Pharma- Marketing im Gestrüpp des Korruptionsstrafrechts. Neues zum Vertragsarzt als (un-)tauglicher Täter der Korruptionsdelikte, in: ZIS 2011, S. 692 ff. [zitiert: *Krüger*, ZIS 2011].

Kube, Edwin/Vahlenkamp, Werner: Korruption – hinnehmen oder handeln?, in: Verwaltungsarchiv 85, 1994, S. 432 ff. [zitiert: *Kube/Vahlenkamp*, VA 85].

–,/ –,: Korruption – ein unscharfes Phänomen als Gegenstand zielgerichteter Prävention. Ergebnisse eines Forschungsprojekts. Mit einem Beitrag von Ernst-Heinrich Ahlf, Bundeskriminalamt, Wiesbaden 1995 [zitiert: *Kube/ Vahlenkamp*, Phänomen].

KUHLEN, Lothar: Umweltstrafrecht – auf der Suche nach einer neuen Dogmatik, in: ZStW 105 (1993), S. 697 ff. [zitiert: *Kuhlen*, ZStW 105 (1993)].

–,: Der Handlungserfolg der strafbaren Gewässerverunreinigung (§ 324 StGB), in: GA 1986, S. 389 ff. [zitiert: *Kuhlen*, GA 1986].

KUTSCHATY, Thomas: Deutschland braucht ein Unternehmensstrafrecht, in: ZRP 2013, S. 74 ff. [zitiert: *Kutschaty*, ZRP 2013].

LABSCH, Karl Heinz: Die Strafbarkeit des GmbH-Geschäftsführers im Konkurs der GmbH, in: wistra 1985, S. 1 ff. [zitiert: *Labsch*, wistra 1985].

–,: Einverständliche Schädigung des Gesellschaftsvermögens und Strafbarkeit des GmbH-Geschäftsführers – BGH, NStZ 1984, 118, in: JuS 1985, S. 602 ff. [zitiert: *Labsch*, JuS 1985].

LACHMANN, Rolf/MEUTER, Norbert: Medizinische Gerechtigkeit. Patientenauswahl in der Transplantationsmedizin, München 1997 [zitiert: *Lachmann/Meuter*, Medizinische Gerechtigkeit].

LACKNER, Karl/KÜHL, Kristian: Strafgesetzbuch, Kommentar, 28. Auflage, München 2014 [zitiert: *Lackner/Kühl*].

LAMBSDORFF, Johann Graf: Korruption als mühseliges Geschäft – eine Transaktionskostenanalyse, in: Pieth, Mark/Eigen, Peter (Hrsg.), Korruption im internationalen Geschäftsverkehr: Bestandsaufnahme, Bekämpfung, Prävention, Neuwied 1999, S. 56 ff. [zitiert: *Lambsdorff*, Transaktionskostenanalyse].

LAMPE, Ernst-Joachim: Empfiehlt es sich im gesamtwirtschaftlichen Interesse, den Tatbestand des § 12 UWG zu ändern, insbesondere hinsichtlich des Kreises der Vorteilsnehmer zu erweitern und als Offizialdelikt auszugestalten?, in: Bundesministerium der Justiz (Hrsg.), Tagungsberichte der Sachverständigenkommission zur Bekämpfung der Wirtschaftskriminalität – Reform des Wirtschaftsstrafrechts –, Elfte Arbeitstagung in der Zeit vom 8. bis 12. März 1976 in Bamberg, Bonn 1976 [zitiert: *Lampe*, Tagungsberichte].

–,/ LENCKNER, Theodor/STREE, Walter/TIEDEMANN, Klaus/WEBER, Ulrich: Alternativ-Entwurf eines Strafgesetzbuches. Besonderer Teil. Straftaten gegen die Wirtschaft, 1. Auflage, Tübingen 1977 [zitiert: *Lampe/Lenckner/Stree/Tiedemann/Weber*, AE].

–,: Die strafrechtliche Bewertung des „Anzapfens“ nach § 240 StGB und § 12 UWG, in: Dencker, Friedrich u.a. (Hrsg.), Beiträge zur Rechtswissenschaft. Festschrift für Walter Stree und Johannes Wessels zum 70. Geburtstag, Heidelberg 1993, S. 449 ff. [zitiert: *Lampe*, FS Stree/Wessels].

LEIPOLD, Klaus/SCHAEFER, Torsten: Vermögensverschiebung des GmbH-Geschäftsführers in der Krise – Bankrott oder Untreue?, in: NZG 2009, S. 937 ff. [zitiert: *Leipold/Schaefer*, NZG 2009].

LEIPZIGER KOMMENTAR ZUM STRAFGESETZBUCH: Laufhütte, Heinrich Wilhelm u.a. (Hrsg.), Großkommentar, 10. Band, §§ 284–305a, 12. Auflage, Berlin 2008 [zitiert: LK-*Bearbeiter*].

LESCH, Heiko: Anwaltliche Akquisition zwischen Sozialadäquanz, Vorteilsgewährung und Bestechung im geschäftlichen Verkehr, in: AnwBl 2003, S. 261 ff. [zitiert: *Lesch*, AnwBl 2003].

V. LISZT, Franz: Rechtsgut und Handlungsbegriff im Bindingschen Handbuche. Ein kritischer Beitrag zur juristischen Methodenlehre, in: ZStW 6 (1886), S. 663 ff. [zitiert: *V. Liszt*, ZStW 6 (1886)].

LITZKA, Philippe: Korruptionsstrafrecht für niedergelassene Vertragsärzte – Eine kritische Bestandsaufnahme zu diskutierten Gesetzgebungsinitiativen –, in: WiJ 2013, S. 80 ff. [zitiert: *Litzka*, WiJ 2013].

LOOS, Fritz: Zum „Rechtsgut" der Bestechungsdelikte, in: Stratenwerth, Günter/ Kaufmann, Armin/Geilen, Gerd u.a. (Hrsg.), Festschrift für Hans Welzel zum 70. Geburtstag am 25. März 1974, Berlin 1974, S. 879 ff. [zitiert: *Loos*, FS Welzel].

LÜDERSSEN, Klaus: Ein Prokrustes Bett für ungleiche Zwillinge. Angestelltenbestechung und Submissionsabsprachen, vereingt in einem neuen Abschnitt des Strafgesetzbuches: „Straftaten gegen den Wettbewerb", in: BB 1996, S. 2525 ff. [zitiert: *Lüderssen*, BB 1996].

MADAUSS, Norbert: Reichweite der Mitteilungspflicht nach § 4 Abs. 5 S. 1 Nr. 10 S. 3 EStG und Korruptionsbekäpfung, in: NZWiSt 2013, S. 176 ff. [zitiert: *Madauß*, NZWiSt 2013].

MARX, Michael: Zur Definition des Begriffs ›Rechtsgut‹. Prolegomena einer materialen Verbrechenslehre, Saarbrücken 1971, Univ., Diss., Köln, Berlin, Bonn, München 1972 [zitiert: *Marx*, Rechtsgut].

MAUNZ, Theodor/DÜRIG, Günther: Grundgesetz Kommentar, Band I, Texte Art. 1–5 (Stand: 71. Lieferung März 2014), Band IV, Art. 23–53a (Stand: 71. Lieferung März 2014), Band V, Art. 54–85 (Stand: 71. Lieferung März 2014), Band VI, Art. 86–106b (Stand: 71. Lieferung März 2014), München 2014 [zitiert: Maunz/Dürig-*Bearbeiter*].

MAURACH, Reinhart/SCHROEDER, Friedrich-Christian/MAIWALD, Manfred: Strafrecht Besonderer Teil, Teilband 2, Straftaten gegen Gemeinschaftswerte, 10. Auflage, Heidelberg u.a. 2012 [zitiert: *Maurach/Schroeder/Maiwald*, Strafrecht BT].

–,/ Zipf, Heinz: Strafrecht Allgemeiner Teil, Teilband 1, Grundlehren des Strafrechts und Aufbau der Straftat. Ein Lehrbuch, 7. Auflage, Heidelberg 1987 [zitiert: *Maurach/Zipf*, Strafrecht AT].

Mehle, Bastian: Korruption im internationalen Kontext, in: Bub, Wolf-Rüdiger/ Mehle, Volkmer/Schumann, Ekkehard (Hrsg.), Festschrift für Peter Gauweiler: zum 60. Geburtstag am 22. Juni 2009, Köln 2009, S. 395 ff. [zitiert: *Mehle*, FS Gauweiler].

Meilicke, Heinz: Verdeckte Gewinnausschüttung – Strafrechtliche Untreue bei der GmbH?, in: BB 1988, S. 1261 ff. [zitiert: *Meilicke*, BB 1988].

Merges, Hans Dieter: Die Strafausschließungsgründe der Bestechungsdelikte, Tübingen 1995, Univ., Diss., Aachen 1996 [zitiert: *Merges*, Bestechungsdelikte].

Messer, Herbert: Der Vertreter des verhinderten Leiters der Hauptversammlung in der mitbestimmten AG, in: Goerdeler, Reinhard/Hommelhoff, Peter/ Lutter, Marcus/Odersky, Walter/Wiedemann, Herbert (Hrsg.), Festschrift für Alfred Kellermann zum 70. Geburtstag am 29. November 1990, Berlin 1991, S. 299 ff. [zitiert: *Messer*, FS Kellermann].

Meyer, Olaf: Korruption aus privatrechtlicher Perspektive, in: Graeff, Peter/ Grieger, Jürgen (Hrsg.), Was ist Korruption? Begriffe, Grundlagen und Perspektiven gesellschaftswissenschaftlicher Korruptionsforschung, 1. Auflage, Baden-Baden 2012, S. 67 ff. [zitiert: *Meyer*, Privatrechtliche Perspektive].

Meyer-Gossner, Lutz: Strafprozessordnung mit GVG und Nebengesetzen, 57. Auflage, München 2014 [zitiert: Meyer-Goßner-*Bearbeiter*].

Michalski, Lutz: Kommentar zum Gesetz betreffend die Gesellschaften mit beschränkter Haftung (GmbH-Gesetz), Band I, Systematische Darstellungen, §§ 1–34 GmbHG, Band II, §§ 35–85 GmbHG, §§ 1–4 EGGmbHG, 2. Auflage, München 2010 [zitiert: Michalski-*Bearbeiter*, GmbHG Band I/II].

Moosmayer, Klaus: Straf- und bußgeldrechtliche Aspekte des Wertpapiererwerbs- und Übernahmegesetzes, in: wistra 2004, S. 401 ff. [zitiert: *Moosmayer*, wistra 2004].

Müller, Welf/Rödder, Thomas: Beck'sches Handbuch der AG. Gesellschaftsrecht – Steuerrecht – Börsengang, 2. Auflage, München 2009 [zitiert: Müller/ Rödder-*Bearbeiter*, AG].

–,/ Winkeljohann, Norbert: Beck'sches Handbuch der GmbH. Gesellschaftsrecht – Steuerrecht, 4. Auflage, München 2009 [zitiert: Müller/Winkeljohann-*Bearbeiter*, GmbH].

Müller-Gugenberger, Christian/Bieneck, Klaus: Wirtschaftsstrafrecht. Handbuch des Wirtschaftsstraf- und -ordnungswidrigkeitenrechts, 5. Auflage, Köln 2011 [zitiert: Müller-Gugenberger/Bieneck-*Bearbeiter*].

Münchener Kommentar zum Aktiengesetz: Goette, Wulf/Habersack, Mathias/Kalss, Susanne (Hrsg.), Band 2, §§ 76–117, MitbestG· DrittelbG, 4. Auflage, München 2014, Band 3, §§ 118–178, 3. Auflage, München 2013 [zitiert: MK-*Bearbeiter*, AktG].

Münchener Kommentar zum Bürgerlichen Gesetzbuch: Säcker, Franz Jürgen/Rixecker, Roland (Hrsg.), Band 1, Allgemeiner Teil, §§ 1–240 · ProstG · AGG, 6. Auflage, München 2012, Band 5, Schuldrecht · Besonderer Teil III, §§ 705–853, Partnerschaftsgesellschaftsgesetz · Produkthaftungsgesetz, 6. Auflage, München 2013 [zitiert: MK-*Bearbeiter*, BGB/PartGG].

Münchener Kommentar zum Gesetz betreffend die Gesellschaften mit beschränkter Haftung - GmbHG: Fleischer, Holger/Goette, Wulf (Hrsg.), Band 1, §§ 1–34, 1. Auflage, München 2010, Band 2, §§ 35–52, 1. Auflage, München 2012, Band 3 §§ 53–85, 1. Auflage, München 2011 [zitiert: MK-*Bearbeiter*, GmbHG].

Münchener Kommentar zum Handelsgesetzbuch: Schmidt, Karsten (Hrsg.), Band 2, Zweites Buch. Handelsgesellschaften und stille Gesellschaft. Erster Abschnitt. Offene Handelsgesellschaft §§ 105–160, 3. Auflage, München 2011 [zitiert: MK-*Bearbeiter*, HGB].

Münchener Kommentar zum Strafgesetzbuch: Joecks, Wolfgang/Miebach, Klaus (Hrsg.), Band 1, §§ 1–37 StGB, 2. Auflage, München 2011, Band 5, §§ 263–358 StGB, 2. Auflage, München 2014 [zitiert: MK-*Bearbeiter*].

Müssig, Bernd J. A.: Schutz abstrakter Rechtsgüter und abstrakter Rechtsgüterschutz. Zu den materiellen Konstitutionskriterien sogenannter Universalrechtsgüter und deren normentheoretischem Fundament – am Beispiel der Rechtsgutsbestimmung für die §§ 129, 129a und 324 StGB, Bonn 1993, Univ., Diss., Frankfurt am Main 1994 [zitiert: *Müssig*, Rechtsgüterschutz].

Muno, Wolfgang: Korruption und Korruptionsmessung, in: Fifka, Matthias/ Falke, Andreas (Hrsg.), Korruption als internationales Phänomen. Ursachen, Auswirkungen und Bekämpfung eines weltweiten Problems, Berlin 2012, S. 15 ff. [zitiert: *Muno*, Korruptionsmessung].

Mölders, Simone: Bestechung und Bestechlichkeit im internationalen geschäftlichen Verkehr. Zur Anwendbarkeit des § 299 StGB auf Sachverhalte mit Auslandsbezug, Bonn 2008, Univ., Diss., Frankfurt am Main 2009 [zitiert: *Mölders*, Anwendbarkeit § 299 StGB].

Moll, Wilhelm: Münchener Anwalts Handbuch Arbeitsrecht, 3. Auflage, München 2012 [zitiert: Moll-*Bearbeiter*, MAH Arbeitsrecht].

Momsen, Carsten/Grützner, Thomas: Wirtschaftsstrafrecht: Handbuch für die Unternehmens- und Anwaltspraxis, 1. Auflage, München 2013 [zitiert: Momsen/Grützner-*Bearbeiter*, Wirtschaftsstrafrecht].

Nelles, Ursula: Untreue zum Nachteil von Gesellschaften. Zugleich ein Beitrag zur Struktur des Vermögensbegriffs als Beziehungsbegriff, Münster (Westfalen) 1990, Univ., Habil.-Schr., Berlin 1991 [zitiert: *Nelles*, Untreue].

Nepomuck, Lutz/Gross, Bernd: Zuwendungen an den Anstellungsbetrieb als Drittvorteile im Sinne des § 299 StGB, in: wistra 2012, S. 132 ff. [zitiert: *Nepomuck/Groß*, wistra 2012].

Nestoruk, Igor Bartosz: Strafrechtliche Aspekte des unlauteren Wettbewerbs. Strafrecht und Schutz der Wirtschaftsordnung, Bonn, Univ., Diss., Heidelberg 2003 [zitiert: *Nestoruk*, Strafrechtliche Aspekte].

Niehaus, Holger: Annäherungen an einen Korruptionsbegriff des (deutschen) Strafrechts, in: Graeff, Peter/Grieger, Jürgen (Hrsg.), Was ist Korruption? Begriffe, Grundlagen und Perspektiven gesellschaftswissenschaftlicher Korruptionsforschung, 1. Auflage, Baden-Baden 2012, S. 55 ff. [zitiert: *Niehaus*, Korruptionsbegriff].

Noltensmeier, Silke: Public Private Partnership und Korruption, Erlangen-Nürnberg 2008, Univ., Diss., Berlin 2009 [zitiert: *Noltensmeier*, Public Private Partnership].

Nomos Kommentar zum Strafgesetzbuch: Gesamtredaktion: Kindhäuser, Urs/Neumann, Ulfried/Paeffgen, Hans-Ulrich, Band 1, §§ 1–145d, Band 2, §§ 146–358, 4. Auflage, Baden-Baden 2013 [zitiert: NK-*Bearbeiter*].

o.V.: „Das freie Wort" in seinem Kampfe gegen die Bestechung von Angestellten in Handel und Industrie. Eine Sammlung der in den Jahren 1902–1904 in der Halbmonatsschrift „Das freie Wort" zur Bestechungsfrage erschienenen Artikel nebst Vorwort und einem Anhang, Frankfurt a.M. 1905, S. 5 ff. [zitiert: Das freie Wort].

Odenthal, Hans-Jörg: Der „geschäftliche Betrieb" als Leistungsempfänger nach § 299 StGB, in: wistra 2005, S. 170 ff. [zitiert: *Odenthal*, wistra 2005].

Oetker, Hartmut: Kommentar zum Handelsgesetzbuch (HGB), 3. Auflage, München 2013 [zitiert: Oetker-*Bearbeiter*, HGB].

Oldigs, Dirk: Die Strafbarkeit von Submissionsabsprachen nach dem neuen § 298 StGB. Notwendige Reform oder purer Aktionismus?, in: wistra 1998, S. 291 ff. [zitiert: *Oldigs*, wistra 1998].

OPPENLÄNDER, Frank/TRÖLITZSCH, Thomas: Praxishandbuch der GmbH-Geschäftsführung, 2. Auflage, München 2011 [zitiert: Oppenländer/Trölitzsch-*Bearbeiter*].

OTTO, Harro: Grundkurs Strafrecht. Allgemeine Strafrechtslehre, 7. Auflage, Berlin 2004 [zitiert: *Otto*, Grundkurs Strafrecht].

OTTOFÜLLING, Andreas: Die Neugewinnung und Bindung von „Auftraggebern" mit unlauteren Mitteln, in: DS 2009, S. 103 ff. [zitiert: *Ottofülling*, DS 2009].

PALANDT: Bürgerliches Gesetzbuch, 73. Auflage, München 2014 [zitiert: Palandt-*Bearbeiter*].

PARK, Tido: § 299 StGB – Auslegungshilfe durch steuerrechtliche Fremdvergleichskriterien?, in: wistra 2010, S. 321 ff. [zitiert: *Park*, wistra 2010].

PASEWALDT, David: Zehn Jahre Strafbarkeit wettbewerbsbeschränkender Absprachen bei Ausschreibungen gemäß § 298 StGB, in: ZIS 2008, S. 84 ff. [zitiert: *Pasewaldt*, ZIS 08].

PEGLAU, Jens: Die neue „Kronzeugenregelung" (§ 46b StGB), in: wistra 2009, S. 409 ff. [zitiert: *Peglau*, wistra 2009].

–,: Neues zur „Kronzeugenregelung" – Beschränkung auf Zusammenhangstaten, in: NJW 2013, S. 1910 ff. [zitiert: *Peglau*, NJW 2013].

PEINEMANN, Christopher: Zur Frage der Strafbarkeit des geschäftsführenden Alleingesellschafters einer GmbH wegen Bestechlichkeit im geschäftlichen Verkehr § 299 Abs. 1 StGB, Bonn, Univ., Diss., Hamburg 2009 [zitiert: *Peinemann*, GmbH].

PELZ, Christian: Die Bekämpfung der Korruption im Auslandsgeschäft, in: StraFo 2000, S. 300 ff. [zitiert: *Pelz*, StraFo 2000].

–,: Änderung des Schutzzwecks einer Norm durch Auslegung? Zur Reichweite des § 299 Abs. 2 StGB a.F., in: ZIS 2008, S. 333 ff. [zitiert: *Pelz*, ZIS 2008].

PFEIFFER, Gerd: Das strafrechtliche Schmiergeldverbot nach § 12 UWG, in: Erdmann, Willi u.a. (Hrsg.), Festschrift für Otto-Friedrich Freiherr von Gamm, Köln, Berlin, Bonn, München 1990, S. 129 ff. [zitiert: *Pfeiffer*, FS v. Gamm].

PFUHL, Fabian: Von erlaubter Verkaufsförderung und strafbarer Korruption. Lauterkeitsrechtliche Analyse der Wertreklame gegenüber Weiterveräußerern und Leitfaden für die werbende Praxis, Bayreuth, Univ., Diss., Tübingen 2010 [zitiert: *Pfuhl*, Korruption].

PIEL, Hannah Milena: Strafbarkeit eines GmbH-Gesellschafters wegen Brandstiftung gem. § 306 StGB – Ausdehnung der Untreue-Rechtsprechung auf Eigentumsdelikte –, in: NStZ 2006, S. 550 ff. [zitiert: *Piel*, NStZ 2006].

Piper, Henning/Ohly, Ansgar/Sosnitza, Olaf: Gesetz gegen den unlauteren Wettbewerb mit Preisangabeverordnung, Kommentar, 6. Auflage, München 2014 [zitiert: Piper/Ohly/Sosnitza-*Bearbeiter*, UWG].

Pletscher, Thomas/Tash, April: Anschlussmaßnahmen an das Bestechungsübereinkommen von 1997. Die Arbeit des Beratenden Ausschusses der Wirtschaft bei der OECD in Sachen Korruption, in: OECD (Hrsg.), No longer Business as Usual. Im Kampf gegen Bestechung und Korruption, Köln 2001, S. 221 ff. [zitiert: *Pletscher/Tash*, BIAC].

Pöhlmann, Peter/Fandrich, Andreas/Bloehs, Joachim: Genossenschaftsgesetz. Gesetz betreffend die Erwerbs- und Wirtschaftsgenossenschaften nebst umwandlungsrechtlichen Vorschriften für Genossenschaften, 4. Auflage, München 2012 [zitiert: Pöhlmann/Fandrich/Bloehs-*Bearbeiter*, GenG].

Pörnbacher, Mark: Auswirkungen des UK Bribery Act 2010 auf deutsche Unternehmen, in: NZG 2010, S. 1372 ff. [zitiert: *Pörnbacher*, NZG 2010].

Pragal, Oliver: Das Pharma-„Marketing" um die niedergelassenen Kassenärzte: „Beauftragtenbestechung" gemäß § 299 StGB!, in: NStZ 2005, S. 133 ff. [zitiert: *Pragal*, NStZ 2005].

–,: Die Korruption innerhalb des privaten Sektors und ihre strafrechtliche Kontrolle durch § 299 StGB, Hamburg, Bucerius Law School, Diss., Köln – Berlin – München 2006 [zitiert: *Pragal*, Korruption].

–,: § 299 StGB – keine Straftat gegen den Wettbewerb!, in: ZIS 2006, S. 63 ff. [zitiert: *Pragal*, ZIS 2006].

Rabl, Tanja: Wie komme es zu korruptem Handeln? Ursachen von Korruption in der Privatwirtschaft, in: Fifka, Matthias/Falke, Andreas (Hrsg.), Korruption als internationales Phänomen. Ursachen, Auswirkungen und Bekämpfung eines weltweiten Problems, Berlin 2012, S. 31 ff. [zitiert: *Rabl*, Ursachen].

Reese, Ulrich: Vertragsärzte und Apotheker als Straftäter? – eine strafrechtliche Bewertung des „Pharma-Marketings", in: PharmR 2006, S. 92 ff. [zitiert: *Reese*, PharmR 2006].

Rengier, Rudolf: Korkengelder und andere Maßnahmen zur Verkaufsförderung im Lichte des Wettbewerbs(straf)rechts, in: Sieber, Ulrich u.a. (Hrsg.), Strafrecht und Wirtschaftsstrafrecht – Dogmatik, Rechtsvergleich, Rechtstatsachen –. Festschrift für Klaus Tiedemann zum 70. Geburtstag, Köln u.a. 2008, S. 837 ff. [zitiert: *Rengier*, FS Tiedemann].

Rieder, Markus S. /Schoenemann, Andreas: Korruptionsverdacht, Zivilprozess und Schiedsverfahren, in: NJW 2011, S. 1169 ff. [zitiert: *Rieder/Schoenemann*, NJW 2011].

Ringleb, Henrik-Michael u.a. (Hrsg.): Kommentar zum Deutschen Corporate Governance Kodex. Kodex-Kommentar, 5. Auflage, München 2014 [zitiert: Ringleb-*Bearbeiter*, Corporate Governance Kodex].

Römermann, Volker: Münchener Anwalts Handbuch GmbH-Recht, 2. Auflage, München 2009 [zitiert: Römermann-*Bearbeiter*, MAH GmbH-Recht].

Rönnau, Thomas/Golombek, Tine: Die Aufnahme des „Geschäftsherrenmodells" in den Tatbestand des § 299 – ein Systembruch im deutschen StGB, in: ZRP 2007, S. 193 ff. [zitiert: *Rönnau/Golombek*, ZRP 2007].

–,: Alte und neue Probleme bei § 299 StGB, in: StV 2009, S. 302 ff. [zitiert: *Rönnau*, StV 2009].

Rose-Ackerman, Susan: Globale Wirtschaft und Korruption, in: Pieth, Mark/ Eigen, Peter (Hrsg.), Korruption im internationalen Geschäftsverkehr: Bestandsaufnahme, Bekämpfung, Prävention, Neuwied 1999, S. 40 ff. [zitiert: *Rose-Ackerman*, Wirtschaft und Korruption].

Roth, Günter H./Altmeppen, Holger: Gesetz betreffend die Gesellschaften mit beschränkter Haftung (GmbHG), 7. Auflage, München 2012 [zitiert: Roth/ Altmeppen-*Bearbeiter*, GmbHG].

Roxin, Claus: Strafrecht Allgemeiner Teil, Band I, Grundlagen · Der Aufbau der Verbrechenslehre, 4. Auflage, München 2006 [zitiert: *Roxin*, Strafrecht AT].

–,: Zur neueren Entwicklung der Rechtsgutsdebatte, in: Herzog, Felix u.a. (Hrsg.), Festschrift für Winfried Hassemer zum 70. Geburtstag am 17. Februar 2010, Heidelberg, München 2010, S. 573 ff. [zitiert: *Roxin*, FS Hassemer].

Rudolphi, Hans-Joachim: Die verschiedenen Aspekte des Rechtsgutsbegriffs, in: Festschrift für Richard M. Honig zum 80. Geburtstag 3. Januar 1970, Göttingen 1970, S. 151 ff. [zitiert: *Rudolphi*, FS Honig].

Sahan, Oliver: Ist der Vertragsarzt tauglicher Täter der Bestechlichkeit im geschäftlichen Verkehr gem. § 299 Abs. 1 StGB?, in: ZIS 2007, S. 69 ff. [zitiert: *Sahan*, ZIS 2007].

–,: Entscheidungsanmerkung zu BGH, Beschluss v. 29.03.2012 – GSSt 2/11, in ZIS 2012, S. 386 ff. [zitiert: *Sahan*, ZIS 2012].

–,/ Berndt, Thomas: Neue Kronzeugenregelung – aktive Beendigung von Korruptionssystemen durch effiziente Compliance – Strukturen alternativlos, in: BB 2010, S. 647 ff. [zitiert: *Sahan/Berndt*, BB 2010].

–,/ Urban, Kathrin: Die Unbestechlichkeit niedergelassener Vertragsärzte, in: ZIS 2011, S. 23 ff. [zitiert: *Sahan/Urban*, ZIS 2011].

Salditt, Franz: Allgemeine Honorierung besonderer Aufklärungshilfe – Anmerkungen zum Entwurf einer dritten Säule des Strafzumessungsrechts (§ 46 b E-StGB) –, in: StV 2009, S. 375 ff. [zitiert: *Salditt*, StV 2009].

Saliger, Frank: Kick-Back, „PPP", Verfall – Korruptionsbekämpfung im „Kölner Müllfall", in: NJW 2006, S. 3377 ff. [zitiert: *Saliger*, NJW 2006].

Samson, Erich: Die Angestelltenbestechung. Vom Niedergang deutscher Gesetzgebungskunst, in: Parmas, Andres u.a. (Hrsg.), Nullum ius sine scientia. Festschrift für Jaan Sootak zum 60. Geburtstag am 16. Juli 2008, Tallinn 2008, S. 225 ff. [zitiert: *Samson*, FS Sootak].

Sander, Günther M.: Die Strafzumessung in der Revision, in: StraFo 2010, S. 365 ff. [zitiert: *Sander*, StraFo 2010].

Satzger, Helmut: Bestechungsdelikte und Sponsoring, in: ZStW 115 (2003), S. 469 ff. [zitiert: *Satzger*, ZStW 115 (2003)].

–,/ Schmitt, Bertram/Widmaier, Gunter: StGB. Strafgesetzbuch Kommentar, 1. Auflage, Köln 2009 [zitiert: SSW-*Bearbeiter*].

Schäfer, Carsten: Untreue zum Nachteil von GmbH, in: GmbHR 1992, S. 509 ff. [zitiert: *Schäfer*, GmbHR 1992].

–,: Gesellschaftsrecht, 3. Auflage, München 2013 [zitiert: *Schäfer*, Gesellschaftsrecht].

Schaefer, Hans Christoph: Empfehlen sich Änderungen des Straf- und Strafprozeßrechts, um der Gefahr von Korruption in Staat, Wirtschaft und Gesellschaft wirksam zu begegnen?, in: Verhandlungen des Einundsechzigsten deutschen Juristentages, Band II/1, (Sitzungsberichte – Referate und Beschlüsse), München 1996, S. L 1 ff. [zitiert: *Schaefer*, Referat].

Schaupensteiner, Wolfgang J.: Korruption in Deutschland – Das Ende der Tabuisierung, in: Mark Pieth/Peter Eigen (Hrsg.), Korruption im internationalen Geschäftsverkehr, Neuwied-Kriftel 1999, S. 131 ff. [zitiert: *Schaupensteiner*, Korruption in Deutschland].

Scheint, Katharina: Korruptionsbekämpfung nach dem UK Bribery Act 2010, in: NJW-Spezial 2011, S. 440 [zitiert: *Scheint*, NJW-Spezial 2011].

Schmidl, Michael: Der Fluch der bösen Tat – Finder's Fees und Bestechlichkeit von Beratern, in: wistra 2006, S. 286 ff. [zitiert: *Schmidl*, wistra 2006].

Schmidt, André: Anmerkung zu OLG Braunschweig, Beschluss v. 23.02.2010 – Ws 17/10, in: NStZ 2010, S. 392 ff. [zitiert: *Schmidt*, NStZ 2010].

SCHMIDT, Eberhard: Die Bestechungstatbestände in der höchstrichterlichen Rechtsprechung von 1879 bis 1959, München, Berlin 1960 [zitiert: *Schmidt*, Bestechungstatbestände].

SCHMIDT, Karsten: Gesellschaftsrecht, 4. Auflage, Köln, Berlin, Bonn, München 2002 [zitiert: *Schmidt*, Gesellschaftsrecht].

SCHNEIDER, Hendrik: Anmerkung zu OLG Braunschweig, Beschluss v. 23.02.2010 - Ws 17/10, in: StV 2010, S. 365 ff. [zitiert: *Schneider*, StV 2010].

–,/ GOTTSCHALDT, Peter: Zuweisungspauschale: Lukratives Geschäft oder Straftat? – Zur Strafbarkeit niedergelassener Ärzte wegen Forderns einer Vergütung für die Überweisung eines Patienten zur stationären Behandlung –, in: wistra 2009, S. 133 ff. [zitiert: *Schneider/Gottschaldt*, wistra 2009].

SCHOCH, Friedrich/SCHNEIDER, Jens-Peter/BIER, Wolfgang: Verwaltungsgerichtsordnung Kommentar, Band I, Stand: 26. Ergänzungslieferung 2014, München 2014 [zitiert: Schoch/Schneider/Bier-*Bearbeiter*, VwGO].

SCHÖNKE, Adolf/SCHRÖDER, Horst: Strafgesetzbuch, Kommentar, 29. Auflage, München 2014 [zitiert: Sch/Sch-*Bearbeiter*].

SCHROTH, Ulrich: Sponsoring niedergelassener Vertragsärzte aus strafrechtlicher Sicht, in: Schulz, Lorenz u.a. (Hrsg.), Festschrift für Imme Roxin zum 75. Geburtstag am 15. Mai 2012, Heidelberg u.a. 2012, S. 327 ff. [zitiert: *Schroth*, FS Imme Roxin].

SCHWINGE, Erich: Teleologische Begriffsbildung im Strafrecht. Ein Beitrag zur strafrechtlichen Methodenlehre, Bonn, Univ., Habil.-Schr., Bonn 1930 [zitiert: *Schwinge*, Teleologische Begriffsbildung].

SEELMANN, Kurt: Atypische Zurechnungsstrukturen im Umweltstrafrecht, in: NJW 1990, S. 1257 ff. [zitiert: *Seelmann*, NJW 1990].

SIEBER, Ulrich: Computerkriminalität und Strafrecht, 2., um einen Nachtrag ergänzte Auflage, Köln, Berlin, Bonn, München 1980 [zitiert: *Sieber*, Computerkriminalität].

SOMMER, Ulrich: Korruptionsstrafrecht, Münster 2010 [zitiert: *Sommer*, Korruptionsstrafrecht].

SPRAFKE, Jan: Korruption, Strafrecht und Compliance. Untersuchungen und Reformvorschläge zu § 299 StGB, Würzburg, Univ., Diss., Berlin 2010 [zitiert: *Sprafke*, Korruption].

STÄCHELIN, Gregor: Strafgesetzgebung im Verfassungsstaat: normative und empirische, materielle und prozedurale Aspekte der Legitimation unter Berücksichtigung neuerer Strafgesetzgebungspraxis, Frankfurt am Main 1997, Univ., Diss., Berlin 1998 [zitiert: *Stächelin*, Strafgesetzgebung].

STÄNDIGE DEPUTATION DES DEUTSCHEN JURISTENTAGES: Verhandlungen des einundsechzigsten deutschen Juristentages, Band II/1 (Sitzungsberichte – Referate und Beschlüsse), München 1996, S. L 55 ff. [zitiert: Verhandlungen des 61. DJT, Beschlüsse].

STATISTISCHES BUNDESAMT: Strafverfolgung, Fachserie 10, Reihe 3, 2007–2010, Wiesbaden 2008–2012, abrufbar unter: https://www.destatis.de/DE/Publikationen/Thematisch/Rechtspflege/StrafverfolgungVollzug/Strafverfolgung.html (zuletzt abgerufen am 11.11.2014) [zitiert: *Statistisches Bundesamt*, Strafverfolgungsstatistik].

SUDHOFF, Heinrich: GmbH & Co. KG, 6. Auflage, München 2005 [zitiert: Sudhoff-*Bearbeiter*, GmbH & Co. KG].

–,: Unternehmensnachfolge, 5. Auflage, München 2005 [zitiert: Sudhoff-*Bearbeiter*, Unternehmensnachfolge].

SYSTEMATISCHER KOMMENTAR ZUM STGB: Rudolphi, Hans-Joachim/Horn, Eckhard/Samson, Erich/Günther, Hans-Ludwig/Hoyer, Andreas (Hrsg.), Band V, §§ 267–358 (Stand: 131. Lieferung, März 2012) 8. Auflage, Köln 2013 [zitiert: SK-*Bearbeiter*].

SZEBROWSKI, Nickel: Kick-Back, Hamburg, Univ., Diss., Köln, Berlin, München 2005 [zitiert: *Szebrowski*, Kick-Back].

TASCHKE, Jürgen: Die Strafbarkeit des Vertragsarztes bei der Verordnung von Rezepten – Anmerkung zu BGH, Beschluß vom 25.11.2003, 4 StR 239/03, StV 2004, 422 ff. –, in: StV 2005, S. 406 ff. [zitiert: *Taschke*, StV 2005].

TIEDEMANN, Klaus: Tatbestandsfunktionen im Nebenstrafrecht. Untersuchungen zu einem rechtsstaatlichen Tatbestandsbegriff, entwickelt am Problem des Wirtschaftsstrafrechts, Univ., Habil.-Schr., Tübingen 1969 [zitiert: *Tiedemann*, Tatbestandsfunktionen im Nebenstrafrecht].

–,: Welche strafrechtlichen Mittel empfehlen sich für eine wirksamere Bekämpfung der Wirtschaftskriminalität?, in: Verhandlungen des Neunundvierzigsten deutschen Juristentages, Band I (Gutachten), München 1972, S. C 1 ff. [zitiert: *Tiedemann*, 49. DJT].

–,: Nebenstrafrecht einschließlich Ordnungswidrigkeitenrecht (Wettbewerbsrecht), in: ZStW 86 (1974), S. 990 ff. [zitiert: *Tiedemann*, ZStW 86 (1974)].

–,: Wettbewerb als Rechtsgut des Strafrechts, in: Britz, Guido u.a. (Hrsg.), Grundfragen staatlichen Strafens. Festschrift für Heinz Müller-Dietz zum 70. Geburtstag, München 2001, S. 905 ff. [zitiert: *Tiedemann*, FS Müller-Dietz].

–,: Schmiergeldzahlungen in der Wirtschaft – Alte und neue Reformprobleme, in: Dölling, Dieter (Hrsg.), Jus humanum. Grundlagen des Rechts und Strafrecht. Festschrift für Ernst-Joachim Lampe zum 70. Geburtstag, Berlin 2003, S. 759 ff. [zitiert: *Tiedemann*, FS Lampe].

–,: Grundsätzliche und rechtspolitische Bemerkungen zum Straftatbestand der Wirtschaftskorruption, in: Bub, Wolf-Rüdiger/Mehle, Volkmar/Schumann, Ekkehard (Hrsg.), Festschrift für Peter Gauweiler zum 60. Geburtstag am 22. Juni 2009, Köln 2009, S. 533 ff. [zitiert: *Tiedemann*, FS Gauweiler]

–,: Wirtschaftsstrafrecht. Einführung und Allgemeiner Teil mit wichtigen Rechtstexten, 4. Auflage, Köln 2014 [zitiert: *Tiedemann*, Wirtschaftsstrafrecht AT].

–,: Generalklauseln im Wirtschaftsstrafrecht – am Beispiel der Unlauterkeit im Wettbewerbsstrafrecht –, in: v. Fischer, Thomas/Bernsmann, Klaus (Hrsg.), Festschrift für Ruth Rissing-van Saan zum 65. Geburtstag am 25. Januar 2011, Berlin 2011, S. 685 ff. [zitiert: *Tiedemann*, FS Rissing-van Saan].

–,: Wirtschaftsstrafrecht. Besonderer Teil mit wichtigen Rechtstexten, 3. Auflage, München 2011 [zitiert: *Tiedemann*, Wirtschaftsstrafrecht BT].

Von Tippelskirch, Maria: Schutz des Wettbewerbs vor Korruption. Überlegungen zu Rechtsgut und Auslegung von § 299 StGB, in: GA 2012, S. 574 ff. [zitiert: *Von Tippelskirch*, GA 2012].

Tron, Marco: Kassenärzte als Beauftragte der Krankenkassen im Sinne von § 299 Abs. 1 StGB, Erlangen-Nürnberg, Univ., Diss., Regensburg 2007 [zitiert: *Tron*, Kassenärzte].

Überhofen, Michael: Korruption und Bestechungsdelikte im staatlichen Bereich. Ein Rechtsvergleich und Reformüberlegungen zum deutschen Recht, Freiburg im Breisgau 1999 [zitiert: *Überhofen*, Korruption].

Ulbricht, Julia: Bestechung und Bestechlichkeit im geschäftlichen Verkehr – § 299 StGB –, Heidelberg, Univ., Diss., Hamburg 2007 [zitiert: *Ulbricht*, § 299 StGB].

Ulsenheimer, Klaus: Arztstrafrecht in der Praxis, 4. Auflage, Heidelberg 2008 [zitiert: *Ulsenheimer*, Arztstrafrecht].

Vahlenkamp, Werner/Knauss, Ina: Korruption – hinnehmen oder handeln?, in: Bundeskriminalamt (Hrsg.), BKA-Forschungsreihe, Bd. 33, Korruption – ein unscharfes Phänomen als Gegenstand zielgerichteter Prävention. Ergebnisse eines Forschungsprojekts, Wiesbaden 1995 [zitiert: *Vahlenkamp/Knauß*, Korruption].

VASILIKOU, Thea: Der lautere Wettbewerb als Rechtsgut des § 299 StGB, in: Schulz, Lorenz u.a. (Hrsg.), Festschrift für Imme Roxin zum 75. Geburtstag am 15. Mai 2012, Heidelberg u.a. 2012, S. 359 ff. [zitiert: *Vasilikou*, FS Imme Roxin].

VOGEL, Joachim: Wirtschaftskorruption und Strafrecht – Ein Beitrag zu Regelungsmodellen im Wirtschaftsstrafrecht –, in: Heinrich, Bernd u.a. (Hrsg.), Festschrift für Ulrich Weber zum 70. Geburtstag, Bielefeld 2004, S. 395 ff. [zitiert: *Vogel*, FS Weber].

VOLK, Klaus: Empfehlen sich Änderungen des Straf- und Strafprozeßrechts, um der Gefahr von Korruption in Staat, Wirtschaft und Gesellschaft wirksam zu begegnen?, in: Verhandlungen des Einundsechzigsten deutschen Juristentages, Band II/1 Sitzungsberichte (Referate und Beschlüsse), München 1996, S. L 35 ff. [zitiert: *Volk*, Referat].

–,: Die Merkmale der Korruption und die Fehler bei ihrer Bekämpfung, in: Gössel, Karl Heinz/Triffterer, Otto (Hrsg.), Gedächtnisschrift für Heinz Zipf, Heidelberg 1999, S. 419 ff. [zitiert: *Volk*, GS Zipf].

VORMBAUM, Thomas: Probleme der Korruption im geschäftlichen Verkehr. Zur Auslegung des § 299 StGB, in: Hoyer, Andreas u.a. (Hrsg.), Festschrift für Friedrich-Christian Schroeder zum 70. Geburtstag, Heidelberg u.a. 2006, S. 649 ff. [zitiert: *Vormbaum*, FS Schroeder].

WABNITZ, Heinz-Bernd/JANOVSKY, Thomas: Handbuch des Wirtschafts- und Steuerstrafrechts, 4. Auflage, München 2014 [zitiert: Wabnitz/Janovsky-*Bearbeiter*].

WALTER, Tonio: Angestelltenbestechung, internationales Strafrecht und Steuerstrafrecht – Entgegnung auf *Randt*, BB 2000, 1006 –, in: wistra 2001, S. 321 ff. [zitiert: *Walter*, wistra 2001].

WALTHER, Felix: Das Korruptionsstrafrecht des StGB, in: Jura 2010, S. 511 ff. [zitiert: *Walther*, Jura 2010].

–,: Bestechlichkeit und Bestechung im geschäftlichen Verkehr. Internationale Vorgaben und deutsches Strafrecht, München, Univ., Diss., Freiburg 2011 [zitiert: *Walther*, Bestechlichkeit und Bestechung].

WASSERMANN, Rudolf: Verschleierte Schmiergelder und ähnliches!, in: GRUR 1931, S. 549 ff. [zitiert: *Wassermann*, GRUR 1931].

WELLHÖFER, Werner/PELTZER, Martin/MÜLLER, Welf: Die Haftung von Vorstand Aufsichtsrat Wirtschaftsprüfer mit GmbH-Geschäftsführer, 1. Auflage, München 2008 [zitiert: Wellhöfer/Peltzer/Müller-*Bearbeiter*, Haftung].

WELZEL, Hans: Das Deutsche Strafrecht, 11. Auflage, Berlin 1969 [zitiert: *Welzel*, Strafrecht].

WENGENROTH, Lenard/MEYER, Miriam: Amtsträger – Beauftragter – oder einfach nur Arzt?, in: JA 2012, S. 646 ff. [zitiert: *Wengenroth/Meyer*, JA 2012].

WESSELS, Johannes/BEULKE, Werner/SATZGER, Helmut: Strafrecht Allgemeiner Teil. Die Straftat und ihr Aufbau, 44. Auflage, Heidelberg 2014 [zitiert: *Wessels/Beulke/Satzger*, Strafrecht AT].

–,/ HILLENKAMP, Thomas: Strafrecht Besonderer Teil 2. Straftaten gegen Vermögenswerte, 35. Auflage, Heidelberg 2012 [zitiert: *Wessels/Hillenkamp*, Strafrecht BT 2].

WICKE, Hartmut: Gesetz betreffend die Gesellschaften mit beschränkter Haftung (GmbHG), 2. Auflage, München 2011 [zitiert: *Wicke*, GmbHG].

WINDBICHLER, Christine: Gesellschaftsrecht. Ein Studienbuch, 23. Auflage, München 2013 [zitiert: *Windbichler*, Gesellschaftsrecht].

WINKELBAUER, Wolfgang: Ketzerische Gedanken zum Tatbestand der Angestelltenbestechlichkeit (§ 299 Abs. 1 StGB), in: Heinrich, Bernd u.a. (Hrsg.), Festschrift für Ulrich Weber zum 70. Geburtstag, Bielefeld 2004, S. 385 ff. [zitiert: *Winkelbauer*, FS Weber].

WITTIG, Petra: § 299 StGB durch Einschaltung von Vermittlerfirmen bei Schmiergeldzahlungen, in: wistra 1998, S. 7 ff. [zitiert: *Wittig*, wistra 1998].

–,: Wirtschaftsstrafrecht, 3. Auflage, München 2014 [zitiert: *Wittig*, Wirtschaftsstrafrecht].

WOHLERS, Wolfgang: Deliktstypen des Präventionsstrafrechts – zur Dogmatik „moderner Gefährdungsdelikte“, Basel 1999, Univ., Habil.-Schr., Berlin 2000 [zitiert: *Wohlers*, Deliktstypen des Präventionsstrafrechts].

WOLF, Sebastian: Die Modernisierung des deutschen Antikorruptionsstrafrechts durch internationale Vorgaben. Momentaufnahme und Ausblick, in: NJW 2006, S. 2735 ff. [zitiert: *Wolf*, NJW 2006].

–,: Internationalisierung des Antikorruptionsstrafrechts: Kritische Analyse zum Zweiten Korruptionsbekämpfungsgesetz, in: ZRP 2007, S. 44 ff. [zitiert: *Wolf*, ZRP 2007].

–,: Abgeordnetenkorruption und Strafrecht – Eine unendliche Geschichte?, in: ZRP 2012, S. 251 ff. [zitiert: *Wolf*, ZRP 2012].

WOLLSCHLÄGER, Sebastian: Der Täterkreis des § 299 Abs. 1 StGB und Umsatzprämien im Stufenwettbewerb, Köln, Univ., Diss., Heidelberg 2009 [zitiert: *Wollschläger*, Täterkreis].

Wolters, Gereon: Die Änderungen des StGB durch das Gesetz zur Bekämpfung der Korruption, in: JuS 1998, S. 1100 ff. [zitiert: *Wolters*, JuS 1998].

Zielinski, Gustav: Grundtypvermischungen und Handelsgesellschaftsrecht. Der Eintritt von Kapitalgenossenschaften in Personalgesellschaften, seine wirtschaftliche Bedeutung und rechtliche Zulässigkeit, Halle-Wittenberg, Univ., Diss., Charlottenburg 1925 [zitiert: *Zielinski*, Grundtypvermischungen].

Zöller, Mark A.: Abschied vom Wettbewerbsmodell bei der Verfolgung der Wirtschaftskorruption? Überlegungen zur Reform des § 299 StGB, in: GA 2009, S. 137 ff. [zitiert: *Zöller*, GA 2009].

SCHRIFTEN ZUM STRAFRECHT UND STRAFPROZESSRECHT

Herausgegeben von Manfred Maiwald und Carsten Momsen

Band 1 Christian-Peter Frees: Die steuerrechtliche Selbstanzeige. Zur kriminalpolitischen Zweckmäßigkeit des § 371 AO. 1991.

Band 2 Norbert Joachim: Der Hörensagenbeweis im Strafverfahren. 1991.

Band 3 Alfred A. Göbel: Die Einwilligung im Strafrecht als Ausprägung des Selbstbestimmungsrechts. 1991.

Band 4 Karl-Heinz Vehling: Die Abgrenzung von Vorbereitung und Versuch. 1991.

Band 5 Heiko Hartmut Lesch: Das Problem der sukzessiven Beihilfe. 1992.

Band 6 Dirk Schwerdtfeger: Besondere persönliche Unrechtsmerkmale. 1992.

Band 7 Stefan Göhring: Polizeiliche Kontrollstellen und Datenverarbeitung. § 163 d StPO und novellierte Polizeigesetze der Länder zwischen Strafverfolgung, Gefahrenabwehr und vorbeugender Straftatenbekämpfung. 1992.

Band 8 Werner Kemper: Horizontale Teilrechtskraft des Schuldspruchs und Bindungswirkung im tatrichterlichen Verfahren nach der Zurückverweisung. §§ 353, 354 Abs. 2 StPO. 1993.

Band 9 Ovvadias Namias: Die Zurechnung von Folgeschäden im Strafrecht. 1993.

Band 10 Jan Zopfs: Unfallflucht bei eindeutiger Haftungslage? Unverzüglichkeitsgebot und Wahlmöglichkeit in § 142 Abs. 2 und 3 StGB. 1993.

Band 11 Stefan Hiebl: Ausgewählte Probleme des Akteneinsichtsrechts nach § 147 StPO. 1994.

Band 12 Ralf Krack: List als Straftatbestandsmerkmal. Zugleich ein Beitrag zu Täuschung und Irrtum beim Betrug. 1994.

Band 13 Henning Radtke: Zur Systematik des Strafklageverbrauchs verfahrenserledigender Entscheidungen im Strafprozeß. 1994.

Band 14 Bernd J. A. Müssig: Schutz abstrakter Rechtsgüter und abstrakter Rechtsgüterschutz. Zu den materiellen Konstitutionskriterien sog. Universalrechtsgüter und deren normentheoretischem Fundament – am Beispiel der Rechtsgutsbestimmung für die §§ 129, 129a und 324 StGB. 1994.

Band 15 Heinz Koriath: Über Beweisverbote im Strafprozeß. 1994.

Band 16 Burkhard Niepoth: Der untaugliche Versuch beim unechten Unterlassungsdelikt. 1994.

Band 17 Karsten Altenhain: Die Strafbarkeit des Teilnehmers beim Exzeß. 1994.

Band 18 Ina Walbaum: Schuldspruch in der Revisionsinstanz nach freisprechendem Urteil des Tatgerichts. 1996.

Band 19 Birgit Dalbkermeyer: Der Schutz des Beschuldigten vor identifizierenden und tendenziösen Pressemitteilungen der Ermittlungsbehörden. 1994.

Band 20 Thomas Hackner: Der befangene Staatsanwalt im deutschen Strafverfahrensrecht. 1995.

Band 21 Hartmut Loritz: Kritische Betrachtungen zum Wert des strafprozessualen Zwischenverfahrens. 1996.

Band 22 Heinz-Hermann Berghof: Therapie und Strafe im Betäubungsmittelrecht. Recht und Wirklichkeit der Behandlung Drogenabhängiger unter besonderer Berücksichtigung der §§ 35 ff BtMG. 1995.

Band 23 Oliver Mertens: Strafprozessuale Grundrechtseingriffe und Bindung an den Wortsinn der ermächtigenden Norm. 1996.

Band 24 Sönke Bahnsen: Das Akteneinsichtsrecht der Verteidigung im Strafverfahren. Dogmatische Grundlagen und Einzelprobleme im Lichte einer rechtsstaatlichen Verfahrensgestaltung. 1996.

Band 25 Dirk Schwieger: Der Vorteilsbegriff in den Bestechungsdelikten des StGB. 1996.

Band 26 Stephanie Meinecke: Die Auswirkungen von Verfahrensfehlern auf die Strafbarkeit nach den Aussagedelikten. 1996.

Band 27 Ute Lambrecht: Strafrecht und Disziplinarrecht. Abhängigkeiten und Überschneidungen. 1997.

Band 28 Carsten Momsen: Verfahrensfehler und Rügeberechtigung im Strafprozeß. Die Strukturen der Revisionsberechtigung unter besonderer Berücksichtigung des Begriffs "Rechtsnormen, die lediglich zugunsten des Angeklagten gegeben sind" in § 339 StPO. 1997.

Band 29 Ursula Epp: Die Abgeordnetenbestechung – § 108 e StGB. 1997.

Band 30 Bernd Scheiff: Wann beginnt der Strafrechtsschutz gegen kriminelle Vereinigungen (§ 129 StGB)? 1997.

Band 31 Ulrike Fontaine: Max Grünhut (1893-1964). Leben und wissenschaftliches Wirken eines deutschen Strafrechtlers jüdischer Herkunft. 1998.

Band 32 Claudia Keiser: Das Kindeswohl im Strafverfahren. Zur Notwendigkeit eines am Kindeswohl orientierten Umgangs mit minderjährigen Opfern und Zeugen, den Möglichkeiten de lege lata und den Erfordernissen de lege ferenda. 1998.

Band 33 Wiebke Schürer-Mohr: Erlaubte Risiken. Grundfragen des "erlaubten Risikos" im Bereich der Fahrlässigkeitsdogmatik. 1998.

Band 34 Stephan Voigtel: Zum Freibeweis bei Entscheidungen der Strafvollstreckungskammer. Eine Untersuchung zu ausgewählten Fragen des Beweisrechts im gerichtlichen Verfahren in Strafvollstreckungs- und Strafvollzugssachen. 1998.

Band 35 Volkmar Wißgott: Das Beweisantragsrecht im Strafverfahren als Kompensation der richterlichen Inquisitionsmaxime. Die Judikatur des Reichsgerichts zum strafprozessualen Beweisrecht. 1998.

Band 36 Susanne Merz: Strafrechtlicher Ehrenschutz und Meinungsfreiheit. 1998.

Band 37 Uwe Schlömer: Der elektronisch überwachte Hausarrest. Eine Untersuchung der ausländischen Erfahrungen und der Anwendbarkeit in der Bundesrepublik Deutschland. 1998.

Band 38 Michael Liedke: Die Vermögensstrafe gemäß § 43a StGB in ihrer kriminalpolitischen Bedeutung. 1999.

Band 39 Danja Domeier: Gesundheitsschutz und Lebensmittelstrafrecht. Zur Konkretisierung der Verkehrspflichten und ihrer Strafbewehrung, insbesondere mit Blick auf §§ 8 ff. LMBG. 1999.

Band 40 Ritva Westendorf: Die Pflicht zur Verhinderung geplanter Straftaten durch Anzeige. Eine kritische Betrachtung der §§ 138, 139 StGB im Kontext der Unterlassungsdelikte. 1999.

Band 41 Hans Theile: Tatkonkretisierung und Gehilfenvorsatz. 1999.

Band 42 Nicole Lange: Vorermittlungen. Die Behandlung des staatsanwaltschaftlichen Vorermittlungsverfahrens unter besonderer Berücksichtigung von Abgeordneten, Politikern und Prominenten. 1999.

Band 43 Tanja Gunder: Der Umgang mit Kindern im Strafverfahren. Eine empirische Untersuchung zur Strafverfolgung bei Sexualdelinquenz. 1999.

Band 44 Sven-Markus Thiel: Die Konkurrenz von Rechtfertigungsgründen. 2000.

Band 45 Jan Schlüter: Die Strafbarkeit von Unternehmen in einer prozessualen Betrachtung nach dem geltenden Strafprozeßrecht. 2000.

Band 46 Detlef Heise: Der Insiderhandel an der Börse und dessen strafrechtliche Bedeutung. Eine Untersuchung des neuen deutschen Insiderrechts speziell unter Bezugnahme auf die strafrechtstheoretischen und strafrechtsdogmatischen Grundlagen. 2000.

Band 47 Hermann Wichmann: Das Berufsgeheimnis als Grenze des Zeugenbeweises. Ein Beitrag zur Lehre von den Beweisverboten. 2000.

Band 48 Rainer T. Cherkeh: Betrug (§ 263 StGB), verübt durch Doping im Sport. 2000.

Band 49 Kristian Hohn: Die Zulässigkeit materieller Beweiserleichterungen im Strafrecht. Eine Untersuchung über Erscheinungsformen und Grenzen der Lösung beweisrechtlicher Probleme im materiellen Strafrecht. 2000.

Band 50 Malte Rabe von Kühlewein: Der Richtervorbehalt im Polizei- und Strafprozeßrecht. 2001.

Band 51 Donata Meinecke: Die Gesetzgebungssystematik der Versuchsstrafbarkeit von Verbrechen und Vergehen im StGB. 2001.

Band 52 Joachim Bock: Begriff, Inhalt und Zulässigkeit der Beweislastumkehr im materiellen Strafrecht. 2001.

Band 53 Gabriele Rose: Grenzen der journalistischen Recherche im Strafrecht und Strafverfahrensrecht. 2001.

Band 54 Wiebke Reitemeier: Täuschungen vor Abschluß von Arbeitsverträgen. Zum Verhältnis zwischen dem Straftatbestand des Betrugs und dem Anfechtungsrecht wegen arglistiger Täuschung (§§ 263 Abs. 1 StGB, 123 Abs. 1 Alt. 1 BGB). 2001.

Band 55 Peter Rackow: Das DNA-Identitätsfeststellungsgesetz und seine Probleme. 2001.

Band 56 Frank Zschieschack: Geiselnahme und erpresserischer Menschenraub (§§ 239a, 239b StGB) im Zwei-Personen-Verhältnis. 2001.

Band 57 Natascha Sëyfi: Das Sicherungsverfahren (§§ 413 - 416 StPO). 2002.

Band 58 Dirk Seiler: Die *Sperrwirkung* im Strafrecht. 2002.

Band 59 Dorothee Sydow: Die actio libera in causa nach dem Rechtsprechungswandel des Bundesgerichtshofs. 2002.

Band 60 Inga Metrikat: Die Unterbringung in einer Entziehungsanstalt nach § 64 StGB – Eine Maßregel im Wandel? Eine vergleichende, empirische Untersuchung zur Entscheidung des Bundesverfassungsgerichts vom 16.03.1994, BVerfGE 91, 1 ff. 2002.

Band 61 Sabine Caroline Bechtoldt: Die Erledigungserklärung im Maßregelvollzug des § 63 StGB. Eine empirische Untersuchung der Erledigungserklärung und zugleich rechtsdogmatische Erörterung ihrer Rechtskraftproblematik. 2002.

Band 62 Sandra Schulte-Nover: Strafrichter in Deutschland und England. Ein systematischer Rechtsvergleich im Hinblick auf die richterlichen Kompetenzen im Strafverfahren. 2003.

Band 63 Tim Schurig: Belehrung und Beratung des Beschuldigten über sein Aussageverhalten. Eine gemeinsame Aufgabe von Gericht und Verteidigung? 2003.

Band 64 Markus Laski: Die strafrechtlichen Bezüge des Bundes-Bodenschutzgesetzes. 2003.

Band 65 Gunnar Lüer: Die Versäumung im Berufungsverfahren. Das strafprozessuale Anwesenheitsprinzip im Spannungsfeld von autonomer Subjektstellung und öffentlichen Interessen am Beispiel des § 329 Abs. 1,2 StPO. 2003.

Band 66 Thomas Grützner: Die Sanktionierung von Submissionsabsprachen. Eine Untersuchung der bestehenden Möglichkeiten einer Bekämpfung von Submissionsabsprachen unter besonderer Berücksichtigung des § 298 StGB. 2003.

Band 67 Bettina Noltenius: Kriterien der Abgrenzung von Anstiftung und mittelbarer Täterschaft. Ein Beitrag auf der Grundlage einer personalen Handlungslehre. 2003.

Band 68 Bettina Kraft: Tendenzen in der Entwicklung des Jugendstrafrechts seit der Jugendgerichtsbewegung. 2004.

Band 69 Jessica Däbritz: Die Bestimmung strafbaren fahrlässigen Verhaltens in der Forschung am Beispiel ärztlicher Humanerprobungen. Ein Beitrag zur methodischen Ermittlung und inhaltlichen Bestimmung von Sorgfaltspflichten in der Humanforschung. 2004.

Band 70 Maike Steenbock: Über die Unfallflucht als Straftat. Eine kritische Untersuchung zum Zusammenhang der Strafbarkeit der Unfallflucht mit den Besonderheiten des Straßenverkehrs. 2004.

Band 71 Holger Mann: Beschleunigungspotential im Jugendstrafverfahren. 2004.

Band 72 Dorothee Krutisch: Strafbarkeit des unberechtigten Zugangs zu Computerdaten und -systemen. 2004.

Band 73 Heinz-Helmut Fuhrmann: Das Begehen der Straftat gem. § 25 Abs. 1 StGB. Unter besonderer Berücksichtigung der sogenannten "eigenhändigen" Delikte. 2004.

Band 74 Gerwin M. Moldenhauer: Eine Verfahrensordnung für Absprachen im Strafverfahren durch den Bundesgerichtshof? 2004.

Band 75 Dirk Busch: Konzernuntreue. Eine Untersuchung spezifischer Untreuestrafbarkeit innerhalb von Konzernverbindungen mit Aktiengesellschaften und Gesellschaften mit beschränkter Haftung. 2004.

Band 76 Mitsuru Iijima: Die Entwicklung des strafrechtlichen Unrechtsbegriffs in Japan. Eine kritische Betrachtung aus strafrechtsdogmatischer und rechtsphilosophischer Perspektive. 2004.

Band 77 Lena Barbara Kötter: Private Elemente in der Strafvollstreckung. Zur Privatisierung von Bewährungshilfe, Gerichtshilfe und gemeinnütziger Arbeit. 2004.

Band 78 Martin Maria Laufen: Der Wucher (§ 291 Abs. 1 Satz 1 StGB). Systematische Einordnung und dogmatische Struktur. 2004.

Band 79 Maike Aselmann: Die Selbstbelastungs- und Verteidigungsfreiheit. Ein Beitrag zu den Garantiewirkungen von Verfahrensrechten im Hinblick auf die Beweiswürdigung, Strafzumessung und Strafbarkeit des Beschuldigten im Strafprozess. 2004.

Band 80 Ingmar Wolf: Graffiti als kriminologisches und strafrechtsdogmatisches Problem. 2004.

Band 81 Misuk Son: Straftatfolgen im deutschen und koreanischen Strafrecht. Ein prinzipieller Vergleich. 2004.

Band 82 Matthias Saal: Die Beteiligung an einer Schlägerei (§ 231 StGB). Ein Plädoyer für die Streichung der schweren Folge. 2004.

Band 83 Michael Stüber: Die Entwicklung des Prinzips der Unmittelbarkeit im deutschen Strafverfahren. 2005.

Band 84 Patrick Gerberding: Das Rechtsmittelsystem im US-amerikanischen Strafverfahren. Eine rechtsvergleichende Betrachtung. 2005.

Band 85 Rouven Seeberg: Aufgedrängte Nothilfe, Notwehr und Notwehrexzess. 2005.

Band 86 Andre Knoerchen: Schadenswiedergutmachung über anwaltliche Schlichtungsstellen. Rechtsökonomische Analyse eines Modellprojekts. 2005.

Band 87 Andreas Quante: Sanktionsmöglichkeiten gegen juristische Personen und Personenvereinigungen. 2005.

Band 88 Gundula Momsen-Pflanz: Die sportethische und strafrechtliche Bedeutung des Dopings. Störung des wirtschaftlichen Wettbewerbs und Vermögensrelevanz. 2005.

Band 89 Klaus Kleinbauer: Rechtsmittelverzicht und Rechtsmittelzurücknahme des Beschuldigten im Strafprozeß. 2006.

Band 90 Manuel Fumagalli: Rechtsprobleme vorgeburtlicher Diagnoseverfahren. Die personenrechtliche Begründung von Pränataldiagnostik und Präimplantationsdiagnostik. 2006.

Band 91 Matthias Dann: Staatliche Tatprovokation im deutschen, englischen und schottischen Recht. Rechtsvergleichende Untersuchung unter besonderer Berücksichtigung europäischer und internationaler Entwicklungslinien. 2006.

Band 92 Shahryar Ebrahim-Nesbat: Die Herausbildung der strafrechtlichen Teilnahmeformen im 19. Jahrhundert. 2006.

Band 93 Christoph Paglotke: Notstand und Notwehr bei Bedrohungen innerhalb von Prozesssituationen. 2006.

Band 94 Sebastian Olk: Die Abgabe von Sacherklärungen des Angeklagten durch den Verteidiger. 2006.

Band 95 Bernadette Pape: Legalverhalten nach Sexualdelinquenz. Eine empirische Analyse der Delinquenzkarrieren nach Sexualstraftaten an Kindern. 2007.

Band 96 Uttam Das: Möglichkeiten der Angleichung materiellen Strafrechts zwischen England und Deutschland im Rahmen des Art. K 31 EUV. 2007.

Band 97 Dennis Miller: Die Beteiligung am Verbrechen nach italienischem Strafrecht. Ein Beitrag zur Geschichte und Gegenwart von Einheits- und Differenzierungsmodellen der strafbaren Beteiligung mehrerer Personen. 2007.

Band 98 Michael Nehring: Kriminelle und terroristische Vereinigungen im Ausland. Auslegung und Analyse des im Zuge der Terrorismusbekämpfung nach dem 11. September 2001 geschaffenen § 129b Strafgesetzbuch. 2007.

Band 99 Bernadette Berger: Das Gesinnungsmoment im Strafrecht. 2008.

Band 100 Peter Rackow: Neutrale Handlungen als Problem des Strafrechts. 2007.

Band 101 Simone Mölders: Bestechung und Bestechlichkeit im internationalen geschäftlichen Verkehr. Zur Anwendbarkeit des § 299 StGB auf Sachverhalte mit Auslandsbezug. 2009.

Band 102 Anke David: Die Entwicklung des Mordtatbestandes im 19. Jahrhundert. 2009.

Band 103 Arne Habenicht: Die Beteiligung an sexuellen Gewalttaten. 2009.

Band 104 Marwan Hamdan: Drittmittelforschung in der Medizin. Eine Gratwanderung zwischen strafbarer Vorteilsannahme und verfassungsgarantierter Forschungsfreiheit. 2009.

Band 105 Carl-Friedrich von Scherenberg: Die sozialethischen Einschränkungen der Notwehr. 2009.

Band 106 Andreas Poppe: Die Akzessorietät der Teilnahme. Eine kritische Analyse der dogmatischen Grundlagen. 2011.

Band 107 Jonathan Burmeister: Die schuldangemessene Bewertung von Ehrenmorden im deutschen Strafrecht. Differenzierte Schuldmerkmale auf Tatbestandsebene bei sonstigen niedrigen Beweggründen. 2011.

Band 108 Philipp Reinhold: Amtsträgerbestechung. Unrechtsgehalt und Grenzen der §§ 331 ff. StGB. 2011.

Band 109 Simone Reiß: Verbotsirrtum und Subventionsbetrug. Unter Berücksichtigung der Besonderheiten bei der betrügerischen Erlangung von EU-Subventionen. 2012.

Band 110 Johannes Altenburg: Die Unlauterkeit in § 299 StGB. Ein Beitrag zur Harmonisierung von Strafrecht und Wettbewerbsrecht. 2012.

Band 111 Christoph Skoupil: Handeltreiben mit Betäubungsmitteln. Strafbarkeitsvorverlagerungen vor und nach der Entscheidung des Großen Senats für Strafsachen vom 26.10.2005. 2012.

Band 112 Frederike Wewerka: Internal Investigations. Private Ermittlungen im Spannungsfeld von strafprozessualen Grundsätzen und Anforderungen eines globalisierten Wirtschaftsstrafverfahrens. Eine Problemanalyse unter besonderer Berücksichtigung des Falles Siemens. 2012.

Band 113 Lena Witzmann: Die gemeinsame Verhandlung. Eine Untersuchung des Öffentlichkeitsgrundsatzes, des Opportunitätsprinzips, des Anwesenheitsrechts und des Fairnessgrundsatzes im verbundenen Verfahren. 2012.

Band 114 Lea Boller: Der unbefugte Gebrauch von Kraftfahrzeugen und Fahrrädern – § 248b StGB. 2013.

Band 115 Nina Wadle: Privatisierung im deutschen Strafvollzug. 2013.

Band 116 Annik Lamshöft: Das Modell des vereinfachten Ablehnungsverfahrens. Ein Gegenentwurf zur strafprozessualen Fristenlösung des Bundesgerichtshofs. 2013.

Band 117 Christine Marie Shavers: Criminal Law Dealing with Hate Crimes. Functional Comparative Law. 2014.

Band 118 Philipp Christoph Kleinherne: Garantenstellung und Notwehrrecht. Zugleich ein Beitrag zum Entstehen und Erlöschen von Garantenstellungen. 2014.

Band 119 Kerstin Petermann: Strafverteidigung in Wirtschaftsstrafverfahren zwischen Rechtsmissbrauch, Konflikt und Konsens. 2015.

Band 120 Michaela Gorius: Die Strafbarkeit des Prinzipals im Lichte des § 299 StGB. Eine Untersuchung de lege lata et ferenda unter besonderer Berücksichtigung des Rechtsguts der Norm und der Strafbarkeit von Organen der Kapital- und Personengesellschaften. 2015.

www.peterlang.com

www.ingramcontent.com/pod-product-compliance
Ingram Content Group UK Ltd.
Pitfield, Milton Keynes, MK11 3LW, UK
UKHW021838290926
8980IPUK00004B/534

9 783631 660492